Das Buch

Über keine Frau unserer Zeit wurde so viel geschrieben und spekuliert, keine häufiger fotografiert. Nie wurde eine First Lady Amerikas derart beachtet. Jackie und John Kennedy waren das Traumpaar, von der Realität hinter der sorgsam gehüteten Fassade wußten nur wenige. C. David Heymann hat das ungewöhnliche Leben der Jackie Kennedy-Onassis recherchiert. Es wurde zugleich ein ernüchterndes Porträt der amerikanischen Legende einer ganzen Ära. Bisher unveröffentlichte Geheimakten von FBI, Secret Service und Weißem Haus sowie intensive Gespräche mit Freunden und Gegnern gaben den Blick frei auf eine erstaunliche Frau, die von Anfang an bewußt eigene Wege ging. Heymann zeichnet ein schillerndes Leben zwischen Macht und Millionen, Märchen und Skandal.

Der Autor

Der New Yorker Autor und Journalist C. David Heymann wurde als Biograph prominenter Persönlichkeiten bekannt. Besondere Aufmerksamkeit fand seine Biographie über den umstrittenen Dichter Ezra Pound; Heymanns Buch über die legendäre Multimillionärin Barbara Hutton wurde für den Pulitzer-Preis vorgeschlagen. Heymann schreibt für zahlreiche Zeitungen und Magazine, etwa für *Cosmopolitan, New York Times, Washington Post, Paris Match, International Herald Tribune* und *Stern*.

C. DAVID HEYMANN

EINE FRAU NAMENS JACKIE

Die intime Biographie von Jacqueline Kennedy-Onassis

WILHELM HEYNE VERLAG
MÜNCHEN

HEYNE ALLGEMEINE REIHE
Nr. 01/8407

Titel der Originalausgabe
A WOMAN NAMED JACKIE
Erschienen bei Verlag
Carol Communications, New York, 1989
Aus dem Amerikanischen
übersetzt von Eva Malsch

Taschenbuchausgabe im
Wilhelm Heyne Verlag GmbH & Co. KG, München

Printed in Germany 1992
Umschlagillustration: Ron Galella
Umschlaggestaltung: Atelier Ingrid Schütz, München
Satz: Schaber Satz- und Datentechnik, Wels
Druck und Bindung: Elsnerdruck, Berlin

ISBN 3-453-05622-1

Eugene L. Girden, Esq.,
und Harold R. Tyler, Jr., gewidmet,
zwei der besten Anwälte,
die ich kenne.

»Ich habe viel erlebt und viel durchlitten. Aber ich habe auch viel Schönes erfahren. Ich bin zu der Auffassung gekommen, daß wir nicht zu viel vom Leben erwarten dürfen. Wir müssen dem Leben mindestens ebensoviel geben, wie wir von ihm erhalten. Jeder Augenblick, den man erlebt, unterscheidet sich vom nächsten. Das Gute, das Schlechte, der Kummer, die Freude, das Tragische, Liebe und Glück sind alle Bestandteile eines einzigen unbeschreibbaren Gewebes, das man LEBEN nennt. Man kann das Gute nicht vom Schlechten trennen. Und vielleicht sollte man das auch gar nicht.«

JACQUELINE
BOUVIER-KENNEDY-ONASSIS

»Bitte nennen Sie mich Jackie — dieser schreckliche Name.«

JACQUELINE
BOUVIER-KENNEDY-ONASSIS
1961 zu JAMES FOSBURGH

I

Alle Vorbereitungen waren getroffen worden, damit die Mutter ihr Baby in einer New Yorker Klinik zur Welt bringen konnte, aber die Geburt des Kindes ließ auf sich warten. Eine Woche nach dem errechneten Termin geschah noch immer nichts, und der rastlose künftige Vater fuhr mit seiner Frau übers Wochenende nach East Hampton. Auch das nächste Wochenende verbrachten sie im Sommerhaus seiner Familie, das übernächste ebenfalls. Das Baby wollte und wollte nicht kommen. Schließlich waren fünf Wochen verstrichen, und die Schwangere hatte sich mit der Verzögerung abgefunden, auch wenn sie sich unförmig und unbehaglich fühlte. So begleitete sie ihren Mann für ein weiteres Wochenende nach East Hampton.

Am Samstag ging es ihr gut, aber am Sonntagmorgen wurde sie von heftigen Wehen geweckt. Da sich ihr Arzt ebenfalls auf Long Island aufhielt und die Zeit nicht mehr reichte, um sie nach New York zu fahren, brachte man sie in ein kleines Krankenhaus bei Southampton. Dort gebar sie am 28. Juli 1929, sechs Wochen später als erwartet, ein acht Pfund schweres Mädchen. Dieses erste Kind des Ehepaares hatte dunkles Haar, eine Stupsnase, volle Lippen und große, leuchtende Augen. Die Bouviers nannten es Jacqueline (›Jakkie‹) Lee.

Die zweiundzwanzigjährige Mutter war eine kleine, schlanke Brünette mit einem hübschen Gesicht und einem gewinnenden Wesen. Sie selbst behauptete immer, sie stamme von den ›Lees aus Maryland‹ ab. In Wirklichkeit aber waren ihre Großeltern arme irische Einwanderer, die, ähnlich wie die Kennedys in Boston, in Amerika schon nach kurzer Zeit ein Vermögen machten.

Das Kind wurde nach dem Vater genannt, Jack Bouvier, dessen voller Name John Vernou Bouvier III lautete. Er war ein achtunddreißigjähriger Börsenmakler und galt bis zu seiner Hochzeit im Vorjahr als einer der begehrtesten Junggesellen von New York. Groß und kräftig gebaut, wirkte er mit seinem glänzenden schwarzen Haar, den breiten Wangenknochen, den weit auseinanderstehenden dunkelblauen Augen, dem bleistiftdünnen Schnurrbart und seiner sonnengebräunten Haut sehr exotisch. Man gab ihm zahlreiche Spitznamen und nannte ihn etwa ›den Scheich‹ oder ›den schwarzen Prinzen‹. Den Beinamen ›Black Jack‹ erhielt er allerdings weniger wegen seines dunklen Teints als vielmehr wegen seiner Vorliebe für schöne junge Frauen. Janet, sechzehn Jahre jünger als er, entsprach diesem Muster voll und ganz.

Das Sommerhaus in East Hampton, in dem Jack und Janet Bouvier auf die Geburt ihres Kindes gewartet hatten, hieß Lasata, ein indianisches Wort für ›Platz des Friedens‹. Im Stile eines englischen Herrenhauses erbaut und am Meer gelegen, erinnerte es an eines der Häuser, wie sie F. Scott Fitzgerald in seinen Romanen beschreibt. Lasata gehörte John Vernou Bouvier Jr., Jackies Großvater, einem geachteten Rechtsanwalt, der später in die gutgehende Börsenmaklerfirma seines unverheirateten Onkels eintrat und ihn schließlich beerbte. John Vernou Bouvier Junior war ein echter Gentleman mit Spazierstock, Stehkragen, Monokel, Dreiteiler und hochgezwirbeltem Schnurrbart, der in der damaligen Zeit gerade modern war. Jackies Großvater, der mit der geborenen Maude Frances Sergeant verheiratet war, war ein echter Chauvinist und Mitglied aller nur denkbaren amerikanisch-patriotischen Verbände. Außerdem war er ein Gelegenheitsdichter, der zahlreiche Verse verfaßte, die er dann in Bücher schrieb oder seinen Kindern und Enkelkindern schenkte.

Jackies Vater, der 1891 geboren wurde, war das älteste der fünf Kinder von John Vernou Bouvier Jr. Sein Bruder, William Sergeant Bouvier (›Bud‹), wurde 1893 geboren, ihm folgten 1895 Edith und zehn Jahre später die rotblonden Zwillinge Maude und Michelle.

Dem sozialen Stand ihrer Familie entsprechend, besuchten beide Jungen ausgezeichnete Schulen und studierten anschließend in Yale, allerdings ohne besonderen Eifer. Beide beendeten ihr Studium mit vergleichsweise schlechten Noten. Tom Collier, ein Kommilitone von Jack, erinnert sich, daß dieser lieber auf Mädchenjagd ging als zu studieren.

»Er konnte ein Zimmer voller Frauen betreten, und fünfundneunzig Prozent davon wollten ihn haben, soviel Ausstrahlung besaß er. Doch das verwirrte ihn. Sobald er mit einer Frau zusammengewesen war, verlor er das Interesse an ihr und ging zur nächsten. Er behandelte die Mädchen abscheulich. Wenn er abends eines in sein Schlafzimmer mitnahm, kam am nächsten Morgen ein ganz anderes heraus. Manchmal vernaschte er drei oder vier pro Nacht, danach warf er sie hinaus. Eine Frau reizte ihn nur, solange sie sich ihm nicht hingab. Aber letzten Endes kapitulierten sie alle.«

Black Jacks Schwester, Edith Bouvier, hatte einen Rechtsanwalt geheiratet, Phelan Beale, und dieser Rechtsanwalt wollte zusammen mit Jacks Vater eine neue New Yorker Rechtsanwaltspraxis, Bouvier, Caffey und Beale, gründen. Phelan Beale hatte viele Bekannte an der Börse, und einer von ihnen engagierte Jack Bouvier direkt von Yale weg und verschaffte ihm eine Stelle in der Maklerfirma Henry Hentz & Co. an der Wall Street. Seniorchef dieser Firma war Herman B. Baruch, Bruder des Finanzmannes Bernard Baruch.

Jack begann dort als Trainee und wurde innerhalb weniger Monate zum Börsenmakler. Mit seinem jugendlichen Charme, seinem Wagemut und seiner Liebe zum Geld schien der frischgebackene Börsenmakler wie geschaffen für seine neue Tätigkeit. Das einzige Hindernis auf seinem Weg nach oben war der Krieg in Europa, in den sich die Vereinigten Staaten zusehends verstrickten. Zur bitteren Enttäuschung seines patriotischen Vaters lehnte Jack es ab, sich sofort einziehen zu lassen, und meldete sich erst im allerletzten Augenblick als Kriegsfreiwilliger. Im August 1917, mehrere Monate nach dem Eintritt Amerikas in den Ersten Weltkrieg, wurde er Leutnant bei der US Army-Fernmeldetruppe. Und während sein Bruder, der sich gleich zu Anfang als Kriegsfreiwilliger gemeldet hatte, in den Schützengräben Frankreichs zum Helden wurde, focht Jack, wie er einem Freund schrieb, »die schlimmsten Kämpfe in den raucherfüllten, schäbigen Bars und Bordellen von North und South Carolina, um das Ende dieses schmutzigen kleinen Krieges abzuwarten«.

1919 arbeitete er wieder für Henry Hentz & Co. Drei Jahre später beschloß er, sich mit der Unterstützung seiner Familie selbständig zu machen und borgte sich außerdem von seinem Schwager und von Herman B. Baruch eine gewaltige Summe, um sich an der New Yorker Börse zu etablieren. Er war sehr erfolgreich, versäumte es aber, seine Schulden zurückzuzahlen und gab sein Geld lieber mit beiden Händen für sich selbst aus.

Louis Ehret, Sohn eines New Yorker Immobilienmaklers und mit Jack befreundet, erklärte, dieser habe in finanziellen Dingen kein Verantwortungsgefühl gekannt. »Er spielte, trank und brachte sein Geld mit Frauen durch. Während seiner Junggesellenzeit gab er jeden Abend Partys in der Park Avenue 375 und lud halb New York dazu ein .... Erstaunlicherweise ... forderten auch seine drei Gläubiger ihr Geld nicht zurück, sondern boten ihm neue Kredite an ... Die Frauen umschwirrten ihn wie liebeshungrige Nachtfalter .... Alle wollten unbedingt mit ihm ins Bett gehen. Für ihn spielte es keine Rolle, wer sie waren und woher sie kamen, ob sie alleinstehend oder verheiratet, arm oder reich waren. Einige stammten aus bekannten, vermögenden Familien mit hohem Ansehen. Andere waren gesellschaftlich nicht so bedeutend, nicht so wohlhabend, nicht so zurückhaltend und oft viel amüsanter!«

Jack wurde bald zu einem Lieblingsthema der Skandalblätter, doch er war nicht der einzige in der Familie, der mit den geltenden gesellschaftlichen Normen brach. So bestand das Leben der Zwillinge Maude und Michelle aus Partys, Pferde- und Hundeausstellungen. Und ihre ältere Schwester Edith, die inzwischen drei Kinder hatte, erlaubte sich Extravaganzen, die selbst Jack schockiert hätten. Sie gab mehr als 50 000 Dollar aus, um ihre Stimme zu schulen, und beendete ihre Ehe mit Affären mit Sängern und Gesangslehrern. Sie umgab sich mit dubiosen Literaten, Musikern und Künstlern und kleidete sich im Stile von Isadora Duncan. Den Vogel schoß jedoch Jacks Bruder ab, der seine gescheiterte Ehe und seine Kriegserlebnisse im Alkohol zu ertränken suchte, unfähig war, einer geregelten Tätigkeit nachzugehen, in ständigem Streit mit Jack lag und, nachdem er wegen zu hoher Geschwindigkeit und Trunkenheit am Steuer inhaftiert worden war, von seinem Vater als »verachtenswerter Parasit und ekelerregende Plage« beschimpft wurde.

Inmitten dieser wilden Zeiten überraschte Black Jack seine Umgebung, indem er sein romantisches Interesse an Janet Norton Lee bekundete, einem blutjungen Mädchen aus bestem Hause, das sich aber zunächst viel mehr für seinen Bruder Bud interessierte. Wie seine Nichte Edie Beale meint, war Bud »viel sympathischer. Im Gegensatz zu Jack besaß er Eleganz und Feingefühl. Jack wurde einfach nie erwachsen ... Für ihn zählte nur er selbst, die Befriedigung seiner eigenen Wünsche und Bedürfnisse ... und dabei ging es hauptsächlich ums Schlafzimmer. Jack war herrlich dekadent und Janet furchtbar prüde. Die beiden wirkten wie Feuer und Eis. Ich bezweifle, daß sie ihn jemals wirklich heiraten wollte. Sie betete Bud an, aber weil er geschieden und ein Alkoholiker war, waren ihre Eltern gegen diese Verbindung. Und so landete sie bei Jack. Ich glaube, im Grunde strebte er diese Heirat ebensowenig an wie sie. Er wollte sich damit nur selbst etwas beweisen. Er liebte sie nicht, und sie liebte ihn nicht. Sie liebte Bud Bouvier.«

Trotz seines vermeintlich bedeutsamen Familiennamens war er keineswegs eine gute Partie für ein Mädchen wie Janet Lee. Zu seinem unersättlichen Verlangen nach ständig wechselnden Frauen kamen noch seine Spielleidenschaft und sein mangelnder Geschäftssinn. Er war ein Träumer und Spekulant, schuldete Dutzenden von Leuten ungeheure Summen und brauchte ständig neue Kredite. Black Jacks persönliche Ausgaben überstiegen unweigerlich seine Einnahmen. Das Geld brannte ihm Löcher in die Taschen, und so gab er es aus, einfach, weil er Freude dran fand. Als er sich einmal bereits am Rande des Ruins befand, besaß er nicht weniger als vier Autos, darunter einen schwarzen Lincoln Zephyr und einen rotbraunen Stutz, der häufig von einem Chauffeur in passender rotbrauner Uniform gefahren wurde.

James Lee, Janets Vater, fand bald die Wahrheit über die fragwürdigen finanziellen Praktiken und die Schulden seines potentiellen Schwiegersohns heraus. Trotzdem unternahm er im Frühling 1928 nichts gegen die Verlobung seiner Tochter. Angesichts all der gelösten Verlobungen und nicht eingehaltenen Verpflichtungen Black Jacks schien diese geplante Hochzeit auch ohne Intervention der Eltern zum Scheitern verurteilt. Janets Vater versicherte seinen Freunden, das Paar werde niemals vor den Traualtar treten. Aber noch bevor der Sommer endete, erwies sich dies als Irrtum.

Die glanzvolle Hochzeit fand am 7. Juli 1928 in der St. Philomena-Kirche, East Hampton, in Anwesenheit von Bankern, Anwälten, Financiers, Börsenmaklern und ihren Familien statt. Ein unsicherer, aber nüchterner Bud Bouvier, der erst zwei Tage zuvor aus einem Privatsanatorium entlassen worden war, fungierte als Trauzeuge. Nach der Zeremonie erschienen fünfhundert Gäste auf dem ausgedehnten Landsitz an der Lily Pond Lane, den James Lee für den Sommer gemietet hatte. Man tanzte auf den Veranden und dem Rasen zur Musik des Meyer-Davis-Orchesters. Die heitere Atmosphäre des Nachmittags wurde durch einen lautstarken Streit zwischen Bräutigam und Schwiegervater im Innern des Hauses abrupt beendet, der ersten von vielen Auseinandersetzungen, die noch folgen sollten. Bald danach verschwand das frischgebackene Ehepaar, um die Hochzeitsnacht in New York zu verbringen, im Savoy Plaza Hotel. Am nächsten Morgen traten die beiden eine fünfwöchige Europareise an.

2

Black Jack Bouvier erzählte Louis Ehret einmal, es sei sein heimlicher Wunsch, im Alter von neununddreißig Jahren fünf Millionen Dollar verdient zu haben und sich dann in ein sonniges Dorf an der Riviera zurückzuziehen, wo eine Jacht mit ausschließlich weiblicher Besatzung vor Anker liegen müsse. Nach Edie Beales Aussage lautete sein Lieblingsspruch: »Wenn jemand was von einem will, soll er dafür zahlen.« Und sie meinte weiter: »Onkel Jack interessierte sich nie besonders für die High Society; das war Janets Domäne, Geld war ihm wichtiger. Er war durch und durch geldgierig, nach dem Motto: Nichts im Leben ist kostenlos. Und diese Einstellung färbte auf seine Kinder ab.«

Am 24. Oktober 1929, dem Tag des Börsenkrachs an der Wall Street, war Geld sicherlich ein zentrales Thema für Jack. Diese Katastrophe ereignete sich kurz nach einer für ihn persönlich noch schlimmeren Tragödie. Bud Bouvier war im Alter von sechsunddreißig an Leberzirrhose gestorben, und Jack fühlte sich mitschuldig an seinem Tod. Zehn Wochen später, am 22. Dezember 1929, wurde Jacqueline Lee Bouvier in der St. Ignatius Loyola-Kirche in New York getauft. Bud hätte als Pate fungieren sollen. Nun bat Janet ihren Vater, diese Rolle zu übernehmen. Aber James Lees Taxi blieb in einem Stau stecken. So mußte in letzter Minute Ersatz gefunden werden, und die Wahl fiel auf Miche Bouvier, Buds neunjährigen Sohn, der diesen Augenblick später als seine ›Begegnung mit dem Schicksal‹ bezeichnete.

Nach dem Börsenkrach war Black Jack auf die Gnade seines verhaßten Schwiegervaters angewiesen. Der leistete Hilfe in Form von zinslosen Darlehen und einem mietfreien Apartment in New York — allerdings nur unter der Bedingung, daß Jack seinen verschwenderischen Lebensstil aufgab, weder trank noch spielte und auf riskante Spekulationen verzichtete. Außerdem mußte er den Buchhaltern seines Schwiegervaters monatlich Rechenschaft über seine Einnahmen und Ausgaben ablegen. Für Rowdy Hall, das Sommerhaus der jungen Familie in East Hampton, sorgte Jacks Vater. In diesem dreistöckigen Holzbau im Kolonialstil fand an Jackies zweitem Geburtstag eine Party statt, zu der etwa zwanzig kleine Jungen und Mädchen erschienen. Ein Reporter vom *East Hampton Star* berichtete über dieses Ereignis, wodurch Jackies Name zum erstenmal in der Presse erwähnt wurde: »Die kleine Jackie Bouvier, Tochter von Jack Bouvier und Janet Lee Bouvier, wird ihr gesellschaftliches Debüt erst in etwa sechzehn Jahren geben. Sie war aber bei ihrer zweiten Geburtstagsparty in ihrem Elternhaus Rowdy Hall an der Egypt Lane eine charmante Gastgeberin. Die Kinder spielten und ritten auf Ponys, dann wurden Jack-Horner-Pasteten und die Geburtstagstorte serviert.«

Einen knappen Monat später wurde Jacqueline erneut im *Star* erwähnt, nachdem sie bei der jährlichen Hundeschau in East Hampton Village ihren zottigen schwarzen Scotch-Terrier namens Hootchie vorgeführt hatte. »Die zweijährige Jacqueline Bouvier tapste auf das Podest und zeigte dem Publikum voller Stolz einen jungen Scotch-Terrier, der etwa so groß wie sie selbst war.«

Am 3. März 1933 war die Familie komplett, als Jacquelines Schwester Caroline Lee geboren wurde. Sie war nach Caroline Maslin Ewing, ihrer Urgroßmutter väterlicherseits, benannt worden, die für ihr Organisationstalent hinter den Kulissen des New York Foundling Hospital bekannt war.

Jack Bouvier nannte seine jüngere Tochter ›Lee‹, während die ältere von allen ›Jackie‹ gerufen wurde, obwohl sie als Kind diesen Namen nicht mochte und ›Jacqueline‹ bei weitem vorzog.

Ein knappes Jahr nach Lees Geburt ereignete sich ein Zwischenfall, der später häufig erzählt werden sollte. Bei einem Spaziergang im Central Park mit der kleinen Schwester und dem englischen Kindermädchen lief Jackie weg. Ein Polizist entdeckte sie, als sie unbeschwert einen Weg entlangschlenderte. Sie kam auf ihn zu, schaute ihm in die Augen und erklärte: »Ich glaube, mein Kindermädchen und meine kleine Schwester sind verschwunden.« — Ihre Mutter holte sie dann vom nächsten Polizeirevier ab.

Eine andere Kindheitserinnerung illustriert die unterschiedlichen Persönlichkeiten von Jackie und Lee. Jackie war direkt und sachlich, Lee höflich, sogar diplomatisch. In ihrem Apartmenthouse arbeitete ein Liftboy namens Ernest, dessen blonder Haarschopf über der Stirn nach vorn ragte. Eines Morgens betrat die kleine Lee den Aufzug und meinte: »Ernest, Sie sehen heute sehr hübsch aus.« Er wollte ihr gerade danken, als sich Jackie einmischte. »Wie kannst du so was sagen, Lee? Das stimmt nicht. Du weißt doch ganz genau, daß Ernest wie ein Hahn aussieht.«

Die Lehrerinnen in Miss Chapins Schule an der East End Avenue in Manhattan stimmten darin überein, daß Jackie zwar hochintelligent, aber ein Problemkind war. Nach der Ansicht ihrer Mutter fiel sie in der Schule nur deshalb unliebsam auf, weil sie sich langweilte. »Jackie war mit ihren Aufgaben stets vor allen anderen Kindern fertig, und weil es dann nichts mehr für sie zu tun gab, fiel sie den Lehrerinnen auf die Nerven.«

Jackie verriet nie, wann sie zum erstenmal die ehelichen Probleme ihrer Eltern bemerkt hatte, die ihr Bestes taten, um die wachsenden Spannungen zu vertuschen. Aus einem unerschütterlichen Entschluß heraus, niemals das Gesicht zu verlieren, weigerte sie sich, ihre Gefühle zu zeigen — auch als ihre Eltern längst getrennte Wege gingen und sie und ihre Schwester zu den Opferlämmern eines qualvollen Scheidungskampfes wurden.

Die Kluft zwischen ihren Eltern, die sich zusehends verbreiterte, spielte eine wesentliche Rolle bei der Entwicklung von Jackies Charakter und ihrer Persönlichkeit. Bald merkten sogar Außenseiter, daß sich die Probleme nicht mehr lösen ließen. Im Mittelpunkt der Differenzen standen finanzielle Schwierigkeiten und die Unfähigkeit beider, ihren Lebensstil den Gegebenheiten anzupassen, sowie Black Jacks endlose Fehlschläge an der Börse.

Schließlich konnte Jackie ihre Augen und Ohren nicht mehr vor dem Zwist verschließen. Nachts hallten die Wände ihres Schlafzimmers von den lautstarken Auseinandersetzungen ihrer Eltern wider. Wie sie ihrer Mutter später anvertraute, schlich sie manchmal in den dunklen Flur der Vorhalle, so daß sie die Worte verstand — Janets laute Ultimaten, Jacks wütenden, vorwurfsvollen Protest. Stundenlang stand sie da und lauschte und betete um ein glückliches Ende, mit dem sie jedoch nicht mehr rechnete.

Judith Frame, eine Bekannte der Bouviers aus jener Zeit, erinnert sich, daß Jackie ein ›undurchschaubares‹ Kind gewesen sei. »Man merkte ihr nicht an, was sie dachte oder wieviel sie von den Problemen ihrer Eltern wußte. Sie war ein schönes Kind, das Ebenbild ihres Vaters — die gleichen weit auseinanderstehenden, leuchtenden Augen, der dunkle Teint, die vorstehenden Backenknochen ... Es war kein Geheimnis, daß die Bouviers sich nicht mehr verstanden. Janet hatte Jacks Pokerpartien, Geschäftsreisen und Herrenabende bald satt. Dies waren Umschreibungen für Nächte, die er mit anderen Frauen verbrachte. Es war keineswegs ungewöhnlich, Jack und Janet zusammen auf einer privaten Dinnerparty in East Hampton zu treffen und ihn wenige Stunden später im Devon Yacht Club mit einem anderen Mädchen am Arm an der Bar zu sehen.«

Bei einer Bouvier-Party in East Hampton, so Judith Frame, sah Janet ihren Mann mit der Ehefrau eines anderen im Gebüsch verschwinden — er nahm einfach den Arm dieser Frau und ging mit ihr davon. Ein anderes Mal überraschte sie ihn in inniger Umarmung mit ihrer Freundin Tammy Welch. »Das hat nichts zu bedeuten«, erklärte er, »wir blödeln nur.«

»Black Jack war tödlich, absolut tödlich«, berichtet Judith Frame. »Er war ungemein attraktiv, was er auch wußte. Wie ein Hahn stolzierte er umher, strich über sein Haar, starrte in alle Spiegel und präsentierte sich den Frauen. Er war ein Don-Giovanni-Typ — verführerisch, charmant, gefährlich. Er benahm sich, als wären alle Augen der Welt auf ihn gerichtet. Ich weiß nicht, wie groß er war. Nicht sehr groß, aber er wirkte viel größer. Das lag an der Art, wie er einen Raum betrat, wie er sich bewegte. Natürlich könnte dieses Posieren ein Schutzmantel gewesen sein, hinter der sich eine innere Unsicherheit verbarg, das ist schwer zu sagen. Oft fuhr er in seinem Cabrio die Straßen hinauf und hinunter, nur um Aufmerksamkeit zu erregen, und entschwand dann in einem Schleier aus Staub und Champagner. Schließlich weigerte sich Janet, in der Öffentlichkeit mit ihm aufzutreten. Wenn sie gemeinsam irgendwohin eingeladen waren, täuschte sie in letzter Minute eine Krankheit vor oder erfand irgendeine andere durchsichtige Ausrede, um ihn nicht begleiten zu müssen. Um den Klatsch hinter ihrem Rücken kümmerte sie sich nicht. Dazu war sie zu stolz. Aber sie war nicht stolz genug, ihren Mann einfach zu verlassen — das tat sie erst, als die halbe Welt von ihren Schwierigkeiten wußte.«

Ihr Vater drängte sie, einen führenden New Yorker Scheidungsanwalt aufzusuchen, doch sie weigerte sich vorerst in der Überzeugung, ihre Ehe noch retten und ihrem lebenslustigen Mann klarmachen zu können, wie schädlich sich seine Seitensprünge auf die Beziehung auswirkten. Doch ihre Versuche, Jack zu zähmen, sollten schließlich scheitern. Black Jack, der mittlerweile aus dem Apartment in der Park Avenue in ein Zimmer im Westbury Hotel gezogen war, wollte seine Ehe retten und strebte im April 1937 eine Versöhnung an. Janet hegte jetzt nur mehr geringe Hoffnungen für ihre Ehe, willigte aber den Kindern zuliebe ein. Für diesen Sommer mietete die Familie ein kleines Haus über den Dünen von East Hampton.

Was sich dort abspielte, geht aus einer beeideten Aussage hervor, die Bertha Kimmerle 1939 machte, Jacquelines und Lees Gouvernante vom August 1937 bis Dezember 1938. Nach ihrer Ansicht war Janet Bouvier äußerst willensstark. »Sie tat nur, was sie wollte, wann sie es wollte und wo sie es wollte. Sie blieb nur selten zu Hause, und so waren die Kinder ständig in meiner Gesellschaft. Mr. Bouvier wurde meist allein gelassen, aber seine Liebe zu den kleinen Mädchen war offensichtlich, und beide erwiderten seine Gefühle überschwenglich. Wann immer sie es ermöglichen konnten, suchten sie seine Nähe … Das galt besonders für Jacqueline …, ein ungewöhnlich aufgewecktes Kind, das sich leidenschaftlich für Pferde interessierte. Lee war eine liebenswerte kleine Maus, nicht so sensibel und lebhaft wie ihre Schwester, aber innerlich stark, lieb und zärtlich.«

Der Kimmerle-Aussage zufolge wirkten Jacqueline und Lee in Gegenwart ihrer Mutter reservierter als im Beisammensein mit dem Vater. Das mochte mit Mrs. Bouviers häufigen Temperamentsausbrüchen zusammenhängen. »In der Tat«, betonte Miss Kimmerle, »ich lebte erst seit etwa zehn Tagen im Haus, als Mrs. Bouvier ihre Tochter Jacqueline kräftig versohlte, weil das kleine Mädchen beim Spielen zu laut gewesen war. Sie schlug Jacqueline sehr oft und ärgerte sich häufig über sie, allerdings aus mir unerklärlichen Gründen.«

Die Gouvernante erinnerte sich an einen Zwischenfall an einem Sonntag, dem 26. September 1937. »Mrs. Bouvier hatte ihren Vater ins Haus gebeten. Soviel ich herausfinden konnte, war sie wütend, weil Mr. Bouvier es bei einem Aufenthalt in der Stadt versäumt hatte, sich zu diesem oder jenem Zweck einen Anwalt zu nehmen. Als die drei — Mrs. Bouvier, Mr. Lee und Mr. Bouvier — einen lautstarken Streit austrugen, lief die kleine Jacqueline zu mir die Treppen herauf. ›Sehen Sie, was sie meinem Daddy antun!‹ rief sie und brach in Tränen aus.«

Fanny Gardiner, Gründungsmitglied des East-Hampton-Reitclubs, hatte Mitleid mit Jacqueline. »Nie werde ich die Jackie vergessen, die ich damals kannte. Sie war ein schwermütiges Kind, wanderte im Club herum wie ein mutterloses Kätzchen, sprach mit den Reitknechten und umsorgte die Pferde. Sie benahm sich wie ein normales Kind, kletterte auf Bäume, spielte mit den anderen Seilhüpfen und Verstecken. Aber irgendwie spürte man, daß sie innerlich ganz woanders war und in einer Traumwelt lebte.«

Im Herbst nach New York zurückgekehrt, lebten die Bouviers wieder getrennt. Dieses Mal waren sie sich einig, daß die Trennung endgültig war. Black Jack erzählte allen, die es hören wollten, er habe versucht, seine Ehe zu retten, aber seine Frau sei nicht darauf eingegangen.

Im Juni 1938 mietete er in East Hampton dasselbe Sommerhaus, das er im Vorjahr mit seiner Familie bewohnt hatte, und drängte Janet, den Sommer wieder mit ihm zu verbringen, um einen letzten Aussöhnungsversuch zu unternehmen. Sie lehnte ab. Statt dessen quartierte sie sich mit den Mädchen in Bellport ein, das vierzig Meilen von East Hampton entfernt lag. Wie Miss Kimmerle später aussagte, war Janet in diesem Sommer kaum daheim, machte Ausflüge mit den neuen Männern in ihrem Leben und ließ die Kinder in der Obhut ihrer Gouvernante und eines Hausmädchens zurück. Dem Personal erklärte sie, Black Jack dürfe das Haus unter keinen Umständen betreten. Sie geriet bereits in Wut, wenn nur sein Name erwähnt wurde und trug Miss Kimmerle sogar auf, die Mädchen zu schlagen, wenn sie nach ihrem Vater verlangten.

Normalerweise weder grausam noch unvernünftig, spürte Janet anscheinend, daß sie mit dem ihr entfremdeten Ehemann einen heftigen Kampf um die Zuneigung der Kinder ausfechten mußte. Bernice Anderson, das Hausmädchen, sagte später aus, Jacqueline habe oft gedroht, zu ihrem Vater zu laufen. »Als ihre Mutter einmal außer Haus war, bat sie mich, ihr zu helfen, die Nummer des Vaters aus dem Telefonbuch herauszusuchen. Sie sei so unglücklich und wolle sofort mit ihm reden.«

Im September kehrten Jackie und Lee mit ihrer Mutter nach New York zurück. Sie zogen aus der Park Avenue in ein kleineres Apartment am One Gracie Square, nahe Miss Chapins Schule. Die Situation verschlechterte sich. Wie Bernice Anderson erklärte, trank Mrs. Bouvier sehr viel, nahm Schlaftabletten, stand selten vor Mittag auf und wirkte stets hochgradig nervös und deprimiert. Dieses Verhalten muß sich auf ihre Töchter ausgewirkt haben. Jackie hatte zum erstenmal Schwierigkeiten in der Schule und stritt häufig mit ihrer Mutter, während Lee unkontrollierte Weinkrämpfe bekam.

Mitte 1939 nahm sich Janet einen Scheidungsanwalt, William Evarts von der Kanzlei Milbank, Tweed und Holt. Er riet ihr, einen Privatdetektiv zu engagieren, der Beweise für Mr. Bouviers Seitensprünge sammeln sollte. Ehebruch, so erklärte er, sei ein eindeutig anerkannter Scheidungsgrund und garantiere Janet eine hohe Abfindung. Anfang 1940 informierte Janets Anwalt, mit den Namen, Daten und sogar Fotos von Black Jacks Freundinnen bewaffnet, die Presse. Am 26. Januar 1940 erschien im *Daily Mirror* ein Artikel unter der Schlagzeile: SCHEIDUNGSKLAGE GEGEN BEKANNTEN BÖRSENMAKLER. Auch bei anderen Medien stieß die Angelegenheit auf lebhaftes Interesse und stürzte Jacqueline, die von Freundinnen und Klassenkameradinnen gehänselt wurde, in arge Verlegenheit.

Da Janet mittlerweile ein eigenes aktives gesellschaftliches Leben führte, fürchtete ihr Anwalt einen Gegenangriff von seiten Jacks und empfahl, die Scheidung in Nevada zu beantragen und als Scheidungsgrund ›seelische Grausamkeit‹ ihres Mannes anzugeben. Janet fuhr mit ihren Kindern nach Nevada.

3

Am 22. Juli 1940 wurde die Scheidung ausgesprochen. Jacqueline war fast elf, alt genug, um den Zusammenbruch ihrer Welt wahrzunehmen, aber noch zu jung, um die volle Bedeutung des Geschehens zu erfassen.

Instinktiv verschloß sie sich vor ihrer Umgebung und zog sich zurück. Das war ihre Art, das Trauma zu verarbeiten. Sie lernte, an Ereignissen teilzunehmen, ohne wirklich dabeizusein, zu beobachten, ohne gesehen zu werden. Niemand kannte ihr inneres Wesen, niemand kam an sie heran.

Black Jack versuchte sich die Gunst seiner Töchter zu erhalten, indem er ihnen ein monatliches Taschengeld zukommen ließ, das über die im Scheidungsabkommen festgelegten Zahlungen hinausging. Von den ehelichen Zwängen befreit, zog der fünfzigjährige Bouvier aus dem Westbury Hotel in ein Zwei-Zimmer-Apartment und kehrte zum unbeschwerten Lebensstil seiner Junggesellenzeit zurück. Der einzige Unterschied zu damals bestand darin, daß er nun auch noch die Vaterfreuden genießen konnte.

Während sich Jack mit den jüngsten und schönsten Frauen New Yorks traf, tat auch Janet das ihre, ihren Horizont zu erweitern. Schließlich lernte sie Hugh Dudley Auchincloss Jr. kennen, Teilhaber des Investment- und Bankinstituts Auchincloss, Parker & Redpath mit Hauptquartier in Washington und Zweigstellen in New York sowie in anderen größeren Städten an der Ostküste. Obwohl sieben Jahre jünger als Jack Bouvier, war Hughdie, wie er von seinen Freunden liebevoll genannt wurde, wesentlich reifer und stabiler und besaß jene Charakterstärke, die Janet bei ihrem ersten Mann vermißt hatte.

Hughdie war bereits zweimal geschieden. Aus erster Ehe hatte er einen Sohn, Hugh Dudley III, genannt ›Yusha‹, aus der zweiten eine Tochter und einen Sohn, Nina Core (›Nini‹) und Thomas Core.

»Ich lebte mit meinem Vater auf Merrywood, dem Familiensitz in McLean, Virginia, als er 1941 anfing, mit Janet auszugehen«, berichtete Yusha. »Im selben Jahr besuchte sie uns zu Weihnachten auf Merrywood und brachte Jackie und Lee mit. Ich bin einige Jahre älter als Jackie, aber sie war so intelligent und aufnahmefähig für ihr Alter, daß der äußere Altersunterschied keine Rolle spielte.«

1941 traten die Vereinigten Staaten in den Krieg ein, und Hugh Auchincloss wollte nicht zurückstehen. Der Geheimdienst der Marine teilte ihn einer Planungseinheit in Kingston, Jamaica, zu, wo er sich Mitte Juni 1942 zu melden hatte. Unmittelbar vor seiner Abreise heiratete er Janet. Die Zeremonie dauerte nur fünfzehn Minuten. Jackie und Lee waren dabei. Außerdem die Schwester und der Schwager Hughdies sowie sein Sohn Yusha, der als Trauzeuge fungierte. Später fuhr Janet ihren Mann zur Union Station in Washington, wo er in einen Militärzug stieg.

Er kehrte früher als erwartet zurück. Im September war seine Mutter gestorben, und das Kriegsministerium gab ihm eine Schreibtischtätigkeit in Washington. In seinem Haus lebten nun fünf Kinder — Tommy, Nina, Jackie, Lee und Yusha. Zwei weitere kamen noch hinzu. Janet Jr. wurde 1945 geboren, Jamie zwei Jahre später.

Die Übersiedlung von New York nach Washington und Newport, wo Hugh Auchincloss einen zweiten Familiensitz besaß, die Hammersmith Farm, erwies sich als weniger kompliziert, als Janet befürchtet hatte. Hugh war sehr wohlhabend und konnte ihr jeden Komfort bieten, den sie sich nur wünschte. Janet war froh, einen Mann gefunden zu haben, den sie nicht nur bewunderte, sondern der auch über die nötigen Mittel verfügte, um für ihre Töchter und sie selbst angemessen zu sorgen.

Den Sommer 1942 verbrachten Jackie und Lee wie immer zur Hälfte bei ihrem Vater in East Hampton. Wie John Davis in seiner Familienbiographie über die Kennedys schreibt, knüpfte Jackies Vater zu jener Zeit neue romantische Bande zu der Frau eines jungen britischen Offiziers, der in Washington stationiert und im Pentagon beschäftigt war. Black Jack hatte die Dame, deren Identität Davis nicht verrät, während eines Besuchs bei Freunden in East Hampton kennengelernt. Trotz der Anwesenheit seiner Tochter machte Bouvier kein Hehl aus seiner Begeisterung für die Engländerin. Wenige Tage später zog sie zu ihm in seine Sommerresidenz, führte Jack und seinen Kindern den Haushalt und wurde seine ständige Begleiterin bei Dinnerpartys oder Clubfesten. Den beiden machte es großen Spaß, die prüden East-Hampton-Bewohner zu schockieren, indem sie Händchen hielten, einander hemmungslos umarmten und küßten. Wo immer sich die Gelegenheit bot, liebten sie sich — in Jacks Haus, in der Badehütte, hinter den Dünen. Wie Jacqueline im heiklen Alter von dreizehn Jahren darüber dachte, kann nur vermutet werden. Aber ganz sicherlich kam sie am Ende der Ferien recht verwirrt nach Merrywood zurück.

Black Jack und seine Geliebte blieben bis zum nächsten Juni zusammen, dann kehrte der britische Offizier mit seiner Frau nach England zurück. Wenige Monate später überraschte sie Jack mit der Nachricht, sie habe Zwillinge geboren, einen Jungen und ein Mädchen. Sie erinnerte ihn daran, daß sie neun Monate vor der Niederkunft bei ihm, und nicht bei ihrem Mann gewesen sei. Also war Black Jack der Vater, doch das Ehepaar hatte beschlossen, die Kinder wie seine eigenen aufzuziehen.

Jack hatte weder die Absicht noch das nötige Geld, dagegen zu protestieren. Er sah diese Kinder kein einziges Mal, im Gegensatz zu anderen Mitgliedern der Familie Bouvier, Jackie eingeschlossen, die ihre Neugier nicht bezähmen konnte. 1949, bei einem kurzen Besuch in England, besuchte sie die ehemalige Geliebte ihres Vaters und die beiden Kinder, die er aller Wahrscheinlichkeit nach gezeugt hatte. Später schrieb sie ihm, beide Kinder seien ihm bemerkenswert ähnlich.

Der Gedanke an die in England lebenden Halbgeschwister erfüllte Jackie mit Grauen, vor allem Ende der fünfziger

Jahre, als John F. Kennedy für die Präsidentschaft kandidierte. Sie wußte, wie negativ eine solche Enthüllung die politische Karriere ihres Ehemannes beeinflussen würde, und beschloß, die Fakten um jeden Preis geheimzuhalten. Zum erstenmal wurden die Zwillinge in John Davis' Kennedy-Buch erwähnt. »Mittlerweile waren sie beide tot, die Opfer makabrer Zufälle«, erklärte Davis. »Der Junge fand in England einen tragischen verfrühten Tod bei einem Autounfall, das Mädchen wurde unter mysteriösen Umständen im Nahen Osten ermordet.«

Das luxuriöse Landhaus Merrywood, das Hugh Auchincloss während der meisten Zeit des Jahres bewohnte, erhob sich am Ufer des Potomac, gegenüber von Washington. Zu dem Anwesen gehörten ein Swimming-pool von olympischen Ausmaßen (die Badehütte war im Stil eines Schweizer Chalets gehalten), eine Badminton-Halle, zwei Ställe, Reitwege, Bäche, Hügel und Täler, eine Garage für vier Autos (mit Waschanlage), acht Schlafzimmer, eine Riesenküche (so ausgestattet, daß über dreihundert Leute verköstigt werden konnten), ein Weinkeller und Dienstbotenquartiere über der Garage. Zu den Wohnräumen zählte unter anderem ein halbrundes Spielzimmer, das Janets Vorgängerin, Nina Core, mit runden Möbeln gefüllt und für Bridgeabende benutzt hatte.

Nachdem Janet Mrs. Auchincloss geworden war, sah sie ihre wichtigste Aufgabe darin, Merrywood und die Hammersmith Farm neu einzurichten, und engagierte dafür die New Yorker Innenarchitektin Elisabeth Draper, die später berichtete: »Sie war eine Perfektionistin und sehr wählerisch, achtete auf jedes Detail und legte Wert auf eine heitere Atmosphäre. Hughdies frühere Ehefrauen hatten die Räume mit dicken Teppichen und massiven gotischen Möbeln gefüllt. Die Fenster waren bleiverglast, die Zimmer mit dunklem Holz vertäfelt. Janet erzeugte eine wohnlichere Atmosphäre, ohne die einstige Förmlichkeit aufzugeben.

Das Schönste von Merrywood war das Rauschen des Potomacs … Im zweiten Stock konnte man es deutlich hören.

Dort suchte sich Jackie ihr Zimmer aus, etwas abseits vom Rest des Hauses.«

In diesem Zimmer verbrachte Jackie den Großteil ihrer Zeit und drückte ihre einsamen Gedanken und Gefühle in Gedichten und Zeichnungen aus, die sie manchmal ihrem Vater nach New York schickte. Sie schrieb ihm auch Briefe, die er anderen Familienmitgliedern zu lesen gab. Darin bekannte sie, wie schwer es ihr fiel, sich in der neuen Umgebung einzuleben, und beklagte ›Onkel Hughdies‹ (so nannte sie ihren Stiefvater) mangelnden Humor.

Auf Holton-Arma, der konservativen Mädchenschule in Washington, die sie jetzt besuchte, fühlte sie sich nicht wohl. Sie fand ihre Kameradinnen unfreundlich, den Lehrplan uninteressant. In Miss Shippens vornehmer Tanzschule gefiel es ihr ebensowenig. Aber ihre Mutter zwang sie hinzugehen und auch die Tanzpartys für Mädchen und Jungen zu besuchen, die Miss Shippen in den Ferien veranstaltete.

Den Sommer 1943 verbrachte sie auf der Hammersmith Farm in Newport, zu der siebenundneunzig Morgen Land gehörten. In den Ställen und Gehegen waren Ackergäule und Ponys, Black Angus-Rinder, Schafe, Ziegen und Hühner untergebracht. Auch hier suchte sich Jackie ein abgelegenes Zimmer im zweiten Stock aus, das zum Meer hinausging. Nachts hörte sie die Nebelhörner tuten und spürte den kühlen Sommerwind.

Wegen des kriegsbedingten Personalmangels reduzierte Janet die Anzahl der Gärten und Gewächshäuser von Hammersmith. Die Farmarbeit wurde zwischen den Kindern aufgeteilt. Da Hammersmith den lokalen Navy-Stützpunkt mit Milch und Eiern versorgte, molk Yusha die Kühe, während Jackie täglich über zweitausend Hühner fütterte. Die anderen stutzten die Hecken, kümmerten sich um die Blumenbeete und Obstbäume und mähten die Rasenflächen.

Die Briefe, die Jackie in dieser Zeit an ihren Vater schrieb, spiegelten ihren Sinneswandel wider. Inzwischen hatte sie sich an ihr neues Umfeld gewöhnt. Sie genoß die Verantwortung, die ihr auferlegt wurde, ebenso wie die Vorteile, die sich daraus ergaben, daß ihre Mutter in eine privilegierte Familie eingeheiratet hatte. Mit ihren Stiefgeschwistern verstand sie sich sehr gut, neuerdings auch mit Onkel Hughdie, dem sie sich oft anschloß, wenn er lange Wanderungen unternahm. Obwohl sie das New Yorker Leben vermißte, genoß sie die erholsame ländliche Szenerie von Merrywood und Hammersmith. Sogar Holton-Arms fand nun ihre Zustimmung, nachdem sie sich zu ihrer eigenen Überraschung, von einer sehr eindrucksvollen Lehrerin namens Helen Shearman inspiriert, plötzlich ›in Latein verliebt‹ hatte.

Obwohl es ganz natürlich war, daß sich Jackie mit ihren neuen Lebensumständen anfreundete, fiel es ihrem Vater schwer, dies zu akzeptieren. Er fühlte sich von seinen Töchtern verlassen, gab Janet die Schuld daran und tröstete sich mit Alkohol. 1944 verbrachte er acht Wochen in Silver Hill, einem Rehabilitationszentrum für Alkoholiker, demselben Sanatorium, in dem sein Bruder Bud vor sechzehn Jahren Zuflucht gesucht hatte. Auch 1946 und 1947 hielt sich Jack dort auf, konnte seine Trinkgewohnheiten aber nie ganz aufgeben.

1944 ging Jackie in das Internat Miss Porter's School in Farmington, Connecticut. Farmington (wie das Internat meistens genannt wird) hat sich kaum verändert, seit es 1843 von Miss Sarah Porter im klassischen New-England-Stil gegründet worden ist. Die Zöglinge sind Töchter reicher Eltern, die nicht nur auf Bildung, sondern auch auf gesellschaftlichen Schliff Wert legen.

Zu Jackies Zeiten war die Atmosphäre von Farmington streng, korrekt, snobistisch, kalt und willkürlich. Freitagnachmittags mußten die Mädchen mit den Lehrerinnen Tee trinken und am Sonntagabend in der Schulkapelle Vorträge von Gastdozenten anhören. Samstags durften die älteren Mädchen männlichen Besuch empfangen — meist Studenten von Harvard, Yale und anderen vornehmen Colleges —, aber die Jungs durften keinen Fuß in die Schlafzimmer setzen. Zigaretten, Alkohol und Kartenspiele waren ebenfalls verboten.

Jackies Internatskameradinnen erinnern sich an einen temperamentvollen, hochnäsigen, manchmal auch scheuen Teenager, der gern allein am Rand des Campus spazierenging, wo viele alte Häuser und hohe Eichen standen. Eines dieser Häuser bewohnte Hughdies Schwester Annie mit ihrem Mann Wilmarth Lewis, einem bekannten Wissenschaftler. Jackie besuchte die beiden oft und brachte gelegentlich eine Freundin zum Dinner mit, da sie Annies Hausmannskost dem mittelmäßigen Essen im Internat vorzog. Auch entlieh sie sich von Annie, einer passionierten Sammlerin von Drucken des 18. Jahrhunderts und ebenfalls eine ehemalige Farmington-Schülerin, gern Kunstbücher.

In Jackies Klasse ging auch Nancy Tuckerman (›Tucky‹), eine frühere Kameradin aus der Chapin-Schule. Ihre Eltern, Roger und Betty Tuckerman, waren in East Hampton mit den Bouviers befreundet gewesen. Nicht so intellektuell veranlagt wie Jackie, teilte Tucky deren Humor. Sie war zurückhaltend, taktvoll und wußte Geheimnisse zu hüten. Als Jakkies Zimmergenossin für zwei Jahre mußte sie sehr viele Geheimnisse bewahren, und mit der Zeit wurde sie zu Jakkies bester, treuester Freundin.

»Mit fünfzehn Jahren war meine Kusine preziös, lesewütig und herrschsüchtig«, erklärt Edie Beale, ebenfalls Farmington-Absolventin. »Sie schrieb ihrer Mutter lange, ausführliche Briefe über alle Lehrgänge und Prüfungen. In jener Zeit sah ich sie nur ein einziges Mal — wir gingen in New York Schuhe kaufen. Jackie war ... ein gräßliches Kind. Deshalb hatte sie von ihren Klassenkameradinnen den Spitznamen ›Jacqueline Borgia‹ erhalten.

Stets wußte sie, wie sie ihren Willen durchsetzen konnte. Sie verstand es meisterhaft, die Leute zu manipulieren. In erster Linie schien sie sich für Geld zu interessieren, vor allem deswegen, weil sie keines hatte. Ihr Stiefvater war reich, ihre Stiefgeschwister wurden bestens versorgt. Aber obwohl Jackie in einer luxuriösen Umgebung aufwuchs, mußte sie sich mit den fünfzig Dollar begnügen, die ihr Vater monatlich an das Internat schickte. In einem Haus wie Farmington, wo Reichtum als selbstverständlich galt, kam man mit fünfzig Dollar nicht weit. Wenn man sich in diesem Internat kein eigenes Pferd hielt, wurde man wie eine Ausgestoßene behandelt. Daraus ergaben sich Probleme für Jackie, denn weder ihre Mutter noch ihr Stiefvater wollten die fünfundzwanzig Dollar pro Monat bezahlen, die Kost und Logis für die Stute Danseuse auf Farmington verschlingen würde. Von ihrem Vater konnte sie keine weitere Unterstützung erwarten, und so schrieb sie an Großvater Bouvier und fügte, gleichsam als Bestechung, eines ihrer Gedichte bei. Er schickte das Geld, und bald darauf folgte das Pferd.«

Nachdem Danseuse auf Farmington eingetroffen war, stellte sich heraus, daß Jackie keine Decke für das Tier besaß und auch kein Geld, um eine zu kaufen. Dieses Problem löste sie, indem sie ihrer Mutter schrieb, Danseuse trage eine »gestohlene Decke, die ich von einem anderen Pferd runtergezogen habe«. Der nächsten Post aus Merrywood lag ein Scheck für eine neue Pferdedecke bei.

Zu Jackies liebsten Erinnerungen aus der Internatszeit gehören die Besuche ihres Vaters. Miche Bouvier, der Black Jack manchmal begleitete, entsinnt sich, daß »Jackies Klassenkameradinnen beim Anblick ihres hübschen Vaters fast in Ohnmacht fielen. Sie verglichen ihn mit Clark Gable als Rhett Butler in *Vom Winde verweht*. Seine Haut war so dunkel, daß ihn mindestens eine Schülerin für einen Farbigen hielt. Sie umschwärmten ihn, und Jackie freute sich darüber, aber es machte sie auch verlegen.«

Wie es die Tradition auf Farmington verlangte, führten die Eltern, die zu Besuch kamen, ihre Töchter zum Steak-Lunch ins Elm Tree Inn aus, worauf ein Nachmittag voller Aktivitäten folgte, die von der Schule organisiert wurden. Einmal fungierte Black Jack als Jackies Partner bei einem Vater-Tochter-Tennisturnier. Er beobachtete sie bei Pferderennen und abonnierte sogar die Internatszeitung *Salmagundy*, weil seine Tochter Redaktionsmitglied war und gelegentlich Karikaturen sowie Gedichte beisteuerte.

Besonders gern sah er sie in den Theateraufführungen,

die von der Schule veranstaltet wurden. Sie trat den ›Farmington-Players‹ bei, einer Truppe von Schülerinnen, die alljährlich ein Weihnachtsspiel und zwei andere Stücke auf die Bühne brachten. In ihrem vorletzten Studienjahr spielte sie in einer Dramatisierung von Jane Austens Roman *Pride and Prejudice* eine Hosenrolle, den Mr. Bingsley.

»Sie brachte ihr schauspielerisches Talent und ihren Sinn für Dramatik voll zur Geltung«, erzählt Lily Pulitzer, die Farmington ungefähr zur gleichen Zeit wie Jackie besuchte. »Die Art, wie sie ging und sich bewegte, verrieten ein angeborenes Bühneninteresse. Außerdem kam sie mir höchst intellektuell vor. Nie sah ich sie ohne einen Bücherstapel unter dem Arm, auch wenn sie gerade nicht studierte. Ich gewann den Eindruck, daß sie in jenen Tagen ihre Bücher den Jungs vorzog. Sie hatte nur selten eine Verabredung. Wenn sie ausging, dann meistens in einer kleinen Gruppe oder mit Jungs, deren Eltern mit den ihren befreundet waren. Scherzhaft bemerkte sie, eines Tages würde sie wie Miss Shaw enden, eine der altjüngferlichen Hausmütter des Internats — ›unverheiratet und ungeliebt‹.«

Andere Schulkameradinnen sahen in Jackie die ›perfekte Nonkonformistin‹. Sie rebellierte gegen Schulregeln und gesellschaftliche Sitten, rauchte in ihrem Schlafzimmer Zigaretten, stahl frischgebackene Kekse aus der Internatsküche, trug bei Schulfesten ausgefallene Frisuren und ein zu starkes Make-up. Einmal warf sie eine Schokoladentorte in den Schoß einer verhaßten Lehrerin. Sie kleidete sich sogar anders als die übrigen Mädchen. Statt der populären Kaschmirpullover, karierten Röcke und weißen Popelinmäntel bevorzugte sie weniger konservative Sachen und Allwettercapes. Wie immer der neueste Modetrend aussehen mochte — man konnte damit rechnen, daß Jackie ihn ignorierte.

Ein besonders gewagtes Beispiel ihrer rebellischen Haltung gab sie, als sie vor der Kamera einer Schulkollegin posierte. Die Fotos zeigten Jackie mit entblößter Schulter, laszivem Schmollmund, zurückgeworfenem Kopf und lockigem dunklen Haar, das über ein Auge fiel — im Stil der Leinwandsirene Veronica Lake.

Einer dieser Schnappschüsse fiel in die Hände des Direktors von Farmington, Ward L. Johnson. Er verständigte Jakkies Mutter und brachte sein Bedauern zum Ausdruck, daß sich eine so intelligente Schülerin so schlecht benahm. Daraufhin stattete Jackie ihre Briefe nach Merrywood mit respektlosen Skizzen von ihrem Direktor aus. Sie beging den Fehler, einen solcherart illustrierten Brief auch an Großvater Bouvier zu schicken, der mit einem postwendenden Tadel reagierte: »Ich entdecke in Dir ausgeprägte Führungsqualitäten, aber um andere zu kontrollieren, muß man erst einmal sich selbst kontrollieren ... Sei nicht anmaßend und gib Dich nicht der falschen Überzeugung von Deiner Wichtigkeit hin. Das tun nur aufgeblasene Dummköpfe, männliche wie weibliche ...«

Als Jackie im Juni 1947 von Farmington abging, spiegelte ihr Eintrag ins Klassenjahrbuch einen unvermindert rebellischen Geist wider. In die Sparte ›Lebensziel‹ schrieb sie: »Keine Hausfrau werden.« Diese Aussage schien sich gegen ihre Mutter zu richten, gegen alles, wofür Janet eintrat und woran sie glaubte. Jacqueline wollte keineswegs eine dieser Frauen werden, die sich ausschließlich nur mit dem äußeren Schein und den Ritualen der High Society befaßten.

Eilene Slocum, eine enge Freundin Janets und Mitglied eines der elitären Newport-Clans, bemerkte die Unterschiede zwischen Jackie und ihrer Mutter. »Sie waren völlig verschieden, und doch übte Janet einen größeren Einfluß auf ihre Tochter aus, als das im allgemeinen vermutet wird. Janets Streben nach exquisitem Glanz färbte auf Jackie ab. Sie waren insofern verschieden, als Jackie größere Ambitionen als ihre Mutter hatte. Sie wollte niemals eine normale Frau sein oder ein normales Leben unter normalen Umständen zwischen normalen Menschen führen. Niemals hätte sie sich damit zufriedengegeben, eine Familie zu gründen und Wohltätigkeitsveranstaltungen zu besuchen. Von Anfang an war sie ungewöhnlich ehrgeizig.«

Noreen Drexel, deren Mann John mit Black Jack Bouvier verwandt war, fand Jackie »einzigartig. Man hatte das Gefühl, sie könnte eine ausgezeichnete Lehrerin oder vielleicht eine bedeutende Schriftstellerin werden. Die einzige Zukunft, die ich ihr niemals prophezeit hätte, wäre die Position der First Lady gewesen. Sie besaß nicht die Persönlichkeit, die zu diesem Job gehört.«

4

Eine der wenigen gesellschaftlichen Traditionen, die nach dem Zweiten Weltkrieg beibehalten wurden, war die Debütantinnenparty, bei der man seine Tochter den Freunden und somit der High Society vorstellte. Angesichts ihrer Aversionen gegen den Lebensstil der Mutter mutet es sonderbar an, daß sich Jackie für ihr eigenes Debüt interessierte. Jedenfalls fragte sie Onkel Hughdie, ob es auf der Hammersmith Farm stattfinden könne. Er stimmte bereitwillig zu, und Janet traf die nötigen Vorbereitungen.

Das Ungewöhnliche daran war, daß die Party als Tanztee geplant war, zu dem dreihundert Leute eingeladen wurden. Sie fand am selben Junitag statt, an dem Jamie Auchincloss, die fünf Monate zuvor geboren worden war, in der Dreifaltigkeitskirche von Newport getauft wurde.

Der zweite Teil von Jackies Debüt erfolgte bei einem Tanzabend im altehrwürdigen Clambake Club in Newport. Diesmal teilte sie sich die Ehre mit Rose, einer der drei Töchter von Theodore Grosvenor, einem entfernten Verwandten der Auchinclosses. Unzählige Blumen aus den Auchincloss- und Grosvenor-Gärten schmückten den Club auf den Klippen über dem Atlantik, Girlanden aus winzigen blauen Lämpchen erhellten die Tanzterrasse.

Während sie Seite an Seite die Gäste begrüßten, bildete die blonde, blauäugige Rose mit dem Grübchenlächeln einen idealen Hintergrund für die sonnengebräunte, strahlende Jacqueline. Rose trug das teurere Modell, ein weißes Kleid von Dior, aber nicht diese Robe, sondern Jackies schlichtes Kleid (dasselbe, das sie bereits beim Tee auf der Hammersmith Farm angehabt hatte) wurde von der Presse als ›Designer-Traum‹ bezeichnet und als »schönes weißes Tüllkleid« beschrieben, »schulterfrei und mit gebauschtem Rock«. Wie Jackie Jahre später zugab, stammte der Traum von der Stange eines New Yorker Kaufhauses und hatte neunundfünfzig Dollar gekostet.

Die eigentliche Überraschung des Abends war allerdings Lee Bouvier, die mit vierzehn bereits eine sehr weibliche Figur besaß und diese gern zur Schau stellte. Sylvia Whitehouse Blake, eine von Jackies besten Freundinnen in Newport, berichtet: »Jackie kümmerte sich damals kein bißchen um Mode. Den ganzen Sommer liefen wir in Shorts und Turnschuhen herum. Nur für die Tennis Week, das gesellschaftliche Glanzlicht von Newport, machten wir uns entsprechend zurecht, aber auch da sahen wir nicht aus wie *Vogue*-Modelle. Dafür ging Lee — kleiner als Jackie, aber rundlicher, mit einem klassisch hübschen herzförmigen Gesicht und zarten Zügen — nur aus dem Haus, wenn sie im Ascot-Stil gekleidet war.«

Bei jenem Debüt ihrer Schwester trug Lee ein enges, trägerloses Kleid aus rosa Satin, das üppig mit Rheinkieseln bestickt war, und dazu fingerlose, ellbogenlange schwarze Satinhandschuhe. In dieser Aufmachung stach sie aus der züchtigen Newport-Jugend wie ein Paradiesvogel hervor. Janet erbleichte beim Anblick ihrer Tochter, doch Jackie, anfangs ebenfalls schockiert, fand die Situation schließlich eher amüsant. Die männlichen Partygäste stürzten sich auf Lee. Es war der erste und letzte öffentliche Anlaß, bei dem sie ihre ältere Schwester übertrumpfen sollte.

Später lieh sich Jackie gelegentlich Lees ›Sirenengewand‹, wie sie es beide nannten, und behauptete, sie habe es getragen, als sie von Igor Cassini, Hearsts Klatschkolumnisten, zur Debütantin des Jahres ernannt wurde — eine Ehre, die Lee 1950 genoß. Igors Hymne auf Jackie lautete: »Amerika ist ein Land der Traditionen. Alle vier Jahre wählen wir einen Präsidenten, alle zwei Jahre unsere Kongreßabgeordneten. Und jedes Jahr krönen wir eine neue Königin der Debütantinnen … 1947 ist es Jacqueline Bouvier, eine majestätische Brünette mit klassischen Zügen, zierlich wie Meißener Porzellan. Sie besitzt Haltung, kann sich gepflegt ausdrükken und ist intelligent — alles, was eine führende Debütantin auszeichnen sollte … Jacqueline studiert derzeit in Vassar.«

Wenn man 1947, ehe das Fernsehen die amerikanischen Küsten miteinander verband, zur Debütantin des Jahres gekürt wurde, kam das einer Ernennung zur Hohepriesterin der Café-Gesellschaft gleich, und man wurde zur Zielscheibe Dutzender sensationshungriger Medienklatschmäuler. Es bedeutete sofortigen Starruhm und in manchen Fällen auch unerwünschtes öffentliches Interesse.

»Ich ernannte jedes Jahr eine Debüt-Königin«, erklärte Igor Cassini. »Normalerweise fiel meine Wahl auf hübschere, auffälligere Society-Mädchen. Jackie war nicht auffällig, und ihr Debüt fand nicht bei einem der klassischen Ereignisse wie dem Christmas Ball, dem International Ball oder dem Junior League Ball statt. Ich hatte sie nur kurz gesehen, und vor ihrer Hochzeit mit John F. Kennedy kannte ich sie nicht weiter. Doch ich nahm etwas Besonderes an ihr wahr, eine dezente Eleganz, die sie später verlieren sollte, die ihr damals aber noch anhaftete. Obwohl sehr scheu und extrem zurückhaltend, zog sie in einer Menschenmenge alle Blicke auf sich. Sie hatte das gewisse Etwas. Ich weiß nicht, wie ich es beschreiben soll — Schönheit, Charme, Charisma, Stil, eins davon oder alles zusammen. Was immer es sein mochte, sie hatte es.«

Jackies Wahl zur Debütantin des Jahres belebte ihr bis dahin schlummerndes gesellschaftliches Leben, machte sie den Kommilitoninnen von Vassar aber keineswegs sympathischer. Viele lehnten eine solche Auszeichnung ab und beneideten sie gleichzeitig darum. Sie tat ihr Bestes, um die Bedeutung ihres Erfolges herunterzuspielen. Trotzdem schrieben die Gesellschaftskolumnisten weiterhin über sie.

Im Dezember 1947 vermerkte Elsa Maxwell: »Jacqueline Bouvier ... wird mit allen möglichen Angeboten überhäuft und um Interviews und Fotos gebeten — aber ihre konservative Familie hält sich von aller Publicity fern.« Und Walter Winchell jubelte: »Jacqueline Bouviers Haltung! Welch ein Mädchen! Sie ist die schöne Tochter von Mrs. Auchincloss. Mit dem Aussehen einer Märchenprinzessin gesegnet, kennt Jacqueline die Bedeutung des Wortes Snob nicht.«

Charlotte Curtis, später Journalistin und Redakteurin bei

der *New York Times,* hatte ein Jahr vor Jackie ihr Vassar-Studium begonnen, wohnte aber Tür an Tür mit ihr, im selben Schlaftrakt. »Wir sahen uns sehr oft«, erinnerte sie sich. »Ich wußte von ihrer Wahl zur Debütantin des Jahres, entsinne mich aber nicht, daß sie das jemals erwähnt hätte. Es schien sie eher zu verwirren ... Im Gegensatz zu anderen siegreichen Debütantinnen besaß sie Verstand. Aber sie war nicht sonderlich begeistert von ihrem Studium. Oft sprach sie von ›diesem gottverdammten Vassar‹. Im Wahljahr 1948 gärte es auf dem Campus, in intellektueller und politischer Hinsicht. Für solche Dinge war Vassar wundervoll, ein höchst freimütiges College, das Ideen aller Art tolerierte. Truman kämpfte gegen Dewey, aber auch Henry Wallace kandidierte für die Präsidentschaft, und es wurde viel über den Kommunismus geredet. Damals erschienen zwei Studentenzeitungen — der konservative *Vassar Chronicle* und die liberale *Vassar Miscellany News.* An ihnen schieden sich die Geister. Aufgrund ihres gesellschaftlichen Hintergrunds war Jackie vielleicht zu kultiviert und blasiert, um sich auf solche Balgereien einzulassen. Außerdem hatte sie damals gerade ihr Interesse an Männern und Rendezvous entdeckt und kümmerte sich nicht um politische Parteien oder den nächsten Präsidenten der Vereinigten Staaten.«

Die Zimmergenossin von Charlotte Curtis in Vassar war Selwa Showker, die künftige ›Lucky‹ Roosevelt, langjährige Journalistin und Protokollchefin während der Reagan-Regierung. »Ich kannte Jackie und mochte sie sehr«, berichtet sie. »Sie hatte eine unschuldige Ausstrahlung und schon damals diese atemlose Sprechweise. Das war kein Theater — sie redete nun mal so. Außerdem hatte sie einen wundervollen Humor. Da war ein Funkeln in ihren Augen. Ich glaube, die späteren Tragödien ihres Lebens nahmen ihr diese Fröhlichkeit.« Auch Jackies außergewöhnliche Bescheidenheit war Selwa Showker aufgefallen. Beim Studienabschluß schnitt sie viel besser ab als alle Kommilitoninnen, erwähnte das aber mit keinem Wort.

Nach Selwa Showkers Ansicht ist es bisher keinem Reporter und auch keinem Biographen gelungen, Jackies Wesen einzufangen. »Sie ist merkwürdig scheu. Sie offenbart sich nicht, und sie legt stets großen Wert darauf, ihr Innenleben zu schützen. Obwohl sie mich fast jeden Abend in meinem Schlafzimmer besuchte, wäre es anmaßend von mir zu behaupten, ich würde sie besser kennen als sonst jemand ... Jackies verwirrendste Eigenschaft war ihre zwiespältige Persönlichkeit. Einerseits besaß sie fast Starqualitäten — wenn sie einen Raum betrat, nahm man ganz automatisch Notiz von ihr, sie war ein so exquisites Geschöpf. Auf der anderen Seite war sie äußerst reserviert. In ihrem Zimmer stand ein Foto von ihrem Vater, und wir alle gingen oft hinein und sagten: ›Oh, was für ein hübscher Mann!‹ Wir fanden, daß er einfach traumhaft aussah. Aber sie sprach nie von ihm und erwähnte niemals die Scheidung ihrer Eltern. Sie weigerte sich auch, von den Jungs zu sprechen, die es in ihrem Leben gab. Dabei hatte sie viele Verabredungen. An den Wochenenden sah man sie nie auf dem Campus. Doch sie nannte keine Namen, verriet gar nichts. Das war seltsam, denn wir anderen unterhielten uns ständig darüber. Hunderttausendmal verliebten wir uns, und genauso oft verflogen unsere Gefühle wieder.«

Jackies Lorbeeren als Debütantin des Jahres trugen ihr zahlreiche Verehrer ein. Die jungen Männer drängten sich in Poughkeepsie am Hudson River, achtundsiebzig Meilen von New York City entfernt, um das frischgekrönte Glamour Girl zu sehen und kennenzulernen. An manchen Wochenenden besuchte sie ihren Vater in New York, traf ihre Bewunderer unter der Biltmore Uhr, tanzte Foxtrott im Plaza und St. Regis, wobei die Jungs Schlange standen. Oder sie fuhr heim nach Merrywood, wo sie meistens Yusha antraf, damals Yale-Student und bereits in einem höheren Semester.

»Ich war ihr Freund und Vertrauter, eine Art größerer Bruder«, berichtet er. »Mir erzählte sie viel mehr als ihren Freundinnen. Wir korrespondierten regelmäßig, und auf Merrywood oder Hammersmith ... fuhr ich sie herum, machte sie mit meinen Freunden bekannt, arrangierte für sie Verabredungen mit ehemaligen Schulkameraden. Es war eine Durchgangsperiode in ihrem Leben. Sie genoß es, die verschiedensten Leute zu treffen — Spitzenschwimmer aus Yale, angehende Mediziner aus Harvard, aufstrebende New Yorker Anwälte und Börsenmakler.«

Wenn Jackie in jener Zeit auch häufig ausging, so stufte sie später viele ihrer jungen Begleiter als ›Langweiler mit Insektengehirn‹ ein und meinte, sie hätte keinen davon geheiratet. Peter Reed, ein Freund Jackies aus Newport, berichtete, sie habe gern das »naive Mädchen gespielt. Damit schützte sie sich. Sie war sehr zurückhaltend, was Männer anging. Damals kursierte das lächerliche Gerücht, ich sei mit ihr im Bett gewesen. Ich wünschte, es wäre wahr. Dann hätte ich eine nette Erinnerung. Aber es stimmt nicht. Bei Jackie war da nichts zu machen.«

Columbus ›Chris‹ O'Donnell, ehemaliger Direktor von Resorts International, Atlantic City, N.J., erinnert sich ebenfalls an Jackies College-Zeiten. »So oft sie sich auch mit Männern traf — sie war eine Einzelgängerin. Ein ungewöhnliches Mädchen, sehr wählerisch, entrückt, klug, unmöglich zu durchschauen. John Kennedy, ihr künftiger Ehemann, war ein berüchtigter Schürzenjäger, aber Jackie kannte keine sexuelle Abenteuerlust. Sobald man nach einem Rendezvous in ihre heimische Zufahrt bog, bat sie den Taxifahrer, den Tachometer nicht abzuschalten. Da wußte man, daß man keinen Fuß über ihre Türschwelle setzen würde. Und man konnte von Glück reden, wenn man einen flüchtigen Kuß auf die Wange bekam.«

Als sie anfing, mit Jungs auszugehen, nahm ihr Vater das zunächst nicht ernst. In seinen ersten Briefen nach Vassar schwang eine sanfte, gutmütige Warnung mit. »Ich glaube, ich werde Dich bald an irgendeinen Komiker verlieren, den Du wundervoll findest, weil er abends so romantisch aussieht und die Perlenohrringe seiner geliebten Mutter als Manschettenknöpfe trägt ... Aber vielleicht solltest Du erst mal Deinen Verstand gebrauchen und warten, bis Du zumindest einundzwanzig bist.«

Aber als Jackie es vorzog, die Wochenenden eher in Yale oder Princeton zu verbringen als bei ihrem Vater in New

York, wurden die Briefe eindringlicher. An einem Sonntagabend verpaßte sie den ›Zapfenstreich‹ von Vassar und bekam daraufhin ein ärgerliches Schreiben von Black Jack. »Eine Frau kann reich und schön und klug sein, aber ohne guten Ruf ist sie gar nichts.« Er ermahnte sie, »sich nicht so leicht erobern zu lassen« und »nicht nachzugeben«. Indem er seine persönlichen Erfahrungen erwähnte, schrieb er, je hartnäckiger eine Frau seinen Annäherungsversuchen widerstanden habe, desto interessanter sei sie für ihn gewesen; und sobald er bei einer ans Ziel gekommen sei, habe er allen Respekt vor ihr verloren.

Jackie beantwortete den Brief ihres Vaters mit dem Hinweis auf ihre hervorragenden Noten. Doch die Auseinandersetzungen zwischen Vater und Tochter wurden bald durch den Tod von Jackies Großvater im Januar 1948 und durch die Familienstreitigkeiten überlagert, die dem Testament folgten. Black Jack hatte nichts geerbt, da er sein Erbe bereits in Form von Schulden verbraucht hatte, aber er wurde zum Vermögensverwalter des Erbes seiner Schwester Edith ernannt, die ihn bald beschuldigte, ihre Erbschaft sinnlos zu verschleudern. In diese Streitigkeiten mischte sich schließlich auch noch Jackies Mutter Janet ein, die ihrem früheren Ehemann vorwarf, das Vermögen ihrer gemeinsamen Kinder Jackie und Lee schlecht zu verwalten.

Jackie entfloh diesen Zwistigkeiten, indem sie im Sommer 1948 mit drei Freundinnen und Helen Shearman, ihrer ehemaligen Lateinlehrerin an der Holton-Arms-Schule, die als Anstandsdame mitkam, eine Europareise unternahm. Sie war begeistert. Nach London und einer Rundfahrt durch England besichtigten sie unter anderem die mittelalterlichen Schlösser der Provence, die französische Riviera, Zürich und Luzern, Mailand, Venedig, Verona, Florenz und Rom, zuletzt Paris. »Ich konnte auf alles nur einen flüchtigen Blick werfen«, teilte Jackie ihrer Mutter nach der Heimkehr mit. »Nächstes Mal will ich's richtig auskosten.«

Die Gelegenheit zu einer weiteren Reise über den Atlantik ergab sich früher als erwartet. Zu Beginn ihres zweiten College-Jahres las Jackie am Schwarzen Brett von Vassar etwas über ein Auslandsstudienprogramm und hoffte, die Pariser Sorbonne besuchen zu können. Nicht nur die Sehnsucht nach Europa veranlaßte sie, sich dafür zu bewerben. Sie hatte die spannungsgeladene Wettbewerbsatmosphäre von Vassar satt, außerdem die strengen Regeln, die Herrenbesuche unter der Woche verboten und den Studentinnen nur gelegentlich erlaubten, während des Semesters ein Wochenende fern vom Campus zu verbringen.

Zugleich informierte sie ihren Vater, sie habe die Absicht, nichts mehr hinzuzulernen und statt dessen eine Karriere als Fotomodell zu beginnen. In Newport und East Hampton war sie schon mehrmals bei Amateur-Modeschauen für wohltätige Zwecke aufgetreten. Außerdem hatte sie zusammen mit einigen Kommilitoninnen für einen Fotobericht über Modenschauen bei einer Wohltätigkeitsveranstaltung auf dem Vassar-College ein kleines Honorar von *Life* erhalten.

Ihr Vater protestierte heftig und erklärte, nur ›leichte Mädchen‹ würden sich als Models verdingen. Außerdem habe er nicht Tausende von Dollars in ihre Ausbildung gesteckt, damit sie vor Fotografen posiere.

Dem neuesten Mann in Jackies Leben stand er ebenso skeptisch gegenüber. Oberst Sergej Obolensky, ein distinguierter weißrussischer Fürst und Gesellschaftslöwe, hatte unter anderem den Ruf von einem halben Dutzend New Yorker Hotels wie dem Plaza, dem St. Regis und dem Sherry-Netherland wiederhergestellt. Den Klatschspaltenlesern als ›bester Walzerexperte New Yorks‹ bekannt, führte er Jackie gelegentlich aus. Jack Bouvier machte seine neunzehnjährige Tochter darauf aufmerksam, daß der damals etwa fünfundsechzigjährige Fürst ihr Großvater sein könne. Daraufhin erwiderte sie, viele Begleiterinnen ihres Vaters seien jung genug, um für seine Tochter gehalten zu werden. Black Jacks derzeitige Flamme — Sally Butler, eine Stewardeß der PanAm in Miami — war nicht viel älter als Jackie.

Die Romanze zwischen Jack und Sally dauerte ziemlich lange. Als Sally ihren Geliebten einmal in East Hampton besuchte, kam es zu einem wütenden Streit zwischen Vater und Tochter. Jackie hatte Sally gefragt, ob ein Kleid, das sie anziehen wollte, besser mit Perlen oder mit einer Goldkette, einem Geschenk Black Jacks, aussehe. Ohne über die Herkunft der Kette Bescheid zu wissen, schlug Sally die Perlen vor. Zunächst schwieg Jack, dann explodierte er und riß schreiend das Perlenkollier von Jackies Hals, so daß es riß und Dutzende Perlen zu Boden fielen. Er brüllte so lange, bis seine Tochter die Goldkette anlegte und in ein anderes Kleid schlüpfte.

Trotz solcher Konfrontationen mit ihrem Vater kam es zu einer wachsenden Entfremdung zwischen Jackie und dem Auchincloss-Zweig ihrer Familie. So befremdend sie das stürmische Verhalten ihres Vaters auch finden mochte, der gesellschaftlich festgefahrene Lebensstil ihrer Mutter und ihres Stiefvaters stieß sie noch mehr ab.

Eloise Cuddeback, eine Newport-Doyenne, fand die Auchinclosses furchtbar langweilig. »Sie hegten nicht den leisesten Wunsch, die restliche Welt in ihren korrekten kleinen Kosmos mit einzubeziehen. Menschen, die in einer abgeschlossenen Welt leben, alles gemeinsam unternehmen und sich aneinanderklammern, weil ihnen dies ein Gefühl der Sicherheit vermittelt, sind schwer zu ertragen und sorgen oft für einen reizlosen Abend.«

Ein anderer Nachbar in Newport, der Schriftsteller Alan Pryce-Jones, sah in Hugh Auchincloss »einen aufgeblasenen, humorlosen Wichtigtuer. Zu seiner Ehre muß man allerdings sagen, daß er sich weniger für das Country-Club-Leben interessierte als Janet. Bailey's Beach war ihr Lebensinhalt. Sie konnte entzückend, aber auch gräßlich sein. Sie besaß ein wildes Temperament. Bei einem Streit richtete sie ein Messer auf ein Dienstmädchen und drohte, es zu benutzen. Ihren älteren Töchtern brachte sie vor allem Gottesfurcht bei ... Sie wuchsen mit einem gütigen, beiseitegedrängten Stiefvater und einer explosiven Mutter auf. Kein Wunder, daß Jackie in Paris studieren wollte.«

Nachdem Jacquelines Bewerbung für das Auslandsstudienprogramm angenommen worden war, mußte sie zunächst die schwierigste Hürde meistern und ihre Eltern vom erzieherischen Wert eines Aufenthalts in Frankreich überzeugen. Die Sorbonne schmeichelte Janets Snobismus, überzeugte jedoch Black Jack weniger. Allerdings fand er ein Studium in Paris immer noch besser als einen eventuellen Abbruch von Jackies Studium. Einerseits würde sie sich für längere Zeit von ihm trennen, überlegte er, andererseits aber auch vom Auchincloss-Clan. Außerdem würde er dadurch eine Gelegenheit finden, Lee näherzukommen. Nicht so unabhängig und willensstark wie die ältere Schwester und bei weitem nicht so launisch, konnte Lee eine angenehme Gesellschafterin sein, die den Vater oft um Rat fragte, auch wenn sie sich nicht immer danach richtete.

Jackie traf Mitte August 1949 in Frankreich ein. Ihr Studienprogramm begann mit einem sechswöchigen intensiven Sprachkurs an der Universität von Grenoble. Während dieser Zeit wohnte sie bei einer französischen Familie und sprach nur Französisch. Das gefiel ihr so sehr, daß sie in Paris der Reid-Hall, wo sich die meisten amerikanischen Sorbonne-Studenten einquartierten, den Rücken kehrte und zu den de Rentys zog.

Gräfin Guyot de Renty lebte in einer großen Wohnung im 12. Arrondissement in der Avenue Mozart und vermietete einige Zimmer an Studenten. Gemeinsam mit ihrem Mann hatte sie während des Zweiten Weltkriegs im französischen Widerstand gekämpft. Die beiden waren nach Deutschland deportiert und in verschiedene Konzentrationslager gebracht worden, was der Graf nicht überlebte. Seine Frau und die beiden Töchter hielten durch. Mit einem der Mädchen hatte sich Jackie in den Vereinigten Staaten angefreundet. Claude de Renty hatte das Mt. Holyoke-College in Massachusetts besucht und Jacqueline nach Frankreich eingeladen. Nun wohnten sie zusammen.

Fern von der anspruchsvollen Vassar-Atmosphäre und dem ständigen Tauziehen zwischen ihren geschiedenen Eltern blühte Jackie auf. Später sollte sie den Aufenthalt in Paris als »Höhepunkt meines Lebens« bezeichnen, als »mein glücklichstes, unbeschwertestes Jahr«. »Jacqueline war so fröhlich und so leicht zufriedenzustellen«, erinnerte sich

Gräfin de Renty. »Anscheinend wußte sie alles, was wir für sie taten, sehr zu schätzen. Und es kann nicht gerade leicht für ein Mädchen gewesen sein, das an amerikanischen Komfort gewöhnt war, denn 1949 litt Frankreich immer noch unter den Einschränkungen der Nachkriegszeit. Sie erhielt eine ›Lebensmittelkarte‹, mit der sie Brot und Fleisch kaufte. Ihre Mutter schickte ›Care-Pakete‹ mit Zucker, Kaffee und anderen Dingen, die man bei uns nur schwer bekam. Wie in den meisten Pariser Wohnungen gab es auch bei uns keine Zentralheizung. Im Winter studierte Jacqueline im Bett, wie eine Mumie in Schal, Handschuhe, Pullover und Ohrenwärmer gehüllt. Für sieben Personen stand nur eine einzige Badewanne zur Verfügung, heißes Wasser war eine Rarität. Die Alternativen waren eine kalte Dusche und ein Bidet ... Als Jacqueline an einem kalten Tag heiß zu baden versuchte, explodierte der Boiler und zertrümmerte das Fenster. Der Unfall schien sie nicht im mindesten zu stören. Sie glich einem furchtlosen Soldaten ... Claude machte sie mit ihren Freunden und Freundinnen bekannt. Sie gingen in die Oper und ins Theater, Eintrittskarten waren billig. Jacqueline liebte den Louvre ... und die herrliche stille, wissenschaftliche Welt der Sorbonne. Sie pickte sich das Beste aus dem Leben heraus, und es gelang ihr, für den Augenblick zu leben ... Sie war sowohl in ihrem Lebensstil als auch in der Mode unkompliziert. Sie kleidete sich lässig. Vielleicht wurde sie durch ihre Position in späteren Zeiten verändert, aber damals war sie völlig natürlich. Ihr einziges Manko war ihre Unfähigkeit, den Menschen näherzukommen. Sie blieb verschlossen, machte charmante Konversation, verriet aber nichts von ihren innersten Gedanken.«

Jackies Neigung, ihre wahren Gefühle zu verbergen, zeigte sich vor allem in ihren Beziehungen zu Männern. Einer ihrer ständigen Begleiter in Paris, der aufstrebende amerikanische Drehbuchautor Ormande de Kay gesteht: »Um ehrlich zu sein — ich begehrte Jackies Zimmergenossin Sue Coward, aber die interessierte sich für einen Kerl namens George. Wenn ich in der Wohnung anrief, hoffte ich immer, Jackie sei nicht da, aber wenn sie da war, nun ja ... Theoretisch war ich ihr Freund oder einer ihrer Freunde ... In jener Zeit strotzte sie nur so vor Enthusiasmus. Und sie war ungemein attraktiv. Alle meine französischen Bekannten konnte ich mit ihr verblüffen. Sie waren hingerissen von ihrer Schönheit. Wir taten alles, was von jungen Paaren in Paris erwartet wurde — wir fuhren mit der Metro, standen vor dem Kino um die Ecke Schlange, wanderten Hand in Hand die Seine entlang oder hingen in einschlägigen Kneipen herum ... in der Hoffnung, einen Blick auf Camus oder Sartre zu werfen. Wenn ich Geld besaß, was nicht allzuoft vorkam, führte ich sie in einen Nachtclub auf dem Montparnasse aus. Aber es schien sie nicht zu interessieren, ob man Geld hatte oder nicht. Sie amüsierte sich genauso, wenn sie in einem Straßencafé saß und die Passanten beobachtete. Eine ihrer Eigenschaften störte mich allerdings, und zwar diese Kleinmädchen-Manier, die sie auch heute noch kultiviert. Je älter sie wird, desto mehr fällt einem das auf die Nerven. Schon damals wirkte dieser Tick irritierend. Er bestand aus der mittlerweile weithin bekannten hohen Kinderstimme und einer hilflosen Miene. Ich führte dies stets auf ihre Mutter zurück. Normalerweise eine nette, intelligente Frau, suchte auch Janet Auchincloss gelegentlich bei einem ähnlichen Verhalten Zuflucht ... Es ist die Attitüde, mit der die Frauen des Südens den Männern zu gefallen suchen, indem sie sich dumm und hübsch geben ... Offensichtlich funktioniert das.«

Im Februar 1950, während der Semesterferien, bekam Jakkie in Paris Besuch von ihrer Mutter und ihrem Stiefvater. In ihren Briefen hatte sie den mangelnden Komfort in Gräfin de Rentys Wohnung nie erwähnt, und beide waren zunächst entsetzt. Jackie versicherte ihnen jedoch, sie habe hier alles, was sie brauche, und nicht die Absicht, auszuziehen. Nach einer Woche in Paris unternahmen die Auchinclosses mit Jackie und deren Zimmergenossin Susan Coward eine Reise durch Österreich und Deutschland. Sie besuchten Wien, Salzburg und Berchtesgaden, wo sie die Ruinen von Hitlers Sommerhaus besichtigten, dann München und das Konzentrationslager in Dachau. Wie Janet erklärte, meinte

Hughdie, seine Stieftochter dürfe nicht nur Paris und die Côte d'Azur sehen. Sie solle die Bedeutung des Zweiten Weltkriegs verstehen und erkennen, daß Europa nicht nur goldenen Glanz ausstrahle.

Nach dem Ende des Studienjahrs reiste Jackie mit Claude de Renty durch Frankreich. Sie waren einen Monat unterwegs und hielten sich unter anderem in der Auvergne auf, in Toulouse, Montauban, Charente, Bordeaux, Landes, Nantes und Saint-Jeande-Luz.

»Wie bei allen jungen Mädchen gehörten die Männer zu unseren bevorzugten Gesprächsthemen«, berichtete Claude. »Jackie sprach nie von Einzelheiten. Ich kannte einige ihrer Freunde in Paris, weil ich sie mit ihnen bekannt gemacht hatte. Andere waren mir fremd. Keine dieser Beziehungen schien ernsthafte Formen anzunehmen ... Jackie besaß eine ungeheure Charakterstärke, hatte aber auch ihre Schwächen. Es war nicht immer einfach für sie. Wenn man ein Mensch ist, der immer nur stark sein will, leidet man unter seinen Unzulänglichkeiten. Auch Jackie wollte ihre eigenen Fehler nicht akzeptieren. Ebensowenig tolerierte sie die Fehler anderer. Schwache Männer ertrug sie nicht. Sie war nicht der Frauentyp, der einen Mann umhätscheln kann. Wenn sie jemandem begegnete, den sie nicht bewunderte, zu dem sie nicht aufblicken konnte, ließ sie ihn sofort fallen.«

Jackies letztes Europa-Erlebnis in jenem Sommer war eine dreiwöchige Reise durch Irland und Schottland mit Yusha Auchincloss. »Ich hatte mich zum Dienst bei den US-Marineinfanteristen verpflichtet, wollte aber vorher noch Urlaub machen und lud Jackie ein, mich zu begleiten«, berichtete er. »Keiner von uns war jemals in Irland oder Schottland gewesen, und es erschien uns angemessen, dort hinzufahren, weil ich ein halber Schotte bin und Jackie eine halbe Irin ist. Wir mieteten ein Auto und stiegen in kleinen Landgasthöfen ab. Jackie unterhielt sich sehr gern mit Fremden — Ladenbesitzern, Pub-Gästen, Tramps und Farmern. Gewöhnliche Leute und die Geschichten, die sie zu erzählen wußten, faszinierten sie.«

An Bord der Liberté kehrten Jackie und Yusha in die Vereinigten Staaten zurück und wurden am Pier von Jack Bouvier erwartet. Zu dessen bitterer Enttäuschung dauerte das Wiedersehen mit seiner Tochter nur drei Tage, ehe sie nach Merrywood eilte, um sich an der George Washington University in Washington, D.C. zu inskribieren. Nach dem einjährigen Aufenthalt in Paris wollte sie nicht mehr nach Vassar zurück und ein ›Schulmädchen unter Schulmädchen‹ sein. Als Hauptfach wählte sie Französische Literaturgeschichte.

Anfang 1951 beteiligte sich Jackie an einem Preisausschreiben der *Vogue*. Mit einem Essay über das Thema ›Menschen, die ich gern gekannt hätte‹ konnte man ein einjähriges Praktikum bei der Zeitschrift gewinnen — sechs Monate in der Pariser, sechs in der New Yorker Redaktion. Wild entschlossen, den ersten Preis zu gewinnen, nahm sie an einem Maschinenschreibkurs an der George Washington University teil und opferte dem Essay einen Großteil ihrer Zeit. Als Menschen, die sie gern gekannt hätte, wählte sie Serge Diaghilev, Charles Baudelaire und Oscar Wilde. Ihr Fleiß lohnte sich. Jackie gewann das Preisausschreiben und schlug zweihundert akkreditierte Kollegen aus dem Rennen. Sie wurde nach New York geflogen, wo sie sich von Horst P. Horst für *Vogue* fotografieren ließ und mit den Redakteuren und Redakteurinnen bekannt gemacht wurde. Viele erinnerten sich daran, daß sie einst zur Debütantin des Jahres gewählt worden war.

Ihre Mutter bejubelte den Preis, doch Hugh Auchincloss zweifelte, ob Jackie ihn annehmen sollte. Er fürchtete, ein zweiter längerer Aufenthalt in Paris würde sie ihrem Heimatland gänzlich entfremden und sie vielleicht sogar dazu bringen, sich für immer in Frankreich niederzulassen. Diesen Standpunkt teilte er Janet mit, und mit vereinten Kräften überredeten sie Jackie dazu, den Preis abzulehnen. Als Entschädigung finanzierten sie Jackies Europareise im Sommer 1951, die auch als Belohnung für die bestandene Prüfung an der George Washington University galt. Lee, die ihren Abschluß an der Miss Porter's School gemacht hatte und im September ihr Kunststudium am Sarah Lawrence College beginnen wollte, begleitete ihre ältere Schwester.

Die Mädchen reisten durch England, Frankreich, Italien und Spanien. Ihre Eindrücke hielten sie in einem Album fest, für das Jackie Zeichnungen und Verse und Lee Anekdoten beisteuerte. Sie nannten es ›Ein besonderer Sommer‹ und schenkten es bei der Heimkehr ihrer Mutter. 1974 sollte es von *Delacorte Press* veröffentlicht werden und auszugsweise in *Lady's Home Journal* erscheinen.

Lee schildert in ihrem Reisebericht ihre Erlebnisse an Bord der *Queen Elisabeth* und berichtet von einem interessanten Libanesen, den sie kennengelernt hat. »Jackie warnte mich vor dem merkwürdigen Sexualleben der Männer aus dem Nahen Osten.« Außerdem trat ein Perser in Erscheinung, der einem Rüsseltier glich und Lee über das Tanzparkett wirbelte. »Das einzige, was ich sehen konnte, war seine Nase.« Jackie tanzte unterdessen graziös mit dem attraktiven Zahlmeister.

In Paris machte Jackie ihre Schwester mit Claude de Renty bekannt, die sofort die Unterschiede zwischen den beiden bemerkte. »Jacqueline war ernsthaft, launisch und höchst neugierig auf die Welt. An Lee ... konnte man wahrscheinlich leichter herankommen. Sie war umgänglich und freundlich, aber bei weitem nicht so tiefgründig wie Jacqueline. Jacqueline besaß eine Intensität, die Lee eindeutig fehlte.«

Männer und gesellschaftliche Ereignisse spielten die Hauptrollen in jenem ›besonderen Sommer‹. In Venedig nahm Jackie Zeichenunterricht bei einem hinreißenden jungen Italiener. Dieser Künstler verkörperte alle Europa-Träume romantischer Amerikanerinnen. Sein Foto wurde ins Album geklebt. Groß und schlank, trägt er Skizzenblöcke unter dem Arm, das elegante Jackett über die Schulter drapiert. Neben ihm steht Jackie mit Sonnenbrille, engem Kleid und Sandalen, sichtlich beeindruckt von ihrem hübschen Begleiter.

Später besuchten die Schwestern den Kunstkritiker und Sammler Bernard Berenson auf seinem Landsitz in Settignano vor den Toren von Florenz. Er gab Jackie den Rat:

»Heiraten Sie einen Mann, der Sie ständig anregt — und den Sie anregen.« Anschließend verbrachten sie eine Woche in der pittoresken Villa Marlia, die — einst im Besitz von Napoleons Schwester Elisa Baciocchi Bonaparte, der späteren Herzogin von Lucca — nun dem Grafen und der Gräfin Pecci-Blunt gehörte. Zufällig war deren Sohn Dino ein Freund von John F. Kennedy. Doch der Aufenthalt endete mit einem Eklat, weil es Lee und Jackie bei ihrer Abreise in aller Frühe versäumten, sich von der Gräfin zu verabschieden.

5

Jackies Rückkehr in dic Staaten Ende des Sommers 1951 ließ die Feindseligkeiten zwischen ihren Eltern wieder aufleben. Ihr Vater wünschte, daß sie bei ihm in New York lebte und einen Teilzeitjob in seinem kleinen Börsenkommissionsbüro antrat. Die Mutter versprach, ihr eine bessere Stellung in Washington, D.C. zu beschaffen. Während Jackie die Alternativen erwog, blieb sie in Newport und traf sich mit mehreren Mitgliedern des Bailey Beach Clubs. John Sterling, der mit ihr im Newport Country Club Golf spielte, erzählte: »Das letztemal hatte ich sie vor ihrem Studienjahr im Ausland gesehen. Sie hatte sich völlig verändert. Das etwas pummelige Mädchen von nebenan existierte nicht mehr. Hochgewachsen und imposant, mit hohen Wangenknochen und sinnlichen Lippen, sah sie aus wie eine Frau und bewegte sich auch so. Trotzdem blieb sie die kühle, unnahbare Jackie von früher, eine echte Eisprinzessin.«

Jackie selbst bezeichnete jene Zeit als ›reine Frustration‹. Sie hatte das Gefühl, ihre Zukunft sei bereits vorgezeichnet, und klagte Sterling ihr Leid. Das einzige, was von ihr erwartet werde, sei, daß sie ›sich gut verheirate‹. Nur dafür habe man sie studieren lassen — damit sie so wie ihre Mutter werde.

Schließlich traf sie ihre Entscheidung. Sie wollte sich lieber in Washington niederlassen als bei ihrem Vater in New York. Black Jacks Trunksucht, seine Spielleidenschaft und sein unberechenbares Verhalten machten eine Verständigung zwischen den beiden unmöglich. Nun stritten sie häufiger denn je. Er warf ihr vor, sie melde sich nur bei ihm, wenn sie Geld brauche, sei zu extravagant, treffe Männer, die unklare Absichten hegten, ignoriere ihn und gehe den Auchinclosses um den Bart. Andererseits versuchte er ihre Zuneigung zu erkaufen, indem er ihr seine Kundenkonten bei führenden New Yorker Kaufhäusern uneingeschränkt zur Verfügung stellte. Außerdem erbot er sich, alle ihre Arztrechnungen zu begleichen, aber nur, wenn sie seine Ärzte in New York konsultiere — nicht irgendwelche in Newport oder Washington.

Onkel Hughdie schlug ihr vor, die journalistische Laufbahn einzuschlagen. Einer seiner engen Freunde, Arthur Krock — Washington-Korrespondent für die *New York Times* — erklärte sich bereit, Jackie bei der Suche nach einer geeigneten Stellung zu helfen. Er rief Frank Waldrop an, Chefredakteur und Teilhaber des inzwischen eingestellten *Washington Times-Herald,* der einmal die Tochter des Exbotschafters Joseph P. Kennedy, Kathleen (›Kick‹), als Sekretärin und Kolumnistin engagiert hatte. Eine weitere von Waldrop beschäftigte Kolumnistin war Inga Arvad, die man der Nazi-Spionage verdächtigt hatte. Ihre in Kriegszeiten eingegangene Beziehung zu einem jungen Navy-Offizier namens John F. Kennedy sollte in späteren Jahren für einen Skandal sorgen.

»Stellst du immer noch kleine Mädchen ein?« fragte Krock und fuhr fort, ohne auf Waldrops Antwort zu warten: »Ich habe ein wahres Wunder für dich. Es hat runde Augen, ist sehr klug und will Journalistin werden.« Beiläufig erwähnte er, ›das kleine Mädchen‹ sei die Stieftochter von Hugh Auchincloss. Diesen Namen kannte Waldrop natürlich, und so willigte er ein, Jackie zu empfangen.

»Anfang Dezember 1951 tauchte sie in meinem Büro auf«, erzählte er später. »Ich war neugierig, ob sie wirklich eine journalistische Karriere anstrebte, und so fragte ich, ob sie diesen Beruf erlernen oder einfach nur in der Redaktion herumhängen wolle, bis sie heiraten würde. Falls sie sich für eine Karriere entscheide, würde ich ihr Aufträge erteilen, die ihr weiterhelfen könnten. Wenn nicht, würde ich sie irgendwo einsetzen, wo sie niemandem, dem es mit diesem Beruf ernst sei, den Arbeitsplatz wegnehme. Sie antwortete, sie wolle tatsächlich Journalistin werden, und gestand, sie könne nicht gut tippen und wisse nichts von der Branche, sei aber lernwillig. Ich glaubte ihr und schlug vor, sie solle sich nach Weihnachten wieder melden, dann würden wir über alles reden. Nach Weihnachten kam sie an und entschuldigte sich. Sie habe sich inzwischen verlobt und glaube, ich würde sie unter diesen Umständen nicht mehr einstellen wollen. Das war ehrlich und ladylike. Ich sagte: ›Nun, erzählen Sie mir von ihm. Vor Weihnachten haben Sie diesen Burschen nicht erwähnt. Wo haben Sie ihn getroffen, wer ist er?‹ Da stellte sich heraus, daß sie ihn erst seit kurzem kannte. »Verdammt, das bedeutet gar nichts«, meinte ich. »Kommen Sie am Montagmorgen her, und fangen Sie mit der Arbeit an.‹«

Die Pressemeldung über Jackies Verlobung erschien wenige Tage, nachdem sie ihren Job in der *Times-Herald*-Redaktion angetreten hatte. Wie aus dem Text hervorging, hatte Jackies Verlobter, John G. W. Husted, die Summerfield School in England besucht, am St. Paul's Concort in New Hampshire und in Yale studiert und im Zweiten Weltkrieg bei den den britischen Streitkräften angeschlossenen amerikanischen Geländetruppen in Italien, Frankreich, Deutschland und Indien gedient. Husteds Familie — aus Bedford Village im Westchester County — war im Bankwesen tätig. John arbeitete für Dominick & Dominick, eine führende New Yorker Investmentfirma.

Jackie hatte John Husted durch Mary deLimur Weinmann, eine Freundin von Yusha Auchincloss, kennengelernt. »Ich stand ihr nicht besonders nahe«, erklärte sie, »denn sie schloß nicht so leicht Freundschaften. Aber ich kannte sie gut genug, um etwas für sie zu arrangieren. Ich erzählte John von ihr, und an einem Wochenende fuhr er von New York zu einer Party in Washington. Jackie war auch da, und so stellte ich die beiden einander vor. John war groß, gut gebaut, weltgewandt und sehr attraktiv... und Jackie auf ihre höchst individuelle Art umwerfend. Ich dachte mir, daß sich die beiden gut verstehen würden, doch ich hätte nie geglaubt, daß es so weit kommen würde... Für John war es Liebe auf den ersten Blick. Nach dem Wochenende fuhr ich mit ihm nach New York zurück, und er war völlig hingerissen. Er konnte gar nicht aufhören, von ihr zu reden.« Bald danach waren die beiden verlobt.

John Husted lebt heute in Nantucket und ist Jackie immer noch freundschaftlich verbunden, »freundschaftlicher als während unserer Verlobung«. Er fand es ›ganz natürlich‹, ihr zu begegnen. »Hugh Auchincloss und mein Vater waren in Yale gut miteinander befreundet, Jackies Mutter und meine Mutter kannten sich seit Jahren. Meine Schwestern Anne und Louise waren zur selben Zeit wie Jackie in Farmington. Also hatten wir viel gemeinsam. Ihre Originalität und ihr Feingefühl beeindruckten mich auf Anhieb. Außerdem war sie sehr schön mit ihren großen, weit auseinanderstehenden Augen und den dunkelbraunen Locken im Stufenschnitt. Sie glich einem Reh, das plötzlich aus dem Wald aufgetaucht ist und zum erstenmal einen Menschen sieht. Dieser Ausdruck konstanter Überraschung prägte ihr Gesicht. Sie stellte mich ihrem Vater vor ... Er hatte nichts gegen unsere Ehe einzuwenden ... Er wünsche sich nichts sehnlicher, als sie glücklich verheiratet zu sehen — in New York, wo sie hingehöre ... Einige Wochen später gab Hugh Auchincloss auf Merrywood eine Verlobungsparty für uns, und ich schenkte ihr einen Saphirring mit Diamanten, der meiner Mutter gehört hatte.«

Mary deLimur Weinmann zweifelte an der Aufrichtigkeit von Jackies Heiratsplänen. Jackie besuchte sie ein paar Wochen nach der Party, um ihr persönlich dafür zu danken, daß sie ihr John vorgestellt hatte. »Sie trug Handschuhe«, entsinnt sich Mary, »und sie zog den linken aus, um mir den Verlobungsring zu zeigen. Dabei bemerkte ich ihre grünen Fingernägel. Sie erklärte, das komme vom Entwicklerbad, das sie in der Dunkelkammer des *Washingtoner Times-Herald* benutze. Ausführlich berichtete sie von ihrem neuen Job ... Schließlich erwähnte sie, der Hochzeitstermin sei für Juni festgesetzt worden. Natürlich würde ich eine Einladung erhalten. Aber alles, was mit der Heirat zusammenhing, schien sie eher zu langweilen.«

Weit mehr als der Ehe galt ihr Sinnen und Trachten der Karriere. Innerhalb weniger Wochen arbeitete sie sich vom ›Mädchen für alles‹, das Kaffee holte und Besorgungen für diverse Redakteure erledigte, zur Empfangsdame in der Lokalredaktion hoch. Und als ein Kolumnist kündigte und Frank Waldrop beschloß, die freie Stelle mit einem Fotoreporter zu besetzen, bewarb sich Jackie darum.

Zuvor war das kein fester Job gewesen, verschiedene Fotografen oder Reporter hatten ihn fallweise übernommen. Betty Fretz, Reporterin beim *Times-Herald,* die diese Aufgabe gelegentlich erfüllte, erzählt: »Wenn wir dafür eingeteilt wurden, witzelten wir immer, wir seien in Ungnade gefallen. Die Fotografen haßten das noch mehr als die Reporter. Sie zogen es vor, in einer Bar zu sitzen, statt Schnappschüsse von Leuten zu machen, die an Straßenecken standen und dumme Fragen beantworteten. Niemand konnte sich vorstellen, daß jemand so einen Job haben wollte, bei dem man nicht nur die Leute interviewen, sondern sie auch noch fotografieren mußte.«

Um Waldrop zu überreden, es mit ihr zu versuchen, behauptete Jackie, sie könne fotografieren. Aber sie hatte bis dahin nur eine Leica benutzt. Die schwerfällige Speed Graflex, die professionelle Kamera der Fotografen, war ihr unbekannt. Heimlich nahm sie an einem Schnellkurs für Zeitungsfotografie teil und lernte, mit dem Apparat umzugehen.

Von Betty Fretz und dem Fotografen Joe Heilberger wurde sie eingearbeitet. »Sie interviewte die Leute, und ich half ihr, das Manuskript zu redigieren«, erinnerte sich Betty Fretz. »Sie wußte nicht, wie weit man sich von einer Person entfernen muß, wenn man sie fotografiert, und so streckte sich Joe Heilberger am Boden aus, um einen Abstand von einem Meter achtzig zu demonstrieren.«

Jackies Leistungen wurden meist negativ beurteilt. Estelle Caines, Lokalreporterin beim *Times-Herald,* meinte, »daß sie sich nur die Zeit vertrieb. Den Job hatte sie nur bekommen, weil sie die Stieftochter von Auchincloss war, mit dem man sich's nicht verderben durfte. Sie war ungeübt und verschreckt ... Ihre Fotos wurden fast immer unscharf. Sie versuchte, sich mit einigen Fotografen der Zeitung anzufreunden. Aber das waren harte Burschen ... Die meisten Reporterinnen und Redakteurinnen jagten ihr Angst ein. Die Washingtoner und New Yorker Gesellschaftsszene faszinierte nur wenige von uns. Wir kümmerten uns nicht um Jackie, weil sie ganz anders als wir war ... Wir hatten einfach keine Zeit, mit ihr Konversation zu machen.«

Jack Kassowitz, stellvertretender Chefredakteur des *Times-Herald,* war ihr unmittelbarer Vorgesetzter und ein gelegentlicher Tischgefährte beim Lunch. Auch er sieht ihre beruflichen Anstrengungen in eher trübem Licht. »Sie war eben erst vom College abgegangen, beeindruckt von der Welt des Journalismus, aber nicht bereit, die nötigen Opfer zu bringen. Ein armes reiches Mädchen, das zwar aus einer wohlhabenden Familie stammte, aber selber kein Geld besaß. Um die Miete zu sparen, wohnte sie auf Merrywood und fuhr in ihrem Gebrauchtwagen, einem schwarzen Mercury-Cabrio, zur Arbeit. Sie benahm sich wie eine typische soziale Aufsteigerin. Sie ging gern zum Tanzen und in schikke Restaurants, und sie schätzte es, berühmte, reiche Leute kennenzulernen. Oberflächlich betrachtet, wirkte sie unschuldig und ein bißchen naiv. Aber sie wußte genau, was sie wollte — und das hatte mit dem Zeitungswesen wenig zu tun. Als Reporterin war sie bestenfalls mittelmäßig. Fast alle ihre Artikel mußte ich umschreiben ... Sie hatte eine Unterhaltungskolumne zu schreiben, in der eher alberne Fragen gestellt wurden, zum Beispiel: ›Soll eine große Frau einen kleinen Mann heiraten?‹ Jackies Aufgabe bestand darin, acht bis zehn Leute zu interviewen, zu fotografieren und dann das Ganze zusammenzufassen. Mit Kindern und Prominenz kam sie besser zurecht als mit dem durchschnittlichen Mann von der Straße. Manchmal weigerte sie sich ganz einfach, loszuziehen. Ein geringfügiger Gewitterregen konnte als Entschuldigungsgrund durchaus genügen.

Natürlich war es in der stickigen Lokalredaktion angenehm, aufzublicken und ein attraktives Mädchen wie Jackie zu sehen. Ihre äußere Erscheinung war ihr wesentlichster Beitrag zur Zeitung. Viele Fotografen und Reporter stellten ihr nach, aber sie lehnte alle Einladungen zum Dinner ab. Einige reagierten hämisch und stellten Fragen wie: ›Was macht ein nettes Mädchen wie Sie an einem Ort wie diesem?‹ Oder: ›Wir haben gerade überlegt, ob wir heute nachmittag mal blaumachen und uns an Ihren Pool legen. Wie wär's?‹

Einmal bat ich sie beim Lunch, ihren Idealmann zu beschreiben. Sie erklärte, sie hasse *vollkommene* Männer. Die finde sie langweilig ... ›Ich mag Männer mit komischen Nasen, abstehenden Ohren, unregelmäßigen Zähnen, kleine, dünne oder dicke Männer. Vor allem müssen sie klug sein.‹ Sie sagte es zwar nicht, aber es war vermutlich vorteilhaft, wenn sie außerdem sehr viel Geld besaßen.« Vielleicht wurden Kassowitz' Erinnerungen an Jackie durch eine unangenehme Erfahrung beeinflußt, die er 1955 machte, nachdem sie John F. Kennedy geheiratet und den *Times-Herald* verlassen hatte. »Sie machte mit Kennedy Ferien in Nassau, an Bord der Jacht seines Vaters. Ich war auch dort und schickte ihr meine Visitenkarte mit einem Rosenstrauß, aber Jackie ignorierte mich. Ich wurde nicht an Bord geladen, ich hörte nicht einmal von ihr. Keine Reaktion. Gar nichts. Anscheinend wollte sie nichts mehr mit den Leuten zu tun haben, die sie auf ihrem Weg nach oben gekannt hatte.«

Trotz ihrer Gegner bekam Jackie beim *Times-Herald* bald ihre eigene Verfasserzeile. Die Fragen, die sie sich für ihre Interviews ausdachte, waren ausgefallen: »Genießen reiche Leute das Leben mehr als arme?« — »Chaucer sagte, die Frauen wünschten sich vor allem Macht über die Männer. Wie sehen Ihrer Meinung nach die Wünsche der Frauen aus?« — »Glauben Sie, eine Ehefrau sollte ihren Mann im Glauben lassen, er wäre klüger als sie?« — »Wenn Sie morgen früh hingerichtet werden sollten — welche Henkersmahlzeit würden Sie bevorzugen?«

Manche Fragen nehmen sich aus heutiger Sicht geradezu prophetisch aus. »Welche First Lady wären Sie am liebsten gewesen?« — »Möchten Sie, daß Ihr Sohn Präsident wird?« — »Soll sich die Frau eines Präsidentschaftskandidaten am Wahlkampf beteiligen?« — »Wenn Sie ein Rendezvous mit Marilyn Monroe hätten, worüber würden Sie mit ihr reden?« — »Nennen Sie die berühmte Persönlichkeit, deren Tod Sie am tiefsten getroffen hat.«

Allmählich verflog Jackies Begeisterung für ihren Job. Und im März 1952 hatte sich auch die Beziehung zu John Husted, die er als ›keusch‹ bezeichnete, abgekühlt. Janet Auchincloss hatte diskrete Erkundigungen eingezogen und erfahren, daß der junge Mann bei Dominick & Dominick nur siebzehntausend Dollar pro Jahr verdiente. Obwohl das damals nicht gerade wenig war, fand sie, daß man damit keine Familie ernähren konnte. Husted gegenüber erwähnte sie das nicht. (»Sie war zu höflich, um mit mir über Geld zu sprechen.«) Aber sie wies ihre älteste Tochter darauf hin.

Abgesehen von finanziellen Erwägungen schien Jackies schwindendes Interesse an ihrem Verlobten vor allem auf ihr unterschiedliches Wesen zurückzuführen zu sein. John Husted hatte sicher das Zeug zum klassischen amerikanischen Ehemann. Er war rechtschaffen und verläßlich, neigte weder zu wilden Partys noch zu heftigen Seitensprüngen, würde stets pünktlich von der Arbeit nach Hause kommen, ein liebevoller Vater sein, niemals Geburts- oder Hochzeitstage vergessen und stets gut für seine Familie sorgen. Aber Jackie wollte einen Mann heiraten, der einer anderen Kategorie angehörte — so wie Black Jack Bouvier. Sie wollte einen erfahrenen, unterhaltsamen Mann. Wenn er außerdem Geld hatte und aus einer angesehenen Familie kam, um so besser.

Während sie noch mit John Husted verlobt war, begann sie mit anderen Männern auszugehen. Zu ihren zahlreichen Bewunderern zählte auch Charles Bartlett, der sich seit 1948 für sie interessierte. Damals war er gerade nach Washington gekommen, ein ehrgeiziger, talentierter Korrespondent der *Chattanooga Times.* 1949 lud er sie zur Hochzeit seines Bruders David in East Hampton ein, wo er sie beinahe mit seinem Freund John F. Kennedy bekannt gemacht hätte, dem Abgeordneten des 11. Massachusetts-Wahlbezirks, Boston.

Bartlett, der aus Chicago stammte und Yale-Absolvent war, hatte John F. Kennedy kurz nach dem Krieg kennengelernt, als seine Familie den Winter in Hobe Sound verbrachte, praktisch Tür an Tür mit den Kennedys in Palm Beach. »Ich kannte Johns Geschmack, was Frauen betraf«, berichtete Bartlett, »und dachte, Jackie würde ihm gefallen, weil sie anders war als die meisten. Bei jenem Hochzeitsempfang stellte ich ihr einen Ex-Champion vor, den Schwergewichtler Gene Tunney. Sie stand mit ihm in der einen Ecke, John in der anderen, wo er wie gewöhnlich über Politik redete. Keiner konnte losgeeist werden, und als es mir endlich gelang, Jackies Tête-à-tête zu unterbrechen, war John bereits gegangen.«

Die nächste Gelegenheit, die beiden miteinander bekannt zu machen, ergab sich im Mai 1951. Charles Bartlett hatte inzwischen Martha Buck geheiratet, die wohlhabende Tochter eines Stahlindustriellen. Sie wohnten in Georgetown und erwarteten die Geburt ihres ersten Kindes. Obwohl Bartlett stets das Verdienst beanspruchte, John und Jackie zueinandergeführt zu haben, scheint eher seine Frau dahinterzustecken.

»Martha war es, die John und Jackie schließlich zusammenbrachte«, behauptet Lewis Buck, ihr Onkel und Geschäftspartner ihres Vaters. »Das tat sie, weil Charlie sich immer noch für Jackie interessierte. Er führte sie oft zum Lunch aus, brachte sie zum Dinner mit nach Hause, trank mir ihr einen Aperitif im Wohnzimmer, während Martha, bereits im Anfangsstadium ihrer Schwangerschaft, in der Küche das Essen vorbereitete. Bald hatte Martha dieses Arrangement satt. Sie rief ihren Vater an und fragte: ›Was soll ich tun?‹ und er antwortete: ›Lade jemanden für sie ein, mach sie mit einem jungen Mann bekannt.‹ Und genau das geschah. Es war John F. Kennedy. Sie gab jene mittlerweile historische Dinnerparty, lud John und Jackie und mehrere andere Paare ein, damit es nicht zu offensichtlich wirkte. Dann setzte sie John und Jackie gemeinsam auf eine Couch, servierte ihnen Cocktails und *hors d'œuvres* und schenkte immer wieder nach. Charlie war nicht daran beteiligt.«

John F. Kennedy sollte sich 1957 bei einem *Times*-Interview an den ereignisreichen Abend erinnern. Er erklärte, Jackie — damals noch College-Studentin — habe anscheinend mehr Substanz besessen als ein Großteil seiner weiblichen Bekannten und einen Lebenszweck angestrebt, der darüber hinausging, ihre Schönheit vorzuzeigen. »Und so beugte ich mich über den Spargel zu ihr und bat sie um ein Rendezvous.« Worauf Jackie einwandte, die Bartletts hätten an jenem Abend keinen Spargel aufgetischt.

Die Dinnerparty fand ein eher entmutigendes Ende. Wie Charles Bartlett erzählt, gingen sie nach dem Essen alle in den kleinen Garten hinter dem Haus, um einem damals sehr beliebten Spiel zu frönen, bei dem zwei gegnerische Teams Wörter oder Sätze pantomimisch darstellten, Silbe um Silbe. »Das Team, das zuerst erriet, was gemeint war, hatte gewonnen. Die Kennedys bewiesen darin ebensoviel Geschick wie beim Football — und genauso großen Ehrgeiz. Aber Jackie, superschlau und dank ihrer Ausbildung in der Miss Porter's School pantomimisch erfahren, war eine Klasse für sich. John schien das gebührend zu würdigen, und während des allgemeinen Aufbruchs begleitete er Jackie zu ihrem Wagen, der vor dem Haus parkte. Er sagte gerade, er wolle sie noch irgendwo zu einem Schlummertrunk einladen, als plötzlich der Teufel los war.

Unser Foxterrier lief den beiden voraus, sprang durch ein offenes Fenster ihres Autos und landete jaulend auf dem Schoß eines Insassen. Wie sich herausstellte, war der mysteriöse Fremde ein ehemaliger Freund von Jackie, der in unserer Nähe wohnte. Auf dem Heimweg hatte er ihren Wagen entdeckt, den Entschluß gefaßt, sich einen kleinen Scherz mit ihr zu erlauben, und auf dem Rücksitz Platz genommen. Sein Anblick überraschte Jackie ebenso wie alle anderen, und sie wurde puterrot. Doch sie riß sich zusammen und stellte die beiden Männer einander vor. John wurde sichtlich verlegen, entschuldigte sich und verschwand, so schnell er konnte. Aber er schien interessiert zu sein, denn am nächsten Tag rief er an und stellte einige Fragen. Danach hörten wir nichts mehr von ihm. Und Jackie verbrachte mit ihrer Schwester Lee den Sommer in Europa.«

Erst im nächsten Winter sahen sich Jackie und John wieder, und da war sie bereits mit John Husted verlobt und arbeitete für den *Times-Herald.* Kennedy bereitete seinen Wahlkampf um den Senatorenposten in Massachusetts vor.

Sein Gegner war der republikanische Amtsinhaber Henry Cabot Lodge. Wieder war es Martha Bartlett, die das Treffen arrangierte. Diesmal überredete sie Jackie, Kennedy vorzuschlagen, sie zu einer weiteren Dinnerparty im Haus der Bartletts zu begleiten. »Wir hielten nicht viel von Jackies Verlobtem«, erklärt Charles Bartlett. »Er war ein netter Junge, aber nicht gut genug für sie.«

Das Dinner verlief erfolgreich. Kennedy lud Jackie bald darauf zum Tanzen in den Blue Room des Shoreham Hotels ein. Eine ›Anstandsdame‹ war dabei — Dave Powers, Kennedys Berater aus Boston. An jenem Abend drehte sich die Konversation um Politik und Baseball.

Danach erfolgten die Begegnungen ›sporadisch‹, wie sie es nannte. »Mit großem Münzengeklingel rief er mich aus irgendeiner Austernbar am Cape an und bat mich, am nächsten Mittwoch mit ihm ins Kino zu gehen.« Trotz des Wahlkampfs in Massachusetts hielt sich Kennedy jede Woche von Dienstag bis Donnerstag in Washington auf, und an diesen Tagen trafen sie sich. Manchmal besuchte Jackie ihn in seinem Büro-Apartment an der Bostoner Bowdoin Street, wo sie an seinen zwei Sekretärinnen Evelyn Lincoln und Mary Callagher vorbeirauschte. Beide sollten ihn später ins Weiße Haus begleiten.

Ab Anfang April sahen sie sich regelmäßiger, schränkten aber ihre öffentlichen Auftritte ein und bevorzugten kleine Dinnerpartys bei engen Freunden und Verwandten. Und es gab Abende, wo sie, wie Johns einstiger Zimmergenosse in Choate, Kirk LeMoyne (Lem) Billings, erklärt, »einfach nur auf dem Rücksitz von Johns Auto saßen. Danach fuhr er sie am Potomac entlang und über die Key Bridge nach Merrywood. Eines Abends nach dem Abschied gab sein Wagen auf der Zufahrt seinen Geist auf. John ging ins Haus, wo Jackie ihm den Schlüssel für das Auto ihres Stiefvaters gab. Am nächsten Morgen vermißte Hugh Auchincloss seinen wertvollen blauen Bentley, an dessen Stelle ein altes, klappriges Cabrio mit Massachusetts-Nummer die Zufahrt blokkierte.

Bald danach vertiefte sich die Beziehung, und John geriet

in eine noch unangenehmere Situation ... Sein Auto parkte in einer ruhigen Nebenstraße in Arlington, als ein Streifenwagen anhielt. Der Polizist stieg aus und leuchtete mit seiner Taschenlampe in den Fond des Cabrios. Soeben war es John gelungen, Jackies BH zu öffnen. Der Beamte erkannte John offenbar, denn er entschuldigte sich und trat den Rückzug an. Aber John hatte Visionen von Schlagzeilen. US-SENATOR FÄLLT ÜBER BARBUSIGE FOTEREPORTERIN HER ... ›Sie mag verlobt sein, aber sie ist wenigstens nicht verheiratet‹, sagte er. ›*Sonst* hätte es unerfreulich werden können.‹«

Wenn John Husted auch nicht über alle Einzelheiten informiert war, so machte er sich doch wenig Illusionen, was Jackie betraf. »Kurz nach unserer Verlobung schrieb sie mir viele romantische Briefe«, erzählt er. »Doch schon bald teilte sie mir mit, ihre Mutter sei der Ansicht, wir würden die Dinge überstürzen, wir hätten noch unser ganzes Leben vor uns und sollten unsere Pläne vielleicht vorerst aufschieben. Und dann bekam ich diesen seltsamen Brief, in dem sie mich bat: ›Du darfst nicht auf den Klatsch achten, den Du über mich und John Kennedy hörst.‹ Damals sahen wir uns bereits viel seltener, und ich begann klarer zu sehen. Schließlich schrieb sie mir, wir sollten die Hochzeit definitiv verschieben. Man mußte kein Einstein sein, um zu begreifen, was das hieß.«

Mitte März lud Jackie ihn übers Wochenende nach Merrywood ein. Wie er später berichtete, kam er vor ihr an und wurde von der kleinen Nina Auchincloss begrüßt, die ihre blaue Potomac-Schuluniform trug, in der Bibliothek saß und ihre Orthographie zu vervollkommnen trachtete. Sie unterhielt den Besucher eine Stunde lang, bis Jackie erschien und alles Weitere übernahm, während sich Nina nach oben in ihr Zimmer zurückzog. Jackie wirkte völlig unbefangen und anfangs sogar übermütig. Abends aß Husted mit Jackie und ihrer Familie. Das Wochenende verbrachte er im selben geräumigen Gästezimmer, das er in Merrywood stets benutzte.

Am Sonntag fuhr sie ihn gegen Mittag zum Flughafen, von wo aus er seine Rückreise nach New York antreten wollte. In der Halle zog sie wortlos ihren Verlobungsring vom Finger und steckte ihn in Johns Jackentasche.

»Ein paar Wochen später erhielt ich einen Brief von Hugh Auchincloss«, erzählte er. »Hugh mochte mich, und ich glaube, es bedrückte ihn, daß es zwischen Jackie und mir nicht geklappt hatte ... Er beendete sein Schreiben mit jenen berühmten Worten von Tennyson: ›Es ist besser, geliebt und verloren zu haben, als nie geliebt zu haben.‹ Und als Postscriptum fügte er hinzu: ›Ich muß es ja wissen.‹ Damit spielte er wohl auf die beiden Ehen an, die er hinter sich gebracht hatte, bevor Jackies Mutter seine Frau geworden war.«

Nachdem die Verlobung gelöst war, fühlte sich Jackie ebenso erleichtert wie ihre Mutter. Janet schickte John alle Geschenke zurück und ließ durch die Presse bekanntgeben, man sei ›im gegenseitigen Einvernehmen‹ auseinandergegangen.

John Husted erholte sich ziemlich schnell von seiner anfänglichen Enttäuschung. 1954 heiratet er die geschiedene Mrs. Ann Hagerty Brittain, deren Stiefvater das Magazin *The New Yorker* herausgab.

Als der Journalist John White von Jackies Interesse an Kennedy erfuhr, warnte er sie und meinte, dabei würde nichts Gutes herauskommen, denn er kannte John schon sehr lange. »Ich wußte, was für ein Schürzenjäger er war, und erklärte Jackie, er würde keinen guten Ehemann abgeben. Für einen Flirt sei er geeignet, aber gewiß kein Mann, den man nach Hause zur Mama mitbringen könne. Ich glaube, sie war hinter JFK vor allem wegen seines Geldes her. Außerdem reizte sie die Herausforderung, und schließlich spielte es wohl auch eine Rolle, daß sie — sofern ich das beurteilen kann — noch sehr unerfahren in der Liebe war. Sie wußte nicht, was ihr bevorstand. In dieser Hinsicht kannte sie sich längst nicht so gut aus wie ihre Schwester Lee ... Vielleicht dachte sie, JFK wäre nicht die schlechteste Partie von der Welt. Und bestimmt gefiel es ihr, daß er auf dem Weg nach oben war.

Ich kannte andere Mädchen, die sich mit ihm eingelassen hatten. Ich hörte mir ihre Geschichten an. Manche von ihnen sahen eine Herausforderung darin, seiner übermächtigen Persönlichkeit entgegenzutreten, der kalten Verachtung, die er ihnen zeigte, indem er sie in einem kleinen schwarzen Buch abhakte. Sie hofften, an ihn heranzukommen. ... Er hatte heißes Blut, aber ein kaltes Herz ... Frauen gegenüber war er völlig rücksichtslos, was einige vermutlich sogar reizvoll fanden. ... Ich bezweifle, daß Jackie sich über JFKs Moral den Kopf zerbrach. Später sprachen wir über ihn. Mittlerweile begriff sie die Situation und war bereit, das Risiko einzugehen. Für sie war seine Moral nicht so wichtig wie die Tatsache, daß er im Mittelpunkt der Ereignisse stand, sich ins rechte Licht rückte und ihr eine geziemende Rolle in dem Spiel zuteilte.«

6

Im November 1952, nach der Wahl Dwight Eisenhowers zum Präsidenten und John F. Kennedys zum demokratischen Senator von Massachusetts, traf John Davis seine Kusine Jackie zum Lunch im Washingtoner Mayflower Hotel. Davis berichtet in seinem Buch *The Kennedys,* das Gespräch sei bald von trivialen Familienangelegenheiten zum interessanteren Thema der Beziehung zwischen Jackie und Kennedy übergegangen. Sie verriet, John würde täglich zum Friseur gehen und ›stundenlang‹ schmollen, wenn er auf einer Party oder einem Empfang von niemandem erkannt oder fotografiert werde. Und sie erklärte auch, er sei allergisch gegen Tiere, vor allem gegen Pferde und Katzen. »Stell dir vor — ich mit einem Mann, der gegen Pferde allergisch ist!« Ein anderer denkwürdiger Kommentar lautete: »Die Kennedys sind wirklich furchtbar bourgeois.«

Bourgeois oder nicht, der junge Senator besaß offenbar gewisse Eigenschaften, die Jackie zusagten: Er sah gut aus, war charmant und witzig, und er hatte einen unglaublich reichen Vater. Zudem war er ambitioniert und hatte den gleichen religiösen Hintergrund wie sie. In politischer Hinsicht bezeichnete er sich selbst als ›Idealisten ohne Illusionen‹. Auf die Frage nach seinen Vorzügen und Fehlern gab er als beste Eigenschaft seine Neugier an, als schlechteste seine Reizbarkeit, seine Ungeduld mit Langweilern, Gemeinplätzen und Mittelmaß. Hinter seiner glanzvollen Fassade schien sich eine Einsamkeit zu verbergen, die Jackie nicht nur erkannte, sondern auch teilte. Sie verglich John und sich selbst mit ›Eisbergen‹, denn der größte Teil ihres Lebens spielte sich unter der Oberfläche ab. »Jeder von uns spürte, daß der andere so war, und das verband uns miteinander«, erklärte sie.

Sie hatte ein Zeitungsinterview mit John gelesen, in dem

Jackie 1953 als Fotoreporterin der Zeitung *Washington Times-Herald,* für die sie von Anfang 1952 bis Ende 1953 regelmäßig arbeitete. *(Ullstein Bilderdienst)*

Links: Mrs. John Vernou Bouvier III mit ihren beiden Töchtern Lee (links) und Jackie (rechts), 1941. *(Bert & Richard Morgan)* — *Rechts:* Jakkie 1943 mit ihrem Vater ›Black Jack‹ John Vernou Bouvier III und ihrem Großvater John Vernou Bouvier Jr. in East Hampton. *(John F. Kennedy Library)*

Jackie 1935 als Sechsjährige.
(Bert & Richard Morgan)

Jackies Vater Hand in Hand mit einer seiner Eroberungen, Virginia Kernochan, 1934. Rechts Jackies Mutter. Als diese das Foto in der *Daily News* entdeckt, ist sie nicht länger bereit, die Eskapaden ihres Mannes zu tolerieren, und verlangt die Scheidung. *(UPI/Bettmann Newsphotos)*

Vorderseite oben: Schon als Kind war Jackie eine passionierte Reiterin. In ihrem Umgang mit Pferden suchte sie die Zuwendung und Geborgenheit, die sie in der zerrütteten Ehe ihrer Eltern nicht bekam. — *Links:* Jackie als etwa Sechsjährige bei einem Ausritt mit ihrer Mutter. *(Ullstein Bilderdienst)*

Vorderseite unten: Jackie 1941 mit ihrer Stute Danseuse nach einer Preisverleihung. *(Bert & Richard Morgan)*

Jackie 1946 mit Mitschülerinnen aus Miss Porter's in der Pose des Film-Vamps Veronica Lake. *(Peter Brennan)*

Jackie 1953 als Fotoreporterin. *(UPI/Bettmann News-photos)*

Jackies Halbschwester Janet Jennings Auchincloss, spätere Mrs. Lewis Rutherford und einer der wenigen Menschen, an denen Jackie wirklich hing. Als Janet 1985 mit 39 Jahren an Krebs starb, wich Jackie nicht von ihrem Bett. *(Apis-Paris/Daniel Cande)*

Der Kennedy-Clan in den frühen dreißiger Jahren. Von links: Edward, Jeanne, Robert, Patricia, Eunice, Kathleen, Rosemary, John, Mrs. und Mr. Joseph (Joe) Kennedy. *(Keystone Pressedienst)*

Die Matriarchin des Kennedy-Clans, Rose Fitzgerald Kennedy, 1981, im Alter von 91 Jahren in Hyannisport. *(dpa/UPI)*

Joseph Kennedy 1937 als US-Botschafter in London mit seinen Söhnen Joseph Jr. (rechts) und John F. (links), der schon bald in die Fußstapfen seines wenig später gefallenen Bruders treten sollte. *(Keystone Pressedienst)*

John F. Kennedy inmitten des Kennedy-Clans. Von links: Ethel Kennedy, Stephen Smith, Eunice Kennedy Shriver, Jean Kennedy Smith, Rose Kennedy, Joseph Kennedy, JFK, Robert F. Kennedy, Jackie, Patricia Kennedy Lawford, Sargent Shriver, Edward M. Kennedy, Joan Kennedy, Peter Lawford. *(AP/Wide World)*

er die Frau beschrieb, die er sich wünschte. »Intelligent, aber nicht allzu klug.« Das störte sie weniger als die Tatsache, daß sie sich erheblich von dem Frauentyp unterschied, mit dem er sich normalerweise einließ — verführerisch, kontaktfreudig, kurvenreich. Wenn sie sich auch nicht dafür schämte, so wußte sie doch, was für eine athletische, flachbrüstige Figur sie hatte.

Sie tat alles, um sich zu einer warmherzigen, enthusiastischen, heiteren Gefährtin zu entwickeln, die bildende Künste, Musik und Literatur liebte. Was die Männer am stärksten an ihr anzog, war ihre Fähigkeit, einen bezaubernden Charme auszustrahlen. Für John Kennedy strahlte sie diesen Charme unentwegt aus. Ihre Taktik war ebenso sorgfältig geplant wie seine späteren politischen Kampagnen. Als sie erfuhr, daß er manchmal seinen Lunch in einer Papiertüte ins Büro mitnahm und dort allein aß, begann sie, ihn zur Mittagszeit zu besuchen, mit einem warmen Essen für zwei in einer Thermosbox. Ihre Zeitungskolumne nutzte sie, indem sie Fragen stellte, die John in die gewünschte Richtung schubsten. »Können Sie Gründe angeben, warum ein zufriedener Junggeselle heiraten sollte?« — »Was halten Sie von der Behauptung, daß die Iren nichts von der Liebeskunst verstehen?«

Inzwischen spielte der Job beim *Times-Herald* bereits eine untergeordnete Rolle in Jackies Leben. Die Beziehung zu Kennedy war ihr wichtiger. Sie demonstrierte ihre Ergebenheit (und ihre schriftstellerischen Fähigkeiten) gegenüber John, indem sie ihm half, politische Absichtserklärungen zu formulieren. Sie übersetzte Bücher für ihn, nahm ihm Besorgungen ab, trug ihm die Aktentasche, wenn sein Rücken schmerzte, begleitete ihn zu politischen Veranstaltungen und half ihm, seine Anzüge und andere Kleidungsstücke zu kaufen (bis dahin hatte er sich kaum für Herrenmode interessiert).

Im Sommer 1952 sah sie zum erstenmal ihre künftige Schwiegermutter, als sie einige Tage in der Kennedy-Residenz in Hyannis Port am Cape Cod verbrachte. Seinen Bruder Bobby, dessen Frau Ethel und Johns Schwestern kannte sie bereits. Aber die bevorstehende Begegnung mit Rose Kennedy und deren imposantem Ehemann Joe jagte Jackie Angst ein. Doch sie sollte diese Angst bald verlieren.

Als sie fürchtete, sie habe sich schlecht eingeführt, weil ihr Abendkleid etwas zu auffällig für ein Wochenenddinner auf dem Land war, neckte John sie: »Was hast du denn gedacht, wohin du gehen würdest?« Doch da nahm Rose sie in Schutz. »Oh, sei nicht gemein zu ihr, mein Lieber. Sie sieht reizend aus.«

Die Familie tat ihr Bestes, um Jackie in alles mit einzubeziehen. Die zwischen den Familienmitgliedern herrschende Herzlichkeit wirkte ansteckend und mußte einen Neuankömmling überwältigen. Jackie wurde von der Hektik und Energie dieses Clans, der sich pausenlos von einem Vergnügen ins andere stürzte, einfach mitgerissen.

»Wie soll ich diese Menschen beschreiben?« notierte sie später. »Sie sprachen über so viele Dinge, und dies mit solcher Begeisterung. Oder sie spielten Spiele. Beim Dinner oder im Wohnzimmer — überall redeten sie. Sie interessierten sich brennend für das Leben, und das wirkte so anregend. Und sie waren so fröhlich und so offen und so zugewandt ...«

Wie Dinah Bridge, eine Freundin der Familie, berichtete, waren die Kennedys von Jackie genauso beeindruckt. »Sie wurde sozusagen auf Herz und Nieren geprüft. Und sie hielt den Kennedys bravourös stand, als sie mit Fragen beschossen wurde.«

Die nächsten Besuche waren allerdings anstrengender für Jackie. Ohne es sich selbst einzugestehen, bemerkte sie eine gewisse Zurückhaltung im Benehmen der Kennedys ihr gegenüber, auch wenn man sie noch so temperamentvoll begrüßte. Und schon bald ging ihr das laute Leben und Treiben der Kennedys und ihre ständigen Wettkämpfe schlichtweg auf die Nerven. Dies galt vor allem für Johns Schwestern, die sie als die ›Rah-Rah-Mädchen‹ bezeichnete, deren zwanghafter Spiel- und Bewegungstrieb sich ununterbrochen Bahn brach. Wenn sie die üblichen Sportarten langweilten, so beobachtete Jackie, sprangen sie entweder wild auf dem Trampolin herum oder machten Gymnastik am Strand oder joggten. »Wenn ihnen dann gar nichts mehr einfiel«, erzählte Jackie ihrer Schwester Lee, »rannten sie auf der Stelle oder fielen übereinander her wie eine Horde Gorillas.«

Johns Schwestern ließen auch keine Gelegenheit aus, Jakkie zu ärgern. Sie zogen sie wegen ihrer Auszeichnung als Debütantin auf, machten sich über ihre kindliche Stimme lustig, zwangen sie zu rauhen Fußballspielen und freuten sich dann über ihr Versagen und fanden auch sonst alles an ihr komisch. Als Jackie ihnen einmal unvorsichtigerweise verriet, daß sie einst gern Ballerina geworden wäre, zeigte eine der Schwestern kichernd auf ihre Füße und meinte: »Mit den Füßen? Damit hättest du lieber Fußballer werden sollen, meine Liebe!«

Doch bald gelang es Jackie, den alten Joe Kennedy für sich zu gewinnen, der zu »ihrem glühendsten Anhänger« wurde, wie Lem Billings bezeugte. »Er bewunderte sie wegen ihrer Persönlichkeit. Sie hatte keine Angst vor ihm, umschmeichelte ihn, neckte ihn, widersprach ihm. Er war der Motor des ganzen Clans, gestaltete das Leben seiner Kinder, ihre Beziehungen, ihre Gedanken. Indem sie ihn eroberte, eroberte sie seinen Sohn.«

Um Joe Kennedy auf ihre Seite zu ziehen, nutzte sie seine gesellschaftliche Unsicherheit, spielte auf ihre vermeintlich illustre Herkunft an, prahlte mit ihren katholischen französischen Ahnen und ihrem hochentwickelten Stilgefühl, verbarg aber die zähe, strebsame irisch-katholische Seite ihres Charakters. Auf Anhieb spürte sie, was dem alten Mann an ihr gefallen würde — ihre Bildung, ihr gesellschaftlicher Schliff. Alle Kennedy-Männer hatten Frauen geheiratet, die sozial besser repräsentieren konnten als sie selbst. Roses Vater, John Francis Fitzgerald, war US-Abgeordneter und Bürgermeister von Boston gewesen. Auf der gesellschaftlichen Leiter hochzuklettern, historisches Ansehen zu erwerben, den Geruch von Aufsteigern aus den Slums von East Boston zu verlieren — das waren Joe Kennedys Antriebskräfte.

Nach seiner Meinung konnte Jackie alle gesellschaftlichen Vorzüge aufweisen, die John helfen würden, die Präsidentschaft zu erringen. Abgesehen von ihrer erstklassigen Ausbildung erweckte sie den Eindruck, als wäre sie steinreich, obwohl sie in Wirklichkeit kaum einen Cent besaß. Aber vor der Hochzeit wußte das niemand. Das einzige, was Joe im Augenblick störte, war der Altersunterschied zwischen John und ihr von zwölf Jahren. Eine gescheiterte Ehe konnte sich fatal auf Johns politische Zukunft auswirken. Andererseits wirkte Jackie reifer als die meisten Mädchen ihres Alters. Sollten in dieser Ehe Probleme auftauchen, würden sie andere Gründe haben.

»Joe Kennedy billigte die Heirat nicht nur, er ordnete sie an«, erklärt Lem Billings. »›Ein Politiker braucht eine Frau‹, sagte er, ›und ein katholischer Politiker braucht eine katholische Frau. Sie sollte Klasse haben. Jackie hat wahrscheinlich mehr Klasse als alle Mädchen, die wir jemals bei uns gesehen haben.‹ Im Frühling 1953 hatte die Beziehung zwischen John und Jackie deutliche Fortschritte gemacht. Die beiden waren mit Sicherheit intim, aber sie wollte nicht, daß seine Freunde das erfuhren. Jackie fühlte sich zu einem Mann nur hingezogen, wenn er ›gefährlich‹ war wie ihr Vater. Das war ein Freudscher Komplex. John wußte von ihrer Schwäche für Black Jack und sprach sogar mit ihr darüber. Sie stritt es nicht ab. ... Es störte sie zwar, daß John immer noch andere Frauen traf, aber es faszinierte sie auch. Sie ließ sich alle Möglichkeiten offen und wahrte ihre Unabhängigkeit, indem sie sich mit mehreren interessanten jungen (und älteren) Männern in der Öffentlichkeit zeigte ... Inzwischen war sie oft in Hyannis Port gewesen und den Familienmitgliedern nähergekommen, auch seinen Schwestern. Wenn sie Jackie immer noch ablehnten, dann nur Johns wegen. Nach Joe Jr.'s Tod bei einem geheimen Bombenangriff im Zweiten Weltkrieg war John zum großen Hoffnungsträger des Clans geworden. Seine Schwestern stellten sich gegen jedes Mädchen, das ihn heiraten wollte. Die Kennedys dachten zuerst an sich selbst, dann erst an andere. Wer in ihr Allerheiligstes vorzudringen versuchte, ob als Freund oder

Ehepartner, der mußte zunächst seine Loyalität beweisen.«

Nachdem sie Joe Kennedy für sich gewonnen hatte, arrangierte Jackie ein Treffen zwischen John und ihrem Vater. Im Februar 1953 lernten sich die beiden beim Dinner in einem New Yorker Restaurant kennen. Jackie fand, sie seien einander sehr ähnlich gewesen. »Sie sprachen über Sport, Politik und Frauen — worüber alle heißblütigen Männer gern reden.«

Danach meinte Black Jack gegenüber Louis Ehret, der junge Mr. Kennedy sei, abgesehen davon, daß er dringend einen Haarschnitt benötige, »anscheinend ein anständiger Bursche, was ich nicht erwartet habe. Ich dachte, er wäre eher wie sein Vater. Jedenfalls ist Jackie wahnsinnig verliebt in ihn.«

Auch James Rousmaniere, Johns Zimmergenosse in Harvard, hatte durch John von der Begegnung erfahren. »Black Jack befand sich damals im Stadium eines langsamen, aber sichtbaren Verfalls«, berichtet Rousmaniere. »Er war zum Einsiedler geworden. Jackie und Lee kümmerten sich kaum noch um ihn. Darum unternahm John einen ernsthaften Versuch, ihn kennenzulernen, noch bevor er Jacqueline heiratete. Er besuchte seinen künftigen Schwiegervater mehrmals in New York ... Einmal schauten sie sich in Black Jacks Wohnung einen Boxkampf im Fernsehen an. Black Jack schien sich einsam zu fühlen, und John zog seinen Besuch in die Länge. Black Jack war betrunken oder zumindest gerade dabei, sich vollaufen zu lassen. Kennedy trank normalerweise relativ wenig, aber an jenem Abend animierte ihn sein Gastgeber dazu. Schließlich amüsierten sie sich großartig.«

Im April kam Black Jack das erste Mal nach Merrywood, als Lee den Harvard-Absolventen Michael Temple Canfield heiratete, der kürzlich einen Posten bei der amerikanischen Botschaft in London angenommen hatte. Die Trauung fand in der Washingtoner Dreifaltigkeitskirche statt, der Empfang auf Merrywood. Jack Bouvier fühlte sich verpflichtet, seine Tochter zum Altar zu führen. Widerwillig betrat er zum erstenmal den Besitz von Hugh Auchincloss. Der Unterschied zwischen dem Luxus, der hier herrschte, und seinem eigenen bescheidenen Apartment in New York wurde ihm schmerzlich bewußt. Und die Erkenntnis, wie wenig er seinen Kindern im Vergleich zu seinem Rivalen hatte geben können, hinterließ eine dauerhafte Narbe in seiner Seele.

Auch für Jackie, die als Brautjungfer fungierte, war die Hochzeit ein harter Schlag, denn sie wurde dadurch an ihre peinliche Position der unverheirateten älteren Schwester erinnert. Aber Mitte Mai machte John Kennedy ihr endlich einen Antrag.

Die offizielle Bekanntgabe der Verlobung mußte hinausgeschoben werden. Die *Saturday Evening Post* plante eine Story mit dem Titel ›John Kennedy — der fröhliche Junggeselle im Senat‹, und John wollte seinen Sinneswandel nicht kundtun, ehe das Magazin an den Kiosken zu haben war. Außerdem hatte Jackie ihrer Freundin Aileen Bowdoin versprochen, sie zur Krönung von Elizabeth II. nach England zu begleiten. Diese Reise wollte sie zugleich für einen Artikel verwerten. Jackies Artikel über die Feierlichkeiten, mit kleinen Federzeichnungen illustriert, erschien dann auf der Titelseite des *Times-Herald*.

Nach einer Woche in London bekam sie ein Telegramm von John Kennedy — ARTIKEL GROSSARTIG ABER DU WIRST VERMISST. Dieser Botschaft — eine der wenigen romantischen Mitteilungen, die Jackie von John erhalten sollte — folgte ein Ferngespräch, in der er sie bat, in London für ihn ›ein paar‹ in den USA vergriffene Bücher zu besorgen. Nachdem sie zugestimmt hatte, las er eine vier Seiten lange Liste vor. Jackie mußte einen zusätzlichen Koffer kaufen und hundert Dollar Frachtgebühr bezahlen, um die Bücher in die Vereinigten Staaten zu bringen.

Aileen Bowdoin bemerkte, daß »nur wenige Leute wußten, daß John Kennedy um Jackie angehalten hatte, bevor wir nach London reisten. Dort versuchte sie sich zu entscheiden, ob sie seinen Antrag annehmen sollte oder nicht. Es war ein schwieriger Entschluß. Sie legte Wert auf ihre Eigenständigkeit, und wie jeder weiß, gab es in der Kennedy-Familie ein paar ziemlich grobschlächtige Typen. So sehr sie

John mochte — sie fürchtete, ihre Unabhängigkeit und Identität in dem Clan zu verlieren.«

Ein Jahr lang hatte sich Jackie nichts sehnlicher gewünscht, als John Kennedy zu heiraten. Jetzt war dies zu einer realen Möglichkeit geworden, und das machte ihr angst. Sie brauchte etwas mehr Zeit. Nach zwei Wochen in London verbrachte sie mit Aileen zwei weitere in Paris. Am 14. Juni traten sie in Orly den Rückflug nach Boston an.

Zufällig saß Zsa Zsa Gabor neben Jackie in der Maschine. »Vierundzwanzig Stunden lang fragte sie mich — im Ernst —: ›Was tun Sie für Ihre Haut?‹« erinnert sich Zsa Zsa. »Ich machte mir nicht einmal die Mühe, nach ihrem Namen zu fragen. Sie war weder besonders beeindruckend noch besonders schön, hatte zerzaustes Haar und einen schlechten Teint.«

Was Jackie nicht wußte — Zsa Zsa und John Kennedy waren einmal miteinander liiert gewesen. Jackie erwähnte ihn nicht, doch je näher die amerikanische Küste rückte, desto nervöser wurde sie. Würde er sie vom Flughafen abholen? Die ungarische Schauspielerin verließ die Maschine vor Jakkie, rauschte durch die Zollkontrolle und traf Kennedy in der Halle. Als er sie sah, umarmte er sie und hob sie hoch. »Mein Darling, Sweetheart, ich liebe dich immer noch«, beteuerte er.

Gleich darauf erschien Jackie. Er stellte die Schauspielerin auf den Boden und machte die beiden Frauen miteinander bekannt.

»Miss Bouvier und ich haben viele Stunden zusammen im Flugzeug verbracht«, erklärte Zsa Zsa. »Sie ist ein nettes Mädchen. Wage es bloß nicht, sie zu verderben, John!«

»Das hat er doch schon getan«, flüsterte Jackie.

7

Am Tag nach ihrer Rückkehr aus Europa ging Jacqueline Bouvier zu ihrem Chef Frank Waldrop und überreichte ihm mit gespielter Zerknirschung ihre Kündigung. »Sie gab zu, ich hätte mit meinem Verdacht, sie werde eher heiraten als Reporterin werden, recht behalten«, erzählte Waldrop später. »Ich erklärte, ich sei enttäuscht, weil ich ihre Artikel über die Krönung vielversprechend fände. Dann fragte ich: ›Wer ist der Glückliche?‹ — ›John Kennedy‹, antwortete sie. ›Diesmal ist es der Richtige.‹«

Am 24. Juni 1953 wurde die Verlobung offiziell bekanntgegeben. Gefeiert wurde zweimal. Die eine Party fand bei den Auchinclosses auf der Hammersmith Farm statt, die andere bei den Harringtons, Freunden der Kennedys, in ihrem großen Haus neben dem Hyannis Port Golf Club.

Eine Woche später erfuhr Jackie in Hyannis Port, sie müsse mit John drei Tage lang für einen Fotografen vom Magazin *Life* posieren, das einen Bericht über ihre Romanze als Titelgeschichte bringen wolle. Als sie sich weigern wollte, wurde ihr von Johns Schwestern klargemacht, dies sei für seine Karriere wichtig.

Mitte Juli lud Jackies Mutter Rose und John Kennedy nach Newport zum Lunch ein, um die Hochzeit zu besprechen. Sie stellte sich eine kleine, exklusive Feier vor, mit engen Freuden der beiden Familien und ohne Presse. In den Zeitungen von Newport und Washington sollte nur eine diskrete Annonce erscheinen.

»Hören Sie, Mrs. Auchincloss«, protestierte John Kennedy, »Ihre Tochter heiratet einen Politiker, einen Senator, der vielleicht eines Tages Präsident wird. Die Reporter und Fotografen werden dabeisein, ob es uns gefällt oder nicht. Jackie muß sich von ihrer besten Seite zeigen.«

Schließlich ließ er seinen Vater auf Janet los. Joe Kennedy

flog nach Newport, und sobald Jackie ihn aus der Maschine steigen und herausfordernd auf sich zugehen sah, wußte sie, daß ihre Mutter keine Chance hatte. Prompt handelte er mit Janet eine Hochzeitsfeier in Newport aus, die geeignet war, ein Medienereignis zu werden. Später erklärte sie, Joe Kennedy sei der Typ, »der einem notfalls auch den Kopf abreißt, wenn er seinen Willen nicht auf andere Weise durchsetzen kann«.

Jackies Brautkleid blieb ein wohlgehütetes Geheimnis. Es stammte von der farbigen Designerin Ann Lowe, die seit fünfzig Jahren in aller Stille für führende Damen der amerikanischen Gesellschaft arbeitete. Janet, stets preisbewußt, beauftragte sie, auch die Brautjungfern auszustatten. Jackie fuhr während des Sommers mehrmals zur Anprobe nach New York, ohne irgend jemandem zu verraten, wer ihr Kleid entworfen hatte. Louis K. Alexander, Direktor des Harlem Institute of Fashion und ein Freund Ann Lowes, erinnerte sich später an eine Überschwemmung in ihrer Werkstatt an der Lexington Avenue, wenige Tage vor der Hochzeit. »Zehn von fünfzehn Kleidern waren völlig ruiniert. Der elfenbeinfarbene Seidenchiffon für das Brautkleid, fünfzig Meter, der gerippte rosa Taft und der rote Satin für die Roben der Brautjungfern mußten ersetzt werden. Das Brautkleid, dessen Anfertigung über zwei Monate gedauert hatte, wurde in zwei Tagen neu zugeschnitten und in drei genäht. Ein geschätzter Profit von siebenhundert Dollar verwandelte sich in einen Verlust von zweitausend, weil sich Anne weigerte, mit den Auchinclosses über den Vorfall zu sprechen.«

Zwei Tage vor der Hochzeit gab Hugh Auchincloss für achtzehn Personen eine Junggesellenparty im Clambake Club. John brachte einen Toast auf seine abwesende Braut aus, leerte sein Champagnerglas, warf es in den Kamin und forderte alle Gäste auf, seinem Beispiel zu folgen. Wie einer der Anwesenden, Red Fay, später berichtete, »waren die Gläser aus schönem Kristall und offenbar seit Generationen im Bestand von Hugh Auchincloss' Familie. Schmerzlich zuckte er zusammen, als die achtzehn Kelche im Kamin zerschellten ... Der Kellner ersetzte sie durch neue Kristallgläser aus dem Auchincloss-Besitz, die er wieder mit Champagner füllte. John stand auf und sagte: ›Vielleicht ist das keine traditionelle Sitte, aber ich möchte meine Liebe zu dem Mädchen, das ich heiraten werde, noch einmal zum Ausdruck bringen.‹ Alle tranken, und die Gläser zerbrachen ein zweites Mal im Kamin. Das schien Hugh Auchincloss tief zu erschüttern. Die Gläser, die nun auf den Tisch kamen, hätten gut in Healy's Zehn-Cent-Restaurant gepaßt.«

Bei der Dinnerparty für die Braut, die am Abend vor der Hochzeit ebenfalls im Clambake Club abgehalten wurde, hielt John eine Rede und erklärte, warum er Jackie heiraten werde — nämlich vor allem deshalb, weil sie eine so bissige Reporterin geworden sei, daß sie sonst seine politische Zukunft bedrohen könne.

Sie konterte, indem sie beklagte, daß der Senator ihr niemals Liebesbriefe geschrieben habe, nur eine Ansichtskarte von den Bermudas. Sie hielt diese Karte hoch und las den Text vor: »Ich wünschte, Du wärst hier, John.«

Mary deLimur Weinmann war an jenem Abend ebenfalls eingeladen. Sie erinnerte sich, wie John seiner Braut das Hochzeitsgeschenk übergab: »Es war ein Armband aus Diamanten. Ich saß neben ihr, als er vorbeikam und es in ihren Schoß fallen ließ. Sie war völlig verblüfft.«

Für Jackie fiel allerdings ein dunkler Schatten auf die Hochzeit. Der Grund war ihr Vater. Um sich auf das Ereignis vorzubereiten, hatte er den August im Maidstone Club in East Hampton verbracht, sich gesonnt und eine ganze Menge für seine Fitness getan. Zwei Wochen brauchte er, um eine passende Garderobe zu wählen — einen maßgeschneiderten Cut, die perlenbesetzte Krawattennadel seines Vaters, Schuhe und Handschuhe aus feinstem Leder. Er ließ ein Zimmer im besten Hotel von Newport reservieren, im Viking, während sich seine Schwestern mit ihren Ehemännern im nahen Hotel Munchener King einquartierten.

»Die Auchinclosses überwachten die Organisation der Hochzeit«, berichtete Jack Bouviers Schwester Michelle, »und sorgten dafür, daß Jackies Vater von sämtlichen Aktivitäten ausgeschlossen wurde. Janet beschränkte seine Rolle auf ein Minimum, und er wurde zu keiner einzigen der Dinnerpartys vor der Trauung gebeten. Jack war am Boden zerstört, denn er hatte zumindest mit einigen Einladungen gerechnet ... Abgesehen von ein paar Minuten bei der Probe für die Hochzeit, bekam er Jackie nie zu Gesicht ... Daraufhin beschloß er, bei der Zeremonie in ganz großem Stil aufzutreten, wenn er seine Tochter zum Altar führte. Dieses Privileg sollte ihm niemand nehmen.«

Am Morgen des 12. September 1953 schlüpfte eine heiter gestimmte Jackie in das Brautkleid, mit Janets und Lees Hilfe. Der Schleier aus Rosalinenspitze hatte Janets Mutter gehört. Die Robe, mit Rüschen, Biesen, Stickereien und Blumen überladen, wurde von einigen Modeexperten kritisiert, und Jackie teilte diese Meinung. Sie hätte ein modernes, stromlinienförmiges Kleid vorgezogen, erfüllte aber den Wunsch des Bräutigams, der sie gebeten hatte, etwas ›Traditionelles, Altmodisches‹ zu tragen.

Im Viking Hotel war die Situation an diesem Morgen alles andere als heiter. Black Jacks Schwestern hatten ihre Ehemänner gebeten, Jack bei den Vorbereitungen für die Hochzeit zu helfen. Als sie sein Zimmer betraten, trafen sie ihn halb bekleidet und halb betrunken an, ein leeres Highball-Glas und eine Whiskeyflasche neben sich. Er lallte, konnte kaum stehen, geschweige denn gerade gehen. Die beiden Männer telefonierten mit ihren Frauen, um Bericht zu erstatten. Maude und Michelle riefen Janet Auchincloss an und teilten ihr mit, Black Jack habe sich offenbar einige Drinks genehmigt, würde sich aber sicher rechtzeitig zusammenreißen und Jackie zum Altar führen können.

Janet erhob sofort Einspruch. Sie hatte nicht die Absicht, sich vor so vielen Leuten am wichtigsten Tag im Leben ihrer Tochter in Verlegenheit bringen zu lassen. Jackies Stiefvater würde Black Jack ersetzen. Sollte Black Jack es wagen, in der römisch-katholischen Kirche St. Mary aufzutauchen, würde sie ihn gewaltsam hinausbefördern lassen. Seine Schwestern versuchten sie umzustimmen — immerhin hatte Jackie ihren Vater zum Brautführer bestimmt. Doch Janet blieb bei ihrem Entschluß.

Wie die *New York Times* berichtete, drängten sich am Vormittag über dreitausend Schaulustige vor St. Mary, um einen Blick auf den sechsunddreißigjährigen Bräutigam und die vierundzwanzigjährige Braut zu werfen. Die Polizei drängte die Menge mit Absperrseilen zur anderen Straßenseite, als Jackies Limousine vorfuhr. St. Mary, mit rosa Gladiolen und weißen Chrysanthemen geschmückt, war mit den etwa siebenhundertfünfzig geladenen Gästen hoffnungslos überfüllt. Jackies Halbgeschwister Jamie und Janet fungierten als Page und Blumenmädchen. Johns Bruder Bobby war der Trauzeuge des Bräutigams, Lee die Brautführerin. Auf Joe Kennedys Bitte hin zelebrierte Richard Cushing, der Erzbischof von Boston, die Trauungsmesse, unterstützt von mehreren hochrangigen Geistlichen. Luigi Vena sang ›Ave Maria‹, ›Panis angelicus‹ und ›Jesu, amor mi‹. Sein schöner Tenor bildete einen deutlichen Kontrast zur heiseren, monotonen Stimme Cushings, der den Jungvermählten am Ende der Zeremonie den apostolischen Segen von Papst Pius XII. übermittelte.

Jackie ließ sich nicht anmerken, wie unglücklich sie über die Abwesenheit ihres Vaters war, die natürlich Anlaß zu Gerede gab. Auch beim anschließenden Empfang auf der Hammersmith Farm konnte ihr keiner ansehen, was in ihr vorging. Über eintausenddreihundert Leute hatten sich eingefunden, eine merkwürdige Mischung aus irischen Politikern und Hughs und Janets republikanischen Freunden, und die meisten hatten Black Jacks Fehlen bemerkt. Es dauerte zweieinhalb Stunden, bis alle am Brautpaar vorbeigezogen waren, um ihm zu gratulieren. Strahlend, eindeutig der Star des Tages, stand Jackie neben John, der völlig entspannt wirkte. Aber alle, die ihn aus der Nähe sahen, bemerkten Kratzer und Schrammen in seinem Gesicht — Spuren eines Footballmatches, das er am frühen Morgen mit einigen Freunden ausgetragen hatte. Doch das schien ihn nicht zu stören. Er lächelte für die Fotografen und tanzte mit der Braut unter einer blauweiß gestreiften Markise. Danach tanzte Jackie mit ihrem Stiefvater, half dem Bräutigam, die etwa einen Meter zwanzig hohe Hochzeitstorte anzuschneiden, warf den Brautjungfern ihren Strauß aus rosa und weißen Orchideen zu und verschwand, um sich für die Hochzeitsreise umzuziehen.

In der Privatsphäre ihres Schlafzimmers konnte sie sich nicht länger beherrschen. Tränen füllten ihre Augen, denn sie hatte sich so sehr gewünscht, daß ihr Vater an diesem besonderen Tag bei ihr sein würde. Doch als sie in einem grauen Chanelkostüm zu den Gästen zurückkehrte, hatte sie sich wieder gefaßt. Sie umarmte ihre Mutter und alle Verwandten, die in der Nähe standen, bedankte sich bei Onkel Hughdie, der für ihren Vater eingesprungen war, und in einem Regen aus Reis und Konfetti stieg sie mit John in ein Privatflugzeug, um nach New York zu fliegen.

Die Hochzeitsnacht und den nächsten Tag verbrachten sie in der Flitterwochensuite des Waldorf-Astoria. Am dritten Morgen flogen sie nach Mexico City, wo die Einwanderungsbehörde wegen einiger fehlender Papiere für eine dreistündige Verzögerung sorgte, und dann ging es weiter nach Acapulco. Diese Reise war Jackies Idee gewesen. Vor einigen Jahren hatte sie mit ihrer Mutter und ihrem Vater eine Villa in der Stadt gesehen und sich ausgemalt, daß sie darin ihre Flitterwochen verbringen würde. Das rosa Steinhaus stand über dem blaugrünen Pazifik auf einer Klippe aus rotem Lehm. Sie wußte nicht, daß die Villa Don Miguel Alemán gehört, dem Präsidenten von Mexiko, einem alten Freund Joe Kennedys. Dieser hatte das Haus aufgrund einer genauen Beschreibung Jackies wiedererkannt, mit Alemán Verbindung aufgenommen und erfahren, *El presidente* würde die Jungvermählten mit Freuden beherbergen.

Gleich nach der Ankunft in Acapulco schrieb Jackie ihrem Vater einen langen, liebevollen Brief und versicherte, sie wisse, was er empfinde, und habe ein Gefühl, als wenn er sie doch zum Altar geführt habe. Dieser Brief bedeutete Black Jack sehr viel. Er zeigte ihn niemandem, erzählte aber einigen Leuten davon, darunter Yusha Auchincloss, der erklärte: »Jackie hatte mich mit Black Jack bekannt gemacht, und im Lauf der Jahre entwickelte sich eine enge Freundschaft zwischen uns. Nach Jackies Hochzeit tat er mir leid, und ich rief ihn ein oder zwei Wochen später in New York an. Inzwischen fühlte er sich etwas besser. In den Zeitungen stand, er sei krank geworden und habe Jackie deshalb nicht zum Altar führen können … Ihr verzeihender Brief half ihm, sein Selbstvertrauen zurückzugewinnen. Daß es ihm mißlungen war, seine väterlichen Pflichten zu erfüllen, hatte ihn tief getroffen. Trotzdem hatte er in den Augen seiner Tochter nicht das Gesicht verloren, und das tröstete ihn.«

Nachdem das frischgebackene Ehepaar vierzehn Tage in Acapulco verbracht hatte, flog es nach San Francisco, um Johns Freunde, Red und Anita Fay, zu besuchen. Die Fays bemerkten eine wachsende Spannung zwischen den beiden, die Red auf den ›Druck des öffentlichen Lebens‹ zurückführte.

John Kennedy ging mehrmals ohne Jackie aus. Eines Nachmittags besuchte er mit Red Fay ein Footballspiel, und die beiden Damen wurden sich selbst überlassen. Anita führte ihren Gast zum Lunch aus, dann unternahmen sie eine lange Autofahrt. Jackie amüsierte sich kein bißchen. Es störte sie, daß sie mit jemandem allein sein mußte, den sie kaum kannte. Und das offensichtliche Interesse ihres Mannes an anderen Frauen störte sie noch mehr. John, der Red erklärte, er sei »gleichzeitig zu alt und zu jung für die Ehe«, flirtete schamlos mit jedem attraktiven, interessanten Mädchen, das ihm über den Weg lief.

8

Mitte Oktober 1953 traf sich Jackie, von ihrer Hochzeitsreise zurückgekehrt, mit ihrer alten Freundin Selwa ›Lucky‹ Roosevelt zum Lunch in Washington. »Ich hatte vor Jackie geheiratet und meinen Mann, Archie Roosevelt, in die Türkei begleitet«, erinnerte sich Lucky. »Deshalb hatten wir ihre Hochzeit verpaßt ... ›O Lucky, ist es nicht wundervoll, so glücklich und verliebt zu sein!‹ meinte sie nun bei unserem Lunch. ... Aber ich machte mir meine Gedanken. John und Jackie hatten noch kein eigenes Haus und wohnten abwechselnd bei ihren Eltern in Virginia und in den Häusern der Kennedys in Hyannis Port und Palm Beach. Sie erklärte, sie würden nach einem Haus Ausschau halten, weil sie sich Kinder wünschten ... Ich fand, es müßte unangenehm sein, bei den Schwiegereltern zu leben. Was haben Kinder mit einem Haus zu tun? Wenn man verheiratet ist, braucht man doch auch so seine eigenen vier Wände.«

Das Weihnachtsfest 1953 verbrachte Jackie mit John und seinen Eltern in Palm Beach. Dort lernte sie eine wenig anziehende Seite der Familie kennen. Sie hatte John zu Weihnachten einen teuren Malkasten mit Ölfarben geschenkt. »Augenblicklich fielen die Kennedys darüber her«, berichtet Lem Billings, »drückten die Farben aus den Tuben, packten die Pinsel und veranstalteten einen Wettkampf, um zu sehen, wer in der kürzesten Zeit die meisten Gemälde produzieren konnte. Frühmorgens fingen sie an und arbeiteten bis in die Nacht hinein, zuerst im Freien und später, als es draußen zu heiß wurde, im Haus, wo sie Teppiche und Böden mit Terpentin und Farben bekleckerten. Jackie war völlig verdutzt. Mit offenem Mund stand sie da, einer Explosion nahe.«

Diese Verschwendung schockierte Jackie. Die finanziellen Mittel der Kennedys — die Schätzungen variierten zwischen hundert und siebenhundertfünfzig Millionen Dollar — schienen unerschöpflich zu sein. Joe Kennedy hatte sein Vermögen mit Geschäften gemacht, über die man heutzutage die Nase rümpfen würde, die aber zu anderen Zeiten in Börsenmakler- und Financierkreisen gang und gäbe gewesen sind. Unter anderem hatte er auf dem Höhepunkt der Prohibition ›medizinischen Whiskey‹ aus Schottland importiert und sich durch raffinierte Manipulationen auf dem Börsenmarkt sowie einige halsabschneiderische Transaktionen bereichert, wobei es um den Kauf und Verkauf mehrerer Firmen und Konzerne gegangen war. Sein Verdienst schien aus allen Ecken des Markts zu kommen — Immobilien, Öl, Schiffswerften, Filmproduktionen, Aktien und so weiter. Nach seinem Harvard-Studium war er der jüngste Bankdirektor seines Landes geworden. Besessen von dem Streben, Reichtümer anzuhäufen, sah er sein eigentliches Ziel darin, sich und seiner Familie gesellschaftliches Prestige zu verschaffen. 1925 richtete er für jedes seiner Kinder einen Trust von einer Million Dollar ein. Um die Mitte der vierziger Jahre hatte sich der Wert dieser Trusts verzehnfacht.

Trotz ihres Vermögens und ihres Leichtsinns war die Knauserigkeit der Kennedys berüchtigt. George Vigouroux, Besitzer von Kunstgalerien in New York und Palm Beach, berichtete: »Jeder Cent, den Joe Kennedy verdiente, wurde in die Familie oder in deren verschiedene politische Kampagnen gesteckt. Da sie niemals Einladungen gaben, war es ihnen egal, wie ihre Häuser aussahen. Sie waren alle reparaturbedürftig. Joe ließ zwar hin und wieder die Fassade eines Hauses streichen, aber nie die Seiten- und Rückmauern, weil es die Leute nur von vorn sahen. Soviel Geld er auch besaß, er blieb, was er schon immer gewesen war — der Sohn eines eingewanderten irischen Kneipenwirts von unabhängiger Gesinnung. Rose Kennedy war eine noch schlimmere Pfennigfuchserin. Sie ging zwar jeden Tag zum Gottesdienst, warf aber niemals mehr als einen Dollar in den Klingelbeutel ... Ständig rannte sie durchs Haus, um die Lichtschalter auszuknipsen und Strom zu sparen, markierte die Schnapsflaschen, damit das Personal nicht hinter ihrem Rücken trank, ... und zahlte den Leuten ein elendes Gehalt.«

Noch schlimmer als ihr finanzielles Gebaren war möglicherweise die chauvinistische Haltung der Kennedy-Männer. Joe war ein unermüdlicher Schürzenjäger. Sein bekanntestes außereheliches Abenteuer hatte er in den zwanziger Jahren mit Gloria Swanson, der ›Königin von Hollywood‹. Er verführte sie in seinem Haus in Palm Beach, während seine Frau in einem anderen Zimmer saß und Glorias Ehemann, Marquis Henri de la Falaise, beim Angeln war. Wie sie in ihrer Autobiographie schrieb, nahm er sie wie ein »festgebundenes Pferd, das sich nach Freiheit sehnte, wild und voller Glut«. Die Affäre dauerte drei Jahre, und Gloria lebte in konstanter Angst vor einer Schwangerschaft. Joe wünschte sich ein Kind von ihr, und als Beweis seiner ›Treue‹ führte er an, seine Frau sei innerhalb eines ganzen Jahres nicht schwanger geworden. Die Beziehung wurde beendet, als er Gloria durch Nancy Carroll ersetzte, eine Schauspielerin, die ihr verblüffend ähnlich war. Später fand Gloria heraus, daß die Kosten für einen Bungalow und andere extravagante Geschenke, die er ihr gemacht hatte, heimlich von ihrem Spesenkonto abgebucht worden waren.

Jackie fand Joe Kennedys Affären, die so viele Leute entsetzten, eher unterhaltsam. Sie stand ihrem Schwiegervater, der sie mit seinen Frauen-Geschichten an ihren eigenen Vater erinnerte, näher als die meisten Menschen, was unter anderem auch daran lag, daß sie einen ähnlichen Sinn für Humor besaßen. Einmal scheuchten sie gemeinsam eine Hausangestellte aus dem Speisezimmer, indem sie halbgegessene Lammkeulen nach ihr warfen.

So gut sich Jackie auch mit Joe verstand — die Beziehung zu Rose Kennedy, die ihr ›schusselig‹ und ›anmaßend‹ vorkam, verschlechterte sich zusehends. Beide machten sich oft übereinander lustig. Jackie spottete über Roses Angewohnheit, kleine Zettel an ihre Kleider zu heften, um sich an diese oder jene Besorgung zu erinnern, die sie erledigen wollte. Und Rose amüsierte sich, weil Jackie im Badezimmer stets das Wasser laufen ließ, um die Geräusche ihrer Körperfunktionen zu übertönen.

Langdon Marvin, langjähriger Berater John Kennedys, schilderte einen Vorfall, der sich im Januar 1954 abgespielt hatte, als er mit seiner Freundin, der Schriftstellerin Gloria Emerson, im Kennedy-Haus in Palm Beach eingeladen gewesen war. Eben erst von einer Reise zurückgekehrt, hatte Rose beim Lunch am Kopfende des Tisches Platz genommen. »Ein paar Minuten später kam John die Treppe herab und schlenderte ins Wohnzimmer. Jackie hatte den kostbaren Renoir seiner Mutter von der Wand entfernt und einen riesigen, ausgestopften, bronzierten Fisch hingehängt, den er in den Flitterwochen gefangen hatte. Er setzte sich zu uns an den Tisch, sagte aber nichts. Nach dem Dessert gingen wir alle ins Wohnzimmer. Rose warf nur einen kurzen Blick auf den monströsen Fisch und fiel fast in Ohnmacht. Wortlos verließ sie den Raum, suchte den Hausmeister auf, beschuldigte ihn dieser gemeinen Tat und feuerte den unglücklichen Burschen.«

»Jackie behauptete einmal, John Kennedy habe einen winzigen Körper und einen riesengroßen Kopf«, erzählte Truman Capote. »Das sagte sie, als sie wütend war. Ich glaube, bei ihrer Hochzeit wußte sie nicht, worauf sie sich da einließ. Er führte einen ständigen Konkurrenzkampf mit seinem Vater, wobei es darum ging, wer die meisten Frauen erobern konnte. Auf diese indiskreten Frauengeschichten war sie nicht vorbereitet. Sie hatte nicht erwartet, auf Partys allein zu bleiben, während ihr Mann mit einer neuen Gefährtin verschwand. Und sie hatte nicht damit gerechnet, von anderen Frauen, die, wie fast alle Leute, Bescheid wußten, verspottet zu werden.«

Sie vertrat einen eher milden Standpunkt. Einer Freundin vertraute sie an:

»Ich glaube nicht, daß es Ehemänner gibt, die ihren Frauen treu sind. Männer sind nun mal eine Mischung aus Gut und Böse.«

Truman Capote drückte es etwas krasser aus. »Diese Kennedy-Männer sind alle gleich — wie Hunde, die an jeden Feuerhydranten pinkeln müssen.«

Er erinnerte sich an eine kleine Dinnerparty in New York, etwa zwei Jahre nach Johns und Jackies Hochzeit. »Auch die Kennedys waren da. Nach dem Essen verließen die Damen das Speisezimmer, die Herren tranken Cognac und rauchten Zigarren. Ein Texaner schilderte seine Erlebnisse mit Tausend-Dollar-pro-Nacht-Callgirls in Las Vegas. Er kannte ihre Telefonnummern und erotischen Spezialitäten, wußte, wie gut sie waren, wie tief sie einen Schwanz von dieser oder jener Länge in den Mund nehmen und was sie alles damit anfangen konnten, was bis dahin noch niemand geschafft hatte ... Es war widerwärtig und drehte einem den Magen um. Und John Kennedy sog das alles geradezu in sich hinein, notierte Namen und Telefonnummern. Als er später mit Jackie ging, fragte sie ihn, worüber wir gesprochen hätten. ›Über Politik‹, antwortete er. ›Über langweilige Politik.‹ Aber sie kannte die Wahrheit. Sie wußte alles.«

George Smathers, Senator von Florida und ein guter Freund von JFK, nimmt an, daß John seinen ›Schürzenjägerkomplex‹ von seinem Vater geerbt hat. Nach Smathers' Ansicht schliefen Joe und Rose nur miteinander, um Kinder zu zeugen. »Ich glaube, sie haßte den Sex, genau wie Eleanor Roosevelt. Sie ertrug ihn nicht. Joe war ein Chauvinist und hinter jedem Weiberrock her, und John hatte eine ähnlich starke Libido. Keine Frau konnte ihn für längere Zeit an sich binden. Er genoß die Abwechslung, liebte das Abenteuer.«

Wie Langdon Marvin erklärt, herrschte im Kennedy-Haushalt eine »fast inzestuöse Atmosphäre. Damit meine ich, daß die Kennedy-Männer ihre Frauen wie einen gemeinsamen Besitz untereinander austauschten ... John ging zum Beispiel mit zahlreichen ehemaligen Freundinnen von Joe Jr. aus ... Wenn er ein Mädchen haben wollte, vergeudete er keine Zeit mit Artigkeiten. Er ließ sie alle unverblümt wissen, was er von ihnen erwartete. Wenn er im Flugzeug neben einer hübschen Frau saß, arrangierte er ein Rendezvous mit ihr und brachte sie dann in sein Hotelzimmer. Oder er verabredete sich mit der Stewardeß und verfuhr genauso. Wenn er das Interesse an einer Frau verloren hatte, gab er seinem Vater oder einem seiner Brüder ihre Telefonnummer, und sie waren ihm in der gleichen Weise gefällig.«

Einen Teil des Sommers 1940 verbrachte Kennedy in Südkalifornien, wo er sich mit dem Schauspieler Robert Stack in den Hollywood Hills ein Apartment teilte. Stack läßt keinen Zweifel an Johns frühzeitigen Erfolgen bei Frauen. »Ich kannte viele große Hollywoodstars. Nur wenige konnten den Frauen so imponieren wie JFK, und zwar sogar schon, bevor er die politische Arena betrat. Er schaute sie nur an, und schon wurden sie schwach.«

Susan Imhoff, eine ehemalige Stewardeß, hatte John im Herbst 1940 kennengelernt. »Er nahm in Palo Alto an einem Akademikerkurs in der Stanford-Handelsschule teil, und ich besuchte ein Juniorcollege in der Nähe von San Francisco. Wir trafen uns bei einer Party auf dem Nob Hill. John besaß ein brandneues dunkelgrünes Buick-Cabrio mit grünen Ledersitzen. Nach der Party fuhr er mich nach Hause und bat mich um ein Rendezvous am nächsten Abend. Er war attraktiv, groß und schlank, mit strahlenden Augen, dichtem, kupferfarbenem Haar und einem jungenhaften Lächeln, nett und klug und gewitzt, aber auch halsstarrig, autoritär und arrogant. Endlos lange redete er von seinem Vater, dem er ungewöhnlich nahe zu stehen schien. Ich wußte, daß er an schlimmen Rückenbeschwerden litt. Schon damals schlief er auf einer Sperrholzplatte, die in seinem Bett lag, und er konnte nicht länger als eine Stunde Auto fahren, ohne anzuhalten und sich zu strecken. Wegen seines Rückenleidens zog er es vor, daß die Frau beim Liebesakt auf ihm lag. Es reizte ihn, wenn sie die ganze Arbeit allein machte. Ich erinnere mich, daß er keine Lust hatte, nachher noch zu schmusen. Viel lieber unterhielt er sich, und er hatte einen herrlichen Humor. Er lachte so gern.«

Ende 1941 machte Kathleen Kennedy ihren Bruder John mit ihrer Freundin Inga Arvad bekannt, einer großen, üppig gebauten dänischen Journalistin, die für den *Washington Times-Herald* arbeitete. John, damals Fähnrich im Pentagon-Büro des Navy-Geheimdienstes, fühlte sich sofort zu der flachsblonden, blauäugigen nordischen Schönheit hingezogen, die ihm — mit achtundzwanzig vier Jahre älter als er — viel weltgewandter und erfahrener erschien als seine bisherigen Freundinnen.

In Kopenhagen geboren und in London, Paris und Brüssel aufgewachsen, hatte sie einen jungen ägyptischen Diplomaten geheiratet und sich vor ihrem zwanzigsten Geburtstag von ihm scheiden lassen. In Frankreich siegte sie bei einem Schönheitswettbewerb und wurde dann in Berlin Korrespondentin für eine große dänische Zeitung. Sie interviewte nationalsozialistische Spitzenpolitiker wie Hermann Goering, Joseph Goebbels und sogar Adolf Hitler, der sie 1936 als seinen persönlichen Gast zu den olympischen Spielen in Berlin einlud. Als das deutsche Außenministerium Inga vorschlug, als Geheimagentin für das Dritte Reich zu arbeiten, kehrte sie statt dessen nach Dänemark zurück, übernahm eine Nebenrolle in einem billigen Film und heiratete den Regisseur, Paul Fejos, einen Ungarn.

Das abenteuerlustige Paar verbrachte zwei Jahre in den niederländischen East Indies und drehte Naturdokumentarfilme. Danach kamen sie nach Singapur, wo sie Axel Wenner-Gren kennenlernten, einen Schweden, der ein Vermögen mit Staubsaugerteilen und Flakgeschützen verdient hatte. Wenige Wochen später nahm Fejos an einer archäologischen Expedition in den Anden teil, während Inga und der Schwede an Bord seiner Jacht eine Weltreise machten. Die Fahrt endete in New York, wo Inga an der Columbia University Journalismus studierte.

Arthur Krock, der dort als beratender Professor arbeitete, verschaffte Inga später eine Stellung beim *Times-Herald.* »Krock war unser inoffizieller Arbeitsvermittler«, erklärte Frank Waldrop. »Er schickte uns Kathleen Kennedy, Inga Arvad und Jackie Bouvier. Inga war bei weitem die Begabteste von den dreien.«

Fähnrich Kennedy nannte seine neue Gespielin ›Inga-Binga‹, ›Bingo‹ und die ›skandalöse Skandinavierin‹. Die beiden gingen oft gemeinsam mit John White und Kathleen Kennedy aus. Was John zunächst ebensowenig wie die anderen wußte, war, daß Inga vom FBI überwacht wurde. Wegen ihrer früheren Beziehung zu führenden deutschen Politikern und zu Axel Wenner-Gren, der als Nazi-Agent galt, vermutete man auch in Inga eine Spionin des Dritten Reichs.

Als Frank Waldrop von diesem Verdacht erfuhr, gewann er die Überzeugung, »daß die Alliierten den Krieg unmöglich verlieren konnten. Wenn Hitler dumm genug war, Inga Arvad als Spionin zu engagieren, verdiente er verdammt noch mal nichts Besseres als das, was dann mit ihm geschah. Inga war ein gescheites, attraktives Kind aus Dänemark, das in der Welt voranzukommen versuchte, so wie wir alle. Und da kreuzte J. Edgar Hoover mit seinen endlosen Akten und Dossiers auf, zapfte ihr Telefon an, versteckte ein Mikrophon unter ihrem Kissen, kontrollierte die Post, durchwühlte ihr Apartment und beschattete sie, als wäre Mata Hari aufgebrochen, um den künftigen Präsidenten der Vereinigten Staaten zu verführen und zu kompromittieren. So fing es an. Sobald sie John Kennedy im Visier hatten, bezogen sie auch den Navy-Geheimdienst in ihre Operation mit ein. John wurde zur Navy-Werft in Charleston, Süd Carolina, versetzt, wo Inga ihn mehrmals besuchte. Auf Anordnung von Präsident Roosevelt und Generalstaatsanwalt Francis Biddle brachte das FBI Wanzen im Hotelzimmer des Paares an. Auf diese Weise gelangte man zu Tonbandaufnahmen von Ingas und Johns Liebesstunden.

Das paßte Präsident Roosevelt großartig in den Kram. Nun hatte er etwas in der Hand, womit er Joe Kennedy eins auswischen konnte. Der Präsident fühlte sich nämlich von Joe verraten. Er hatte ihn als Botschafter nach England geschickt, und Joe ... hatte dem britischen Parlament erklärt, Roosevelt sei nur eine Marionette der Kommunisten und Juden und die Demokratie in Großbritannien so gut wie erledigt. Bald werde der Faschismus siegen. Joe wurde in die USA zurückgeholt, und nun mußte man ihn irgendwie ausschalten. In dieser Situation erschien Inga Arvad auf der Bildfläche.«

Schließlich fand das FBI ebensoviel über die Kennedys

heraus wie über Inga. Zum Beispiel erfuhren die Agenten, daß Joes Kinder die isolationistischen Neigungen des Vaters teilten. Und John F. Kennedy wurde beschuldigt, »anti-britische und defätistische Äußerungen gemacht und Winston Churchill vorgeworfen zu haben, er habe die Vereinigten Staaten in den Krieg hineingezogen«.

In erster Linie befaßte sich das FBI-Dossier aber mit John Kennedys Beziehung zu Inga Arvad. Ein Tonband vom 5. Februar 1943 verrät uns zwar nichts über Ingas angebliche Spionagetätigkeit, aber eine ganze Menge über John Kennedys Haltung zu jener Zeit.

J.: Wie ich hörte, hast du in New York eine große Orgie gefeiert.

I.: Davon werde ich dir später erzählen. Wenn du willst, erzähle ich dir das ganze Wochenende davon. Mein Mann (Paul Fejos) hatte überall seine kleinen Spione verteilt.

J.: Wirklich?

I.: Nein. Aber er erzählte mir alles mögliche über dich, und zwar nichts Schmeichelhaftes. Er wußte alles, was du deinem Vater über mich gesagt hast. Dabei kam ich verdammt schlecht weg. Es hat mich sehr amüsiert.

J.: Was meint er mit ›allem, was ich meinem Vater über dich gesagt habe‹?

I.: Irgend jemand kennt deine Familie sehr gut und kennt auch meinen Mann, aber ich weiß nicht, wer es ist. Die Person kennt dich schon seit deiner Kindheit, und ich glaube, der Mann lebt in New York.

J.: Und?

I.: Er sagte: »John Kennedy zuckte die Schultern und erklärte: ›Es würde mir nicht einmal im Traum einfallen, sie zu heiraten; eigentlich mache ich mir überhaupt nichts aus ihr. Sie ist nur ein Mädchen, das ich von der Straße aufgelesen habe.‹« Das ist sehr amüsant, Darling. Wann fährst du zur See?

J.: Noch lange nicht. War das alles, was dein Mann gesagt hat?

I.: Nun, er sagte noch, ich könne tun, was ich wolle. Er sagte, es mache ihn traurig, daß ich so was mache. Ich werde dir davon erzählen. Ich schwöre, er wird uns nicht belästigen, und du brauchst keine Angst vor ihm zu haben. Er wird dich nicht verklagen, obwohl er weiß, daß er es könnte.

J.: Er wäre ein großartiger Kerl, wenn er mich nicht verklagt.

Der erste, der John Kennedy über die FBI-Untersuchung informierte, war Langdon Marvin. »Von einem Freund, der während des Zweiten Weltkriegs als Spezialagent für das FBI gearbeitet hatte, erfuhr ich von dem Tonband, auf dem Johns und Inga-Bingas Liebesakte aufgezeichnet waren. Er fragte, ob ich ihm irgendwas über Inga erzählen könne, und ich erwiderte, ich wisse nur sehr wenig ... Nur, daß sie eine von mehreren hübschen jungen Frauen war, die im ... Dorchester House, 2480 16th Street NW, wohnten ... Im selben Haus teilte sich Jack für kurze Zeit ein Apartment mit ›Kick‹ Kennedy ... Sein Vater explodierte wegen der Inga-Arvad-Affäre ... und mußte alle Register ziehen, damit John das Büro des Navy-Geheimdienstes verlassen konnte und im aktiven Dienst auf See eingesetzt wurde. In der Werft in Charleston war er nur vorübergehend beschäftigt. Der Chef des Navy-Geheimdienstes wollte ihn sofort aus der Navy rauswerfen, aber Joe Kennedy kannte einige Leute in Washington, unter anderem James Forrestal, der Navy-Minister wurde, und J. Edgar Hoover. Joe Kennedy fungierte als FBI-Spezialkontakt, mit anderen Worten, als unbezahlter Informant. Er kannte Hollywood in- und auswendig und ... verriet Sympathisanten und Förderer des Kommunismus, die in der Filmindustrie tätig waren. Joe wußte, welch ungeheure Macht Hoover hatte und daß das Inga-Arvad-Dossier die Zukunft seines Sohnes ruinieren konnte.

Zehn Jahre später siegte John bei der Wahl des Massachusetts Senators über Henry Cabot Lodge. Danach bereiteten ihm die FBI-Akten große Sorgen. ›Dieser Bastard, ich werde Hoover zwingen, mir das Dossier zu geben‹, sagte er zu mir. Ich entgegnete: ›John, du wirst nichts dergleichen tun. Du wirst nicht um die Akten bitten. Du vergißt, daß sie existieren, und läßt sie verstauben. Falls er bereit wäre, sie dir zu geben, würde man vorher ein Dutzend Kopien anfertigen, und du hättest überhaupt nichts gewonnen. Und wenn er erfährt, wieviel dir daran liegt, weiß er, daß er dich in der Hand hat.‹«

John besuchte Inga Arvad am 2. März 1942 in Washington, anscheinend, um mit ihr Schluß zu machen, wie aus einer FBI-Aktennotiz hervorgeht: »Da John Kennedy ... nur eine Stunde bei Inga Arvad blieb, wird angenommen, daß er die Beziehung mit Arvad beendet hat — mit der Begründung, einer seiner Freunde (Langdon Marvin) habe die Navy-Behörde über Kennedy informiert, er würde (vom FBI) überwacht und man habe offenbar ein Mikrophon in ihrem Zimmer installiert.«

Am 6. März schien sich John Kennedy anders zu besinnen. Sein Telefonat mit Inga von Charleston aus wurde vom FBI aufgezeichnet.

J.: Warum kommst du an diesem Wochenende nicht hierher?

I.: Was für eine Frage! Erinnerst du dich nicht, daß wir am Sonntag alles besprochen haben?

J.: Ich weiß.

I.: Und du glaubst nicht, daß es dabei bleibt?

J.: Das Leben ist zu kurz.

I.: O Kennedy ... Du wirst doch nicht aufgeben, was wir uns am Sonntag versprochen haben?

J.: Nein, nicht bis zu unserem nächsten Wiedersehen. Ich bin nicht allzu gut, was?

I.: Für mich bist du perfekt, mein Lieber. Wahrscheinlich werden wir uns wieder treffen.

J.: Du meinst, nächste Woche?

I.: Ich komme nicht. Ich weiß nicht. Ich will nicht eigensinnig sein, ich versuche nur, dir zu helfen. Das weißt du doch?

J.: Inzwischen hab' ich's herausgefunden ...

I.: Ich liebe dich genauso wie immer, und ich werde dich immer lieben.

Letzten Endes war es der Krieg, der zwischen John und Inga trat. Kennedy tat Dienst im Pazifik, Inga ließ sich von ihrem zweiten Mann scheiden, kündigte beim *Times-Herald* und zog nach New York, wo sie mehrere Monate im luxuriösen Strandhaus Bernard Baruchs verbrachte.

John schrieb ihr von den Solomon Islands. (»Du warst der fröhlichste Teil von äußerst fröhlichen sechsundzwanzig Jahren.«) Als der Krieg vorbei war, kehrte er sogar zu ihr zurück, diesmal nach Hollywood, wo sie als Klatschkolumnistin für die North America Newspaper Alliance arbeitete. Aber da hatte sich die Romanze abgekühlt, beide hatten andere Beziehungen. 1947 heiratete Inga den ehemaligen Western-Star Tim McCoy, ließ sich mit ihm auf einer Pferdefarm in Arizona nieder und bekam zwei Söhne. Nach John Kennedys Ermordung wurde Inga von mehreren Verlegern ersucht, ihre Affäre mit JFK zu dokumentieren. Obwohl ihr beträchtliche Summen angeboten wurden, weigerte sie sich. 1973 starb sie an Krebs, eine *femme fatale* von gestern, aber allem Anschein nach John Kennedys erste große Liebe.

Wenn das FBI auch keine wesentliche Verbindung zwischen Inga Arvad und der Regierung des Dritten Reichs feststellen konnte, observierte es John F. Kennedys Privatleben dennoch auch weiterhin. Nur wenige seiner künftigen Affären blieben unbemerkt. John scheint die Vorliebe seines Vaters für Hollywoodstars und -starlets geteilt zu haben. Hedy Lamarr, die Wiener Schauspielerin, die 1932 durch ihren Nacktauftritt im Film *Ecstasy* berühmt wurde, berichtet in ihrer 1966 erschienenen Autobiographie, Kennedy habe sie 1945 auf der Durchreise in Paris angerufen und um ein Rendezvous gebeten. Sie lud ihn in ihre Wohnung ein, und er erschien eine Stunde später mit einer Tüte voll frischer Orangen. Da Zitrusfrüchte im Paris der Nachkriegszeit fast unmöglich zu bekommen waren, wurde das Geschenk entsprechend gewürdigt. John und die verführerische Hedy Lamarr verbrachten einen höchst vergnüglichen Abend miteinander.

Einem FBI-Bericht zufolge soll John in Hollywood mit Susan Hayward gesehen worden sein. Auch mit Joan Crawford wurde er gesehen, mit der ehemaligen Eiskunstlaufweltmeisterin Sonja Henie (die er eine ›richtige Herzensbrecherin‹ nannte) und mit Lana Turner. Olivia de Havilland wird in diesen Akten nicht erwähnt, obwohl John sie 1945 in Beverly Hills bei einer Party traf, die der Filmproduzent Sam Spiegel gab. Auf einer Dinnerparty bei Gary Cooper sah er sie wieder. Ein paar Tage später besuchte er sie nachmittags zum Tee. Chuck Spalding, ein mit John befreundeter New Yorker Werbefachmann, begleitete ihn, um ihn zu ermutigen, und berichtete später: »John war fasziniert von Olivia und ließ seinen ganzen Charme spielen. Er beugte sich zu ihr, fixierte sie mit seinem Blick und tat sein Bestes … Als wir schließlich gingen, drängte er sie immer noch, mit ihm essen zu gehen. Aber sie hatte eine andere Verabredung, die sie nicht absagen wollte. Unfähig, die Augen von Olivia abzuwenden, legte er in der Diele seine Hand auf eine Klinke und lief schnurstracks in einen Schrank. Tennisschläger, Tennisbälle und alles andere fielen ihm auf den Kopf … Abends aßen wir in einem Restaurant, und Olivia war auch da, und zwar in Begleitung des Schriftstellers und Malers Ludwig Bemelmans. John sagte: ›Ich begreife das nicht. Schau dir diesen Kerl doch an! Ich weiß, er ist begabt … Aber trotzdem! Glaubst du, es liegt daran, daß ich in diesen Schrank gelaufen bin?‹«

Er stellte auch Olivias jüngerer Schwester nach, Joan Fontaine. Um ihn abzuwimmeln, erzählte sie ihm, auch sein Vater habe ihr einen Antrag gemacht. Darauf John: »Ich hoffe, ich werde genauso wie er, wenn ich mal so alt bin.«

Mit Gene Tierney ging er in dieser Zeit eine besonders enge Beziehung ein. 1944 lernten sie sich auf einer Party kennen, die von der kalifornischen Gesellschaftslöwin Betsy Bloomingdale gegeben wurde. Ihr Verhältnis begann 1946, als John, der immer noch die Uniform eines US-Navy-Leutnants trug, ein Hollywood-Studio besuchte, wo Gene gerade drehte. Während sie eine Szene spielte, wandte sie sich um und »schaute in die schönsten blauen Augen, die ich je bei einem Mann gesehen hatte … Er lächelte mich an, und ich reagierte wie die Heldin eines Liebesromans. Mein Herz blieb buchstäblich stehen.«

Gene stand kurz vor ihrer Scheidung von dem Modedesigner Oleg Cassini und litt unter dem Trauma, ihre geistig zurückgebliebene Tochter in eine Anstalt bringen zu müssen — eine Situation, für die John wegen seiner Schwester Rosemary großes Verständnis hatte. Sie trafen sich häufig, meistens in New York. Gene erzählte ihren Verwandten und Freunden, sie habe jemanden kennengelernt, der für den Kongreß kandidiere und eines Tages sicher das Amt des Präsidenten übernehmen werde. »Das war sein Ziel«, schreibt sie in ihren Memoiren. »Er sprach ganz unbefangen davon.« Sie stellte fest, daß er nicht besonders romantisch veranlagt war. »Aber er widmete einem viel Zeit und zeigte Interesse. Er kannte die Macht des Satzes: ›Wie denkst du darüber?‹«

Eines Tages erklärte er beim Lunch ohne Vorwarnung: »Du weißt, daß ich dich niemals heiraten kann.«

Bevor er das Restaurant verließ, um zum Flughafen zu fahren, sagte sie leise: »Bye, bye, John.«

»Was meinst du? Das klingt so endgültig.«

»Das ist es auch«, erwiderte sie.

Die unglückselige Romanze war ›süß‹, wie Gene später bemerkte. Und sie behielt John als »ernsthaften jungen Mann mit einem Traum« in Erinnerung, als einen Menschen, der »das Leben so nahm, wie es kam«.

Zu der großen Zahl seiner Affären in jener Zeit gehörte auch Pamela Ferrington aus Boston, ein Mannequin mit schwarzem Haar und saphirblauen Augen, das ihn häufig auf Reisen begleitete und gern nackt in der Sonne lag. Als Kennedy 1952 für den Senat kandidierte, gerieten seine Wahlhelfer in helle Verzweiflung wegen eines Fotos, das ihn neben der nackten, gut gebauten Pamela auf einem verlassenen Strand in Florida zeigte. Der Kandidat lachte nur und bemerkte: »Ja, ich erinnere mich an sie. Sie war großartig.«

Die Fernseh-Kommentatorin Nancy Dickerson gestand ihm ›viel Sex-Appeal‹ zu. »Aber er war ein hundertprozentiger Chauvinist. Die Frauen betrachtete er vor allem als Lustobjekte. Er verunglimpfte sie nicht, aber er idealisierte sie auch nicht. Ich erinnere mich, daß er mich eines Abends abholte, um mit mir auszugehen. Er kam nicht ins Haus, sondern blieb im Auto sitzen und hupte nur. Das mißfiel mir, und er tat es nie wieder. Wir trafen uns, bevor er Jackie heiratete. Er war nicht nur jung, reich und hübsch, sondern auch überwältigend — man mußte ganz einfach von ihm beeindruckt sein. Aber der Sex bedeutete ihm nicht mehr als eine Tasse Kaffee ... Er pflegte seinen Freunden zu erzählen, wenn er nicht mindestens einmal am Tag Sex habe, bekomme er eine schreckliche Migräne und könne nachts nicht schlafen. Ich glaube, die Jagd nach einer Frau war ihm wichtiger als der Liebesakt selbst.«

Während er dem Kongreß angehörte, mangelte es ihm nur selten an weiblicher Gesellschaft, obwohl er in Georgetown angeblich viele Frauen als Sexualpartner enttäuschte und bei der Liebe stets mit einem Auge zur Uhr schielte. George Smathers verriet Kitty Kelley: »Was die Zeit betrifft, die er mit einer Frau verbrachte, so war er ein lausiger Liebhaber. Es kam ihm mehr auf Quantität als auf Qualität an.« Kennedy selbst hingegen prahlte einmal vor Reportern: »Ich war nie mit einer Frau fertig, bevor ich sie nicht auf drei Arten gehabt hatte.«

Die Historikerin und Pulitzer-Preisträgerin Dr. Margaret Louise Coit lernte John F. Kennedy im Frühjahr 1953 kennen, als sie für eine Biographie über Bernard Baruch recherchierte. »Jedes Mädchen in Massachusetts und Washington wollte sich mit ihm treffen«, berichtete sie, »und ich war keine Ausnahme.«

Eine Stunde in Kennedys hektischem Büro und eine Spritztour durch die Stadt mit dem Senator versetzten Margaret Coit in atemlose Erregung. »Im Büro versah er seine Glamour-Boy-Hochglanzfotos, die an seine Wähler verschickt werden sollten, mit Autogrammen, nahm Anrufe entgegen, diktierte fünf oder sechs Leuten Briefe, überflog legislatorische Berichte, blätterte in Zeitungen, las seine Post, und dabei unterhielt er sich die ganze Zeit mit mir. Er besaß ungeheure Antriebskräfte und Energien. Einmal erkundigte er sich, wie Bernard Baruch sein Vermögen gemacht habe. ›Auf dieselbe Art wie Ihr Vater‹, antwortete ich.

›Sie sollten Ihren Vater fragen.‹ Da wechselte er das Thema … Später fuhr er mich zu der Pension, in der ich wohnte. Als wir am Weißen Haus vorbeikamen, wurde er plötzlich ernst und sagte: ›Das wird eines Tages mein Zuhause sein.‹ Ich schaute ihn an und hielt ihn für verrückt. Aber ich war jung und leicht zu beeindrucken. Und als er mich zu der Verlobungsparty einlud, die einige Tage später für seine Schwester Eunice und Sargent Shriver stattfinden sollte, sagte ich sofort zu.«

Bei diesem Fest fühlte sich Margaret Coit vernachlässigt, weil Kennedy unentwegt mit jemandem in einer Ecke stand und sich über Politik unterhielt. »Erst am Ende der Party nahm er mich zur Kenntnis und kam zu mir. In der Halle … legte er einen Arm um mich, vor allen Leuten, das machte mich verlegen, aber ich sagte nicht viel.«

Ein paar Tage später sahen sie sich wieder. Er fuhr sie erneut nach Hause, und diesmal beging sie den Fehler, ihn hineinzubitten. »Eine Freundin hatte mich davor gewarnt, mit Joe Kennedy allein in einem Zimmer zu bleiben. Aber niemand hatte etwas über John gesagt. Ich lud ihn ein, weil er müde aussah, und ich dachte, er würde sich gern für ein paar Minuten setzen.«

Als sie auf der Couch im Wohnzimmer Platz genommen hatten, fiel John plötzlich über Margaret her. Sie rangen miteinander, und es gelang ihr, ihn abzuwehren. »Das ist unser erstes Rendezvous«, schimpfte sie. Doch er ließ nicht locker und griff wieder nach ihr, und da sagte sie: »Ich habe gewisse Grundsätze, genau wie Ihre Schwestern. Sie wollen doch nicht, daß ich etwas tue, was Sie bei Ihren Schwestern mißbilligen würden?« Kennedy erklärte, es sei ihm egal, was seine Schwestern trieben, und packte Margaret ein drittes Mal. »Und Ihr Priester?« fragte sie. »Was werden Sie ihm erzählen?«

»Oh, er wird mir verzeihen.« Grinsend drückte Kennedy sie auf die Couch. Sie riß sich los und stand auf, um ein Glas Wasser aus der Küche zu holen. Er machte ihr Komplimente über ihre wohlgeformten Beine, und als sie zum Sofa zurückkehrte, fing er dort an, wo er aufgehört hatte.

»Das ist unser erstes Rendezvous«, wiederholte sie. »Wir haben noch viel Zeit.« Kennedy hob den Kopf und schaute ihr tief in die Augen. »Ich kann nicht warten«, sagte er mit kalter, mechanischer Roboterstimme. »Ich nehme mir alles, was ich will. Ich habe keine Zeit, verstehen Sie?«

Bei einigen von Johns anderen Freundinnen funktionierte diese direkte Methode besser. Während er Jackie Bouvier umwarb, hatte er mit mindestens drei anderen Frauen ein Verhältnis: Ann McDermott, die nach Washington gekommen war, um einen Job bei der Regierung zu bekommen; Noël Noël, die langjährige Intimfreundin Philip Grahams von der *Washington Post;* und Florence Pritchett, ein heiteres, anziehendes, elegantes Mitglied der Café Society.

»Flo Pritchett und John hatten eine wundervolle Beziehung«, meinte Lem Billings. »Ständig sagte sie etwas, worüber man lächeln mußte. Flo war die einzige Person, die John garantiert amüsieren konnte. Sie war eine großartige Gesellschafterin. Wenn er sich nicht wohl fühlte, wenn sein Rücken schmerzte oder wenn er unter Depressionen litt, wollte er nur sie sehen. Bevor sie ihn kennenlernte, war sie mit Richard Canning verheiratet, dem Sohn des Kaugummikönigs. Wäre sie nicht ... geschieden gewesen, hätte John sie wahrscheinlich gern geheiratet. Statt dessen wurde sie die zweite Frau von Earl E. T. Smith und wohnte in Palm Beach neben den Kennedys. Es gab Gerüchte über heimliche Zusammenkünfte von John und Flo, über heiße Begegnungen am Strand, der die beiden Häuser verband. Obwohl ich persönlich niemals Zeuge solcher Treffen war, bezweifle ich keine Sekunde lang, daß sie tatsächlich stattfanden.«

9

Im Frühling 1954 wohnten John und Jackie Kennedy in Georgetown, 3321 Dent Place — in einem kleinen, gemieteten Stadthaus aus dem neunzehnten Jahrhundert. Gegenüber lebten ein Botschafter und ein Admiral im Ruhestand, aber in der Nachbarschaft gab es auch Pensionen und Studentenwohnungen, denn der Dent Place lag nur vier Blöcke von der Georgetown University entfernt. In der Nähe gab es einen öffentlichen Park, wo John und sein Bruder Bobby manchmal Football spielten.

Einmal in der Woche fuhr John nach Baltimore, um an der John Hopkins University die Schnellesemethode zu erlernen. Jackie, von Natur aus Schnelleserin, belegte an der Georgetown University einen Kurs in amerikanischer Geschichte. Jeden Morgen unterhielten sie sich beim Frühstück über ihre Fortschritte. Sie gaben kleine Dinnerpartys, zum Beispiel eine für acht Personen, zu der auch Janet Auchincloss kam. »Ich glaube, ich wäre weniger nervös gewesen, wenn ich im Beisein anderer Gäste eine Königin empfangen hätte statt meiner Mutter«, bemerkte Jackie. Größere Partys veranstalteten sie in Merrywood, wo sie wohnten, wann immer ihre Eltern die Stadt verließen.

Aber wie sie später zugab, hatte sich Jackie alles etwas anders vorgestellt. »In unserem ersten Ehejahr lebten wir wie die Zigeuner aus dem Koffer. Es ging turbulent zu. John hielt im ganzen Land Reden und war nie länger als zwei Tage daheim. Als der Mietvertrag für das Haus in Georgetown nach sechs Monaten ablief, zogen wir in ein Hotel. Während des Sommers wohnten wir zeitweise im Haus meines Schwiegervaters in Hyannis Port. Wir lebten in Johns kleinem Zimmer im Erdgeschoß, und ich brauchte nicht lange, um zu merken, daß es nur für eine Person Platz bot. In jenem ersten Jahr sehnte ich mich nach einem eigenen Heim. Ich hoffte, es würde unserem Leben ... Stabilität verleihen.

Mein Ideal war damals eine normale Ehe mit einem Mann, der täglich um fünf von der Arbeit nach Hause kommt. Ich wollte, daß er alle Wochenenden mit mir und den Kindern verbrachte, die ich mir wünschte.

Eines Morgens fragte John: ›Was willst du den vierzig Gästen servieren, die wir zum Lunch erwarten?‹ Niemand hatte mir davon erzählt. Es war elf Uhr, und um eins sollten die Gäste kommen. Ich geriet in Panik. Ich rannte in ein kleines griechisches Lokal (in der Nachbarschaft), wo man wunderbare Aufläufe machte. Das Essen wurde ein Erfolg — es gab Auflauf, Salat und Himbeeren. Ich gelobte mir, mich nie wieder aufzuregen, wenn John unerwartete Gäste nach Hause mitbrachte.«

Trotz ihres früheren Entschlusses, niemals das Leben einer Vorstadthausfrau zu führen, schien sie sich jetzt nichts anderes zu wünschen. »Für mich war es am wichtigsten, alles zu tun, was mein Mann wünschte. Er konnte — und wollte — nicht mit einer Frau verheiratet sein, die das Rampenlicht mit ihm zu teilen versuchte. Ich hielt es für das Beste, ihn abzulenken. John beschäftigte sich den ganzen Tag mit Politik. Wenn auch zu Hause darüber diskutiert wurde — wie hätte er sich jemals entspannen können?«

Sie sorgte dafür, daß ihr Mann drei gesunde Mahlzeiten pro Tag zu sich nahm, nicht mehr die Fast-Food-Kost, die er als Junggeselle gegessen hatte. Bestrebt, eine gute Gastgeberin zu werden, studierte Jackie die Spitzenjahrgänge großer Weine. Wie Freunde erklärten, war John stolz auf den erlesenen Geschmack seiner Frau. Nach dem Dinner rauchte John manchmal eine kubanische Zigarre, um seine Verdauung zu fördern. »Das veranlaßte ihn, meinen Zigarettenkonsum nicht mehr so heftig zu kritisieren«, sagte Jackie.

Sie kümmerte sich auch um seine Garderobe, zu der er eine eher lässige Einstellung hatte und die zum Zeitpunkt seiner Hochzeit nicht allzuviel Auswahl bot. Igor Cassini, ein Hochzeitsgast, bemerkte in einer seiner Klatschspalten, Kennedy habe 1954 vier brauchbare Winteranzüge besessen. »Dazu zwei, für deren Anprobe er keine Zeit gefunden hatte. (Seine Garderobe wäre umfangreicher gewesen, hätte er nicht dazu geneigt, einen Anzug im Schrank hängenzulassen, wenn er aus einem Hotelzimmer auszog.)«

Damit war jetzt Schluß. Jackie behauptete, sie habe eine gewisse Ordnung in Johns Leben gebracht. »Morgens ging er nicht mehr mit einem schwarzen und einem braunen Schuh aus dem Haus, seine Anzüge wurden gebügelt, und er fuhr nicht mehr in einer wilden Hetzjagd zum Flughafen, denn ich hatte bereits für ihn gepackt.«

Um den Küchendienst übernehmen zu können, wenn die Köchin Ausgang hatte, besuchte sie einen Kochkurs. Als dieser gerade beendet war, bekam sie ihre erste Chance. »Evelyn Lincoln rief an und sagte, John würde gerade das Büro verlassen«, erzählte sie, »also ging ich ans Werk. Ich hatte jene albernen Geschichten von jungen Ehefrauen gehört, die alles anbrennen ließen, und ich wußte, daß alles gutging, bis man plötzlich — ich habe keine Ahnung, was da schieflief — vor lauter Rauch nichts mehr sehen konnte. Als ich die Koteletts aus dem Backofen nehmen wollte, schien die Tür aus den Angeln zu fallen. Die Pfanne rutschte heraus, das Fett spritzte überallhin. Ein Kotelett fiel zu Boden, aber ich legte es trotzdem auf die Servierplatte. Die Schokoladensauce war angebrannt und verkohlt. Was für ein Geruch! Ich konnte den Löffel nicht aus der Schokolade ziehen, sie war hart wie Stein. Der Kaffee war verkocht. Ich verbrühte mir den Arm, so daß er sich violett färbte. Es sah gräßlich aus. Und dann kam John und ging mit mir in ein Restaurant.«

Jackie beschränkte ihre ehelichen Pflichten nicht nur auf häusliche Dinge. Sie verfolgte die Senatsdebatten, saß auf der Galerie, wann immer John eine wichtige Rede hielt, und besuchte politische Versammlungen. Außerdem trat sie dem Roten Kreuz der ›Ladies of the Senate‹ (wo sie lernte, wie man Bandagen faltet) und einer Kulturgruppe für die Ehefrauen der Senatoren bei, die Geld für Museen und Musikvereine sammelte. Diese Frauenorganisationen gefielen ihr nicht sonderlich, aber John zuliebe blieb sie Mitglied, wenigstens vorerst.

Einen wichtigeren Beitrag zu seiner Karriere leistete sie,

indem sie ihm half, ein effektvoller Redner zu werden. Anfangs hatte er undeutlich gesprochen und die Hände dabei oft in die Hosentaschen gesteckt. Er neigte dazu, ohne Punkt und Komma und meistens viel zu schnell zu sprechen. Auch wußte er nie, wann er Atem holen mußte und wie er seinen Worten besonderen Nachdruck verleihen konnte. Seine Stimme klang heiser und zu hoch.

Jackie brachte ihm bei, langsamer zu sprechen, seine Stimme zu modulieren und seine Gedanken klarer auszudrücken. Sie zeigte ihm, wie er mit gewissen Gesten entspannter wirken, wie er die Körpersprache nutzen und seine überschäumende Energie zügeln konnte.

Trotz all ihrer Bemühungen wurde Jackies Ehe mit John Kennedy von Leid und Tragödien begleitet. Am 11. Oktober 1954 wurde er in eine Spezialklinik in Manhattan eingeliefert, um sich röntgen zu lassen und sich anderen Untersuchungen zu unterziehen. Die Ärzte wollten die exakte Ursache seines chronischen Rückenleidens feststellen, das 1944 eine Operation an der Wirbelsäule erfordert hatte.

Langdon Marvin besuchte ihn in der ersten Woche des Krankenhausaufenthaltes und traf ihn in erstaunlich gelassener Stimmung an. »Erfolgreich verbarg er seine Schmerzen. An der Wand über seinem Kopf hing ein Poster von Marilyn Monroe in Shorts und engem Pullover; Stofftiere lagen auf dem Bett verstreut; irgend jemand hatte ein kleines Aquarium aufgestellt und mit Goldfischen gefüllt. Jackie kam alle paar Stunden, um John Gesellschaft zu leisten und die neuesten Klatschgeschichten zu erzählen. Sie war zu seiner Schwester Jean gezogen ... und genoß es anscheinend, wieder in New York zu sein ... Trotz seines Zustands wäre ich nicht überrascht gewesen, hätte ich erfahren, daß er es mit mindestens einem Dutzend Krankenschwestern trieb. Alle hatten ein Auge auf ihn geworfen, und Jackie behielt sie ihrerseits im Auge. Doch sein eigentliches Interesse galt der Politik — dem Mißtrauensantrag des Senats gegen Joe McCarthy, den jungen Senator von Wisconsin, der die Kommunisten haßte und dessen Ausschuß zur Untersuchung staatsfeindlicher Umtriebe die politische Atmosphäre vergiftet hatte. Jacks Vater war mit McCarthy befreundet und hatte ihn bei seiner Wahlkampagne finanziell unterstützt ... Seine Tochter Eunice war mit McCarthy ausgegangen. Und Bobby Kennedy hatte als Chefberater des Ausschusses fungiert ... John fand, er könne nicht gegen McCarthy vorgehen. Ich glaube, unter diesen Umständen betrachtete er seinen Klinikaufenthalt sogar als Segen — unangenehm, aber zeitlich ideal abgestimmt.«

Am 21. Oktober wurde Kennedy operiert. Man hoffte, seinen Rücken stabilisieren und kräftigen zu können. Der heikle Eingriff verlief ohne Komplikationen, aber nach ein paar Tagen zog er sich eine Infektion zu. Johns Zustand verschlechterte sich und blieb drei Wochen lang ziemlich kritisch.

Charles Bartlett besuchte ihn Mitte November. »Da hatte er die Krise überstanden, ... war aber immer noch sehr krank. Jackie benahm sich großartig ... Stundenlang saß sie bei ihm, hielt seine Hand, wischte ihm die Stirn ab, half ihm aus dem Bett und wieder hinein, ... las ihm vor und sagte auswendig Gedichte auf, kaufte alberne kleine Spielsachen, um ihn zum Lachen zu bringen, spielte Schach mit ihm ... Als sich sein Zustand besserte, ermunterte sie seine Freunde, ihn so oft wie möglich zu besuchen. Sie tat alles, um ihn von seinen Schmerzen abzulenken.«

Mit diesen Bemühungen gewann sie sich Stück für Stück den Respekt seiner Familie, zumal sie es außerdem verstand, mit der politischen und gesellschaftlichen Prominenz umzugehen. An Lyndon B. Johnson, seit kurzem Chef der Mehrheitspartei im Senat, schickte sie einen charmanten Brief, um ein Telegramm mit Genesungswünschen zu beantworten. Bernard Baruch war in der Klinik gewesen, aber eine übereifrige Schwester hatte ihn nicht in Johns Zimmer gelassen. Jackie schrieb ihm: »Wenn Sie wüßten, wie traurig wir waren ... John hätte Sie so gern gesehen ... Und ich auch ... Denn es gibt niemanden auf der Welt, den ich lieber kennenlernen möchte als Sie ... Jetzt habe ich das Gefühl, daß Sie ein Schiff sind, das in der Nacht vorbeigefahren ist.« Auf einen ermutigenden Brief von Präsident Eisenhower antwortete Jackie: »Sie haben mehr für ihn getan, als es ein Arzt vermocht hätte.«

Eines Abends traf sie auf einer kleinen Dinnerparty Grace Kelly und bat die Schauspielerin, sie in Johns Krankenzimmer zu begleiten. »Ich bin die neue Nachtschwester«, wisperte Grace ihm ins Ohr. Der Patient lächelte, war aber so vollgepumpt mit Medikamenten, daß er sich am nächsten Morgen kaum noch an den Besuch erinnern konnte.

Ende Dezember meinten die Ärzte, John würde in vertrauter Umgebung schneller genesen. Auf einer Bahre verließ er die Klinik, begleitet von Jackie, einer Privatschwester und einem Pfleger, und wurde vom La Guardia Airport aus nach Miami geflogen und von dort nach Palm Beach gebracht, ins Haus seines Vaters.

Zwei Monate später kehrte er ins Krankenhaus zurück. Die Infektion war wieder ausgebrochen, und so mußte bei einer zweiten Operation eine Metallplatte entfernt werden, die man ihm bei der ersten Operation eingesetzt hatte. Nach drei Wochen entließ man ihn, und er wurde in Palm Beach einen Monat lang von einer Schwester gepflegt, die Jackie vor ihrer Abreise zeigte, wie sie den Verband wechseln und die Wunde versorgen mußte.

George Smathers besuchte ihn. »John hatte etwa vierzig Pfund abgenommen. Seine Schwester Eunice machte Witze darüber und meinte: ›Das ist nichts Ernstes, es liegt nur an Jackies Kochkunst.‹ Er lag auf dem Bauch, weil sein Rücken keine Belastung verkraftete. Jackie erledigte gerade Einkäufe, und so bat er mich, seinen Verband zu wechseln.« Smathers erschrak beim Anblick der eitrigen Wunde. »Sie sah grauenvoll aus. Und die Pillen, die man ihm verschrieben hatte, waren offenbar nichts wert, weil er so schlimme Schmerzen hatte, daß er nachts nicht schlafen konnte. Deshalb döste er tagsüber immer wieder ein. Ich erkannte, daß ich Jackie falsch beurteilt hatte. Eine Frau, die Tag für Tag diese eiternde Wunde zu Gesicht bekam und die Schmerzen ihres Mannes miterlebte, mußte wirklich Rückgrat haben ... Ihr Aussehen täuschte. Sie war keineswegs zerbrechlich.«

Während John seine Kräfte langsam zurückgewann, ermutigte Jackie ihn, im Bett zu lesen, zu schreiben und zu malen. Das Malen mußte er aufgeben, weil sich Rose Kennedy über die hohen Wäscherechnungen beklagte. Und so befaßte er sich hauptsächlich mit dem Buch über politischen Mut, das er schreiben wollte. Daran arbeitete er immer noch, als er einige Monate später mit Jackie nach Merrywood zog. Sie half ihm bei den Recherchen und bei der Niederschrift des Manuskripts, wofür er ihr in angemessener Weise dankte. Als das Werk (es handelte von acht historischen Persönlichkeiten, darunter John Quincy Adams und Daniel Webster) Anfang 1956 erschien, betonte er: »Dieses Buch wäre niemals ohne die Ermutigung, den Beistand und die Kritik … von seiten meiner Frau Jacqueline entstanden, deren Unterstützung während der ganzen Zeit meiner Rekonvaleszenz ich gar nicht genug würdigen kann.«

Joe Kennedys PR-Budget verhalf dem Buch zu einem Platz auf den wichtigsten Bestsellerlisten, außerdem gewann es den Pulitzer-Preis für Biographien, was John F. Kennedy große Freude bereitete.

Nach siebenmonatiger Abwesenheit übernahm John F. Kennedy wieder die Pflichten seines Senatorenamtes. Er weigerte sich, in der Öffentlichkeit Krücken oder einen Rollstuhl zu benutzen, und verzichtete beim Gehen auf fremde Hilfe, litt aber immer noch an starken Rückenschmerzen. In New York suchte er neuen ärztlichen Rat bei Dr. Janet G. Travell, die ihm ein Stützkorsett verordnete und empfahl, er solle auf einer harten Roßhaarmatratze schlafen, sich in einem Schaukelstuhl entspannen und Korrektivschuhe tragen, wobei der eine Absatz etwas höher sein müsse als der andere. Außerdem empfahl sie ihm Massagen, heiße Bäder und heiße Umschläge. »Nachdem ich John untersucht hatte, fragte Jackie, ob ich ihm eine Injektion geben könne, die ihn restlos von allen Schmerzen befreien würde«, berichtete die Ärztin. »Ich sagte, das sei möglich, aber eine solche Spritze würde alle Gefühle unterhalb der Taille ausschalten. Sie runzelte die Stirn, und John meinte grinsend: ›Dann lassen wir's lieber sein, was, Jackie?‹«

Im Spätsommer 1955 unternahmen John und Jackie eine zweimonatige Europareise, die als Arbeitsurlaub gedacht war. In Rom wurden sie vom Papst empfangen und besuchten eine Dinnerparty in der amerikanischen Botschaft, wo sie den französischen Premierminister Georges Bidault trafen. Kennedy und Bidault wollten unbedingt ein Gespräch führen, und Jackie fungierte als Dolmetscherin. Später schrieb ihr der Premier: »Noch nie habe ich so viel Klugheit mit so viel Charme vereint gesehen.«

In Paris traf Jackie ihre Schwester Lee und begleitete sie in Antiquitätengeschäfte und zu Modeschauen. Eines Abends wurden sie mit dem amerikanischen Sozialhistoriker Cleveland Amory bekannt gemacht. Er arbeitete gerade an einem Buch über die Herzogin von Windsor, das niemals fertiggestellt werden sollte. »Die beiden Schwestern waren sehr neugierig und wollten alles über die Herzogin wissen«, sagte Amory. »Am nächsten Tag fragte ich die Herzogin nach Jackie. Sie war genau über die Kennedys informiert und meinte: ›Oh, die Ehe mit einem solchen Mann muß schwierig sein. Ich würde gern wissen, wie sie ihn im Zaum hält.‹ Dabei hob sie die Brauen und deutete damit an, die Kennedys könnten Probleme haben.«

Jackie schien eine besondere Methode entwickelt zu haben, um ihren Mann im ›Zaum zu halten‹ — oder es wenigstens zu versuchen. Sie schmollte und JFK verabscheute das — es machte ihn wahnsinnig. Aber sie kontrollierte ihn auch mit anderen Mitteln. Zum Beispiel genoß sie es, sein männliches Ego durch bissige Bemerkungen zu verletzen. Gegen Ende ihrer Europareise besuchten die Kennedys in Südfrankreich eine Party an Bord einer Jacht, die dem griechischen Großreeder Aristoteles Onassis gehörte. An jenem Nachmittag war auch Sir Winston Churchill anwesend, für den John Kennedy — im Gegensatz zu seinem Vater — eine wachsende Bewunderung empfand. Er hatte sich sorgfältiger als sonst gekleidet und behandelte den alten Mann sehr höflich und hoffte, ihn zu beeindrucken. Aber Churchill, offenbar schlecht gelaunt, beachtete den Senator kaum. Als die Kennedys die Jacht verließen, zeigte Jackie auf das weiße

Dinnerjacket ihres Mannes und bemerkte: »Ich glaube, er hat dich für den Kellner gehalten, John.«

Wieder in den Staaten, erwarb das Ehepaar ein Haus auf dem Kennedy-Grundstück in Hyannis Port, eines von dreien, deren Hintergärten miteinander verbunden waren. In jedem wohnte ein Familienmitglied. Außerdem leistete John Kennedy die letzte Zahlung von insgesamt hundertfünfundzwanzigtausend Dollar für Hickory Hill, ein weißes Ziegelhaus mit sechs Morgen Waldland in McLean, Virginia, zwei Meilen von Merrywood entfernt. Im Bürgerkrieg das Hauptquartier von General George B. McClellan, erhob sich das Haus über einem steilen Hang. Ställe und Obstgärten gehörten zu dem Anwesen, auch ein Swimming-pool am Fuß des Hügels hinter dem Haus, wo John sein ihm von Dr. Travell empfohlenes Training absolvieren wollte.

Die gelegentlichen Muskelkrämpfe in Rücken und Nakken, die ihn immer noch peinigten, wurden mit Novocain-Injektionen und Cortisontabletten und -depotkapseln behandelt. Das Cortison stimulierte nicht nur seine schlecht funktionierenden Nebennierendrüsen (diese Insuffizienz ist die Hauptursache der Addisonschen Krankheit, wenn Kennedys Mitarbeiter auch stets bestritten, daß er daran litt), sondern steigerte auch seinen Sexualtrieb.

»Irgendwie war es komisch«, meinte Dr. Gerald Ehrlich, Spezialist für psycho-sexuelle Störungen. »Wenn ein Mann hohe Cortisondosen erhält, bekommt er oft auf wunderbare Weise eine Dauererektion, oder er wird zumindest ziemlich wild. In Kennedys Fall war es die Dauer, über die hinweg ihm das Cortison verabreicht wurde, was wahrscheinlich seine Libido anregte. Noch stärker als seine physischen Bedürfnisse aber war der psychologische Druck, der ihn zu seinen sexuellen Aktivitäten trieb — der Zwang, sich selbst zu beweisen, der Drang, Risiken einzugehen, das Gefühl, daß die gesellschaftlichen Regeln für ihn nicht galten.«

Während Jackie das neue Haus umgestaltete und dabei den Kinderzimmern besondere Aufmerksamkeit widmete, nahm ihr Mann sein außereheliches Liebesleben, das so lange brachgelegen hatte, wieder auf. Wie aus FBI-Dokumenten hervorgeht, mietete er von Mitte 1955 bis Ende 1959 eine Suite im Mayflower Hotel in Washington, die von einem anonymen FBI-Informanten als ›Kennedys private Spielwiese‹ bezeichnet wurde. Derselbe Mann berichtete, er habe eine Party in der Suite besucht, wo Senator John F. Kennedy und Senator Estes Kefauver — gleichfalls ein bekannter Schürzenjäger — »vor den Augen aller Gäste ihre Partnerinnen liebten, diese dann austauschten und noch einmal von vorn anfingen«.

Neben solchen intimen Zusammenkünften fanden in der Mayflower Suite aber auch große Partys statt, für Prominenz wie Audrey Hepburn, Betty Grable, Judy Garland, Marlene Dietrich (mit der Jacks Vater behauptete, 1939, während eines Urlaubs an der Côte d'Azur, eine Affäre gehabt zu haben), Bing Crosby und Frank Sinatra. Für letzteren, eine unerschöpfliche Quelle von Namen und Telefonnummern attraktiver, williger Frauen, breitete Kennedy gleichsam rote Teppiche aus und revanchierte sich, indem er Sinatra politische Türen öffnete und ihn mit einigen der einflußreichsten Männer auf dem Capitol bekannt machte.

Die Verbindung zwischen Sinatra und Kennedy war 1955 durch die Hochzeit Peter Lawfords, eines Mitglieds von Sinatras berüchtigter ›Rattenbande‹, mit Pat Kennedy, der Schwester Johns, geknüpft worden. Joe Kennedy hatte heftig gegen diese Hochzeit protestiert. »Wenn ich jemanden als Schwiegersohn hasse, dann ist es ein Schauspieler. Und wenn ich jemanden als Schwiegersohn noch mehr hasse, ist es ein englischer Schauspieler.«

Obwohl sich Joe Kennedy und Peter Lawford auch weiterhin nicht verstanden, so entwickelte sich der Schauspieler doch zu einem treuen Anhänger des künftigen Präsidenten. Er arrangierte für ihn Rendezvous mit Schauspielerinnen oder Showgirls, besorgte ihm in Kalifornien einen Unterschlupf für diskrete Abenteuer und hielt ihm die Presse vom Hals.

Nicht, daß Kennedy unfähig gewesen wäre, für sich selbst zu kämpfen. Die Mehrheit seiner Affären leitete er selbst in die Wege. Manchmal trat er in der Öffentlichkeit so unverblümt an der Seite seiner Eroberungen auf, als wollte er mit ihnen prahlen. Im Herbst 1955 sah Bobby Baker, ein Protegé von Lyndon B. Johnson, den Senator mit einer umwerfenden Blondine aus einem Kino kommen. Möglicherweise war sie die Varietékönigin Tempest Storm, die ihre Haarfarbe offenbar von Show zu Show wechselte und ziemlich einschüchternde körperliche Merkmale besaß. Kennedy lernte sie 1955 kennen, während sie im Washingtoner Casino Royale auftrat. Sie bezeichnete ihre Beziehung zu John als stürmisch und sexuell befriedigend. Im Bett sei er fast unersättlich gewesen.

Anfang Mai 1956 besuchte Ormande de Kay die Kennedys auf Hickory Hill. »Ich sah Jackie zum erstenmal seit ihrer Hochzeit. Zum Dinner waren etwa sechs Leute eingeladen. Jackie erwartete ein Baby, das im September zur Welt kommen sollte ... Es war unmöglich, festzustellen, wie sie mit ihrem Mann auskam. Beim Essen machte er nur eine flüchtige Bemerkung über die schrecklichen allmorgendlichen Verkehrsstaus zwischen McLean und Washington, D.C., und sie sagte nicht viel. Nach dem Dinner enthüllte er die politischen Pläne des Kennedy-Clans, die im nachhinein faszinierend sind. Alle drei Brüder sollten in den Senat kommen. John war bereits Senator, also strebte er ein höheres Amt an, vielleicht die Vizepräsidentschaft bei den nächsten Wahlen. Bobby sollte zum Senator in New York gewählt werden, Teddy in Arizona gegen Barry Goldwater antreten, von dem sie anscheinend nicht viel hielten.

Ich fand es seltsam, daß Jackie sich einen so ambitionierten Politiker als Ehemann ausgesucht hatte, denn die Politik schien ihrem gesellschaftlichen Hintergrund völlig fern zu liegen. Außerdem war John genauso ein Frauenheld wie ihr Vater. Beide gehörten zu der Sorte von Männern, die es mit allem treiben, was sich bewegt. Ich glaubte die Ursache der fatalen Anziehungskraft zu erkennen, die John auf Jackie ausübte — der Gedanke, etwas zu schaffen, was ihre Mutter nicht geschafft hatte, und ihren polygamen Ehemann zu zähmen.«

Am 1. Juli erklärte Senator Kennedy in der CBS-TV-Sendung ›Face the Nation‹: »Ich bin kein Kandidat für die Vizepräsidentschaft, und ich bezweifle, daß man mich nominieren wird.« Er nannte vier Gründe, warum er nicht glaubte, daß man ihn neben Adlai Stevenson als Repräsentanten der demokratischen Partei wählen würde: Er war Katholik, mit neununddreißig vielleicht zu jung, und wahrscheinlich würde man sich für einen Südstaatler entscheiden, der für einen Ausgleich gegenüber dem starken Präsidentschaftskandidaten Stevenson im Nordosten sorgen könnte. Außerdem habe er sich unbeliebt gemacht, als er für gewisse Gesetzesanträge gestimmt habe. Aber er fügte rasch hinzu, ›natürlich‹ würde er sich geehrt fühlen, wenn man ihn nominierte, und die Kandidatur annehmen.

Mit Jackie, die nun im siebten Monat schwanger war, kam Kennedy in Chicago an, wo der Parteikonvent der Demokraten am 13. August eröffnet wurde. John fühlte, daß er eine Außenseiterchance haben könnte. Während er und seine beiden Brüder in einem Hotel in der City abstiegen, wohnte Jackie in dem Apartment von Sarge und Eunice Shrivers am Lake Shore Drive. Die luxuriöse Wohnung gehörte zu den Vergünstigungen, die Sarge als Manager von Joe Kennedys Chicago Merchandise Mart genoß.

Trotz ihres Zustands und einer Hitzeperiode in Chicago besuchte Jackie mehrere Veranstaltungen im Rahmen des Konvents und hörte auch die Nominierungsrede, die ihr Mann für Adlai Stevenson hielt. Ein Fotograf knipste Jackie und Jean Kennedy, die seit kurzem mit dem New Yorker Geschäftsmann Stephen Smith verheiratet war, wie sie auf ihren Stühlen stehen und lebhaft Fähnchen mit der Aufschrift ›Stevenson for President‹ schwingen.

Später gestand Jackie, daß sie nie so recht verstand, was das ganze Geschrei sollte. Das politische Know-how der Kennedy-Familie fehlte ihr, und wenn sie es auch später erwerben sollte — damals hatte sie es noch nicht. Josefa Moss, Lyndon B. Johnsons Schwester, versuchte ihr die Mechanismen des Geschehens zu erklären. Als Josefa 1960 an Krebs starb, schrieb Jackie an Lady Bird Johnson und erinnerte sich an die Begegnung beim Konvent. »In jenen hektischen

Tagen … wuchs sie mir ans Herz. Sie war das einzige, worauf ich mich täglich freute, … wenn ich in diese turbulente Arena ging.«

Am zweiten Abend des Konvents begleitete Jackie ihren Mann zu Perle Mestas ›Champagnerparty für Wahlkampfgattinnen‹ im Blackstone Hotel, einem übermütigen Fest, auf dem sie fast niemanden kannte. »Ich war schüchtern und unsicher«, gestand sie später. Der Reporter einer Bostoner Zeitung schilderte, daß sie mit großen Augen allein inmitten des Tumults gestanden habe. »Wie ein kleines Mädchen auf einer Erwachsenenparty … Sie schien sich nicht unbehaglich zu fühlen … nahm aber nicht wirklich Anteil am Geschehen.«

Perle Mesta, die Gastgeberin, war von keinem der Kennedys übermäßig beeindruckt. Bei einem Interview nach der Party sagte sie: »Ich hatte nicht erwartet, daß John Kennedy braune Mokassins zu seinem Smoking tragen würde.« Mrs. Kennedy bezeichnete sie als ›Beatnik‹ und bemerkte, sie habe es nicht einmal der Mühe wert gefunden, ein Paar Strümpfe anzuziehen.

Diesen Tadel vergaß Jackie nicht. Als sie 1961 First Lady wurde, meinte sie, Perle Mestas Partys seien ›zu auffällig‹ und die Gastgeberin benehme sich zu oft »wie eine Frau eines Schnapsbrenners«. Während der Zeit der Kennedy-Regierung gab Perle Mesta nur wenige Partys in Washington und wurde zum erstenmal seit Jahren nicht zu den gesellschaftlichen Ereignissen im Weißen Haus eingeladen.

1952, als sie noch für die *Washington Times-Herald* arbeitete, hatte Jackie an die Journalistin Bess Furman geschrieben und ihre Gefühle gegenüber der Presse ausgedrückt: »Ich bin jetzt ganz verliebt in diese Welt … Ich glaube, ich schaue zu den Zeitungsleuten auf wie eine Zehnjährige, die dem Fanclub eines Filmstars beitritt.« Sobald Jackie nicht mehr die Verfolgerin, sondern die Verfolgte war, änderte sich ihre Ansicht sehr schnell. Schon bald nach ihrer Hochzeit stand sie der Presse sehr reserviert gegenüber; und 1956 betrachtete sie die Medien bereits als ihre persönlichen Feinde.

Maxine Cheshire, eine ambitionierte junge Reporterin von der *Washington Post*, versuchte Jackie während des Parteikonvents der Demokraten zu interviewen. »Kurz nachdem man sich für Stevenson entschieden hatte, sah ich Jakkie in der Kennedy-Loge sitzen«, schreibt sie. »Ich interessierte mich für ihre Reaktion, aber sie wollte nichts mit mir zu tun haben, sobald ich das Wort ›Zeitung‹ ausgesprochen hatte ... Als sie aufstand, die Loge verließ und durch den Saal ging, folgte ich ihr. Und während sie die Treppe zur Tiefgarage hinabstieg, blieb ich ihr auf den Fersen. In der Garage merkte sie, daß ich immer noch hinter ihr war, und da raffte sie ihr Kleid hoch und begann zu laufen.« — Die Schwangerschaft war dabei offensichtlich kein Hindernis, denn Jackie schüttelte die Reporterin rasch ab.

Bei der Abstimmung für den Vizepräsidentschaftskandidaten war Jackie wieder dabei. Adlai Stevenson hatte nach seinem Sieg beschlossen, den Konvent spannender zu gestalten und seinen Mitstreiter von den Delegierten wählen zu lassen, statt selbst einen zu bestimmen. Diese Taktik versetzte dem Kennedy-Lager einen Schock, da es auf Stevensons Unterstützung gehofft hatte.

Jacqueline wurde nur ein einziges Mal direkt in die taktischen Manöver verwickelt, und zwar an dem hektischen Abend vor der Wahl des Vizepräsidentschaftskandidaten. Sie nahm an einer Versammlung in Johns Hotelzimmer teil, wo sich unter anderem auch Bobby und Teddy einfanden. »Ich weiß nicht mehr, ob Jack da war«, erinnerte sie sich später, »aber es herrschte ein Riesenwirbel, und Bobby erklärte, wir müßten genügend Stimmen für den nächsten Tag zusammenkriegen. Er fragte mich, ob ich jemanden aus Nevada oder irgendwelchen anderen Staaten kennen würden. ... Wenn ein solcher Stein ins Rollen kommt und Schwungkraft gewinnt, dann reißt er einen mit ...«

Wie sich George Smathers entsinnt, läutete um halb drei Uhr morgens das Telefon in seinem Hotelzimmer. »Es war John, der mich bat, ihn für die Vizepräsidentschaft zu nominieren. Ich riet ihm, den Gouverneur von Connecticut, Abe Ribicoff, für sich zu gewinnen. Er sagte, Ribicoff habe er schon, aber er wolle, daß ich die Nominierung unterstütze. »Kefauver hat schon alles unter Dach und Fach«, erwiderte ich. Aber er bestand auf seiner Kandidatur und meinte, alles sei noch offen. Schließlich willigte ich ein, nur damit ich noch ein bißchen schlafen konnte.

Als ich am nächsten Morgen um acht ans Rednerpult trat, war der Saal halb leer. Ich hatte keine Ahnung, was ich sagen sollte ... Im Senat war Kennedy weder besonders eifrig noch einflußreich gewesen ... Er hatte unverkennbare Ambitionen, aber er strebte keine klar ersichtlichen, für die Nation nützlichen Ziele an. Er wollte einfach nur siegen, um des Sieges willen. Nach meiner Ansicht hatte er keine Chance. Nun, ich fing an, indem ich John F. Kennedy als Kriegshelden hinstellte. In politischer Hinsicht hatte der Bursche ja wirklich noch nicht viel geleistet. Dann sprach ich von seiner distinguierten Familie. Plötzlich spürte ich einen stechenden Schmerz in Rücken und Brust. Ich dachte, ich würde einen Herzanfall bekommen, direkt vor den Fernsehkameras. Aber es war Sam Rayburn, der Vorsitzende des Konvents, der mir sein Hämmerchen zwischen die Rippen bohrte, um mich wissen zu lassen, meine zwei Minuten seien abgelaufen. ›McCormack ist da‹, flüsterte er mir ins Ohr. McCormack sollte die zweite Rede zu Kennedys Gunsten halten, und ich war verdammt froh, daß ich vom Mikrophon wegkam. Seine Ansprache wirkte noch schlechter vorbereitet als meine, und hätte Bobby Kennedy ihn nicht aufs Podest geschoben, hätte er gar nichts gesagt. Letzten Endes verlor John, und Estes Kefauver gewann. Aber John war näher dran als erwartet. Joe Kennedy, der gerade an der französischen Riviera Urlaub machte, meinte, John könne von Glück reden, weil er verloren habe. ›Stevenson kann Eisenhower nicht schlagen‹, sagte er. ›Es ist besser für John, wenn er da nicht mitmacht. Würde er mit Stevenson kandidieren, würde man seinen katholischen Glauben für die Niederlage verantwortlich machen. Außerdem — wenn man schon unterliegt, ist es besser, man wird beim Sprung auf den ersten, und nicht auf den zweiten Platz besiegt. Er soll lieber sehen, daß er '60 ganz nach oben kommt.‹ ...

Nach der Abstimmung traf sich unsere Gruppe in Johns Hotelsuite. Er stand auf dem Bett und hielt eine improvisierte Rede, während Jackie einige Tränen vergoß. Ich war überrascht, daß sie die Niederlage so tragisch nahm. Immerhin hatte man erst in letzter Minute gewisse Anstrengungen unternommen ... Ehrlich gesagt, ich glaube, JFK ist nur angetreten, weil Stevenson den Fehdehandschuh in den Saal geworfen hatte. Einer solchen Herausforderung konnte John nie widerstehen. Kein Kennedy konnte das.«

10

Nach dem Konvent verbrachte Jackie einige Wochen bei ihrer Mutter und ihrem Stiefvater auf der Hammersmith Farm, während John mit Teddy und George Smathers eine Erholungsreise nach Europa unternahm. In Val-sur-Mer wollte er mit seinem Vater besprechen, welchen politischen Kurs er in Zukunft einschlagen sollte. Doch dann wurde er an der Riviera von völlig unerwarteter Seite beraten. Aristoteles Onassis lud ihn nach Monte Carlo auf seine Jacht ein, auf der sich zu der Zeit auch Winston Churchill aufhielt. John, der sich an die erfolglose Begegnung mit Churchill im Vorjahr erinnerte und seine zweite Chance zu nutzen gedachte, reiste sofort ab.

Onassis empfing ihn mit offenen Armen und führte ihn zu Churchill, der in einem Liegestuhl an Deck saß, auf seinem Lieblingsplatz. Der alte Mann war über Kennedys eindrucksvolles Abschneiden beim demokratischen Konvent informiert und fragte ihn nach seinen Aussichten, einmal Präsident zu werden. »Das ist schwer zu sagen«, erwiderte John. »Wissen Sie, ich bin nämlich Katholik.« »Die Religion kann man jederzeit ändern«, meinte Churchill und fügte hinzu: »Aber an ihrer Stelle würde ich mein katholisches Glaubensbekenntnis hervorheben. Erwecken Sie nicht den Eindruck, Sie wollten Ihren Glauben verbergen. Bekennen Sie sich offen dazu. Dann werden die Leute Ihren Mut bewundern.«

John kehrte nach Val-sur-Mer zurück, erstattete Bericht, und sein Vater sagte: »Das ist der erste vernünftige Ratschlag, den ich je von diesem Mann gehört habe.«

Während sich John auf einer Jacht in der für ihn üblichen Form vergnügte, erlitt Jackie am 23. August schwere innere Blutungen und hatte Bauchkrämpfe. Ihre Mutter brachte sie sofort ins Newport Hospital. Um das Baby zu retten, nahmen die Ärzte einen Kaiserschnitt vor. Doch das Kind, ein namenloses Mädchen, starb, bevor es seinen ersten Atemzug tun konnte.

Als Jackie nach dem Eingriff das Bewußtsein wieder erlangte, saß Bobby Kennedy an ihrem Bett. Ihre Mutter hatte ihn in Hyannis Port verständigt. Er hatte vergeblich versucht, John, der mit Teddy und George Smathers noch auf Segeltour war, telefonisch zu erreichen. Offenbar gab es auf Johns Jacht keine Funkverbindung zur Küste. Bobby fuhr sofort nach Newport, um die Stelle seines Bruders einzunehmen. Er war es, der Jackie mitteilte, daß ihr Baby nicht überlebt hatte. Wie sie erst viele Jahre später erfahren sollte, kümmerte er sich auch um das Begräbnis des toten Kindes. »Wenn man Probleme hatte, war er immer da«, sagte sie.

Am 26. August, drei Tage nach der Tragödie, traf John in Genua ein und rief Jackie an. Seine erste Reaktion war leichte Verärgerung. Nach dem Telefonat machte George Smathers ihm klar: »Du solltest deinen Arsch lieber schleunigst zu deiner Frau zurückbefördern, wenn du jemals für die Präsidentschaft kandidieren willst.« Zwei Tage später flog John nach Hause.

Am Tag nach seiner Ankunft in Newport, während Jackie immer noch im Krankenhaus lag, besuchte er eine Dinnerparty, die Louis und Elaine Lorillard im Clambake Club gaben. »Ich saß neben ihm, und er war charmant und jovial«, erzählt Mrs. Lorillard. »Er machte nicht die leiseste Andeutung über Streitigkeiten mit Jackie. Wir alle hatten aus den Zeitungen von der Totgeburt erfahren. Aber John betonte, es gehe Jackie gut, und sie werde in ein oder zwei Tagen wieder auf den Beinen sein.«

Trotz Kennedys äußerer Gelassenheit hatte seine Ehe einen Wendepunkt erreicht. Ein Sprecher der Klinik schrieb die Totgeburt (die zweite erfolglose Schwangerschaft in zwei Jahren) einer ›nervösen Anspannung und Erschöpfung‹ zu. Charles Bartlett machte Jackies schlaflose Nacht vor der Wahl des Vizepräsidentschaftskandidaten verantwortlich, Rose Kennedy den Zigarettenkonsum ihrer Schwiegertochter, und Janet Auchincloss gab John Kennedy die Schuld. (»Er hätte bei dir sein müssen«, sagte sie zu Jackie.)

Mehrere Faktoren verschärften die Situation, nicht zuletzt zwei Geburten in der Kennedy-Familie. Am 25. August kam Sydney Lawford zur Welt, Pat Kennedys und Peter Lawfords zweites Kind und ihre erste Tochter. Und am 9. September wurde Mary Courtney Kennedy geboren, das fünfte Kind und die zweite Tochter Ethel und Robert Kennedys. Diese freudigen Ereignisse, so kurz nach Jackies tragischem Verlust, verstärkten ihre Verzweiflung und das Gefühl, versagt zu haben.

»Die Kennedys sagten ihr das zwar nie direkt«, berichtet Peter Lawford, »aber es war auf unangenehme Weise zu spüren, daß sie sich von Jackie im Stich gelassen fühlten, was deren Gebärfähigkeit betraf. Hinter ihrem Rücken sprachen sie das auch aus. Sie meinten, Jackie sei vielleicht ›von zu edler Herkunft‹, um Kinder zu bekommen. Ich meine, die Babys sprangen buchstäblich aus diesen Frauen heraus, während Jackie da ihre Probleme hatte ... Zudem mußte sie den Großteil der Belastung allein tragen. Zu Johns immerwährender Schande sollte man erwähnen, daß er die Situation nicht in den Griff bekam.

Jackies Fehlgeburt, die Totgeburt, die ärztlichen Untersuchungen, ... die Bluttransfusionen, der lange Klinikaufenthalt — all diesen Tatsachen konnte er nicht ins Auge blikken. Und so sehr ich ihn auch liebte und bewunderte — ich fand, daß sich darin ... eine schwerwiegende Charakterschwäche zeigte.«

Als Jackie wieder so weit zu Kräften gekommen war, um das Krankenhaus zu verlassen, kehrte sie auf die Hammersmith Farm zurück. In ihrer damaligen seelischen Verfassung ertrug sie es nicht, in Hickory Hill zu wohnen, das sie in der Erwartung ihres Babys eingerichtet hatte. Das leere Kinderzimmer hätte ihre Enttäuschung vertieft, die ganze Atmosphäre des Hauses hätte sie an einsame Nächte erinnert, in denen ihr Mann unterwegs gewesen war, um politischen oder sexuellen Aktivitäten nachzugehen.

Die Kluft zwischen den beiden wurde immer breiter.

Scheidungsgerüchte begannen zu kursieren und erreichten schließlich die Klatschspalten. John Kennedy verkaufte Hikkory Hill (mit Verlust) an seinen Bruder Bobby. Jackie besuchte in New York ihre Schwester Lee, die sich im Vorjahr von Michael Canfield getrennt hatte und deren Ehe annulliert werden sollte.

»Es wurde tatsächlich von einer Scheidung zwischen John und Jackie gesprochen«, bestätigt Peter Lawford. »Aber das war nur Gerede. Die *Time* berichtete von einem Treffen zwischen Jackie und Joe Kennedy in New York, bei dem er ihr eine Million Dollar angeboten haben soll, wenn sie mit John verheiratet blieb. Sie hatten sich tatsächlich gesehen, aber ein solches Angebot gab es nicht. Als Jackie den *Time*-Artikel gelesen hatte, rief sie Joe an und fragte: ›Warum nur eine Million Dollar, warum nicht zehn Millionen?‹ Dabei lachte sie. Ein ähnliches Gerücht kam 1960 auf. Diesmal hatte Joe ihr angeblich Geld versprochen, damit sie John während der Wahlkampagne zur Seite stand. Keine Version stimmt. Die beiden trafen sich, und Joe erklärte Jackie zweifellos, John würde sie lieben, auch wenn es nicht so aussehe. Wahrscheinlich erzählte er von seiner eigenen Ehe mit Rose und stellte die uralte Behauptung auf, für einen Mann seien Sex und Liebe zweierlei Dinge.

Ich glaube, Jackie nahm die Seitensprünge ihres Mannes nicht weiter ernst … Was sie in Wahrheit deprimierte, war Johns Karriere. Sie machte sich nichts aus Politik, war mit der Anschauung erzogen worden, die meisten Politiker seien Betrüger und Verbrecher. Die politische Atmosphäre bildete einen krassen Gegensatz zu Jackies literarischen und künstlerischen Interessen.«

Bei der Begegnung mit Joe Kennedy stellte Jackie zwar keine finanziellen, aber andere Forderungen. Dazu gehörte eine teilweise Lockerung des oft erstickend engen Kontakts zu ihren Schwiegereltern. Während der Ferien war es üblich gewesen, daß der gesamte Clan mit mehreren Freunden allabendlich das Dinner bei Joe und Rose Kennedy einnahm. Jetzt erklärte Jackie: »Einmal in der Woche ist in Ordnung, aber nicht jeden Abend.« Joe stimmte ihr zu.

Er war auch damit einverstanden, daß John und Jackie wieder nach Georgetown zogen. Innerhalb weniger Tage fand Joe ein Miethaus, das sie von Januar bis Mai 1957 bewohnten, dann kauften sie ein rotes, 1812 erbautes Ziegelhaus, das Jackie nach eigenem Gutdünken einrichtete.

Trotz dieser und einiger anderer Zugeständnisse (zum Beispiel nahm John beim Dinner keine Telefonanrufe mehr entgegen) blieb Jackie unzufrieden, und ihr Verhalten war unberechenbar. Einmal charakterisierte John ihr wechselhaftes Temperament, indem er eine Wellenlinie auf ein Blatt Papier zeichnete. Dann zog er einen geraden Strich hindurch, um seine eigene innere Ausgeglichenheit zu dokumentieren. Jackie gab ihm mehr oder weniger recht und erklärte: »Er ist ein Fels, und ich lehne mich immer an ihn.«

Lem Billings erinnerte sich an eine Diskussion in Hyannis Port, bei der es darum ging, ob Jack 1960 für die Präsidentschaft kandidieren solle oder nicht. »Bobby hatte öffentlich verkündet, Jackie sei ›poetisch, spleenig, provozierend, unabhängig und doch sehr weiblich‹. Nun überlegte er, ob sie dem Wahlkampf förderlich wäre oder ob ihre Liebe zum Ballett, zur Fuchsjagd und zu Antiquitäten aus dem achtzehnten Jahrhundert ... den Durchschnittswähler nicht befremden könnte. Jackie betonte, sie würde alles tun, was von ihr verlangt wurde, um Johns Chancen zu verbessern.

›Sie ist also bereit für die Kampagne‹, sagte John. ›Die Frage wäre nur — ist die Kampagne bereit für Jackie? Genauer ausgedrückt, ist Amerika bereit für Jackie?‹ Er machte nur Spaß, aber Jackie ärgerte sich so darüber, daß sie von ihrem Stuhl aufsprang und aus dem Zimmer stürmte. John folgte ihr und holte sie zurück. Ihr Problem war, daß sie austeilen, aber nicht einstecken konnte.«

Im März 1957 erfuhr Jackie zu ihrem Entzücken, daß sie wieder schwanger war. Diesmal beschloß sie, alle entnervenden Aktivitäten und Aufregungen zu meiden. Um so eifriger widmete sie sich der Einrichtung des neuen Hauses in Georgetown.

Anfang Juli erhielt sie einen beunruhigenden Anruf von

Yusha Auchincloss, der ihren Vater in New York besucht und die Überzeugung gewonnen hatte, der einstige Bonvivant — jetzt ein verbitterter, frustrierter Einsiedler — sei ernsthaft erkrankt. Sie flog sofort zu Jack Bouvier. Er beklagte sich bitter über die mangelnde Fürsorge in den letzten Jahren, ließ aber keine Anzeichen von Krankheit erkennen. Und so kehrte sie nach Hyannis Port zurück, wo sie den Sommer verbrachte.

In Wirklichkeit ging es ihm sehr schlecht, aber er wußte nicht, daß er an Leberkrebs litt. Am 27. Juli bekam er starke Schmerzen, wurde ins Lenox Hill Hospital gebracht und untersucht. Wieder flog Jackie zu ihm, erfuhr jedoch noch immer nichts über das Ausmaß seiner Krankheit. Im Glauben, er sei ›okay‹, beschloß sie, ihren Geburtstag bei der Mutter in Newport zu feiern.

Am 3. August wurde Jackie telefonisch mitgeteilt, ihr Vater liege im Koma. Sofort flog sie mit John nach New York — entsetzt, weil man sie nicht entsprechend informiert hatte. Im Krankenhaus wurden sie von Miche Bouvier erwartet. Sie kamen eine Stunde zu spät. Wie eine Schwester berichtete, war Black Jacks letztes Wort ›Jackie‹ gewesen. Mit sechsundsechzig Jahren war er gestorben.

Jackie war verzweifelt und von tiefer Reue ergriffen, weil sie seine schwere Krankheit nicht rechtzeitig erkannt und ihm in seinen letzten Stunden keinen Trost gespendet hatte. Außerdem warf sie sich vor, daß sie sich so wenig um seine Bedürfnisse gekümmert hatte.

Die Totenfeier, die Jackie vorbereitet hatte, fand in der St. Patrick's Cathedral im engsten Familien- und Freundeskreis statt. Weiße Körbe mit bunten Sommerblumen schmückten die Kirche. Bevor der Sarg geschlossen wurde, nahm Jackie ein Armband ab, das Black Jack ihr zum Studienabschluß geschenkt hatte, und legte es in seine Hand. Danach wurde der geschlossene Sarg mit gelben Maßliebchen und Kornblumen bedeckt.

»Ich weinte«, erzählte Edie Beale, Jackies Kusine. »Beim Begräbnis brach ich zusammen. Sonst weinte niemand, auch Jackie nicht. Sie ließ sich nichts anmerken. Ich mag

Menschen nicht, die ihre Gefühle verbergen. In St. Patrick's vergoß sie keine einzige Träne — auch später nicht am Familiengrab in East Hampton, als wir ihn beerdigten.

Unter den Trauergästen befanden sich sieben oder acht einstige Flammen von Jack Bouvier. Sie waren nicht eingeladen worden, kamen aber aus eigenem Antrieb. Von Kopf bis Fuß schwarz gekleidet, saßen sie wie eine Familie in der letzten Kirchenbank. Eigentlich glichen sie eher einem Fanclub als einer Familie. Ich habe einige Frauen sagen hören, wenn man einmal mit Black Jack Bouvier zusammengewesen sei, könne einem kein anderer Mann genügen.«

11

Ein Leben für ein anderes. Am 27. November, vier Monate nach Jack Bouviers Tod, gebar Jacqueline Kennedy im New Yorker Cornell University Medical Center ein gesundes Mädchen. Caroline Bouvier Kennedy, mittels Kaiserschnitt zur Welt gebracht, sah ihrem Vater zufolge »so robust aus wie ein Sumo-Ringer«.

Caroline war drei Wochen alt, als Jackie sie in das Taufkleidchen hüllte, das sie selbst getragen hatte. An der Seite des strahlenden Vaters ging sie mit dem Baby in die St. Patrick's Cathedral, wo es vom Bostoner Kardinal Cushing getauft wurde.

Die Geburt Carolines stellte für ihre Eltern einen Triumph dar. Jackie war überglücklich, und nachdem John sich endlich die Schuld an den vorangegangenen Fehlschlägen seiner Frau gegeben hatte, fühlte er sich erleichtert und beruhigt. Die Ehe nahm einen merklichen Aufschwung.

Begleitet von Maud Shaw, einer winzigen, grauhaarigen britischen Amme, kehrten sie nach Washington zurück und bezogen ihr neues Haus in Georgetown. Dort hing nun ein Ölgemälde von Shreyer aus Jack Bouviers Nachlaß, das Araberpferde darstellt. Ansonsten hatte Jackie nicht viel von ihrem Vater geerbt. Etwa achtzigtausend Dollar, die es ihr aber immerhin ermöglichten, ein kostbares Weihnachtsgeschenk für ihren Mann zu kaufen – einen weißen Jaguar, den er viel zu protzig fand und prompt gegen einen Buick eintauschte.

Vielleicht zum erstenmal seit der Hochzeit fühlte sich Jakkie wohl in ihren vier Wänden, außerhalb der mächtigen Reichweite des Kennedy-Clans und weit genug von ihrer eigenen kritischen, dominierenden Mutter entfernt, um ein Identitätsgefühl und Unabhängigkeit zu entwickeln. Carolines Geburt hatte ihr Selbstvertrauen gestärkt, und sie sah nun ein, daß die Kennedys im öffentlichen Leben standen und daß sie lernen mußte, sich der Familie anzupassen, in die sie eingeheiratet hatte — selbst wenn sie weiterhin bestrebt war, zumindest einen Teil ihres Privatlebens zu retten.

»Sicher ist es nicht so einfach, mit einem vielbeschäftigten Politiker verheiratet zu sein«, erklärte sie einem Reporter. »Aber man denkt darüber nach, versucht die besten Möglichkeiten zu finden, das Haus in Schuß zu halten, so oft wie möglich mit dem Ehemann und den Kindern beisammen zu sein — und irgendwann hat man sich sehr gut an das alles angepaßt ... Am wichtigsten für eine erfolgreiche Ehe ist es, daß der Mann tut, was er am liebsten mag und was er am besten kann. Die Zufriedenheit der Frau stellt sich dann auch ein.«

In dieser Zeit posierte sie zusammen mit Lee für eine Modereportage, die 1957 in der Dezemberausgabe des *Ladies' Home Journal* erschien. In dem Artikel wurde Jackie — zu Johns Belustigung — folgendermaßen zitiert: »Ich habe keine Lust, mir viele Kleider zu kaufen und meine Schränke vollzustopfen. Ein Kostüm, ein gutes schwarzes Kleid mit Ärmeln und ein kurzes Abendkleid — das ist alles, was man auf Reisen braucht.«

Die Leserschaft des Magazins erfuhr nicht, daß Jackie und Lee darauf bestanden, die Kleider zu behalten, in denen sie fotografiert worden waren. Bruce Gould, der Herausgeber des *Ladies' Home Journal* erinnerte sich daran und meinte: »Beide Mädchen hatten nicht viel Geld, und sie zogen sich gern gut an. Jedenfalls hatten sie nicht genug, um sich so zu kleiden, wie sie's wollten ... Als Jackie First Lady wurde, machte ihr der Präsident die Hölle heiß, weil sie so viel für Kleider ausgab. Deshalb hat sie dann wahrscheinlich Onassis geheiratet. Sie war verrückt nach Kleidern und entschlossen, sie auf diese oder jene Weise zu bekommen.«

Nicht nur auf ihre Garderobe, auch auf die Einrichtung ihrer Häuser legte Jackie großen Wert. »Sie bricht mir noch das Genick«, klagte John laut George Smathers einmal über die hohen Kosten. »Wenn sie Kleider oder Möbel kaufte, versteckte sie die Rechnungen und versuchte, sie von ihrem monatlichen Taschengeld zu begleichen. Zunächst merkte

John nichts davon. Aber wenn sie nicht zahlen konnte, landeten die Rechnungen bei der Buchhaltung des Kennedy-Clans in der New Yorker Park Avenue. Die Familie beschäftigte ein ganzes Heer von Rechnungsprüfern, Buchführern und Steuerberatern, die ihre Finanzen kontrollierten. Eines Tages sah Joe Kennedy die Papiere durch und stellte fest, wieviel seine Kinder und deren Ehepartner ausgaben. An diesem Abend schrie er: ›Was zum Teufel wärt ihr ohne mich? Ihr habt keine Ahnung, wie schwierig es ist, Geld zu machen, und ihr wißt auch nichts vom Wert des Geldes.‹ Bald danach sagte Joe zu mir: ›John kennt sich vielleicht mit dem Staatshaushalt aus, aber von seinen eigenen Finanzen versteht er nichts. Es verblüfft mich, daß er sich so wenig für seine Vermögenslage interessiert ... Du bist sein Kumpel, und du bist Anwalt. Mach ihm das mal alles klar.‹ Und so ging ich mit John eine Stunde lang seine Finanzen durch und führte ihm vor Augen, daß er monatlich eine bestimmte Summe aus seinem Trust erhielt und seinen Ausgaben eine entsprechende Grenze setzen mußte. Aber das drang nicht richtig in sein Bewußtsein, und es schien ihn auch nicht sonderlich zu kümmern. Es passierte nichts weiter, als daß er mit Jackie wegen der Rechnungen zu streiten anfing. In dieser Hinsicht führten sie eine ganz durchschnittliche Ehe — sie gab Geld aus, und er kochte vor Wut.«

Ihre Freude am Geldausgeben und ihr Bedürfnis, ihr Privatleben nach außen hin abzuschirmen, blieben auch künftig zwei Haupteigenschaften Jackies. So war sie auch nur durch Johns Versprechen, daß dies eine Ausnahme sei und er zur Belohnung mit ihr nach Paris fahren werde, dazu zu bewegen, sich für *Life* mit ihrem Baby fotografieren zu lassen.

Bei der Kampagne für John F. Kennedys Wiederwahl zum Senator von Massachusetts spielte Jackie dann eine aktive Rolle — ein ausgezeichnetes Training für das, was noch auf sie zukommen sollte. Johns Bruder Ted fungierte als Wahlkampfleiter. Mit am Ruder stand auch Larry O'Brien, der Jackies Talente erkannte und sie in die Spielregeln der Politik einwies. »Sie bildete eine erfrischende Abwechslung zu der üblichen Kandidatengattin«, meint er, »weil sie nicht bei allem, was ihr vor die Augen kam, und bei jedem Lokalpolitiker, den sie kennenlernte, Begeisterung heuchelte. Das Publikum spürte das und war beeindruckt. Wenn Jackie ihren Mann zu Wahlveranstaltungen begleitete, versammelten sich doppelt so große Menschenmengen.« Eine große Hilfe war auch Jackies Fähigkeit, zu den ethnischen Minderheiten auf Französisch, Spanisch und Italienisch sprechen zu können.

Lem Billings meinte, Jackies besondere Stärke habe in der Fähigkeit gelegen, ihren Mann auf eine Art und Weise zu beraten, wie es seine Wahlhelfer nicht vermochten. »Die benahmen sich wie die Betreuer eines Boxers, die ihrem Schützling erklären, er liege um einige Punkte hinten oder vorn, und ihm das sagten, was ihn nach ihrer Meinung anspornte. Jackie konnte sich's leisten, objektiver zu sein und die Wahrheit zu sagen. Einer ihrer Vorzüge war ihre gute Menschenkenntnis. Einen Heuchler roch sie schon aus meilenweiter Entfernung, und sie fürchtete sich nicht davor, John zu sagen, man wolle ihn hereinlegen. Sie schwieg auch nicht, wenn sie glaubte, er mache einen Fehler. Einmal ließ er sich auf einen Streit mit einem bedeutenden europäischen Journalisten ein, was Jackie beendete, indem sie John unter dem Tisch einen Fußtritt versetzte.«

Bald lernte Jackie auch, wie wichtig es ist, sich Gesichter und Namen zu merken. Jacob Javits, der inzwischen verstorbene Senator von New York, traf Jackie 1958 bei einer Zweiparteienveranstaltung. »Früher oder später entwickeln die meisten Politiker diese Fähigkeit, aber Jackie brachte es darin zu einer besonderen Meisterschaft«, meint er. »Wenn sie jemanden nur ein einziges Mal traf, erinnerte sie sich für alle Zeiten an ihn. Natürlich spreche ich nicht von anonymen Hausfrauen in Warteschlangen bei Empfängen in Iowa, sondern von kleineren Beamten — Bürgermeistern, Gouverneuren oder Delegierten. Außerdem erschien sie mir ungewöhnlich höflich und distinguiert. Ich dachte mir, falls JFK Präsident werden will, würde ihm Jackie eine Menge Stimmen einbringen.«

Jackie selbst verhielt sich widersprüchlich gegenüber ihrer neuen Rolle. Anfang 1958 erklärte sie: »Politik liegt mir im Blut. Wenn John einmal einen anderen Beruf ergreifen sollte, würde mir die Politik fehlen. Etwas Aufregenderes kann ich mir gar nicht vorstellen — ständig befaßt man sich mit den allerletzten Neuigkeiten, kommt mit ungemein lebendigen Menschen zusammen und hat täglich mit Dingen zu tun, die einen wirklich interessieren ... Man gewöhnt sich an den Druck, der niemals nachläßt, und lernt damit zu leben wie ein Fisch im Wasser.«

Doch vor allem ihr gleichbleibendes Mißtrauen gegenüber der Presse dämpfte Jackies Begeisterung für den Wahlkampf. »Nichts stört mich so sehr wie Interviewer und Journalisten«, gestand sie Yusha Auchincloss. »Darin liegt das Problem, wenn man im Licht der Öffentlichkeit steht. Diese Klatschspalten-Publicity über das Privatleben der Prominenz habe ich schon immer gehaßt. Aber wenn man ein öffentliches Amt innehat, ist man das Eigentum jedes Steuerzahlers. Dann wird das ganze Leben von einem vor der Öffentlichkeit ausgebreitet.«

Mary Tierney, Reporterin beim *Boston Herald-Traveler*, berichtete über Jackie während zweier Wahlkampagnen — 1958, als John Kennedy für die Wiederwahl zum Senator kandidierte, und 1960, als er die Präsidentschaft anstrebte. Sie erkannte sofort Jackies Abneigung gegenüber der Presse. »Sie setzte dieses alberne Lächeln auf, das wie festgeklebt aussah. Ich hielt sie für ein Anhängsel der Kennedy-Familie. Sie war eine kleine Schauspielerin, aber völlig hilflos ohne ihren Text ... Wenn man ihr drei Fragen stellte, verlor sie schon die Fassung ... Auf richtige Interviews ließ sie sich nur ein, wenn sie die Kontrolle über alles hatte. Um ehrlich zu sein, ich fand sie dumm. Ich glaube, sie konnte kaum über etwas reden, über Politik am allerwenigsten ... Sie haßte Wahlkampagnen. ... Ich glaube, sie beteiligte sich nur daran, weil es von ihr erwartet wurde ... Ich erinnere mich, daß wir während der Wahlkampagne einmal alle zusammen nach Worcester fuhren. Es war kalt an jenem Tag, und Jackie wollte ihren Nerz tragen, aber John meinte, das sei unpassend. Worcester ist eine Arbeiterstadt. So zog sie einen blauen Tweedmantel an und schmollte während der ganzen Fahrt.«

Auf landesweiten Wahlkampfreisen schien sich Jackie wohler zu fühlen. Im Frühling 1958 begleitete sie John zu einer Versammlung der demokratischen Partei in Los Angeles. Joseph Cerrell, später Parteichef der Demokraten in Kalifornien, beschrieb die Wirkung von Jackies Auftritt: »Sie erregte großes Aufsehen, weil die Kalifornier zum erstenmal eine Frau sahen, deren Rocksaum über dem Knie endete. Ihr Glamour und ihre unkonventionelle Schönheit weckten allgemeines Interesse und entzückten die Medien, für die das Ehepaar zum Symbol für Jugend und Vitalität geworden war — zum Symbol eines neuen Zeitalters. Die beiden sahen viel eher wie Filmstars aus als die meisten Filmstars.«

Später meinte Jackie gegenüber Larry O'Brien, in ihrem ersten Wahlkampfjahr habe sie mehr über die Menschen gelernt als während ihres ganzen bisherigen Lebens. Am Ende des Wahlkampfes waren alle erschöpft, aber die gemeinsamen Anstrengungen hatten sich gelohnt. John Kennedy wurde abermals zum Senator von Massachusetts gewählt und überrundete seinen Gegner, einen Bostoner Anwalt namens Vincent Celeste, um über 874 000 Stimmen. Damit hatte er einen gigantischen Schritt in Richtung 1960 getan.

12

Die Neuigkeit von John F. Kennedys Absicht, für die Präsidentschaft zu kandidieren, verbreitete sich wie ein Lauffeuer. Zu Weihnachten besuchte er mit Jackie einen Ball im New Yorker Plaza Hotel, wo auch Nancy Tenney Coleman erschien, eine Nachbarin aus Hyannis Port. »Ich tanzte mit Charlie Bartlett«, berichtet sie, »und dabei erzählte er mir von Johns Plänen, Präsidentschaftskandidat zu werden. Ich konnte es nicht glauben und sagte: ›Charlie, du machst Witze. Er wird sich nicht als Kandidat aufstellen lassen.‹ Er erwiderte: ›Oh doch‹, und ich sagte: ›Nun, dann werde ich ihn selber fragen.‹ Er rief: ›Nancy, bitte nicht! Dann wird er wissen, daß du es von mir hast.‹ — ›Na und?‹ fragte ich. ›Ich bin eine alte Freundin von ihm. Wir sind zusammen am Cape aufgewachsen ... Er ist stets ein netter, normaler Mensch gewesen. Nie hätte ich geglaubt, daß er Präsident werden wollte.‹ Ich hielt ihn also auf der Tanzfläche an ... und sagte: ›Ken, jemand hat mir erzählt, du willst für die Präsidentschaft kandidieren. Ich glaub's nicht.‹ Er hatte eine Upmann-Zigarre im Mund, obwohl er tanzte. Er nahm sie heraus und erklärte: ›Ich werde nicht nur für die Präsidentschaft kandidieren, ich werde die Wahl gewinnen.‹ — ›Mein Gott, Ken‹, sagte ich, ›du wirst die Straßen von Hyannis Port ruinieren. Die Touristen werden wie die Trauben herumhängen. Die ganze Stadt wird sich verändern.‹ Und sobald er Präsident wurde, ist auch genau das passiert.«

Laut George Smathers wurde Johns Präsidentschaftskandidatur von Joe Kennedy minutiös durchorganisiert. »Er plante die ganze Kampagne ... ›Wir werden John verkaufen wie Cornflakes‹, prahlte er. ... Er wußte genau, wie man ein Konzept an den Mann bringt. Dabei kamen ihm die Erfahrungen zugute, die er in Hollywood und in der Filmindustrie gesammelt hatte ... Die ganze Kampagne von 1960 ging auf Joe Kennedy zurück, doch es gelang ihm, die Fäden vom Hintergrund aus zu ziehen. Wegen seiner Vergangenheit war er gezwungen, außerhalb des Rampenlichts zu agieren. Aber er war es, der die Kommandos gab, und in vielen von Johns Ideen war der Einfluß seines Vaters zu spüren.«

Anfang 1959 kam Frank Sinatra, der John F. Kennedy inzwischen sehr zugetan war, mit Peter Lawford nach Palm Beach, um mit den Kennedys die Vorbereitungen für den Wahlkampf zu planen. »Joe Kennedy leitete die Kampagne von einer Art dachlosen Hütte neben dem Swimming-pool aus«, erzählte Lawford. »Darin standen nur ein Liegestuhl und ein Telefon, ... das er benutzte, um eingeschüchterten Speichelleckern und Angestellten Befehle in die Ohren zu bellen. Merkwürdigerweise tat er das alles nackt. — Das war der Grund, warum er sich hinter diesen vier Wänden verschanzte. Und derselbe Mann machte mir Vorwürfe, als ich in Palm Beach barfüßig mit John Golf spielte.«

Bei Sinatras Besuch erläuterte Joe Kennedy, welche Rolle der Sänger bei der Kampagne spielen sollte. Natürlich wollte er dessen Publizität nutzen. Unter anderem sollte Sinatra Wahlgelder auftreiben und einen Wahlkampf-Song auf Platte aufnehmen. Man einigte sich auf den Titel ›High Hopes‹.

»Dann wandte sich Joe zu mir«, fuhr Lawford fort. »›Du mußt irgendwie dafür sorgen, daß deine Mutter den Mund hält‹, sagte er. ›Ihre öffentlichen Angriffe sind nicht gerade hilfreich.‹ Meine Mutter, Lady May Lawford, pflegte sich recht freimütig zu äußern, um es milde auszudrücken ... Mit Joe Kennedy war sie hoffnungslos verfeindet. Aber was konnte ich tun? ›Sie ist meine Mutter, Joe, ich kann die Frau nicht umbringen‹, entgegnete ich. ›Nein‹, bestätigte er, ›aber ich kann's ... Gib ihr Geld, dann wird sie den Mund halten. Wenn du's nicht tust, werde ich das übernehmen.‹

Offensichtlich kannte er meine Mutter nicht. Keine noch so hohe Summe konnte sie zum Schweigen bringen. Als John in Los Angeles um Stimmen für die Präsidentschaftswahl warb, mietete sie einen Elefanten, ritt auf ihm den

Wilshire Boulevard hinab und hielt ein Schild hoch, das die Leute aufforderte, Richard Nixon zu wählen.«

1959 und im ersten Halbjahr 1960, als sie wieder schwanger wurde, beteiligte sich auch Jackie an der Kampagne. Sie trat in zahlreichen Fernsehsendungen auf, gab Lunchpartys in ihrem Haus in Georgetown, besuchte Supermärkte und sprach über Lautsprecher zu den Kunden. Und sie begleitete John auf mehreren Reisen. Dabei benutzten sie ein Privatflugzeug, was ihnen immense Vorteile gegenüber den Konkurrenten verschaffte, die sich auf die oftmals unpünktlichen Fluglinien verlassen mußten.

»In diesem Wahlkampf gab es zwei Phasen«, erinnerte sich Larry O'Brien. »Zunächst mußten wir die Nominierung durch die Demokraten erreichen und dann Nixon schlagen. Der erste Teil fiel Jackie leichter, weil sie noch nicht schwanger war. Mittlerweile hatte sie genügend Reiseerfahrungen gesammelt und gelernt, von Fast-food und mit nur drei Kleidern aus dem Koffer zu leben — eins für vormittags, eins für nachmittags und eins für abends. Außerdem hatte sie einen Hut für die Kirche dabei. Ihr Schmuck bestand aus einer Perlenkette. Sie nahm auch ein Bügeleisen und ein Nähkästchen mit. Inzwischen hatte sie es gelernt, sich einen Weg durch die Menge zu bahnen, vor fünftausend brüllenden fremden Leuten ein Podest zu betreten und zehntausend Hände zu schütteln, ohne in Ohnmacht zu fallen.«

»Man wird dabei so müde, daß man sich schließlich dabei ertappt, wie man gleichzeitig lacht und weint«, notierte Jakkie. »Aber man reißt sich zusammen und hält durch. ... Nach einer Weile verschwimmt einem alles vor den Augen. In den Warteschlangen bei den Empfängen sehe ich nur noch Leute, keine Gesichter ... Die Frauen, die mich sehen wollen, sind genauso schüchtern wie ich. Manchmal stehen wir einfach nur da, lächeln uns an und sagen gar nichts.«

Im März 1960 mußte Jackie ihre erste große Bewährungsprobe bestehen. In Wisconsin focht Kennedy gegen Hubert Humphrey einen harten Kampf um die Präsidentschaftskandidatur aus. Da kam aus Washington die Nachricht, daß im Senat eine Abstimmung über bestimmte Bürgerrechte bevorstand, die er unmöglich versäumen konnte.

»Du fliegst nach Washington und gibst deine Stimme ab, John«, sagte Jackie. »Ich mache für dich weiter.« Und das tat sie auch. Begleitet von Ted Kennedy, reiste sie von einer Stadt zur anderen und hielt überall kurze Reden. In Marshfield erklärte sie bei einem Lunch im Charles Hotel vor fünfundsiebzig Leuten: »Ich weiß, wenn Sie meinen Mann unterstützen, wird er Ihr Vertrauen nicht enttäuschen. Während der letzten Jahre hat er im Senat im Ausschuß für Arbeiter und öffentliche Wohlfahrt gearbeitet und viel für die Arbeiter geleistet. Auch als Präsident würde er alles tun, was in seiner Macht steht.«

In Neillsville sagte sie in einer lokalen Rundfunksendung: »Vierzehn Jahre lang hat er seinem Land als Angehöriger der Navy und im Kongreß gedient. Der Wohlstand dieser Nation liegt ihm sehr am Herzen, und als Präsident wird er alles für ihre Zukunft tun.«

In Fairchild besuchte sie einen Kindergarten. Den Kindern erklärte sie, bei ihrem Anblick würde sie ihre Tochter Caroline vermissen, und den Lehrern und Eltern versicherte sie, die Hoffnung und Sorge ihres Mannes gelte der amerikanischen Jugend.

Die öffentlichen Reaktionen auf Jackies Bemühungen durchliefen die ganze Skala der Gefühle. Edmund Nix, der Bezirksstaatsanwalt vom Eau Claire County, erinnerte sich an eine überaus schlechte Presse, nachdem man beobachtet hatte, wie Jackie rauchend die Straße hinabgegangen war. Er persönlich fand, sie habe einen guten Eindruck gemacht und John würdig vertreten.

Frank Thompson, ein alter Freund JFKs, schilderte einen amüsanten Zwischenfall in Wisconsin. »Sie waren alle im Madison. Ivan Nestinger, der Bürgermeister, ... fuhr John an einem schrecklich kalten Tag in einem winzigen Auto herum. Jackie besuchte unterdessen am Stadtrand eine farbige Kirchengemeinde. Abends wurde sie von den anderen abgeholt und zwängte sich zwischen zwei Leute auf dem Rücksitz. John saß vorn und fragte: ›Wie ist es denn gelau-

Joseph Kennedy in Palm Springs mit der Schauspielerin Janet Leigh. Auch im hohen Alter war das Oberhaupt des Kennedy-Clans noch ein berüchtigter Schürzenjäger. *(AFP/dpa)*

Die Kennedy-Schwestern. Von links: Jean, Pat, Eunice und Ethel. Jakkie nannte sie wegen ihres polternden Auftretens die ›Rah-Rah-Girls‹. *(Associated Press/Bilderdienst Süddeutscher Verlag)*

John F. Kennedy und seine Mutter Rose 1962 am National Airport. *(Keystone Pressedienst)*

Die Kennedy-Brüder Robert, Edward und John F. *(Ullstein Bilderdienst)*

Hochzeitsbild von Jackie und John F. Kennedy, 1953. *(UPI/Bettmann Newsphotos)*

John und Jackie 1953 bei der Sichtung der Pressefotos von ihrer Hochzeit. *(Ullstein Bilderdienst)*

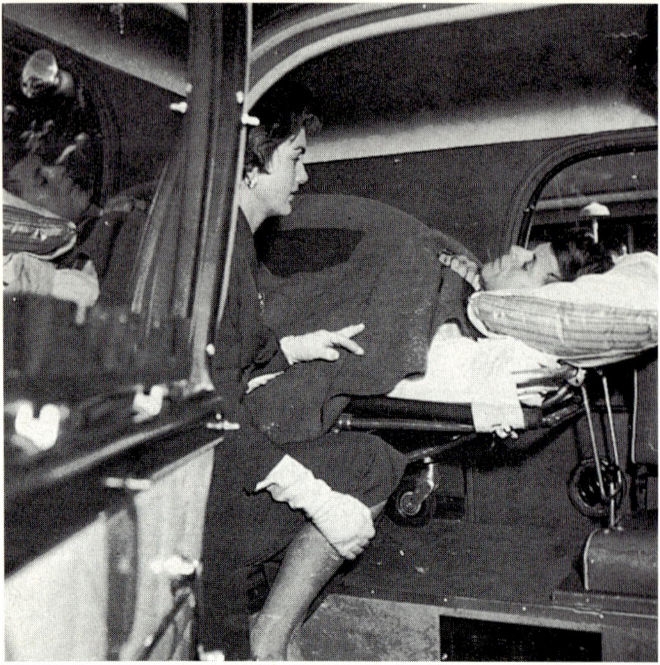

Jackie begleitet ihren Mann nach dessen schwerer Rückenoperation nach Palm Beach. *(UPI/Bettmann Newsphotos)*

Der Präsidentschaftskandidat John F. Kennedy bei seinem Werbefeldzug in New York 1960. Obwohl sie sich fürchtet, ihr Baby erneut zu verlieren, unterstützt ihn die schwangere Jackie. *(Ullstein Bilderdienst)*

John und Jackie werden kurz vor Kennedys Vereidigung vom Amtsvorgänger Eisenhower im Weißen Haus empfangen, 20. 1. 1961. *(dpa/ Ullstein Bilderdienst)*

Vereidigung John F. Kennedys zum 35. Präsidenten der USA. *(Ullstein Bilderdienst)*

John und Jackie 1961 in Paris bei Charles de Gaulle — ein Erfolg vor allem für Jackie. *(AGIP/Robert Cohen)*

Durch Jackie wurde das Weiße Haus zum Ort hochkarätiger Kulturveranstaltungen. Hier mit dem spanischen Cellisten Pablo Casals. *(John F. Kennedy Library)*

fen, Jackie?‹ Sie antwortete: ›Oh, sehr gut. Ich habe den tollsten Priester von der tollsten schwarzen Kirchengemeinde getroffen. Er hatte alle möglichen finanziellen Probleme, und ich dachte, es wäre doch nett, ihm zu helfen. Und so gab ich ihm zweihundert Dollar.‹ — ›Ja, das war nett‹, bestätigte John. Dann ... fügte er hinzu: ›Verdammt, das war doch nicht etwa mein Geld?‹«

Als die Ergebnisse der Vorwahlen in Wisconsin zeigten, daß John F. Kennedy seinen Konkurrenten Hubert Humphrey mit einem Vorsprung von 106 000 Stimmen aus dem Feld geschlagen hatte, sah es so aus, als sei dies zu einem großen Teil Jackie zu verdanken. Doch Jackie schrieb den Sieg der Tapferkeit und Überzeugungskraft ihres Mannes zu. Die Presse hingegen vertrat die Auffassung, Johns Wahlsieg sei zu einem großen Teil den katholischen Wählern Wisconsins zu verdanken. West Virginia, ein Staat mit einer protestantischen Mehrheit, würde den ernstzunehmenderen Test liefern.

Charles Peters, Herausgeber des *Washington Monthly*, war einer von JFKs Wahlhelfern in West Virginia. »Was mich am meisten überraschte, war die Art und Weise, wie die Leute auf Jackie reagierten«, berichtete er. »Aufgrund ihrer wachsenden Beliebtheit merkte ich, was in der amerikanischen Gesellschaft geschah. Statt sich mit der Frau zu identifizieren, die eine der ihren war — mit Muriel Humphrey, der Frau des Gegenkandidaten Hubert Humphrey —, identifizierten sie sich mit der Prinzessin. Man spürte einfach, daß sie Jackie wollten.

Bei ihrem Anblick lag ein verwunderter Ausdruck in den Augen der Menschen. Nach Eleanor Roosevelts, Bess Trumans und Mamie Eisenhowers hausbackenem Stil sehnten sie sich nach einem aristokratischen Image. Und die Kennedys schafften es großartig, dieses Image zu verbreiten. Ihre Wahlkampagne war bestens organisiert. JFK besaß ein subtiles politisches Gefühl, und Joe Kennedy war ein meisterhafter Hochstapler. Alle Kennedys hegten den heißen Wunsch, gesellschaftlich aufzusteigen, und sie begriffen, daß ihnen der gesellschaftliche Aufschwung auch in politischer Hinsicht weiterhelfen würde, erst in Massachusetts, dann landesweit. Ich glaube, John hatte Jackie vor allem deshalb geheiratet, weil sie ihm Klasse verlieh. Zumindest strahlte sie Klasse aus, denn im Grunde glich ihre Herkunft der seinen.«

Kennedys Sieg bei den Vorwahlen in West Virginia bildete einen Wendepunkt in seinem Wahlkampf. »In diesem Augenblick erkannten wir, daß wir alles gewinnen konnten«, sagte Charles Peters.

Die Kennedys und ihr Gefolge flogen nach Kanawha, West Virginia, um persönlich all jenen zu danken, die sie unterstützt hatten. Die Siegesfeier fand im Kanawha Hotel statt. Während der Champagner floß und Musik erklang, schlüpfte Jackie durch eine Hintertür hinaus, fand das Auto, das sie vom Flughafen hierhergebracht hatte, stieg in den Fond und saß allein und müde da, um auf die Rückreise nach Washington zu warten.

Ihr Mangel an Euphorie zeigte sich auch an anderen Orten entlang der Reiseroute. Clara Shirpser, politische Organisatorin in Kalifornien, beobachtete, daß Jackie anscheinend das Interesse an der Kampagne verloren hatte. »Beim großen Kennedy-Empfang im Fairmont Hotel in San Francisco standen die Leute in der Halle und bis zum Gehsteig hinaus Schlange, um John und Jackie die Hand zu schütteln ... Eine halbe Stunde verstrich, und Jackie war noch immer nicht erschienen. Ich stand in Johns Nähe, und alle fragten: ›Wo ist Jackie? Wo ist Jackie?‹ Da wandte ich mich zu John und sagte: ›Alle fragen nach Jackie. Wo steckt sie?‹ — ›Offenbar will sie nicht herunterkommen‹, erwiderte er, und ich meinte: ›Ich glaube, Sie sollten sie holen. Immerhin wollen Sie hier einen guten Eindruck machen.‹ — ›Würden Sie nach oben gehen und sie bitten, herunterzukommen?‹ schlug er vor. Ich sagte: ›Nein, auf mich würde sie nicht hören.‹ Da entgegnete er: ›Ich habe Neuigkeiten für Sie — auf mich auch nicht.‹ ... ›Dann schicken Sie bitte jemanden hinauf, auf den sie hört‹, drängte ich ihn ... Ich glaube, schließlich ging John selber hinauf. Jackie kam nach unten, aber in mürrischer Stimmung und ziemlich einsilbig. Wenn jemand etwas Nettes zu ihr sagte, antwortete sie brüsk: ›Danke‹, ›Nein‹ oder ›Ja‹. Sie war unhöflich und unfreundlich, die schwierigste Wahlkampfgattin, mit der ich je im Leben zu tun hatte. Jackie liebte nur die Privilegien, die sie genoß, nicht die Pflichten.«

An Jackie schieden sich die Geister. Sie hatte ebenso viele Anhänger wie Kritiker. Während manche Leute sie steif, förmlich und arrogant fanden, bewunderten andere ihren Charakter, ihre Haltung und ihr Auftreten. Einige Gegner warfen ihr vor, durch sie würden genauso viele Wählerstimmen verlorengehen wie durch ihren Mann gewonnen werden würden, aber ihre zahlreichen Fans betonten, Jackie spiele eine bedeutsame Rolle für den dramatischen Aufstieg ihres Mannes.

Wenn sie sich auch niemals direkt ins politische Getümmel stürzte, so schaffte sie es doch stets, ihre Anwesenheit spürbar zu machen. Sie half mit, ›The Women's Committee for New Frontiers‹ zu organisieren, das während des Wahlkampfs mehrmals zusammentrat, um über die Krankenversorgung alter Menschen, Arbeitslosigkeit und öffentliches Schulwesen zu diskutieren. Und sie schrieb ›Campaign Wife‹, eine wöchentliche Frauenkolumne, die der demokratische Nationalausschuß an verschiedene Zeitungen verteilte. Sie gewann den berühmten Kinderarzt Dr. Benjamin Spock und den Philosophen und protestantischen Theologen Reinhold Niebuhr für ihren Mann, dessen politische Ehre sie eifrig verteidigte. Der Journalist Peter Lisagor vergaß nie, wie sie reagierte, nachdem er JFK in die Mangel genommen hatte. »Als es vorbei war, schaute Jacqueline mich an, als wäre ich aus irgendeinem Loch gekrochen und hätte die Fersen ihres Mannes mit Giftzähnen attackiert.« Später kritisierte sie ihn scharf, weil er JFK diese ›völlig unmöglichen‹ Fragen gestellt hatte.

Jackies Beitrag für John F. Kennedys Wahlkampagne darf nicht unterschätzt werden. Stets fotogen, mysteriös, reserviert und unberechenbar, übte sie auf die amerikanische Psyche eine unbestreitbare Wirkung aus. Von ihr nahm man viel größere Notiz als von irgendeiner der anderen Kennedy-Frauen — vor allem, weil sie anders war. Sie war nicht das ›Mädchen von nebenan‹, das wußte sie, und sie versuchte auch nicht, sich als solches zu verkaufen. Sie trotzte allen politischen Traditionen, indem sie zugab, daß sie selten kochte und sich für Haushaltsangelegenheiten nicht besonders interessierte. Sie erklärte öffentlich, für Caroline würde eine Gouvernante sorgen und es gebe in ihrem Haus auch noch andere Angestellte. Jackie war erfrischend ehrlich. Zum Beispiel deutete sie an, daß sie ihren Mann in erster Linie deshalb auf seinen Wahlkampfreisen begleite, weil sie ihn sonst nie zu Gesicht bekäme. Sie sagte, es sei entnervend, morgens zum Frühstück nach unten zu gehen und ein Dutzend Männer in zerknitterten Anzügen am Tisch sitzen zu sehen, die Zigarren rauchten und Wahlkampfstrategien besprachen. Und sie gestand, sie würde Geld für Kleider ausgeben — nicht dreißigtausend Dollar im Jahr, wie von der Zeitschrift *Women's Wear Daily* behauptet wurde. »Soviel könnte ich gar nicht ausgeben, es sei denn, ich würde Unterwäsche aus Zobel tragen.« Aber sie erzählte, sie habe mehrere Modelle von Hubert de Givenchy und Balenciaga gekauft und noch andere europäische Couturiers besucht. Nicht nur in ihrem Verhalten, auch in ihrer äußeren Erscheinung unterschied sie sich von der Norm, der Frauen wie Muriel Humphrey oder Pat Nixon weit mehr entsprachen.

13

Je näher JFK der Präsidentschaft zu rücken schien, desto begieriger hielt er nach Frauen Ausschau. In den Kennedy-Akten des FBI wird auf ›zwei Stewardessen‹ hingewiesen, »die das Subjekt regelmäßig in Kalifornien trifft«, außerdem auf die ›Kennedy-Sinatra-Connection‹. »Kennedy und Sinatra waren vor kurzem auf Partys in Palm Springs, Las Vegas und New York City. Im Zusammenhang mit der Kennedy-Sinatra-Information besitzt das Magazin *Confidential* angeblich eidesstattliche Aussagen von zwei Mulattinnen, die in New York als Prostituierte arbeiten.« Aus diesen Unterlagen geht auch hervor, daß Kennedy 1957 und 1958 mehrere Reisen nach Havanna unternahm, um Flo Pritchett Smith zu besuchen, die Frau des Earl E. T. Smith, des amerikanischen Botschafters in Kuba unter Eisenhower. Andere Begegnungen zwischen Flo und John während dieser Phase fanden offenbar in Miami und Palm Beach statt.

Im September 1958 nahmen JFK und George Smathers an einer Party in der italienischen Botschaft in Washington teil. Auch Sophia Loren zählte zu den Gästen. Jackie war nicht in der Stadt, und Sophia schien allein zu sein. John interessierte sich für sie. Statt selber auf die Schauspielerin zuzugehen, wartete er im Patio und schickte Smathers vor. Smathers spielte seinen ganzen Charme aus und erklärte Sophia in seinem sanften, gedehnten Südstaatenakzent, sein Freund, Senator Kennedy, der künftige Präsident von Amerika, würde sich freuen, wenn er sie in seinem Haus in Georgetown zu einem späten Abendessen erwarten dürfe. Der Champagner sei bereits kaltgestellt, fügte er hinzu.

Ein anderer Gast, die Reporterin Maxine Cheshire, stand zufällig neben Sophia Loren und hörte, wie die Schauspielerin höflich, aber entschieden ablehnte. Da Sophias Englisch damals noch mangelhaft war, glaubte Smathers, sie habe ihn nicht verstanden, und brachte sein Anliegen noch einmal vor. Wieder lehnte sie ab.

Maxine Cheshire beobachtete, wie Kennedy draußen im Patio ungeduldig auf den Zehen wippte. Ein ›Nein‹ akzeptierte er nicht, und so schickte er seinen Freund noch einmal zu Sophia. Sie wandte sich zu der Reporterin, als wollte sie diese bitten, ihr zu helfen und Smathers klarzumachen, daß sie sich weder für ihn noch für seinen Freund interessiere. Smathers, der Maxine Cheshire nie zuvor gesehen hatte, hielt sie für eine Art Anstandsdame oder Dolmetscherin, die den Star während des Aufenthalts in Washington begleitete. Er lächelte Sophia an und schlug vor: »Verdammt, dann bringen Sie eben Ihre Freundin mit, und wir treiben's zu viert.«

Auch der Schauspielerin Jean Simmons gelang es, Kennedy auszuweichen. Ihr früherer Ehemann, Stewart Granger, schreibt in seiner Autobiographie, sie sei von Dreharbeiten in Boston zurückgekommen. »Sie erzählte mir von diesem höchst attraktiven Senator, der sie mit Blumen umworben und dann beinahe ihre Schlafzimmertür aufgebrochen habe.« Jean fügte hinzu: »Er lächelte so nett, daß ich ihn fast hereingelassen hätte.« Erbost fragte Granger, ob sie seinen Namen wisse. »Ja, er ist ein sehr bedeutender Senator und heißt John F. Kennedy.« Granger: »Ich hatte noch nie von ihm gehört.«

Etwas mehr Glück hatte John bei Pamela Turnure, einer einundzwanzigjährigen Debütantin aus Georgetown, die Jackie sehr ähnlich sah, genauso arrogant wirkte und auch so sprach wie Jackie. Pam wurde seine Sekretärin und nahm später an der Wahlkampagne teil. Ihre häufigen nächtlichen Zusammenkünfte mit JFK empörten ihre Vermieter in Georgetown, ein streng katholisches Ehepaar, Leonard und Florence Kater. Die beiden stellten an mehreren strategischen Stellen Tonbandgeräte auf, auch in einem Entlüftungsschacht im Keller, der bis zu Pams Schlafzimmer im ersten Stock hinaufreichte. Die Ergebnisse waren ebenso eindeutig wie die Fotos, die am 11. Juli 1958 entstanden und Kennedy beim Verlassen von Pams Apartment zeigen. Abzüge dieser Schnappschüsse landeten nicht nur beim FBI, sondern auch in den Redaktionen von Zeitungen und Zeitschriften sowie bei Fernsehsendern. Mit einer Ausnahme — im *Washington Star* erschien ein kurzer Artikel — wurden die Katers ignoriert. J. Edgar Hoover fügte die Fotos der bereits recht umfangreichen John-F.-Kennedy-Akte bei, weigerte sich aber, mit dem Ehepaar zu sprechen.

Die Katers tauchten bei JFKs Wahlkampfveranstaltungen auf und hielten Schilder hoch, um den Kandidaten als Ehebrecher zu brandmarken. Sie folgten ihm sogar nach Independence, Missouri, wo er den Expräsidenten Harry S. Truman besuchte, telefonierten mit Joe Kennedy, der ihre Klagen brüsk zurückwies, und fuhren nach Boston, um Kardinal Richard Cushing aufzusuchen. Als das alles nichts nützte, postierte sich Mr. Kater demonstrativ vor dem Weißen Haus.

Pam Turnure hatte ihr Apartment im Haus der Katers längst geräumt und sich auf John F. Kennedys Empfehlung hin bei Mary Meyer einquartiert, die ebenfalls in Georgetown lebte. Mary war freischaffende Malerin. Als Vassar-Absolventin war Mary mit Jackie Kennedy befreundet und ging vormittags oft mit ihr in Washington spazieren, bevor Jackie zur First Lady wurde.

»Unwissentlich wurde Mary Meyer in ein Intrigennetz hineingezogen«, berichtete James T. Angleton, CIA-Beamter für geheime Operationen und Vertrauter Marys. »Pam Turnure wohnte bei ihr und traf sich heimlich mit John Kennedy. Mary wußte von der Beziehung, war aber auch mit Jackie Kennedy befreundet. Als die Kennedys ins Weiße Haus zogen, schlug JFK vor, Pam solle die Pressesekretärin seiner Frau werden. ›Wozu brauche ich eine Pressesekretärin?‹ fragte Jackie. Pam war in der Pressearbeit unerfahren. Aber Jackie gab schließlich nach, weil sie erkannte, daß sie Pam auf diese Weise im Auge behalten konnte. Womit sie allerdings nicht gerechnet hatte war, daß John Pam fallenließ und ein Verhältnis mit Mary Meyer anfing.«

Deirdre Henderson, eine weitere attraktive junge Frau in Kennedys Wahlkampfteam, wußte nicht, ob sie beleidigt oder erleichtert sein sollte, daß sich ihr Arbeitgeber nicht an sie heranmachte. »In meiner Gegenwart benahm sich Kennedy immer wie der perfekte Gentleman«, erinnerte sie sich. »Niemals trat er mir zu nahe. Aber während der Kampagne tat er etwas, das mich überraschte. Er erfuhr, daß einer seiner Spitzenwahlhelfer, ein verheirateter Mann, eine Affäre mit einer jungen Teamgefährtin hatte, und das störte ihn aus irgendwelchen Gründen. Er rief den Wahlhelfer an und machte ihm Vorwürfe. Angesichts von Kennedys Privatleben und seinem Ruf fand ich das bizarr.«

Während der Kampagne vor der Präsidentenwahl wurden die meisten Reisebegleiterinnen JFKs aus dem ständig wechselnden Pool gewählt, der in seinem Lager ›die Kennedy-Girls‹ genannt wurde — Models, Hostessen und College-Cheerleaders, in allen Städten, Countys und Staaten von den Wahlhelfern rekrutiert, um dem Wettrennen zusätzlichen Glanz zu verleihen. Janet DesRosiers, Stewardeß an Bord des Privatflugzeugs *Caroline,* vertritt die Ansicht, diese Flirts wären erheblich reduziert worden, hätte Jackie ihren Mann öfter auf seinen Reisen begleitet. »Der Wahlkampf machte ihr keinen Spaß. Sie fand das Tempo zu hektisch, und sie kam nicht gern mit Krethi und Plethi in Berührung. Wenn sie mitkam, ... war sie sehr reserviert. Ich finde, John hätte sie ermutigen müssen. Sie repräsentierte einen wichtigen Teil der Kennedy-Image-Maschinerie, und es beunruhigte ihn sicher, daß sie ihn nicht öfter begleitete oder keinen größeren Enthusiasmus zeigte, wenn sie dabei war. Eine meiner Funktionen an Bord, die ihr sicher mißfielen, bestand darin, Johns Hals und Schultern täglich zu massieren. Wenn man jemanden massiert, nehmen die Leute automatisch an, daß da was läuft. Aber irgendwer mußte es schließlich machen. Er arbeitete sich halb krank, ... hielt täglich dreißig Reden, an sieben Tagen pro Woche. ... Die Massagen linderten seine Rückenprobleme.«

Wegen der vielen Reden, die er halten mußte, hatte JFK auch Probleme mit seiner Stimme, und so hatten die Ärzte

Janet DesRosiers angewiesen, dafür zu sorgen, daß er an Bord des Flugzeugs nicht sprach. Deshalb gab sie ihm Block und Stift, sobald er ihr etwas mitteilen wollte. Janet DesRosiers hob diese Mitteilungen JFKs für die Nachwelt auf. Sie dokumentieren die Rolle, die seine sexuellen Abenteuer in seinem Leben spielten. Zum Beispiel schrieb er: »Ich glaube, wenn ich (die Wahl) gewinne, muß ich mein Lotterleben aufgeben.« Oder: »Ich nehme an, die werden mit irgendwas zuschlagen, ehe wir fertig sind.« Offensichtlich erwartete er, das Nixon-Lager werde seine außerehelichen Abenteuer gegen ihn verwenden. Einmal schrieb er kühl auf die Rückseite eines Kuverts: »Ich war in der Blondine.«

So voll JFKs Terminkalender auch sein mochte — für Frank Sinatra fand er immer Zeit. Am 7. Februar 1960 flog er von Texas nach Oregon und entschloß sich zu einem kleinen Umweg über Las Vegas, wo Sinatra gerade im Sands Hotel auftrat. Der Sänger hatte damals eine stürmische Affäre mit Judith Campbell Exner — als Hollywood-Schauspielerin erfolglos, aber als Partygirl um so erfolgreicher — und gab sie an Kennedy weiter, der am nächsten Tag mit ihr im Patio von Sinatras Hotelsuite dinierte. Ihre sexuelle Beziehung begann aber erst am 7. März im New Yorker Plaza Hotel und dauerte bis Mitte 1962. Kennedy überschüttete Judith Exner mit Geschenken. In den Unterlagen des Weißen Hauses sind zahllose Telefonate zwischen den beiden verzeichnet, die in den ersten achtzehn Monaten von Kennedys Amtszeit geführt wurden.

Der heikelste Aspekt dieser Affäre war Judith Exners Kontakt zur Mafia, insbesondere zu Leuten wie dem Chicagoer Boß Sam Giancana und seinem Stellvertreter in Kalifornien, John Roselli. Beide wurden später zusammen mit dem Mafia-Chef von Florida, Santo Trafficante, vom CIA für ein schlecht getarntes Komplott rekrutiert, bei dem man den kubanischen Diktator Fidel Castro ermorden und gleichzeitig Präsident Kennedy kompromittieren wollte. Um aus ihrer Beziehung zu JFK Kapital zu schlagen, schrieb Judith Exner 1977 unter dem Titel ›*My Story*‹ ein Buch, in dem sie ihre Freundschaften mit Kennedy und Giancana (auch ihm wurde sie von Sinatra vorgestellt) schildert. Sie erklärt, Giancana sei ihr hauptsächlicher Wohltäter gewesen und habe ihre Miete gezahlt und ihr wertvolle Geschenke gemacht. Doch sie vermutet, daß sie gleichzeitig von ihm benutzt wurde, »weil ich das Mädchen des Präsidenten war«.

Ihre nächste Version erschien 1988 im Magazin *People,* für das sie von Kitty Kelley interviewt wurde. Das einstige Partygirl, ›das nun an Krebs stirbt‹, gibt zu, nicht nur in ihrem Buch, sondern auch 1975 vor einem Ausschuß des Senatsgeheimdienstes gelogen zu haben, der den gescheiterten Anschlag auf Castro untersuchte. Judith Exner erklärt, sie habe JFK nicht nur ›sexuell gedient‹, sondern auch als sein persönlicher Nachrichtenkurier zwischen ihm und Giancana sowie Roselli fungiert. Laut Judith Exners Aussage ging es dabei um die Intervention der Mafia bei den Vorwahlen in West Virginia und später um das Komplott gegen Castro. Sie behauptet auch, sie habe mehrere Begegnungen zwischen Kennedy und Giancana arrangiert und sei bei mindestens einer dabeigewesen.

Trotz zahlloser Widersprüche in ihren Äußerungen bleibt die Tatsache bestehen, daß sie während ihrer Affäre mit Kennedy Verbindung zur Mafia hatte und daß er sich, obwohl er dies wußte, weiterhin mit ihr traf. Aus FBI-Dokumenten und -Tonbändern geht hervor, daß JFK direkte Kontakte mit Mafiosi wie Meyer Lansky und Joe Fischetti hatte und wahrscheinlich in Texas, Illinois und West Virginia politische Vorteile aus dem Geld und der Macht des organisierten Verbrechens zog.

»Judith Exner schmeichelte sich gern«, meint Peter Lawford. »Sie begann zu glauben, sie bedeute John etwas ... Aber er war nicht der Typ, der Sex mit Liebe verwechselte, nicht einmal bei einer so glamourösen und berühmten Frau wie Marilyn Monroe.«

1957 lernten sich John und Marilyn in Peter und Pat Lawfords Haus kennen. Aber sie sahen sich nur selten, bis JFK es 1959 so einrichtete, daß er in Palm Springs mehrere ungestörte Tage mit ihr verbringen konnte. Damals begann die Affäre.

Peter Lawford wußte von Anfang an, welche Gefahren, aber auch, welche Vorzüge diese Beziehung mit sich bringen konnte. So wie sich manche Produkte besser verkaufen ließen, wenn Stars dafür warben, konnte sich der Kontakt zu Marylin günstig auf Kennedys Wahlkampf auswirken — und umgekehrt auch auf Marilyns Zukunft. Natürlich konnte schwerer Schaden entstehen, wenn die Liaison allgemein bekannt wurde. Niemand würde einen Mann zum Präsidenten wählen, der erwiesenermaßen seine Frau betrog und seine Familie erniedrigte. JFKs Wahlhelfer machten sich große Sorgen, vor allem, als sie erfuhren, daß Marilyn beabsichtigte, ihn 1960 zum Nationalkonvent der Demokraten nach Los Angeles zu begleiten, und Jackie in Hyannis Port blieb.

Abgesehen von der Wahl von Lyndon Baines Johnson zum Vizepräsidentschaftskandidaten bot John F. Kennedys Sieg bei der Abstimmung in Los Angeles nur wenige Überraschungen. Jackie war wie erwartet in Hyannis Port geblieben und verfolgte die Ereignisse vor einem kleinen Fernsehapparat — erleichtert, weil sie sich die Hektik und das Chaos des Konvents, den sie vier Jahre zuvor miterlebt hatte, ersparen konnte. Sie telefonierte täglich mit ihrer Schwester Lee, die den Konvent in Begleitung des Fürsten Stanislas ›Stas‹ Radziwill besuchte. Im März 1959 hatte sie den zwanzig Jahre älteren gebürtigen Polen geheiratet. 1946 nach England emigriert, war er ins Bau- und Immobiliengeschäft eingestiegen. Wie alle Mitglieder der Kennedy-Familie war auch er als Wahlhelfer rekrutiert worden und hielt zahlreiche Reden für JFK.

Joe Cerrell, der kalifornische Parteichef der Demokraten, berichtete, Frank Sinatra sei »hinter den Kulissen äußerst eifrig« gewesen und habe, um Geld für den Wahlkampf aufzubringen, ein Dinner im Beverly Hilton organisiert. Es erschienen etwa dreitausend JFK-Anhänger, darunter die Hollywoodstars Janet Leigh, Tony Curtis, Angie Dickinson, Milton Berle, George Jessel, Rhonda Fleming, Judy Garland und die ganze ›Rattenbande‹. John saß neben Judy Garland am Kopfende der Tafel, Sinatra am Ende mit den anderen demokratischen Kandidaten — Adlai Stevenson, Stuart Symington und Lyndon B. Johnson.

Sinatra und die ›Rattenbande‹ traten während des gesamten Konvents massiv in Erscheinung — zur Eröffnung am 11. Juli mit einer verjazzten Wiedergabe der Nationalhymne, in den Sportstadien, um unentschlossene Delegierte zu beeinflussen, und bei einer von Joe Kennedy arrangierten Cocktailparty fungierten Sinatra und Peter Lawford abwechselnd als Barkeeper.

»Während dieser ereignisreichen Woche herrschte in L.A. eine euphorische, überschwengliche Atmosphäre«, berichtete Peter Lawford. »Die Ära Eisenhower hatte landesweit wie ein gewaltiges Schlafmittel gewirkt. Endlich hatten die Demokraten einen Kandidaten, der dem amerikanischen Blutkreislauf ein bißchen Schwung und Idealismus einimpfen konnte.«

Die Einwände, John F. Kennedy sei zu jung, zu katholisch (»Er war so ein *schlechter* Katholik«, teilte Jackie dem Kolumnisten Arthur Krock mit), zu reich und zu krank, wurden noch lange nach seiner Nominierung erhoben. Lyndon B. Johnson murrte, er werde »sich nicht von einem dreiundvierzigjährigen Jungen herumschubsen lassen« und Eisenhower nannte JFK einen »jungen Burschen«. Es wurde versucht, Johns Krankenkartei aus der Praxis von Dr. Travell in New York zu stehlen. Außerdem verbreitete das Johnson-Lager das Gerücht, JFK leide trotz seiner Jugend an einer mysteriösen Krankheit (der Addisonschen), die ihn möglicherweise daran hindern werde, auch nur eine Amtsperiode zu vollenden.

Betty Carson Hickman, Mitglied von Johnsons Senatsstab, berichtete, sämtliche Delegierten seien »von der Kennedy-Gruppe mit allem versorgt worden, was sie sich zu ihrer Unterhaltung wünschten, inklusive Alkohol und Frauen, die zu ihnen ins Zimmer geschickt wurden. Man spürte, daß Joe Kennedy den Wahlkampf für John gekauft hatte. Ich glaube, alle sahen das so.«

Kennedys Affären wurden weder von der Presse noch von seinen politischen Gegnern erwähnt. Wie Betty Carson

Hickman erklärte, »gab es in Washington eine Art Gentleman's Agreement — du redest nicht über mein Privatleben, und ich rede nicht über deines ... Ich bin froh, daß jetzt alles ans Licht kommt. Nicht um der Verstorbenen willen — ihrer Kinder wegen tut es mir leid, daß das jetzt alles bekannt wird. Aber ich glaube, unsere Politiker merken jetzt, daß sie ein saubereres Leben führen und die Moral etwas höher halten müssen.«

Während des restlichen Konvents verbrachte Kennedy seine knappe Freizeit mit Marilyn Monroe, deren Ehe mit dem Dramatiker Arthur Miller bald geschieden werden sollte. Kurz zuvor hatte sie eine von den Medien aufmerksam verfolgte Affäre mit Yves Montand gehabt, ihrem Partner in dem Film *Let's Make Love.* Zu ihrer bitteren Enttäuschung hatte er die Beziehung zu ihr beendet, weil er seine Frau Simone Signoret nicht verlassen wollte. Nun hoffte sie auf John F. Kennedy.

Am zweiten Abend des Konvents traf sich Marilyn mit JFK zum Dinner im Puccini's, einem Restaurant, das Frank Sinatra und einigen stillen Teilhabern gehörte. Peter Lawford und Ken O'Donnell waren mit von der Partie.

»Von all den Frauen war Marilyn vielleicht die beste für ihn«, meint Lawford. »Sie paßten gut zusammen. Beide hatten Charisma und Humor. Marilyn sagte an jenem Abend, Johns Auftritte seien ›sehr demokratisch‹ und ›sehr penetrant‹. Sie sprach auch den wundervollen Satz aus: ›Ich glaube, ich habe seine Rückenbeschwerden gelindert.‹ John liebte es, sie zu berühren und zu umarmen. Er berührte sie gerade unter dem Tisch, als sein Gesicht plötzlich einen verwirrten Ausdruck annahm. Später erzählte Marilyn, er habe seine Hand unter ihr Kleid geschoben und festgestellt, daß sie keine Unterwäsche trug.«

Marilyn gehörte zu den hunderttausend Leuten, die sich am 15. Juli im Coliseum von Los Angeles drängten, wo Kennedy eine flammende Rede hielt. An diesem Abend besuchte sie eine Nacktparty bei den Lawfords, und am nächsten Tag erschien sie bei der Siegesfeier, die Joe Kennedy für seinen Sohn im Romanoff's veranstaltete.

Dort herrschten, wie George Smathers berichtet, »gemischte Gefühle. Die Mitglieder des Kennedy-Lagers fühlten sich verraten, weil JFK Lyndon B. Johnson zum Mitstreiter erkoren hatte. Ohne Johnson hätte John die Wahl nie gewonnen, aber seine Leute kritisierten LBJ gnadenlos. Das hing großenteils damit zusammen, daß er aus Texas stammte ... LBJ wirkte wie der Prototyp des Texaners — groß, laut, aufdringlich, borniert, penetrant, vulgär und kämpferisch. Seine positiven Seiten erkannte niemand aus der Kennedy-Familie und keiner seiner Nachfolger. Er besaß eine bemerkenswerte Energie, einen scharfen analytischen Geist, einen seltenen Sinn für Komik ... und war bestrebt, das Leben der breiten Masse zu verbessern.«

Nachdem John F. Kennedy noch einen Tag in Los Angeles verbracht hatte, um mit Marilyn zusammen zu sein, flog er am 17. Juli nach Boston, begrüßte am Logan Airport dreizehntausend Anhänger, stieg in eine andere Maschine um und reiste weiter nach Cape Cod.

Mit ihrer fünfzehnjährigen Halbschwester Janet Auchincloss und Larry Newman, einem Nachbarn aus Hyannis Port, fuhr Jackie zum Flughafen und traf rechtzeitig vor Johns Ankunft ein. Als die Maschine gelandet war, ging Jakkie rasch an Bord und erschien dann in der offenen Tür, ihren Mann hinter sich. Die jubelnde Menge stemmte sich gegen die Absperrung der Polizei, die Fotografen zückten ihre Kameras, und Kennedy ließ Jackie stehen und ging zum Zaun und schüttelte Hände. Newman fuhr Jackie wieder nach Hause.

In New York besuchte Jackie Truman Capote und sagte zu ihm: »Gott sei Dank, ich bin schwanger. Nun muß ich nicht zu den gräßlichen Dinnerpartys mit all diesen Hühnern gehen.«

Capote bestätigte, sie habe nicht erneut am Wahlkampf teilnehmen wollen. »Sie fühlte, daß sie ihren Beitrag geleistet und Kennedy geholfen hatte, die Nominierung durch die Demokraten zu erreichen. Nun sollte er zusammen mit Lyndon B. Johnson die republikanischen Kandidaten Richard Milhous Nixon und Henry Cabot Lodge Jr. aus eigener Kraft besiegen.«

Lem Billings besuchte die Kennedys in Hyannis Port und vermittelte in einem Streit zwischen John und Jackie über deren künftige Rolle im Wahlkampf. »John sagte ihr, Pat Nixon würde hinter ihrem Mann stehen, und wenn sie nicht dasselbe täte, könne er unmöglich gewinnen. Sie brauche nur zu lächeln und von Caroline zu erzählen.«

In dieser Phase des Rennens war Jackie anscheinend nur bereit, daheim die Gastgeberin zu spielen, und auch dies tat sie ohne große Begeisterung. Ein Besuch der Johnsons bei den Kennedys in Hyannis Port gab Betty Carson Hickman, die den Vizepräsidentschaftskandidaten und seine Frau begleitete, zu denken. »John Kennedy hätte gar nicht liebenswürdiger sein können. Drei- oder viermal kam er zu mir und fragte: ›Betty, möchten Sie noch Kaffee? Kann ich sonst was für Sie tun?‹ Zu allen war er sehr höflich. Aber Jacqueline sprach nicht einmal mit Lady Bird. Sie nahm kaum zur Kenntnis, daß wir im Zimmer waren ... und verschwand in einem anderen Teil des Hauses ... Für mich benahm sie sich nicht wie eine Dame. Das beunruhigte mich, und ich fürchtete, die Johnsons würden nicht mit dem Respekt behandelt werden, den sie verdienten.«

Es waren der Kolumnist Joe Alsop und Joan Braden, die Frau des liberalen kalifornischen Verlegers Tom Braden, die Jackie zur Rückkehr ins Wahlkampfteam bewogen. Alsop besuchte sie in Hyannis Port und traf sie im Zustand höchster Erregung an. Nicht nur die Schwangerschaft bereitete ihr Sorgen, sondern auch die Angriffe der Presse, die es nicht dulden wollte, daß Jackie sich ihr in ein abgeschirmtes Privatrefugium entzog. Jackie hatte Bedenken, First Lady zu werden. Die persönlichen Fragen, die ihr von Reportern gestellt wurden, entsetzten sie ebenso wie die Fotografen, »die mit ihren Blitzlichtern Jagd auf die arme kleine Caroline machen und sie in eine gräßliche kleine Shirley Temple verwandeln wollen«. Ebenso bitter beschwerte sie sich über die Kennedy-Schwestern. »Sie beten John an und würden alles tun, um ihre Namen gedruckt zu sehen.«

Alsop machte ihr klar, daß sie die Neugier der Presse um so stärker auf sich zog, je mehr sie sich ihr verweigerte. Er sagte, sie habe keinen Respekt vor der Macht — wahrscheinlich, weil sie ihr durch die Heirat mit Kennedy so plötzlich zuteil geworden sei, ohne daß sie dafür hätte kämpfen müssen. Aber falls alles klappen sollte, würde sie die Macht begrüßen und hoffentlich für Dinge nutzen, die sie wichtig finde.

Joan Braden, von Alsop mit den Kennedys bekannt gemacht, spielte eine direktere, praktischere Rolle bei Jackies Wiedererwachen. »Ich konnte sie nur überzeugen, weil wir beide im gleichen Stadium schwanger waren. Der Unterschied bestand nur darin, daß sie zwei Babys verloren hatte und ich nicht. Deshalb war es notwendig, die Grenzen ihrer Belastbarkeit nicht zu überschreiten ... Ich plante Jackies Einsätze in der zweiten Wahlkampfphase nicht nur, ich half ihr auch, sie durchzuführen. Zum Beispiel entschied ich, in welchen Fernsehsendungen sie auftreten sollte, und ich begleitete sie in die Studios ... Wenn sie sich weigerte, mit der Presse zu reden, was mehrmals geschah, kamen die Reporter zu mir ... Während der Kampagne gestand Jackie mir öfter, sie habe Angst, ihr Baby zu verlieren. Sie hatte John bei sehr schlechtem Wetter zu Veranstaltungen in Delaware und Maine begleitet. Ich dachte, es würde nicht so viel ausmachen, wenn sie den einen oder anderen Staat ausließ. Johns Wahlhelfer betrachteten New York jedoch als Angelpunkt und wünschten, daß sie diese Reise noch mitmachte. Sie stand unter ungeheurem Druck. Ich sagte ihr, sie solle nicht hinfliegen. Auch ihr Frauenarzt, Dr. John Walsh, riet davon ab, aber Jackie sagte: ›Wenn ich nicht mitkomme und John die Wahl verliert, würde ich mir das niemals verzeihen.‹ Und so trat sie die Reise an ... Der Höhepunkt der Kampagne war für Jackie die Konfettiparade durch den New Yorker Finanzdistrikt. Sie hockte mit John auf dem Heck eines offenen Autos und verspürte gleichermaßen Furcht und Freude, als sich die gewaltige Menge herandrängte und dem Wagen den Weg versperrte. Die Wall Street erinnerte Jackie an ihren Vater. Später sagte sie, er wäre stolz gewesen, wenn er sie in diesem Augenblick hätte sehen können.«

Für John F. Kennedy konnten nur die vier einstündigen Fernsehdebatten mit Richard Nixon im September und Oktober 1960 die Höhepunkte des Wahlkampfs bilden. Solche Debatten sind seit den Zeiten von Lincoln und Douglas zur politischen Tradition in den USA geworden. Dies war nun das erste Mal, daß sie vom Fernsehen übertragen wurden. In einem so knappen Kopf-an-Kopf-Rennen entschieden die Debatten über Sieg oder Niederlage.

Langdon Marvin begleitete Kennedy am 26. September zur ersten Debatte nach Chicago und berichtete später: »Wir kamen gerade aus New Orleans, wo John mit der Stripperin Blaze Starr in den Wandschrank einer Hotelsuite gestiegen war, um sie zwanzig Minuten lang zu lieben, während ihr Verlobter, Gouverneur Earl Long, im Nebenraum eine Party gab. Im Schrank fand Jack auch noch Zeit, Blaze zu erzählen, Präsident Warren G. Harding habe dasselbe mit seiner Geliebten Nan Britton in einem Schrank des Weißen Hauses gemacht. Am Abend vor der Debatte fragte er mich: ›Stehen schon irgendwelche Mädchen für morgen Schlange?‹ Und so arrangierte ich, daß er in einem Zimmer des Palmer House von einem Mädchen erwartet wurde. Etwa neunzig Minuten vor dem Beginn der Sendung brachte ich ihn hin, fuhr im Lift mit ihm nach oben, machte ihn mit dem Mädchen bekannt (das bereits im voraus bezahlt worden war), dann hielt ich im Korridor vor dem Hotelzimmer Wache. John amüsierte sich offensichtlich, denn fünfzehn Minuten später tauchte er wieder auf und grinste von einem Ohr bis zum anderen. Bei der Debatte strahlte er Selbstsicherheit und Gesundheit aus. Dagegen wirkte Nixon wie ein entlaufener Sträfling — bleich, verschwitzt, mit kleinen Augen. John war so zufrieden mit dem Ergebnis seines Auftritts, daß er darauf bestand, daß wir ihm vor jeder Debatte ein Mädchen besorgten.«

Auch Jackie trat im Fernsehen auf. Sie wurde von dem Schauspieler Henry Fonda interviewt. Später sagte Dorothy Schiff, Herausgeberin der *New York Post*, zu Kennedy, sie finde, Jackie habe ihre Sache gut gemacht. JFK stimmte zu, wirkte aber auf Dorothy Schiff »völlig kalt, wenn er über sie sprach. Ich hatte das Gefühl, daß er sich nur sehr wenig für sie interessierte, abgesehen von der Art und Weise, wie sie seine Kampagne beeinflußte.«

Am Wahltag, dem 8. November, gingen John und Jacqueline zusammen in die West End-Bibliothek in Boston, um ihre Stimmen abzugeben. Wegen ihrer Schwangerschaft hatte sich Jackie für die Briefwahl entschlossen und begleitete ihren Mann nur der Presse zuliebe zur Urne. Als Vizegouverneur wählte sie Eddie McLaughlin. Tip O'Neill, ein treuer Kennedy-Anhänger, gab seiner bitteren Enttäuschung Ausdruck, weil sie nicht ihn unterstützt hatte. »Ich war am Boden zerstört und verstand nicht, wie sie mir das antun konnte.« Andere von Jackie ignorierte Demokraten fühlten sich ebenso im Stich gelassen.

Jackie bezeichnete die Zeitspanne zwischen dem Schließen der Wahllokale und dem Augenblick des Sieges als »längste Nacht der Geschichte«. Mit John und ein paar Freunden nahm sie ein ruhiges Dinner daheim in Hyannis Port ein. Man diskutierte über Kunst, nicht über Politik. Nach dem Essen saßen sie im Wohnzimmer und verfolgten im Fernsehen die ersten Wahlergebnisse. Um zweiundzwanzig Uhr zwanzig zeichnete sich bereits Führung Kennedys ab, und Jackie flüsterte: »O Bunny, du bist jetzt Präsident.«

»Nein ... Nein ... Es ist noch zu früh, um das zu sagen«, erwiderte John.

Um halb zwölf, als Nixon mit Kennedy gleichzog und einen kleinen Vorsprung gewann, ging Jackie ins Bett. John folgte ihr um drei Uhr morgens. Die Wahl war noch nicht entschieden. Aber um fünf Uhr fünfundvierzig zog der Geheimdienst einen Kordon rings um das Haus in Hyannis Port. Als John Fitzgerald Kennedy um sieben Uhr erwachte, war er zum jüngsten Präsidenten in der amerikanischen Geschichte gewählt worden, und zwar mit einer so geringfügigen Mehrheit von hundertfünfzehntausend bei fast siebzig Millionen gültiger Stimmen, daß Robert Kennedy, der in Socken auf seinem Sofa stand, den Reportern erklärte, es sei ein ›Wunder‹.

Von nun an wurde John Kennedy von fast allen Leuten, auch von Familienmitgliedern, ›Mr. President‹ genannt. Doch sein Amt hinderte ihn nicht im mindesten daran, weiterhin gewissen Vergnügungen nachzugehen. Wie der ehemalige Agent des Secret Service, Marty Venker, erzählte, habe Kennedy stets versucht, seinen Sicherheitsbeamten vom Geheimdienst zu entwischen, und erst später Vertrauen zu ihnen gefaßt. »Sobald sie ihm den Rücken kehrten, sprang er in sein Cabrio und brauste davon. Und dann mußten sie in ganz Palm Beach herumfahren und ihn suchen. Einmal veranlaßte er seinen Kammerdiener, einen alten Schwarzen namens George Thomas, ihn auf dem Rücksitz seines Autos in eine Decke gewickelt zu verstecken. Der diensthabende Beamte stoppte den Mann in der Einfahrt ... und sah, wie sich die Decke bewegte. Er zog seine Waffe, hielt sie an Thomas' Schläfe und sagte zu Thomas: ›Wenn Sie so was noch mal machen, blase ich Ihnen Ihr verdammtes Gehirn raus.‹«

Als JFK dem Geheimdienst wieder einmal entkommen war, wandten sich die Agenten an das FBI und schließlich an den Polizeichef von Palm Beach, Homer Large, einen Freund der Familie Kennedy. Er wußte genau, wo John zu finden war, nämlich im Swimming-pool seines Nachbarn, des Botschafters Earl E. T. Smith. JFK war mit dessen Frau Flo allein, und »sie kraulten nicht gerade im Freistil«, wie Homer es ausdrückte.

Auch der bevorstehende Einzug ins Weiße Haus verringerte Johns Appetit auf neue weibliche Eroberungen keineswegs. Bereits mit Flo Pritchett Smith, Judith Exner und Marilyn Monroe liiert, setzte er nun auch noch den Film- und Fernsehstar Angie Dickinson auf seine illustre Liste. Angie, die später den berühmten Komponisten Burt Bacharach heiratete, bestätigte die Beziehung zwar niemals öffentlich, aber sie machte kokette Andeutungen. »Er ist der einzige Präsidentschaftskandidat, der mich jemals gereizt hat. Natürlich wurde gesagt und *gedruckt,* daß wir ein Liebespaar waren. Wenn ich das jetzt bestritte, würde man mir doch nicht glauben.« Und im *PM Magazine* äußerte sie über JFK:

»Er war wundervoll. Das ist alles, was ich sage. Es wäre indiskret, mehr zu sagen.«

Wie die auflagenstarke Zeitschrift *Celebrity Sleuth* berichtet, verwahrt Angie immer noch ein Foto des verstorbenen Präsidenten mit der Widmung: »Für Angie, die einzige Frau, die ich je geliebt habe.«

Slim Aarons, häufiger Gast in Palm Springs, erinnerte sich: »Vor JFKs Amtsübernahme verschwand er oft mit Angie für zwei oder drei Tage in Palm Springs. Sie wohnten in einem kleinen Haus und ließen sich nie blicken, aber jeder wußte Bescheid.«

In einem Interview, das der eher prüde *TV Guide* mit Angie Dickinson machte, gab sie zu, sie habe »mächtige Männer schon immer attraktiv gefunden«. Als Beispiel nannte sie auch Frank Sinatra, und über Kennedy sagte sie freimütig: »Seit dem Augenblick, wo ich ihn zum erstenmal sah, war ich überwältigt, wie alle anderen. Er war der sexyste Politiker, den ich jemals kennenlernte ... Ein Killertyp, der umwerfend aussah, voller Charme — aber ein Mann, von dem jede Mutter hofft, daß ihre Tochter ihn nicht heiratet.«

Für Jackie begann die ›neue Ära‹ mit neuen Ängsten. Sie hörte, wie ihr Mann einen Geheimagenten fragte, welches Ausmaß an Sicherheit für den Präsidenten und seine Familie garantiert werden könne. »Offensichtlich gibt es eine Menge undichter Stellen«, antwortete der Mann. »Wenn's jemand tun will, kann er's auch.« Die schwerwiegenden Veränderungen, die nun in ihr Leben traten, bedrückten sie sehr, und die ständige Angst vor Anschlägen stellte zu diesem Zeitpunkt, wo sie hochschwanger war, eine besondere Belastung dar.

Am Erntedanktag 1960 flog Kennedy mit seinen Beratern nach Palm Beach, während Jackie in Georgetown blieb. Ihr Baby wurde in drei Wochen erwartet. Vor der Abreise ihres Mannes hatte sie ausgiebig mit ihm gestritten. Reporter und Fotografen drängten sich vor der Haustür und beobachteten, wie John herauskam. Auf dem Flughafen in West Palm Beach erfuhr er, seine Frau müsse sich im Georgetown University Hospital einem Kaiserschnitt unterziehen. Sofort bestieg er das Presseflugzeug, das seinen Privatjet *Caroline* begleitet hatte, und kehrte nach Washington zurück. An Bord erhielt er per Funk die Nachricht, Jackie habe einen Sohn geboren, John Jr. — eine Frühgeburt, die noch im Brutkasten liegen mußte, aber ansonsten gesund war.

Als Jackie wieder zu sich kam, vergaß sie alle Schmerzen und verlangte, ihr Baby zu sehen. Während sie auf einem Rollbett zur Säuglingsabteilung gefahren wurde, sprang ein Fotoreporter aus einem Vorratsschrank im Korridor der Klinik und zückte seine Kamera. Jackie schrie auf, und zwei Geheimagenten erschienen, um den Eindringling zu überwältigen, seinen Fotoapparat zu konfiszieren und den Film herauszunehmen.

Die Presse erfuhr von diesem Zwischenfall, aber am Sonntag nach der Geburt geschah etwas, das bisher geheimgehalten wurde. Thomas L. Souder, damals bei der Polizei von Washington, D.C., leitete den polizeilichen Sicherheitseinsatz, während Jackie im Georgetown University Hospital lag. »Wir hatten uns im Krankenhaus und drum herum verteilt«, erinnert er sich. »Aber es war eine Schwester, die diesen jungen Burschen zuerst entdeckte, als er über den Rasen unterhalb von Jackies Fenster lief. Ihr Zimmer lag im vierten Stock, die Fenster standen offen. Die Schwester verständigte die Polizei, und er wurde von einem Streifenwagen aufgehalten. Er trug ein Päckchen bei sich, das fünf Stangen Dynamit enthielt. Als ich hinkam, lag das Päckchen auf dem Boden, und die Beamten hatten den Mann festgenommen. Ich rief das Sprengkommando an, und während die Leute das Dynamit wegbrachten, telefonierte ich mit George Waldrodt, dem stellvertretenden Polizeichef, und fragte, was ich mit dem Übeltäter machen solle. Waldrodt sagte, er würde mich zurückrufen. Wenige Minuten später meldete er sich. ›Schicken Sie ihn zu uns‹, befahl er. ›Wir wollen ihn verhören. Dann lassen Sie mir durch einen Boten Ihren Bericht zukommen und vergessen, daß das jemals passiert ist. Fertigen Sie keine Kopien an, erwähnen Sie die Sache nicht — weder jetzt noch später.‹ ... Alles wurde unter den Teppich gekehrt. Man verklagte den Burschen nicht, denn das hätte ... unerwünschte Publicity verursacht. Ich glaube, irgendein ranghoher Beamter redete mit dem Geheimdienst, der Geheimdienst sprach mit dem gewählten Präsidenten, und der gewählte Präsident sagte in etwa: ›Ich will keinen unnötigen Wirbel. Das würde Jackie nur ängstigen.‹ Und damit war die Angelegenheit erledigt — bis jetzt, achtundzwanzig Jahre später.«

Ohne zu ahnen, in welcher Gefahr sie geschwebt hatte, kam Jackie wieder zu Kräften. John kehrte nach Palm Beach zurück, und seine Frau holte die versäumte Zeitungslektüre nach. In der *Washington Post* las sie, daß sie wegen starker Blutungen ins Krankenhaus eingeliefert worden sei. Diese Ausdrucksweise fand sie geschmacklos, was sie der *Post* mitteilen ließ. Daraufhin beklagte sich die Autorin des Artikels, Maxine Cheshire, Jackie führe sich auf wie eine Romanheldin aus dem neunzehnten Jahrhundert, die zu aristokratisch sei, um mit klinischen Begriffen in Verbindung gebracht werden zu wollen.

Am 9. Dezember wurde John Jr. in der kleinen Kapelle des Georgetown University Hospitals getauft, und für denselben Tag war Jackie mit Mamie Eisenhower verabredet, die der künftigen Herrin des Weißen Hauses die traditionellen Haushaltstips geben sollte. Jackies Leibwächter, ein Agent vom Geheimdienst, hatte im Weißen Haus angerufen und gebeten, man möge für Mrs. Kennedy einen Rollstuhl bereithalten, da sie sich immer noch erschöpft fühle und zu Schwindelanfällen neige. Erschrocken bei der Vorstellung, sie müsse ihre Nachfolgerin durch die langen Korridore schieben, beauftragte Mrs. Eisenhower ihr Personal, den Rollstuhl in einem Schrank zu verstecken und nur hervorzuholen, wenn Jackie danach verlangte.

Das tat Jackie nicht. Auch sie fühlte sich befangen und in der Gegenwart ihrer Gastgeberin unbehaglich. Als sie ging, wirkte sie nicht nur müde, sondern auch bestürzt. Ihrer neuen Privatsekretärin, Letitia (›Tish‹) Baldridge, erklärte sie, das Haus sehe aus »wie ein Hotel, daß beim Winterschlußverkauf eines Möbelhauses eingerichtet wurde«.

An diesem Tag brachte Jackie ihre Kinder — John Jr. und die dreijährige Caroline — ins Kennedy-Haus in Palm Beach und war entschlossen, sich bis zu JFKs Amtseinsetzung im Januar zurückzuziehen. Aber dazu sollte es nicht kommen. Sonntagmorgens, am 11. Dezember um neun Uhr fünfzig, hielt ein Auto am Straßenrand gegenüber Joseph P. Kennedys Anwesen. Außer Mitgliedern der Kennedy-Familie befanden sich auch der gewählte Präsident, seine Frau und ihre beiden kleinen Kinder im Haus. Den Akten des Geheimdienstes zufolge war der Chauffeur des Wagens ein dreiundsiebzigjähriger pensionierter Postbeamter aus Belmont, New Hampshire, namens Richard P. Pavlick, der schon mehrfach Drohungen gegen John F. Kennedy ausgestoßen hatte und den Leibwächtern des künftigen Präsidenten bereits bekannt war. Wie sich später herausstellte, lagen sieben Dynamitstangen im Auto (drei weitere hatte man in seinem Hotelzimmer gefunden), deren Detonation man durch eine einfache Schaltung herbeiführen konnte. Wie Pavlick später erklären sollte, wollte er warten, bis Kennedy in sein Auto stieg, und dann mit seinem Fahrzeug gegen Kennedys Wagen fahren, auf den Schalter drücken und sich selbst, JFK, die Sicherheitsbeamten und alle, die sonst noch zufällig dabei waren, in die Luft jagen.

Unbemerkt beobachtete Pavlick das Haus. Irgendwie hatte er erfahren, daß Kennedy kurz vor zehn zum Sonntagsgottesdienst aufbrechen würde. Er sah das Auto des gewählten Präsidenten. Ein Beamter vom Geheimdienst saß am Steuer, ein zweiter stand neben einer der hinteren Türen. Die Haustür öffnete sich, und John Kennedy trat heraus, flankiert von weiteren Mitgliedern seines Leibwächtertrupps, gefolgt von Jacqueline, Caroline, mehreren Nichten und Neffen und John Jr., den die Amme Luella Hennessey in ihren Armen hielt. Als Pavlick sah, wie alle sich umarmten und lachten, wurde er von Reue, Schuldgefühlen und sogar Faszination erfaßt. Später erklärte er, daß er Mrs. Kennedy oder den Kindern nichts habe antun wollen. »Ich beschloß, ihn in der Kirche oder woanders zu erwischen.« Kennedy winkte seiner Familie, stieg ins Auto, und es fuhr davon. Pavlick entfernte sich in die entgegengesetzte Richtung. Sein Plan wurde niemals verwirklicht. Am 15. Dezember wurde er wegen rücksichtslosen Fahrens festgenommen und dem Geheimdienst übergeben, der ihn wegen versuchten Mordes und unrechtmäßigen Besitzes von Sprengstoff anklagte. Die nächsten sechs Jahre verbrachte er in verschiedenen Gefängnissen und psychiatrischen Kliniken.

Der Vorfall ließ alle bis auf Kennedy erschauern. Vor allem Jackie war tief erschüttert. Und Lem Billings erklärte, von diesem Tag an sei sie überzeugt gewesen, »daß man sie früher oder später alle in tausend Stücke sprengen würde«.

14

Am 16. Januar 1961 kehrte Jakkie in ihr Haus in Georgetown zurück und bereitete sich auf den Umzug ins Weiße Haus vor. Die Innenarchitektin Sister Parish, die bereits die Häuser in Hyannis Port und Georgetown ausgestattet hatte, sollte auch diesmal beschäftigt werden.

Bei einem ersten Rundgang am Tag vor JFKs Amtseinsetzung meinte sie, man könne dem Weißen Haus »nur gerecht werden, wenn man es vom Dachboden bis zum Keller neu gestalte«. Um dies in möglichst kurzer Zeit tun zu können, wurde ein Stab gebildet, der sich bald zu einer ganzen Organisation auswuchs.

Jackies zweite Sorge galt der Amtseinsetzung selbst und den Kleidern, die sie tragen würde. Bergdorf's entwarf ihr Kleid für die Zeremonie der Vereidigung des neuen Präsidenten, Oleg Cassini einen langen beigen Wollmantel mit Zobelkragen und passendem Zobelmuff. Von Halston stammte die pelzbesetzte Pillbox, die Jackie auf dem Hinterkopf trug und die ihr — obwohl schon jahrelang in Mode — den Ruf eintrug, zu den bestgekleidetsten Frauen Amerikas und Europas zu gehören. Der ›Jackie-Look‹ bewirkte eine Stilrevolution, zu der niedrige Absätze, Mantelkleider in hellen Farben und Kostüme à la Chanel gehörten.

Bei Jackies Suche nach einem eigenen Mode-Designer, den sie als First Lady Amerikas für sich beanspruchte, fiel ihre Wahl schließlich auf Oleg Cassini. Cassini, ein russischer Jude, der in Italien aufgewachsen war und seit 1936 in Amerika lebte, hatte JFKs Vorwahlkampf in West Virginia mit großzügigen finanziellen Spenden unterstützt. Außerdem hatte er Joe Kennedy mit zahlreichen attraktiven jungen Damen bekannt gemacht und ihn dadurch zu ewiger Dankbarkeit verpflichtet. Als ihr Schwiegervater ihr dann anbot, alle ihre Kleiderkosten zu übernehmen, wenn sie sich für Cassini entschied, gab es für Jackie, die Cassinis europäischen Stil sehr schätzte, keine Zweifel mehr.

Cassini entwarf bereits schon die Kleider, die sie bei den anderen gesellschaftlichen Anlässen im Zusammenhang mit JFKs Amtseinsetzung trug. Für das passende Schuhwerk sorgte Eugenia aus Florenz. Tish Baldridge, früher bei Tiffany's angestellt, überredete die einstigen Arbeitgeber, Jackie für diese Feierlichkeiten kostbaren Diamantenschmuck zu leihen.

Mit gemischten Gefühlen hatte Jackie die Liste der Verwandten — nunmehr aus fünf Familien — zusammengestellt, die zur Amtseinführung und zu den verschiedenen Privatpartys im Anschluß an die Zeremonie eingeladen werden sollten. Die Bouviers, Auchinclosses, Lees, Fitzgeralds und Kennedys waren so unvereinbar wie die Völker von Babylon, und ihr graute davor, allen auf einmal gegenübertreten zu müssen. Zur Familienliste kamen noch die Namen alter Schulkameradinnen, von Freunden und Freundinnen, Verwandten von politischen Weggenossen JFKs, bedeutenden Persönlichkeiten und Geschäftsfreunden. Drei Busse wurden gechartert, um die Gäste in Washington von einem Ort zum anderen zu befördern.

Gewissenhaft kümmerte sich Jackie um die äußere Abwicklung, natürlich auch um die Hotelzimmer. Teilweise scheiterten ihre sorgfältig ausgearbeiteten Pläne an einem Schneesturm, der am Tag vor der Amtseinsetzung über Washington hereinbrach, den Flughafen lahmlegte und Tausende von Gästen zwang, ihre Autos oder Taxis zu verlassen und zu Fuß zu ihren Hotels zu stapfen. Dreihundert Mann von der Nationalgarde fuhren mit Schneepflügen durch die Straßen und machten den Weg frei für die Parade, die am nächsten Tag durch die Pennsylvania Avenue ziehen sollte.

Am Abend des 19. Januar besuchten John und Jackie einen Empfang für Eleanor Roosevelt, fuhren dann durch das Schneetreiben zu einem Festkonzert in der Convention Hall und schließlich zu einer von Frank Sinatra und Peter Lawford arrangierten Gala im National Guard Armory. Zehntausend Gäste bezahlten jeweils tausend Dollar für den Eintritt, um das Defizit der demokratischen Partei nach dem Wahlkampf auszugleichen und einen Blick auf die in weißem Organza schimmernde neue First Lady zu werfen. Mit zweistündiger Verspätung begann die Show, bei der Stars wie Harry Belafonte, Louis Prima, Keely Smith, Ella Fitzgerald, Bette Davis, Leonard Bernstein und Sir Laurence Olivier auftraten.

Nach der Gala war Jackie sichtlich erschöpft, ließ sich nach Hause fahren und erklärte, sei sei »so müde, daß ich in einer Ritterrüstung schlafen könnte«. John, der gar nicht munterer hätte sein können, traf die Stars zur Dinnerparty, die sein Vater in Paul Young's Restaurant gab, und kam erst eine Stunde vor Sonnenaufgang nach Hause.

Bitter kalt dämmerte der Tag seiner Amtseinsetzung herauf. Um zehn Uhr vierzig hielt die Präsidentenlimousine vor dem Haus, ein Lincoln mit Klarsichtdach. Auf dem Weg zur Tür rief John nach Jackie, die sich immer noch im Schlafzimmer zurechtmachte: »Jackie, um Himmels willen!« Sein Ärger verflog, als sie auf dem Treppenabsatz erschien, bezaubernd und würdevoll, in einem raffiniert einfachen Kleid.

Die Kennedys fuhren zur Nordseite des Weißen Hauses, um Präsident Eisenhower und seine Frau abzuholen. Eisenhower lud seinen Nachfolger und die neue First Lady zum Kaffee ein. Auch der scheidende Vizepräsident Richard Nixon mit Gattin, der künftige, Lyndon B. Johnson mit Lady Bird, und mehrere Mitglieder des Inaugurationskomitees waren anwesend. Jackie fühlte sich sehr unbehaglich, als sie neben Pat Nixon saß, von der sie ignoriert wurde.

Um elf Uhr vierzig fuhren Präsident Eisenhower und John F. Kennedy, gefolgt von einem zweiten Wagen mit ihren Ehefrauen, zum Kapitol, wo die Zeremonie stattfinden sollte. Die Kennedys wurden in ein kleines Zimmer geführt, wo sie ein paar Minuten unter sich sein konnten. Jackie erschien als erste. Alle Blicke waren auf sie gerichtet, als sie ihren Platz zwischen Mamie Eisenhower und Lady Bird Johnson einnahm. Sie wirkte leicht benommen, während sie die Feier verfolgte. Robert Frost, von der Sonne geblendet, verzichtete darauf, das Gedicht vorzulesen, das er für diesen Anlaß geschrieben hatte, und deklamierte statt dessen ein anderes aus dem Gedächtnis. Kardinal Cushing betete, der Oberrabiner erteilte seinen Segen und Oberrichter Earl Warren nahm den Amtseid entgegen. Der fünfunddreißigste Präsident der Vereinigten Staaten sprach ihn mit fester Stimme, ohne jede Aufregung. Danach hielt JFK seine Antrittsrede, und Marian Anderson trug ›The Star-Spangled Banner‹ vor.

Es war Jackies Idee gewesen, Marian Anderson und Frost für die Zeremonie zu engagieren. Als alles vorbei war, trat sie vor und strich sanft über die Wange ihres Mannes. »Du warst wunderbar«, flüsterte sie. Am nächsten Tag sagte sie: »Vor all den Leuten konnte ich ihn doch unmöglich küssen.«

Nach der Feier nahmen John und Jackie am offiziellen Inaugurationslunch im alten Obersten Gerichtshof auf dem Capitol teil, während andere Familienmitglieder zum Mayflower Hotel fuhren, in dessen East Room Joe und Rose Kennedy einen Empfang gaben. John Davis berichtete von einem Riesenbuffet mit Hummer, Garnelen und Räucherlachs in der Mitte des Saales, umgeben von Tischen für jeweils acht Personen. »Jede der fünf Familien saß in einem separaten Teil des Raumes. Joe Kennedy musterte uns von oben bis unten, als wären wir Fremde aus einem anderen Sonnensystem, und sagte kein Wort. Die drei Kennedy-Schwestern — Eunice, Jean und Pat — sprachen nur miteinander. Und mit Hugh Auchincloss redete niemand.«

Miche Bouvier erzählte, er habe erfolglos versucht, mit einigen Mitgliedern der anderen Familien ins Gespräch zu kommen. »Joe Kennedy schaute drein, als wäre er viel lieber anderswo, was auch auf die Bouviers zutraf.«

Nach der anstrengenden Parade kehrte Jackie ins Weiße Haus zurück, um sich auf die fünf Bälle vorzubereiten, die noch durchgestanden werden mußten. Sie bewohnte den Queen's Room im ersten Stock, da die Wohnräume für den Präsidenten und seine Familie neu eingerichtet wurden.

Während sie sich noch ausruhte, erschienen ihre Verwandten bereits im Bankettsaal. »Die Kennedys machten einen sehr unglücklichen Eindruck«, erinnerte sich Edie Beale. »Das verstand ich nicht — wo sie doch am Ziel ihrer Träume waren. Ich ging zu Joseph P. Kennedy, dem Patriarchen, und sagte ihm, ich hätte mich in Princeton beinahe mit seinem ältesten Sohn, Joe Jr., verlobt. Wäre Joe Jr. am Leben geblieben und Präsident der Vereinigten Staaten geworden, wäre ich, die kleine Edie Beal, jetzt First Lady, und nicht Kusine Jackie. Kopfschüttelnd wanderte er davon ... Ich lernte Joan Kennedy kennen. Sie war höflich, harmlos und naiv. JFKs Schwestern mochte ich nicht, aber Joan fand ich sehr lieb und nett. Sie nahm sich nicht so wichtig wie seine Schwestern und (seine Schwägerin) Ethel. JFK tauchte kurz auf, aber Jackie blieb in ihrem Zimmer. Wahrscheinlich war sie enttäuscht über Lees Abwesenheit. Lee hatte nicht zur Amtseinsetzung kommen können, weil sie sich in der Schweiz von den Folgen eines Autounfalls erholte. Ehrlich gesagt, ich war nicht übermäßig beeindruckt von John F. Kennedy. Er behandelte mich ziemlich grob. Bei der einzigen Gelegenheit, bei der ich mich mit ihm zu unterhalten versuchte, schaute er durch mich hindurch. Sie wissen ja — mit diesem glasigen Blick.«

Eine Stunde nach Beginn der Party stieg Janet Auchincloss die Treppe hinauf, um nach ihrer Tochter zu sehen. Jackie saß im Bett, ein Heizkissen im Kreuz, umgeben von Angestellten des Weißen Hauses, die geschäftig umhereilten. »Kommst du nicht zu uns?« fragte Janet. »Manche deiner Verwandten haben Tausende von Meilen zurückgelegt, um dir die Hand zu schütteln. Seit der Hochzeit haben sie dich nicht mehr gesehen.«

»Ich kann nicht«, antwortete Jackie schmerzlich. »Ich kann einfach nicht.«

Miche Bouvier, das einzige andere Familienmitglied, das Jackies Zimmer betreten durfte, begriff ihr Dilemma: »Wenn man eben erst einen Kaiserschnitt überstanden hat, beim Amtsantritt eines Präsidenten und während einer endlosen Parade halb erfroren ist — und wenn man sich dann noch dauernd umziehen muß, um fünf oder sechs Bälle zu besuchen — dann will man zwischendurch ein paar Stunden schlafen.«

Während sich seine Frau anzukleiden begann, eilte John Kennedy zu einer kleinen Dinnerparty bei Freunden, wo er Kim Novak und Angie Dickinson traf. Als er ins Weiße Haus zurückkehrte, wurde er bereits von den Johnsons im Roten Zimmer erwartet. Fünf Minuten später schwebte Jackie in raschelndem Chiffon herein. Über dem spektakulären, mit Silberfäden und Diamanten bestickten weißen Ballkleid hing ein loses, durchsichtiges, fast knöchellanges Cape. Der Präsident nickte anerkennend und meinte: »Du hast noch nie schöner ausgesehen.«

Jackies königliche Erscheinung entzückte alle Gäste beim ersten Ball des Abends, der im Mayflower-Hotel stattfand. Auch im Statler-Hilton, dem Schauplatz des zweiten Balls, machte sie Furore. Kaum hatte sie mit den Johnsons in der Präsidentenloge Platz genommen, entschuldigte sich JFK. Frank Sinatra gab für einen Großteil der Stars, die am Vorabend bei der Gala aufgetreten waren, eine Privatparty in einem höher gelegenen Stockwerk desselben Hotels. Kennedy raste nach oben zu einem zweiten kurzen Rendezvous mit Angie Dickinson. Eine halbe Stunde später kehrte er in den Ballsaal zurück, ein wenig außer Atem und eine *Washington Post* unter dem Arm, als wäre er nur mal eben hinausgegangen, um sich die Zeitung zu holen.

»Gibt's heute abend interessante Neuigkeiten in der Welt?« fragte Jackie. Er grinste verlegen, und sie warf ihm einen eisigen Blick zu.

Beim nächsten Ball im Armory wirkte Jackies Lächeln bereits etwas starr, obwohl sie immer noch strahlend schön aussah. Eiserne Entschlossenheit (unterstützt von einer Dexedrine-Tablette) hielt sie aufrecht, bis Ted Kennedy vorschlug, die nächste Festivität zu besuchen. Um Mitternacht erklärte Jackie, der Abend sei für sie beendet. »Mach du weiter, John, ich muß nach Hause.«

Der Präsident zeigte sich noch auf zwei weiteren Bällen und einer Party in Joe Alsops Haus, das auch die Endstation für ein halbes Dutzend Hollywood-Starlets war, die Peter

Lawford eigens für JFKs Amtsantritt hatte einfliegen lassen. Laut Lawford »wollten alle sechs mit dem Präsidenten ins Bett. Sie traten in einer Reihe an wie in Madame Claudes Bordell in Paris, und John suchte sich zwei aus. Dieser flotte Dreier bildete das triumphale Ende seines ersten Amtstages.«

15

Am nächsten Morgen wurde Jackie vom unangenehmen Geruch frischer Farbe und von Hammerschlägen geweckt. Die Eisenhowers hatten ihre Möbel und Kunstgegenstände abholen lassen, die Sachen der Kennedys waren noch nicht angekommen. Die leeren Räume deprimierten Jackie, und die Handwerker mit ihren Werkzeugen, Farbtöpfen und Leitern trugen auch nicht gerade dazu bei, die Atmosphäre des Weißen Hauses wohnlicher wirken zu lassen. Da sie keinen Besuch erwartete, blieb Jackie im Bett. Und so zuckte sie erschrocken zusammen, als es an der Tür klopfte. Ihr Mann trat ein, gefolgt von seinem ersten offiziellen Gast, dem Expräsidenten Harry S. Truman. Beim Anblick der First Lady unter der Bettdecke lächelte Truman, winkte ihr zu und zog sich dann schnell zurück.

Am Nachmittag kümmerte sich Jackie um die Renovierungsarbeiten im Weißen Haus, dann ging sie zu ihrem Mann in eines der Wohnzimmer im ersten Stock. Als der Präsident und seine First Lady im Kamin Feuer machen wollten, wurden sie bald von Rauch und Ruß eingehüllt. Kennedy rannte zum Fenster, doch das ließ sich nicht öffnen. »Diese Fenster hier wurden jahrelang nicht geöffnet«, erklärte J. B. West, der Majordomus. Mit einiger Mühe gelang es ihm, eines der kleinen Seitenfenster aufzustemmen, und ein eisiger Windstoß scheuchte Jackie aus dem Zimmer.

Die Zustände im Weißen Haus entsprachen kaum den Erwartungen, die man gegenüber dem repräsentativsten Gebäude des Landes hegen mochte. Jackie merkte sehr bald, daß ihre Dusche und die Toilettenspülung nicht funktionierten, und es gab weder Papierkörbe noch Bücherregale. »Hat Eisenhower nicht gelesen?« fragte sie. Außerdem wollte sie wissen, warum ein Beamter vom Geheimdienst vor der Tür stand, wann immer sie die Toilette benutzte. »Die sollen lieber dafür sorgen, daß die Toiletten repariert werden«, murrte sie.

Am Sonntag, dem 22. Januar gaben die Kennedys ihre erste zwanglose Dinnerparty im Weißen Haus. Dazu luden sie unter anderem Franklin Roosevelt, Joseph Alsop und Leonard Bernstein mit Ehefrauen ein. Bernstein, überschwenglich wie eh und je, umarmte Jackie und gab ihr einen feuchten Kuß auf die Wange — eine Geste, die sie nicht gerade schätzte. Der Präsident bemerkte ihren Ärger und fragte Bernstein: »Krieg' ich auch einen?« Bernstein erfüllte diesen Wunsch. Die Kennedys servierten Champagner und Kaviar, ein Geschenk vom sowjetischen Parteichef Nikita Chruschtschow, danach unternahmen sie mit ihren Gästen eine fröhliche Besichtigungstour durch das neue Heim.

Das Haus war fast leer, und es gab kein einziges hübsches Möbelstück darin, das keine Imitation oder Fälschung gewesen wäre. Alle Gegenstände, die nach der Eisenhower-Regierung in den Räumen blieben, waren Reproduktionen von Originalen.

Alsop erinnerte sich, im Wohnbereich der Präsidentenfamilie, der aus sieben Räumen bestand, in einer Wand Öffnungen entdeckt zu haben, die wie Bullaugen aussahen. »Was zum Teufel ist das?« fragte er Jackie. J. B. West kam herein, und Jackie wandte sich zu ihm. »Wozu sind diese Bullaugen da?« Es stellte sich heraus, daß es sich um die eingebauten Fernseher von Eisenhower und seiner Frau handelte. Die Majordomus erklärte, die Eisenhowers hätten nicht gern dasselbe Programm gesehen, aber sie liebten es, gemeinsam die verschiedenen Sendungen zu verfolgen.

Am Montag lernte Jackie das Personal des Weißen Hauses kennen. Die Leute wurden jeweils zu dritt in die Präsidentensuite beordert, wo die neue First Lady auf der Ecke eines langen Tisches saß. Sie trug Reithosen, eine weiße Seidenbluse und hohe braune Stiefel. Nach der Ansicht eines Stubenmädchens sah sie aus wie eine Hausherrin, die ihre Sklaven inspiziert.

»Wie kann sie was sehen, wenn ihr so viele Haare ins Gesicht fallen?« flüsterte die Haushälterin Mabel Walker, die seit fünf Amtsperioden im Weißen Haus angestellt war. Jakkie hörte die Bemerkung, und Mabel mußte als erste gehen. Sie wurde durch die Vassar-Absolventin Anne H. Lincoln ersetzt, eine Freundin Jackies.

Wenn das Personal auch gelegentlich Jackies Hingabe an ihre Pflichten in Frage stellte — die neue First Lady (sie haßte diesen Titel und bestand darauf, mit ›Mrs. Kennedy‹ angesprochen zu werden) bewies Entschlossenheit, Ehrgeiz und Fleiß. Sie schrieb häufige, oft detaillierte Mitteilungen an die Hausbediensteten, und aus dieser Sammlung von Zetteln wurde eine Art Handbuch für die Haushaltsführung. West wußte sofort, was andere erst im Lauf der Zeit begriffen. »Jackies Wünsche, mit einem gemurmelten ›Glauben Sie ...‹ oder ›Könnten Sie vielleicht ...‹ vorgebracht, waren eigentlich Befehle. Wenn sie einem sagte, man solle springen, dann sprang man.«

Während der ersten Tage durchstreifte Mrs. Kennedy die Korridore des Weißen Hauses, entdeckte ›Schätze‹, verbrannte ›Scheußlichkeiten‹ und stellte sicher, daß den Familienräumen vorrangige Aufmerksamkeit gezollt wurde. Ein von Truman renoviertes Gästezimmer über dem Hauptportal wurde umgestaltet, und Caroline hielt mit weißem Bettbaldachin und handgeschnitzten Schaukelpferden Einzug. Ein angrenzender Gästeraum wurde John-Johns blauweißes Kinderzimmer, mit weißem Bettchen und Laufställchen und einer Stofftier-Menagerie.

»Meine Kinder sollen in einer persönlichen Umgebung aufwachsen, nicht in Staatsräumen«, erklärte Jackie dem Majordomus. »Und sie sollen auch nicht von Kindermädchen und Geheimdienstbeamten großgezogen werden.«

Jackie setzte noch weitere Neuerungen durch. Zum Beispiel durften im Weißen Haus am frühen Nachmittag keine Führungen mehr stattfinden. »Wie können die Leute die Wände streichen, wenn Hunderte von Touristen herumlaufen?« schrieb sie dem Majordomus. Ein Hausangestellter meinte allerdings, das hätte einen anderen Grund gehabt. Jackie und ihre Kinder pflegten Mittagsschläfchen zu halten und fanden keine Ruhe, wenn ganze Horden durch das Haus trampelten.

Jackie verbrauchte die fünfzigtausend Dollar, die ihr vom Budget des Weißen Hauses für die Renovierung der Privaträume zugebilligt worden waren, schon im ersten Monat. Mit dem Hinweis, früher habe ein älteres Ehepaar (die Eisenhowers) in den Präsidentenräumen gewohnt, kein junges Paar mit zwei Kindern, sicherte sie sich einen zusätzlichen Regierungszuschuß von hundertfünfundzwanzigtausend Dollar für Einrichtungszwecke und versprach, weitere Umgestaltungen selbst zu finanzieren. Indem sie reichen Freunden ihr Leid klagte, brachte sie das nötige Geld auf, um die Ausstattung ihrer Privaträume zu vervollständigen.

Nachdem sie in ihr geschmackvoll dekoriertes Schlafzimmer gezogen war, formulierte sie, was sie für ihre Aufgabe hielt: »Ich glaube, es ist die wichtigste Pflicht einer Präsidentengattin, für den Präsidenten und seine Kinder zu sorgen.« Inoffiziell erklärte sie der Journalistin Charlotte Curtis, ihrer einstigen Vassar-Kameradin: »Das Weiße Haus wirkt so künstlich, es ist eine Schlangengrube. Wenn ich nicht auf mich aufpasse, werde ich verrückt.«

»Jackie trug so viele Masken, daß sie unmöglich zu ergründen war«, erzählte Charlotte Curtis. »Mit ihrem Aufstieg zur First Lady wurde sie noch unerreichbarer, noch mysteriöser. Wahrscheinlich fühlte sie sich noch verletzlicher. Jedenfalls blieb sie eine ständige Zielscheibe für die Presse, dies nun in noch höherem Maße als zu der Zeit, zu der ihr Mann noch Senator gewesen war.«

Um ihr Privatleben zu schützen, zwang Jackie das Personal des Weißen Hauses, eine schriftliche Erklärung zu unterschreiben, in der es sich verpflichtete, niemals über seine Dienstjahre bei den Kennedys zu schreiben oder zu sprechen. Dieses Dokument besaß keine rechtmäßige Gültigkeit (offensichtlich war es unter Zwang entstanden), und letzten Endes erzeugte es nur Ressentiments und eine negative Publicity. Auch hinderte es die Angestellten nicht daran, ihre Erfahrungen im Weißen Haus zu veröffentlichen — im Gegenteil, es ermutigte sie noch dazu.

In einer ausführlichen, an die Sekretärin Pam Turnure gerichteten Aktennotiz erläuterte Jackie ihre Strategie, was die Privatsphäre der Präsidentenfamilie betraf. »Mein Pressebüro wird minimale Informationen liefern, mit maximaler Höflichkeit ... In den nächsten vier Jahren gebe ich keine Interviews ... posiere nicht für Fotos etc.«

Wie Zella West, die Witwe des Majordomus, später aussagte, beschäftigte Jackie viele ihrer eigenen Angestellten, zum Beispiel ihre Zofe, den Kammerdiener ihres Mannes, die Gouvernante ihrer Kinder, eine Pressesekretärin, eine Masseuse. »Das schuf insofern Probleme, als sie auf der Lohnliste des Weißen Hauses standen. Das bedeutete, daß die Zahl der übrigen Bediensteten verringert wurde oder daß sie für geringere Gehälter arbeiten mußten. Als J. B. West vorschlug, die Kennedys könnten die zusätzlichen Kosten, die durch ihr eigenes Personal entstanden, selbst tragen, erwiderte Jackie: ›So viel Geld haben wir nicht. Mein Mann ist Staatsbeamter, genauso wie das restliche Personal im Weißen Haus!‹«

Auch auf andere Personen machte Jackie einen wenig gewinnenden Eindruck. Herbert H. S. Feldman, britischer Anwalt und Autor, lernte sie 1961 kennen und beschreibt sie als »hart, zäh, egoistisch, ohne große Ambitionen hinsichtlich persönlicher Leistungen, aber in Rampenlicht, Publicity und Applaus verliebt. Ihr Mund verrät sie. Er gleicht dem eines Hais. In der Tat, die Kennedys und die Bouviers passen gut zusammen.«

Die Journalistin May Craig kritisierte Jackies statisches Gesicht, ihren Stahlpanzer, ihre Unberechenbarkeit und ihre Liebedienerei gegenüber der Prominenz. Beispielsweise wies May Craig auf Jackies Weigerung hin, Reporterinnen von Schülerzeitungen aus Miss Porter's und Vassar (zwei Instituten, die sie selbst besucht hatte) zu empfangen. Dafür lud sie George Balanchine, den Leiter des New York City Balletts, zum Tee ein. (»Sie sah wie eine Katze aus«, sagte er nachher.) Und Greta Garbo erschien zu einer kleinen Dinnerparty bei den Kennedys, an der auch Lem Billings teilnahm. »Jackie zapfte die Gehirne dieser Leute an«, erklärte er. »Sie lud anerkannte Künstler ein, um die Namen weiterer anerkannter Künstler zu erfahren, die im Weißen Haus auftreten konnten.«

Diese Methode funktionierte. Balanchine arrangierte es, daß Margot Fonteyn und Rudolf Nurejew bei einem Staatsessen tanzten. Und Greta Garbo brachte einen Stein ins Rollen, indem sie Pablo Casals erwähnte, den großen spanischen Cellisten, der in seinem selbstgewählten Exil in Puerto Rico lebte. Obwohl er sich gelobt hatte, nie wieder in einem Land aufzutreten, das Generalissimo Franco anerkannte, machte er eine Ausnahme, als er von den Kennedys persönlich eingeladen wurde, und spielte im Weißen Haus vor dem Gouverneur von Puerto Rico und Mrs. Muñoz-Marín.

Das Niveau der künstlerischen Darbietungen im Weißen Haus und die Qualität der gut organisierten Veranstaltungen trugen Jackie in vielen Kreisen Anerkennung ein, ebenso wie ihre Schönheit und ihr Stil. Die Modekritikerin Hebe Dorsey bemerkte, Jackie habe mitgeholfen, »die herrschende Mode zu ändern und einen gewissen Puritanismus abzuschaffen, den es in Amerika stets gegeben hat und der propagierte, es sei falsch, Schmuck, eine schicke Frisur, maßgeschneiderte Kleider, Pelzmäntel und Röcke, die über dem Knie enden, zu tragen und einen eleganten Lebensstil zu pflegen. Jackie wußte intuitiv, was sie tun mußte. Sie repräsentierte sich lässig und zeitgemäß. Sie hatte Charme. Und sie lernte ständig dazu. Obwohl sie es heutzutage gern herunterspielt, ist sie wahrscheinlich eleganter denn je.«

In Jackies Ära wurde Washington fröhlicher, intellektueller, romantischer. Bald stieg sie zur Spitzengastgeberin der Stadt auf, was nicht zuletzt an ihren zwei französischen Köchen lag. Als sie von der Presse attackiert wurde, weil sie ›Ausländer‹ beschäftigte, drängte sie den Präsidenten, ihre Einbürgerung zu beschleunigen.

Doch es waren vor allem die Gästelisten, die den Partys im Weißen Haus die besondere Note gaben. Da fand man so klangvolle Namen wie Igor Strawinsky, Aaron Copland, Isaac Stern und Tennessee Williams.

Das Wissen, ständig im Blickpunkt der Öffentlichkeit zu

stehen, gab Jackies Angst vor den Medien immer neue Nahrung. Manchmal versuchte sie diese Furcht mit sardonischem Humor zu verdrängen. Als sie einmal mit einem jungen Schäferhund vor dem Weißen Haus auftauchte und von der Presse gefragt wurde, womit sie ihn füttere, antwortete sie: »Mit Reportern.«

Bei einem Presseempfang für den Schah von Persien und seine Frau fragte eine Korrespondentin von *Women's Wear Daily* die First Lady, ob sie dieses Blatt lese. Jackie erwiderte: »Ich versuche, es zu vermeiden.«

Manchmal mangelte es ihr auch an Humor. Nachdem sie bei einer Pferdeausstellung aus dem Sattel gefallen und dabei fotografiert worden war, führte sie ein Ferngespräch mit John und bat ihn, das Foto ›killen‹ zu lassen. Er weigerte sich. »Jackie, wenn die First Lady auf den Arsch fällt, ist das eine interessante Neuigkeit.«

Ein Reporter vom *Boston Globe* beobachtete, wie sie einer Touristengruppe im Weißen Haus die Zunge herausstreckte. Daraufhin warnte sie ihn, er würde aus dem Weißen Haus verbannt werden, wenn er den Zwischenfall in seinem Bericht erwähne.

Während die Publicity-Welle ungehindert weiterströmte, richtete sich Jackies Zorn häufig gegen den Pressesekretär des Präsidenten, Pierre Salinger. Mit zahlreichen handgeschriebenen Mitteilungen machte sie ihrem Ärger Luft. Zum Beispiel: »Ich dachte, Sie hätten mit den Fotografen vereinbart, die Kinder nicht beim Spielen auf dem Gelände des Weißen Hauses zu knipsen. Die haben schon alle Bilder von Macaroni (Carolines Pony), die sie brauchen. Ich will keine weiteren — *ich meine es ernst*. Wenn Sie entschieden genug auftreten und sich die Zeit dafür nehmen, können Sie so etwas in Zukunft verhindern. Also tun Sie es bitte. Ein Pressesekretär ist zwar dazu da, der Presse zu helfen — aber auch, um *uns* zu schützen.«

Salinger bat die Fotografen des Weißen Hauses, Jackies Wünsche zu respektieren, was sie einige Monate lang taten. Dann erschienen in den Zeitungen wieder einige Schnappschüsse von den Kindern beim Spielen — von einem Amateur gemacht, der sie an Associated Press verkauft hatte. Wieder landete eine Notiz von Jackie auf Salingers Schreibtisch. »Keine Bange — das ist eine nette, ruhige Mitteilung: Den ganzen Herbst hat Ihre Strategie ›Keine Peep-Shows‹ fabelhaft funktioniert. Wenn die Presse mit dieser neuen Sache davonkommt, wird sie, so fürchte ich, wieder mit geballter Kraft zuschlagen. Also machen Sie dem Fotografen von AP, der die Bilder gekauft hat, die Hölle heiß — falls sie tatsächlich von einem Touristen stammen. Die Wachtposten sollen nach Leuten Ausschau halten, die fotografieren. Die Leute am Tor hätten das unterbinden können. Wenn nötig, lassen Sie einen Mann vor dem Spielplatz der Kinder patrouillieren.«

Cecil Stoughton, offizieller Fotograf im Weißen Haus während Kennedys Amtszeit, verstand Salingers Dilemma. »Der Präsident erkannte die politischen Vorteile von Fotoveröffentlichungen mit seinen Kindern, Jackie betrachtete sie als Einmischung in ihre Privatsphäre. Und so ließ Pierre die Kinder nur noch dann fotografieren, wenn Jackie verreist war. Machte sie ihm später Vorwürfe, schob er die Schuld auf den Präsidenten.«

Um den Medien zu entrinnen, verbrachte Jackie während ihres ersten Jahres im Weißen Haus möglichst viel Zeit fern von Washington. Wenn sie von ihrem Mann zu Kontakten mit der Presse gezwungen wurde (»Armer John«, sagte sie einmal. »Er glaubt, man würde ihn eines Amtsvergehens anklagen, wenn ich diese Leute ignoriere«), nahm sie Zuflucht zu einer Taktik, bei der sie den Journalisten höfliche Abfuhren erteilte. Diese Technik demonstrierte sie am 11. April 1961, beim alljährlichen Lunch für Reporterinnen und Herausgeberinnen im Weißen Haus. Als die etwa zweihundert Damen aus allen möglichen Teilen der USA an Jackie vorbeidefilierten, wurde Doris Fleasons mit einem lauwarmen: »Ah, Doris, was machen Sie denn hier?« begrüßt. Noch geringschätziger behandelte sie Angele Gingras, eine ehemalige Kollegin beim *Times-Herald.* Garnett Stackleberg, eine Freundin von Angele, erinnerte sich später daran, weil sie zufällig daneben stand. »Angele hatte Jackie in jenen frühen Tagen oft geholfen ... Nun gab Jackie ihr etwa zwei Finger, als sie sich die Hand schüttelten, zwei schlaffe Finger, begleitet von einem förmlichen ›Hallo‹ ... Nicht das kleinste Anzeichen des Wiedererkennens.«

Auch Hope Ridings Miller, Herausgeberin des Magazins *Diplomate,* schildert die Eindrücke, die sie bei jenem Lunch gewann. »Jackie saß neben jemandem von der *New York Times* und jemandem von der *Time,* was die anderen Mädchen ärgerte. Ich glaube, sie war nicht sonderlich interessiert. Blasiert und mechanisch wickelte sie ihre Pflichten ab.«

Eine Woche später kam es zum Fiasko in der Schweinebucht, zum ersten politischen Fehlschlag der Kennedy-Regierung. Der Präsident nahm auf die Presse größere Rücksicht denn je und ermunterte Jackie, sich der Presse gegenüber etwas toleranter zu zeigen. Doch damit erzielte er nur geringe Erfolge, wie die Reporterin Esther Van Wagoner Tufty feststellte. »Der erste Empfang im Weißen Haus nach dem Vorfall in der Schweinebucht wurde für den tunesischen Präsidenten Habib Burgiba und seine Frau gegeben. Vor dem Dinner nahmen einige Journalistinnen an einer Cocktailparty im Blauen Zimmer teil. Jackie tat ihr Bestes, um uns zu ignorieren, und schlenderte mit ihrem goldenen Zigarettenetui und ihrem kleinen goldenen Feuerzeug herum, das sie dem nächstbesten Mann reichte, wenn sie rauchen wollte. Der Präsident merkte, daß sie uns gelegentlich giftige Blicke zuwarf. Er ging zu ihr, packte sie ziemlich unsanft am linken Arm, führte sie zu uns und bat sie in seinem charmantesten Ton: ›Sag den Mädchen doch mal Hallo, Darling.‹ Nachdem sie ›Hallo‹ geflüstert hatte, ließ er sie los, und man konnte die Abdrücke seiner Finger auf ihrer Haut sehen. Ihre Unberechenbarkeit machte den Umgang mit ihr besonders schwierig. Manchmal war sie recht zuvorkommend. 1962 wurde ich in einem Krankenhaus operiert und bekam einen Rosenstrauß von ihr. Und bei anderen Gelegenheiten behandelte sie uns wie den letzten Dreck. Häufig bezeichnete sie die weiblichen Mitglieder des Pressecorps als ›Harpyen‹ ... Ich verstand nie, warum sie diese Probleme mit der Presse hatte. Ich meine, wenn man nicht will, daß die Privatsphäre verletzt wird, darf man nicht First Lady werden.«

Jackie sah es anders. Ihr Kampf gegen die Medien fand kein Ende. Die Anwesenheit von Reportern bei Staatsbanketts im Weißen Haus störte sie so empfindlich, daß sie vorschlug, die Leute sollten den Speiseraum nur vor dem Dinner sehen dürfen (»... aber nur kurz und von weitem«) und nach dem Essen nicht zurückkommen. »Dann stellen sie allen Gästen Fragen, und ich finde das unwürdig. Dann komme ich mir vor wie eine gesellschaftliche Aufsteigerin.« In einer Aktennotiz regte sie an, man solle die Presseleute bei »wichtigen Empfängen hinter Säulen und Topfpflanzen verstecken. Sie sind zu aufdringlich, umzingeln unsere Gäste und vereinnahmen sie.«

Laut einer Aussage von Lem Billings stritt John sehr oft mit Jackie wegen ihrer brüsken Behandlung von Reportern und Fotografen. »In gewisser Weise konnte man ihr das alles nicht übelnehmen. Was immer sie tat, sie wurde gekreuzigt — ob sie nun Tennisstunden nahm, einen Regierungshubschrauber benutzte, um zum Landsitz Glen Ora zu fliegen, im Meer an der Florida-Küste schwamm, wo sich Haie tummelten ... oder an einer der Soireen in Bob und Ethel Kennedys Haus teilnahm, wo alle mitsamt ihren Kleidern im Swimming-pool landeten ... Aber es gelang ihr immerhin, den von Traditionen schwer belasteten Mechanismus des Weißen Hauses im Sinne des zwanzigsten Jahrhunderts zu versachlichen und auf Wesentliches zu reduzieren, und alles, was die Presse tat, war, Klatsch über sie zu verbreiten.«

Vor allem die weibliche Presse genoß es, Jackie als Zielscheibe zu benutzen. Die Reporterinnen kauften Ferngläser und mieteten Kabinenkreuzer, um ihr zu folgen, wenn sie an Bord der *Honey Fitz* verreiste, der Präsidentenjacht. Aufmerksam beobachteten sie Jackie, die sie ihrerseits per Fernglas beobachtete. Man beschattete sie in Glen Ora, Newport und Hyannis Port, im Camp David, dem Präsidentenversteck in den Catoctin Mountains in Maryland, und schließlich auch auf Atoka, dem neuen Landsitz in den Rattlesnake Mountains in Virgina, den John gekauft hatte, als der Mietvertrag für Glen Ora ausgelaufen war.

Allmählich gefiel es Jackie, auf einem Podest zu stehen, und sie begann zu verstehen, welche Rolle sie für das amerikanische Volk spielte — auch wenn sie ihren Kontakt zur Presse niemals in den Griff bekam.

16

Ein weiteres großes Problem, das Jackie immer wieder in Aufregung versetzte, war der Geheimdienst. Dieser informierte sie über Kidnapping-Komplotte gegen ihre Kinder, den geplanten Mordanschlag eines kubanischen Piloten auf ihren Mann oder einen wegen Vergewaltigung Vorbestraften, der ihr (vom Geheimdienst abgefangene) Briefe schrieb, ihr seine unsterbliche Liebe erklärte und versprach, sie bei ihrem nächsten Besuch in New York zu ›überraschen‹.

Später erzählte sie Freunden: »Um den Geheimdienst wurde viel romantisches Aufhebens gemacht. Johns Ermordung war vermutlich die Sternstunde dieser Leute. Damals beschützten sie Lyndon B. Johnson, dem der Angriff gar nicht galt, während John getötet wurde. Und was daran am gefährlichsten war — wenn man es nicht besser wußte, fühlte man sich sogar sicher, wenn diese Burschen in der Nähe herumstanden.«

Am liebsten arbeiteten die jungen Leibwächter allerdings für den Präsidenten selbst. Wie der Agent Marty Venker berichtete, bezeichneten JFKs Leibwächter diesen Dienst als den besten in der Geschichte des Geheimdienstes. »Wer für ihn arbeitete, verstand sehr bald die Bedeutung des Bonmots, das Ted Sorenson einmal von sich gegeben hatte: ›Diese Regierung tut für den Sex, was die letzte für das Golfspielen getan hat.‹ Junge Männer, die dem Präsidenten eben erst zugeteilt worden waren, konnten zunächst nicht glauben, was sie sahen, lernten aber sehr schnell, ihre Kommentare für sich zu behalten. Kennedy hatte sie gern um sich. Sie schützten ihn nicht nur, sie feierten auch mit ihm. Es waren junge, attraktive, gebildete Burschen, die Frauen und Alkohol und Drogen schätzten ... Kennedy war fasziniert von der geheimnisvollen Aura, die den Geheimdienst umgab. Er identifizierte sich mit uns und wußte, wir würden ihn nie verraten …

Die Agenten sprachen nicht über seine sexuellen Ausschweifungen, weil sie sich mehr oder weniger genauso benahmen. Das soll keineswegs heißen, daß sie sich nicht über ihn wunderten. Immerhin war er der Präsident der Vereinigten Staaten. Daß dies alles im Weißen Haus passierte, konnten sie einfach nicht fassen. ›Verdammt, die Leute werden's herausfinden‹, sagten sie, aber es fiel niemandem auch nur im Traum ein, mit der Presse darüber zu reden. Das wäre nicht nur ein Verrat am Präsidenten, sondern auch an ihrer Behörde gewesen … Angeblich langweilte sich Jackie im Weißen Haus und verreiste gern. Kennedy ermutigte sie natürlich dazu, damit er sich amüsieren konnte. Wenn er Dienstflüge unternahm und in einem Hotel eintraf, hielt er sofort zwei Besprechungen ab — eine politische mit seinem Stabschef, eine andere mit dem Chef seiner Geheimdienstleute, der mindestens zwei Wochen vor der Ankunft des Präsidenten schon vor Ort gewesen war. … Den Agenten empfing Kennedy immer zuerst, was einiges über seine Prioritäten verrät. Dabei ging es ihm nicht um Sicherheitsvorkehrungen, sondern um Weiber … Wenn einer neu war und noch nicht kapiert hatte, sagte er etwa: ›Sie sind schon zwei Wochen hier und haben noch keine Miezen aufgetrieben? Ihr Burschen kriegt doch alle Weiber, die ihr wollt, also könnt ihr auch mal was für euren obersten Chef tun.‹ Das sagte er wie im Scherz, aber er meinte es ernst … Natürlich wünschte sich jede Lokalschönheit, mit Kennedy zu schlafen. Das war ihre patriotische Pflicht. Auf ausländischem Boden taten's die Mädchen aus Abenteuerlust oder um neue Erfahrungen zu sammeln. Stellen Sie sich vor, welchen Spaß sie hatten, wenn sie ihren Freundinnen erzählten, sie seien gerade vom Präsidenten der Vereinigten Staaten flachgelegt worden!

Von allen Präsidenten der neueren Geschichte war er der leidenschaftlichste und dreisteste — nicht nur, was die Frauen betraf, sondern auch in Sachen der Politik. Ständig ließ er Türen offen, sogar im Oval Office. Selbst bei geheimen Besprechungen blieb die Tür weit offen. Man konnte alles sehen und hören.

Seine Partys im Weißen Haus spielten sich meist rund um den Swimming-pool ab, der wegen seiner Rückenbeschwerden stets auf zweiunddreißig Grad hochgeheizt war. ... Er hatte eine Stereo- und eine Lichtanlage einbauen lassen. Man brauchte nur auf einen Schalter zu drücken, und es herrschte Sonnenschein ... Ein zweiter Druck auf den Schalter, und es war Mitternacht, und der Mond und die Sterne leuchteten an der dunklen Decke über dem Pool. Die durchsichtige Tür zum Pool war gegen eine aus Milchglas vertauscht worden, damit man dem Präsidenten nicht nachspionieren konnte. Meistens feierte er mit zwei oder drei Frauen. In einer Kühlbox standen eine Karaffe mit Daiquiri bereit, in einer Warmhaltebox lagen Wiener Würstchen, die mit Speck umwickelt waren. Das Hauspersonal bekam Ausgang oder den Auftrag, sich vom Pool fernzuhalten. Wenn Jackie verreist war, konnte es gefährlich werden, den Lift zu benutzen. Eines Abends befand sich der Wärter des Hundezwingers gerade auf dem Weg zum Keller. Da öffnete sich die Tür des Aufzugs, ein nacktes blondes Büromädchen lief heraus, stieß den Mann fast um, blieb dann stehen und fragte, wo der Präsident zu finden sei. Aber sogar das Personal des Weißen Hauses war eine verschworene Gemeinschaft und schwieg, um Kennedy zu schützen und seine Geheimnisse vor Jackie zu verbergen.

Der Präsident überwachte seine Frau, indem sein Leibwächter in ständiger Funkverbindung mit dem ihren stand. Dadurch wußte Kennedy stets, wo sie sich gerade aufhielt. Wenn er seine Partys am Pool gab, landete Jackie vielleicht gerade auf dem Andrews-Luftwaffenstützpunkt. Bevor sie ins Weiße Haus zurückkehrte, feierten ihr Mann und die Mädchen bis zum letztmöglichen Augenblick am Pool. Dann flohen nackte Gestalten in alle Richtungen. Ein Agent oder Hausangestellter räumte Drinks und andere verräterische Dinge weg. Kennedy blieb im Pool und gab vor, seine Rükkengymnastik zu betreiben, während die Frauen durch die Hintertür aus dem Weißen Haus geführt wurden.

Trotzdem hätte Jackie ihn manchmal fast erwischt. Jeder kennt die Geschichte von dem Zimmermädchen, das ein schwarzes Seidenhöschen im Bett des Präsidenten fand und es der First Lady in dem Glauben gab, es gehöre ihr. Als Jackie ihren Mann das nächste Mal sah, überreichte sie ihm das Höschen mit den Worten: ›Hier, finde du heraus, wem das gehört. Es ist nicht meine Größe.‹ ... Mein Vorgesetzter, Tony Sherman, schilderte eine Episode, die sich in Puerto Rico abgespielt hat. Er arbeitete in der Division, die für den Schutz des Präsidenten abgestellt war, der Eliteabteilung des Geheimdienstes, und kannte viele Kennedy-Storys. Die folgende handelt von einem jungen Agenten, den man der Einheit Ende 1961 zugeteilt hatte. Der neue Mann hielt Wache vor Kennedys Hotelsuite in San Juan. Plötzlich öffnete sich die Tür, und der Präsident erschien, in ein Badetuch gewickelt, und hielt in der Hand eine Zigarette, die nicht angezündet war. Der diensthabende Agent sah ganz deutlich eine nackte Blondine auf Kennedys Bett. Der Präsident bat ihn um Feuer, der Agent kramte in seiner Tasche und zog den erstbesten Gegenstand hervor, der sich wie ein Streichholzheftchen anfühlte. Unglücklicherweise war es ein zusammengerolltes, ungebrauchtes Kondom, das er in JFKs ausgestreckte Hand legte. Als Kennedy sah, was er erhalten hatte, begann er hysterisch zu lachen, rollte das Kondom auseinander und zeigte es dem Mädchen, das belustigt aufkreischte. Der Agent fürchtete wochenlang, er würde seinen Job verlieren, aber der Präsident fand den Zwischenfall natürlich sehr komisch, und die Sache zog keine Konsequenzen nach sich.«

Kennedys ›tägliche Sexdosis‹, wie sich Garry Wills in *The Kennedy Imprisonment* (1981) ausdrückt, entwickelte sich zu einem auffälligeren Aspekt seiner Amtszeit als sämtliche politischen Leistungen. Frauen waren seine fatale Schwäche — er konnte ihnen einfach nicht widerstehen. Und so ließ er sich auch nicht die Gelegenheit entgehen, Jayne Mansfield kennenzulernen, ein Sexsymbol aus Hollywood, das in Aussehen und Stil oft mit Marilyn Monroe verglichen wurde. Jaynes schauspielerische Fähigkeiten konnte man vergessen, aber sie war ehrgeizig und klug, und sie sah die Männer vielleicht etwas realistischer als ihre berühmtere Rivalin.

»Jayne sah wie ein albernes Blondchen aus, war aber keineswegs dumm«, meinte Peter Lawford, der sie in Kalifornien mit seinem Schwager bekannt gemacht hatte. »Ich weiß von drei Begegnungen — eine fand in Beverly Hills statt, eine in Malibu, eine in Palm Springs. Jayne, in deren Ehe mit Mickey Hargitay es damals gerade kriselte, nannte John ›Mr. K‹. Er lobte ihre sexuellen Fähigkeiten. Sie besaß den besten Körper von Hollywood, lange Beine, große, feste Brüste und eine Wespentaille. Mit einem Mann konnte sie's nur treiben, wenn sie alkoholisiert war. Jayne ging viel lokkerer mit Männern um als Marilyn Monroe. Die stürzte sich mit Leib und Seele in jede neue Beziehung. Jayne nahm die Männer, wie sie gerade kamen — einen Baseballspieler, einen Barkeeper, den Präsidenten der Vereinigten Staaten, für sie waren alle Männer, und alle Männer waren gleich. Als sie John in Palm Springs traf, erwartete sie Maria, ihr viertes Kind. Das merkte er erst, als sie miteinander schliefen ... Ihr Zustand schien ihn sogar anzumachen, was mich überraschte.«

Raymond Strait, Jaynes Presseagent, bestätigt in seinem Buch *The Tragic Secret Life of Jayne Mansfield* (1974) zwei Zusammenkünfte der verstorbenen Schauspielerin mit dem Präsidenten und schreibt, John habe ihr einmal gesagt, ihre Stimme klinge so ähnlich wie die seiner Frau. »Jayne war beleidigt ... Sie beklagte sich, Jackie habe überhaupt keine Stimme.«

Auch bei Lawford beschwerte sie sich über Kennedy und erklärte, seine Herzenskälte müsse »sein Zusammenleben mit Jackie sehr beeinträchtigen«.

Eine Woche nach dem Rendezvous in Palm Springs saß Jayne mit Strait in der Halle des Beverly Hills Hotels und wurde ans Telefon gebeten. »Sie hatte ein bißchen getrunken und fühlte sich schwindlig«, schreibt Strait. »Ich wußte nicht, mit wem sie sprach, bis sie laut wurde ... Schließlich beendete sie das Gespräch mit den Worten: ›Hör mal, du bist höchstens für acht Jahre Präsident. Ich werde mein Leben lang ein Filmstar bleiben.‹ Und dann hängte sie ein.«

Ein weiteres von Lawford arrangiertes Abenteuer hatte der Präsident mit Leslie Devereux, einem hochbezahlten New Yorker Callgirl. Auch sie hielt Kennedy für »mechanisch und kalt, mit einem harten Glanz in den Augen und einem umwerfenden Lächeln. Peter Lawford erklärte mir die Situation nicht. Er gab mir nur eine Adresse und sagte, ich solle ihn dort erwarten. Es war das Hotel Carlyle. Wir fuhren im Lift zum Penthouse hinauf, und da stand der Präsident der Vereinigten Staaten. ›Okay, Peter‹, sagte er grinsend, ›jetzt kannst du verschwinden.‹ Ich traf ihn vier- oder fünfmal im Carlyle. Am Anfang war es durchschnittlicher Sex, später wurde es etwas extravaganter. Ich war mit vielen mächtigen Politikern zusammen, und alle mochten sanften Sado-Masochismus. Also machten wir das. Ich fesselte seine Hände und Füße an die Bettpfosten, verband ihm die Augen und reizte ihn zuerst mit einer Feder, dann mit meinen Fingernägeln. Das schien ihm zu gefallen.

Zweimal besuchte ich ihn im Weißen Haus, das erste Mal nur für fünfzehn Minuten in einem kleinen Zimmer neben dem Oval Office. Bei meinem Anblick zuckten seine Sekretärinnen nicht mal mit der Wimper. Sie führten mich so selbstverständlich hinein und hinaus, als wäre ich der Außenminister. Bei meinem zweiten Besuch traf ich ihn oben in den Wohnräumen. Ein Agent vom Geheimdienst brachte mich in ein düsteres Zimmer mit massiven Möbeln und sagte: ›Machen Sie sich's gemütlich, er kommt gleich.‹ Dabei zeigte er auf ein riesiges, kunstvoll geschnitztes Rosenholzbett. ›Da hat Abraham Lincoln geschlafen.‹ Ich fragte: ›*Da* soll ich mich hineinlegen? In Abraham Lincolns Bett?‹ Da entgegnete er: ›Es ist das beste, das wir hier haben, Lady.‹ Bald darauf öffnete sich die Tür, und ein Butler mit weißen Handschuhen trug Champagner auf einem Silbertablett herein. Dann erschien der Präsident, und wir verbrachten mehrere Stunden miteinander. Ich erklärte, ich halte es für ein Sakrileg, Abraham Lincolns Bett zu entweihen. Er lachte und erzählte, daß alles in Erfüllung gehe, was man sich in

Lincolns Bett wünsche. ›Gut, dann wünsch dir was‹, schlug ich vor. Er schloß die Augen, und ich setzte mich auf ihn. ›Siehst du‹, sagte er, ›es klappt immer.‹«

Stanley Tretick, Fotograf beim Magazin *Look*, erinnerte sich an ein Gespräch mit Clark R. Mollenhof, einem *Look*-Reporter. »Clark empfahl mir, die Mädchen zu knipsen, die JFK ins Weiße Haus schleuste, und ich fragte, wie zum Teufel ich das machen solle. ›Stell dich einfach an den Südwesteingang und beobachte die Lieferwagen‹, antwortete er. Ich meinte, dann müßten die Mädchen zusammen mit dem frischen Brot oder Blumenarrangements und dergleichen ins Haus geschmuggelt werden. Da ließ er durchblicken, genauso sei es.«

Der Journalist Philip Nobile erfuhr von folgendem Abenteuer des Präsidenten: Bei einem kurzen Besuch in Chicago öffnete Kennedy versehentlich die Tür einer Hotelsuite, wo drei Stewardessen mit ihren Freunden eine Party feierten. JFK verwickelte die in Ehrfurcht erstarrte Versammlung in ein belangloses Gespräch. Einer der Männer, ein Reporter, entschuldigte sich und ging ins Badezimmer. Als er zurückkam, war seine Freundin mit Kennedy verschwunden. Am nächsten Morgen fragte der Reporter die Stewardeß: »Wo warst du denn? Du kannst mir doch nicht einfach davonlaufen!« Da erwiderte sie: »Wie oft hat man schon die Chance, mit einem Präsidenten zu schlafen?«

Für einen bekannten Journalisten arbeitete eine farbige Babysitterin, die ihn an einem Wochenende mit seiner Familie nach Camp David begleitete. Dort schrieb er einen Artikel über den Präsidenten. Es stellte sich heraus, daß Kennedy nackt in seinem geheizten Pool zu baden pflegte, worüber er jedoch nicht berichtete. Und er merkte auch, welch stürmische Affäre JFK mit der Babysitterin hatte. Was der Journalist nicht wußte: Der Präsident schwängerte das Mädchen, das sich in Puerto Rico einer Abtreibung unterziehen mußte. — Es war nicht die einzige, die von Kennedy bezahlt wurde.

Trotz seiner hohen Position endeten nicht alle erotischen Bemühungen JFKs im Schlafzimmer. Anfang 1961 war Shirley MacLaine in Frank Sinatras Haus in Palm Springs, als der Präsident beschloß, seinen Freund zu besuchen. Als besonderen Gag schickte Sinatra die Schauspielerin in seiner Limousine zum Flughafen, wo sie Kennedy abholen sollte. Sobald JFK die Autotür geschlossen hatte, fing er an, Shirley zu betätscheln. Erschrocken sprang sie aus dem Wagen, der gerade losfuhr. Sie fiel aufs Rollfeld und schürfte sich ein Knie auf. Die Limousine hielt, und sie stieg wieder ein. Ein Agent des Geheimdienstes machte ihr Vorwürfe, weil sie die Abfahrt verzögert und das Leben des Präsidenten in Gefahr gebracht hatte. Obwohl Shirley und John niemals etwas miteinander hatten, gab sie später einen Kommentar ab, der auf seinem Grabstein stehen könnte: »Ein Präsident, der's mit einer Frau treibt, ist mir lieber als ein Präsident, der's mit seinem Land treibt.«

Es wurde vermutet, daß Jackie Washington vor allem deshalb so oft verließ, weil sie es widerwärtig fand, wie ihr Mann anderen Frauen nachjagte, insbesondere Marilyn Monroe. Getarnt mit einer brünetten Perücke, einer großen Sonnenbrille und einem alten Kleid, stieg die Schauspielerin mit Kennedy im New Yorker Hotel Carlyle ab, verreiste mit ihm an Bord der Air Force One (der Besatzung wurde mitgeteilt, sie sei Peter Lawfords Privatsekretärin) und begleitete ihn in Lawfords Strandhaus in Santa Monica. Lawford arrangierte viele ihrer Begegnungen und fotografierte Marilyn mindestens einmal dabei, wie sie an Kennedy, der in einer großen Marmorbadewanne lag, eine Fellatio vollzog.

Lem Billings sah nur ein einziges Mal, daß Jackie wegen einer anderen Frau die Fassung verlor. »Es ging um Odile Rodin, die junge französische Ehefrau des dominikanischen Playboys und Botschafters Porfirio Rubirosa, der wegen seiner unzähligen Affären und seiner Ehen mit den reichen Erbinnen Doris Duke und Barbara Hutton bekannt war. Igor Cassini machte John und Rubi miteinander bekannt. Eines hatten die beiden gemeinsam: ein brennendes Interesse an Frauen. Sie wurden Freunde, doch mit Odile schloß John eine noch engere Freundschaft. Rubi, nie von Eifersucht geplagt, schien das nicht zu stören. Dafür störte es Jackie um so mehr. Ich verstand nicht, warum sie so wütend war — vielleicht konzentrierte sie ganz einfach nur ihre ganze Frustration auf Odile. John war schamlos in seiner Sexualität, öffnete unbefangen die Reißverschlüsse der Mädchen ... und bat sie bei Dinnerpartys im Weißen Haus in ein Nebenzimmer, wo man — abseits vom Wirbel — eine ›ernste Besprechung‹ abhalten könne. Selbst wenn diese Frauen es ernst meinen sollten, er meinte es nicht ernst. Während der Party an seinem vierundvierzigsten Geburtstag, die auf der Präsidentenjacht stattfand, verschwand er beispielsweise mit David Nivens Frau Hjordis für etwa zehn Minuten unter Deck. Aus diesem Zwischenfall kann man zwar keine direkten Schlüsse ziehen, aber er war typisch für die Art und Weise, wie Kennedy mit den Frauen umging.«

Der Journalist Francis Lara meinte: »Wenn auch nur ein Zehntel der Frauen, die angeblich mit ihm schliefen, wirklich mit ihm geschlafen haben, kommt eine überwältigende Anzahl zusammen. Und es waren wirklich unglaublich viele. Erstaunlicherweise verpfiffen ihn seine Sexualpartnerinnen nie, und sie schienen ihn auch nicht in der Ausübung seines Amtes als Präsident zu behindern ... Ständig wurden Pierre Salinger oder Ken O'Donnell von irgendwelchen Frauen gefragt, ob sie den Präsidenten nicht wenigstens ›für einen Augenblick‹ sehen könnten. Sie wurden vorgelassen, und wenn sich der Augenblick zu ein paar Stunden ausdehnte — na und?«

Phillipe de Bausset, Washingtoner Korrespondent für den *Paris Match,* bemerkte, das Kennedy-Regime habe »eine neue Art der Manipulation politischer Kräfte dargestellt ... Es verkörperte Hoffnung, basierte aber nicht auf Wahrheit. Zum Beispiel wußte die Presse, daß sich John und Jackie nicht verstanden, obwohl JFK das Image des Familienvaters mit liebevoller Gattin und hübschen Kindern, die alle glücklich und zufrieden waren, aufrechtzuerhalten versuchte. Die Öffentlichkeit erwartete eine Traum-Story, und die bekam sie. ... JFKs Amtszeit war eine einzige große PR-Show. Manchmal dachte ich, welchen Wirbel es im ganzen Land gegeben hätte, wenn bekanntgeworden wäre, daß Jacqueline Kennedy, angeblich die begehrenswerteste, aufregendste Frau der Welt, ihren Mann nicht befriedigen konnte. Das war nicht allein ihre Schuld. Kennedy war zu sehr darauf versessen, sich zu amüsieren. Das mag seine Fähigkeit, das Land zu regieren, nicht beeinträchtigt haben, aber es half ihm auch nicht gerade dabei. Hätte er länger gelebt, wären viele seiner Seitensprünge an die Öffentlichkeit gedrungen. Er wäre nicht wiedergewählt worden. Er bewältigte seine politischen Tagesgeschäfte einfach nicht. Wir waren Gefangene eines Mythos, bei dessen Entstehung wir mitgeholfen hatten.«

Trotz aller Behauptungen, daß Kennedys Weibergeschichten keine Auswirkungen auf seine Amtsführung hatten, erinnert sich Langdon Marvin an einen Fall, der in einer Katastrophe hätte enden können: »John wollte im Haus gegenüber dem Carlyle die Party einer Freundin besuchen. Die Gastgeberin, ein bekanntes Mitglied der New Yorker Gesellschaft, besorgte ihm oft Mädchen und hatte ihm auch für diesen Abend mehrere attraktive junge Damen in Aussicht gestellt. John wollte den Geheimdienst nicht im Schlepptau haben. Ich kannte einen Schleichweg, der durch den Keller des Hotels führte. Es gelang uns, den Leibwächtern zu entwischen und unbemerkt auf die Party zu gehen. Nach wenigen Minuten hatte sich John seine Partnerin für den Abend ausgesucht und begleitete sie zu ihrem Apartment. Wenig später erschien ein Agent vom Geheimdienst und wollte wissen, wo der Präsident war. Niemand wußte es. Der Mann wurde blaß. Auf der Straße vor dem Haus stand ein Leutnant von der US-Army mit einem Aktenkoffer, der an sein Handgelenk gekettet war. Plötzlich ging mir ein Licht auf. JFK vergnügte sich im Bett mit einem Mädchen, und der Mann da draußen war mit wichtigen Dokumenten zurückgeblieben. In diesem Augenblick hätten uns die Russen ungehindert mit ihren Raketen in die Hölle befördern können, weil der einzige Mann, dem es zustand, den Befehl zum Gegenangriff zu geben, unerreichbar war.«

Jackie kam auf verschiedene Arten mit ihrer Rolle als betrogene Ehefrau zurecht. Sie zog sich schmollend zurück und begegnete dem Präsidenten mit Eiseskälte. Oder sie ging einkaufen und gab Tausende von Dollars für Schmuck, Designermode oder Gemälde aus — was immer ihr gerade gefiel. »Außerdem wußte sie, daß John eifersüchtig war, wenn sie andere Männer traf«, berichtet Peter Lawford, »denn er war überzeugt, sie würde die gleichen Dinge tun wie er. Diese Eifersucht benutzte sie, um ihm seine Affären heimzuzahlen, und wenn er entsprechend reagierte, fühlte sie sich in ihrem Selbstbewußtsein bestätigt. Einmal, bei einer Gala im Weißen Haus, trank sie zuviel Champagner, zog ihre Schuhe aus und tanzte und flirtete mit jedem anwesenden Mann. Lachend warf sie den Kopf in den Nacken oder machte ihrem Tanzpartner schöne Augen. Die Taktik funktionierte: John wurde aufmerksam.«

Bei einer österlichen Pilgerfahrt nach Palm Beach erneuerten John und Jackie ihre Feindschaft. Am Palmsonntag weigerte sich der Präsident, die Kirche aufzusuchen, und man hörte die First Lady sagen: »Komm jetzt, du Hurensohn! Du hast dich selber in diese Lage gebracht, und du weißt, was die Öffentlichkeit von dir verlangt. Also bind deine verdammte Krawatte um, zieh dein Jackett an und geh mit!« Am Karfreitag erschien sie, nach einem weiteren häuslichen Streit, in einem ärmellosen Kleid und barfuß in Sandalen beim Gottesdienst und warf den Pressefotografen finstere Blicke zu, als diese Fotos machten. Um alles noch schlimmer zu machen, kam Peter Lawford nach der Kirche in Bermudas zu ihr, mit bloßen Füßen.

Jackies Reaktionen auf Johns Seitensprünge veränderten sich je nach Laune. Mit der Zeit nahm sie eine überlegene Haltung an. Manchmal neckte sie ihn sogar mit seiner Begierde nach anderen Frauen. Einmal ging sie während eines Urlaubs in Palm Beach mit den Lawfords schwimmen. Bei der Rückkehr ins Haus sagte sie zu John: »Lauf rasch hinunter! Ich hab' zwei gesehen, auf die du sicher scharf sein wirst.« Ein anderes Mal setzte sie ihn bei einer Dinnerparty im Weißen Haus zwischen zwei seiner neuesten Eroberungen, nur um zuzusehen, wie er sich verlegen wand.

Wie Truman Capote erklärte, fanden Jackies eigene Seitensprünge nur in ihrer Phantasie statt. »Es wurde viel über sie getuschelt, aber es gab kaum Skandale. Die meisten ihrer vermeintlichen Abenteuer waren Auswüchse ihrer Phantasie ... An der Spitze ihrer Traumpartner stand ein Koloß wie André Malraux, gefolgt von Dr. Christiaan Barnard, Henry Kissinger, ... Cary Grant, Robert McNamara, General Maxwell Taylor und Rudi Nurejew — bis sie Fotos von nackt tanzenden Männern sah, die in Rudis Gästezimmer hingen. Da beschloß sie, daß sie ihn nur ›bewunderte‹. ... Es kursierten ständig Gerüchte, die ihr ein Verhältnis mit Männern wie Clark Clifford und Franklin Roosevelt Jr. oder mit Gianni Agnelli, dem Fiat-Chef, nachsagten. Aber das waren alles nur Hirngespinste. Jackie war nicht kokett und wirkte weder verführerisch noch sinnlich.«

Viele ihrer Freunde und Bekannten stimmten nicht mit Capote überein, hielten sie für überaus feminin und verführerisch und meinten, sie bete die Männer genauso an wie ihr Mann die Frauen. Einer Klatschgeschichte zufolge hatte sie sich mit einem ihrer Leibwächter vom Geheimdienst eingelassen. In Wirklichkeit hatte sich nur der Mann für sie interessiert und den Fehler begangen, seine Gefühle zu zeigen. Daraufhin sorgte sie dafür, daß er zu einer anderen Einheit versetzt wurde. Sie fand derartige Gerüchte ausgesprochen befremdend. »Was soll ich tun?« beklagte sie sich. »Wenn ich mit jemandem esse, öfter als einmal mit ihm tanze, mit ihm spazierengehe oder in Johns Abwesenheit mit ihm fotografiert werde, heißt es gleich: ›O Gott, die müssen was miteinander haben!‹ Wie soll man auf so etwas reagieren?«

17

Am erfolgreichsten war die Geheimhaltungspolitik der Kennedy-Administration, als es um die Behandlung ging, der sich sowohl Jackie als auch John F. Kennedy bei dem New Yorker Arzt Dr. Max Jacobson unterzogen hatten, einem deutschen Flüchtling, der auch als ›Dr. Feelgood‹ oder ›Miracle Max‹ bekannt wurde. Seine mit dem gefährlichen Stimulans Amphetamin versetzten Spritzen mit Multivitaminen, Steroiden, Hormonen, Enzymen und Frischzellen führten zu einem Untersuchungsverfahren durch die New Yorker Staatsanwaltschaft und schließlich zum Entzug seiner Approbation. Die New Yorker Staatsanwaltschaft fand heraus, daß Max mehr als ein Jahrzehnt lang das in der Drogenszene unter dem Namen ›Speed‹ bekannte Stimulans in die Blutbahn der berühmtesten Künstler, Schriftsteller, Politiker und Jetsetter gepumpt hatte. Viele von ihnen schworen, die Spritzen hätten ihnen zu grenzenloser Energie, einem produktiveren, vergnüglicheren Leben und der Fähigkeit verholfen, stundenlang ohne Ermüdungserscheinungen zu arbeiten. Aber einige Patienten brachen die Therapie ab und klagten über schlimme Nebenwirkungen und eine sklavenartige Abhängigkeit von dem Medikament. Zu den negativen Langzeitwirkungen von Amphetamin gehören Gedächtnisschwund, Halluzinationen, Depressionen, Angstzustände, Gewichtsverlust, Paranoia, Schizophrenie und Bluthochdruck.

Im Herbst 1960 traf Kennedy zum erstenmal mit Jacobson zusammen, der ihm von verschiedenen Seiten empfohlen worden war. Die Anforderungen der Kampagne vor der Präsidentenwahl hatten JFK körperlich und geistig ausgelaugt, er klagte über Konzentrationsschwierigkeiten, fühlte sich angespannt und schwach. Jacobson injizierte ihm seine Mixtur, und der künftige Präsident spürte, wie sich eine wohlige Wärme in seinem Körper ausbreitete. »Nach dieser

Behandlung erzählte er mir, seine Muskelschwäche sei geschwunden«, schreibt Jacobson in seiner unveröffentlichten Autobiographie. Eine zweite Injektion bekam Kennedy, kurz nachdem er zum Präsidenten gewählt worden war. Vor der ersten Auslandsreise des Präsidentenpaares, die im Mai 1961 nach Kanada führte, wurde auch Jackie behandelt, die an Depressionen und starker Migräne litt. »Ich gab ihr eine Spritze«, schreibt der Arzt. »Innerhalb von Minuten verschwanden die Kopfschmerzen. Das Eis war gebrochen. Ihre Stimmung änderte sich schlagartig.«

Truman Capote beschrieb die Wirkung der Behandlung mit Amphetamin durch Jacobson als Einsetzen einer »sofortigen Euphorie. Man fühlt sich wie Superman. Man fliegt. Die Ideen kommen mit Lichtgeschwindigkeit. Man arbeitet zweiundsiebzig Stunden lang mit voller Konzentration, ohne auch nur eine Kaffeepause einzulegen. Man braucht weder Schlaf noch Nahrung. Wenn man auf Sex scharf ist, hält man die ganze Nacht durch. Dann bricht man zusammen, stürzt ab wie ein Fallschirmspringer ohne Fallschirm. Man will sich irgendwo festhalten, aber da ist nichts, nur Luft. Und so läuft man in die East 72nd Street zurück, sucht den deutschen Moskito, das Insekt mit der magischen Nadel. Es sticht einen, und sofort schwebt man wieder dahin.«

Am 31. Mai, als die Kennedys nach Paris aufbrachen, waren sie bereits leicht abhängig. Der Präsident verlangte, Max Jacobson solle ihm an Bord der Air Force One, während sie noch auf dem Rollfeld von Idlewild stand, eine Spritze geben. Der Arzt und seine Frau Nina reisten ebenfalls nach Frankreich, aber in einer Maschine der Air France. Es war »der seltsamste Flug, den ich je erlebte. Nina und ich waren die einzigen Passagiere ... Die Stewardessen amüsierten sich großartig und bedienten uns lausig.« Die astronomischen Charterkosten für eine transatlantische Linienmaschine (dadurch wurde verheimlicht, daß die Jacobsons zum Präsidentengefolge gehörten) mußte der amerikanische Steuerzahler tragen, ebenso wie die hohe Rechnung eines Pariser Luxushotels, des Napoleon.

Die strahlende Jackie entzückte die Pariser, die ihren ›gotischen Madonnenlook‹ bewunderten. Seit dem Moment, wo Charles de Gaulle die Kennedys auf dem Flughafen Orly mit hunderteins Salutschüssen begrüßt hatte, richteten sich alle Blicke auf Jacqueline. »Es ist wohl nicht unpassend, wenn ich mich vorstelle«, sagte JFK. »Ich bin der Mann, der Jacqueline Kennedy nach Paris begleitet hat — und ich habe es sehr genossen.« Der Präsident war sichtlich stolz auf den triumphalen Empfang, den die Europäer seiner Frau bereiteten.

Jackie fühlte sich wie eine Monarchin. Sie wohnte am Quai d'Orsay im Palais des Affaires Étrangeres, einem großen Schloß an der Seine, schlief im Chambre de la Reine in einem Bett, das zuletzt von der belgischen Königin Fabiola benutzt worden war, badete in einer silbernen Mosaikwanne in einem Perlmuttbadezimmer und wurde in einem schwarzen Citroën mit Klarsichtdach herumgefahren, eskortiert von Reitern mit Federbüschen. Alexandre, der Friseur von Greta Garbo und Elizabeth Taylor, frisierte nun auch Jackie. Hubert de Givenchy hatte das Kleid entworfen, das sie beim Staatsbankett im Versailles trug, und ihr Gesicht wurde für diesen Abend von der weltberühmten Nathalie geschminkt.

General de Gaulle nannte sie »eine charmante und hinreißende Frau mit ungewöhnlichen Haaren und Augen«. Er hing an ihren Lippen, und einmal beugte er sich zu Präsident Kennedy, um ihm ins Ohr zu flüstern: »Ihre Frau weiß mehr über die französische Geschichte als die meisten Französinnen.« — »Und Franzosen«, ergänzte JFK. Es war Jakkie, die dem General das offizielle Geschenk ihres Landes überreichte — einen Originalbrief aus der Washington-Lafayette-Korrespondenz, der für diese Gelegenheit für neunzigtausend Dollar erworben worden war.

Wo immer Jackie mit ihrem gutbewachten Gefolge auftauchte, gab es einen Menschenauflauf. Zu ihrer Begleitung gehörten unter anderen Rose Kennedy, Eunice Shriver, Lee Radziwill, Miche Bouvier (er lebte damals in Paris und arbeitete für Grumman Aircraft) und Tish Baldridge, die der ausländischen Presse Jackies Popularität zu erklären versuchte: »John F. Kennedy ist unser Präsident, aber sie ist unser Filmstar.«

Obwohl Janet Travell als offizielle Ärztin des Weißen Hauses mit den Kennedys nach Paris gereist war, wurden sie von Max Jacobson behandelt, der den Präsidenten auch nach Wien begleiten sollte, wo die erste Begegnung zwischen JFK und Chruschtschow stattfand. Nina blieb ebenso wie Janet Travell in Paris, während Max mit dem Präsidenten, der First Lady und ihren 35 Koffern nach Wien flog.

Trotz der Stimulierung durch Amphetamin verlief die Unterredung des Präsidenten mit dem sowjetischen Staatschef erfolglos. Vor allem in der Berlin-Frage blieb Chruschtschow hart. Arbeitsminister Arthur Goldberg und Außenminister Dean Rusk hatten JFK geraten, das Gipfeltreffen zu verschieben. — Seit dem Kuba-Debakel war noch nicht genug Zeit verstrichen. — Aber Kennedy hatte sich anders entschieden, weil er die Spannungen des Kalten Krieges abbauen wollte. Das Resultat dieser Entscheidung war ein Wortgefecht, in dem ein älterer, klügerer und erfahrenerer Kämpfer die Oberhand behielt.

Mochte der Gipfel auch ein taktischer Fehler des Präsidenten gewesen sein — für Jackie war er ein weiterer Triumph. Ebenso wie in Paris faszinierte sie auch in Wien die Menschenmengen, die ausländischen Würdenträger und die internationale Presse. Und sie beeindruckte sogar Nikita Chruschtschow.

Das Staatsbankett fand im Schloß Schönbrunn statt, vor dem während des Essens eine gewaltige Menschenmasse den Namen der First Lady skandierte: »Ja-ckie! Ja-ckie!« Das Geschrei wurde so laut, daß die Sicherheitsbeamten die Leute verscheuchen mußten.

»Man scheint Sie zu mögen«, sagte Chruschtschow zu Jackie, und sie strahlte. Er sagte ihr, wie ›exquisit‹ er ihr langes, mit rosa Perlen besetztes weißes Kleid finde. Den zweihundertfünfzig Gästen entging nicht, daß er seinen Stuhl näher zu ihr gerückt hatte. Die beiden unterhielten sich über Pferde und ukrainische Volkstänze. Als er ihr mitteilte, in der sowjetischen Ukraine gebe es jetzt mehr Schullehrer als noch zur Zeit des Zaren, erwiderte sie: »Oh, Herr Vorsitzender, langweilen Sie mich nicht mit Statistiken!« Er lachte, und als sie sich nach den russischen Hunden erkundigte, die man ins All befördert hatte, versprach er, ihr einen zu schikken — was er auch tat. Der Fotograf einer britischen Zeitung fragte ihn, ob er mit Präsident Kennedy für eine Aufnahme posieren würde, und der Sowjetführer entgegnete: »Lieber mit seiner Frau.«

London war nächste Station der Präsidentenreise. Auf dem Flughafen Heathrow wurden die Kennedys von Premierminister Harold Macmillan, dem amerikanischen Botschafter David Bruce und einer jubelnden Menschenmenge empfangen. Der Präsident und die First Lady stiegen im Haus der Radziwills ab, in der Nähe des Buckingham Palace, und Dr. Jacobson traf sich mit seiner Frau im Hotel Claridge. Kaum war er dort abgestiegen, wurde er auch schon ins Quartier der Kennedys beordert, wo er Fürst ›Stas‹ begegnete. Bald sollten auch die Radziwills zu seiner ergebenen Patientenschar gehören.

Der Hauptanlaß für den Besuch in London war die Taufe von Anna Christina Radziwill, der kleinen Tochter von Lee und Stas. Die Zeremonie fand am 5. Juni in der Westminster Cathedral statt. Am Abend nahmen die Kennedys an einem Dinner teil, das Königin Elizabeth und Prinz Philip im Bukkingham Palace gaben. Um dreiundzwanzig Uhr fünfundvierzig ging der Präsident wieder an Bord der Air Force One, um nach Washington zurückzufliegen. Jackie blieb in London, um mit ihrer Schwester und ihrem Schwager eine einwöchige Griechenlandreise anzutreten.

Wieder in Washington, nahm sie ebenso wie ihr Mann regelmäßig die Dienste Jacobsons in Anspruch, oft drei- bis viermal wöchentlich. Im Sommer 1961 hatten beide dann bereits eine starke Abhängigkeit von Amphetamin entwikkelt. Anscheinend glaubten sie felsenfest an ihren Arzt. Sie fragten nie, was die Injektionen enthielten, und er erwähnte es auch nie. Wie viele seiner Patienten, fühlten sie sich weit vitaler und energiegeladener als zuvor, und sie brauchten auch viel weniger Schlaf als in den letzten Jahren.

Ruth Mosse, eine Krankenschwester, die während der Kennedy-Amtszeit für Jacobson gearbeitet hatte, berichtete später: »Wenn Jackie nach New York kam, rief der Geheimdienst in der Praxis an, und man schickte einen Wagen, ... der Max zum Hotel Carlyle brachte. Auch Präsident Kennedy betrat die Praxis kein einziges Mal. Max ging immer zu ihm. Es überraschte mich, daß sie ihn überhaupt empfingen, denn er war ein Scharlatan. Das weiß ich, weil ich sah, was er trieb. Er nahm Knochenmark, kochte es und injizierte es seinen Patienten. Einige bekamen Infektionskrankheiten. Andere kippten um, und wir mußten sehen, daß wir sie wieder auf die Beine brachten. Trotzdem wandte sich jeder, der etwas darstellte, an Max. Sie glaubten an ihn wie Fanatiker an eine Religion. Meistens war er völlig durcheinander. Wenn er jemandem eine Spritze gab, schüttete er den Inhalt seiner Arzttasche auf den Tisch und wühlte in einem Chaos unbeschrifteter Fläschchen und namenloser Chemikalien, bis er fand, was er suchte. Von seinen chemischen Mixturen hatte er ständig schwarze Fingernägel. Wenn ein Patient fragte, was für eine Injektion er bekommen werde, erwiderte Max: ›Wenn ich's Ihnen sage, würden Sie's dann verstehen?‹ Genausogut hätte er antworten können: ›Zweifeln Sie an Gott?‹ Max war verrückt. Pro Tag empfing er dreißig Patienten oder noch mehr. Er arbeitete täglich vierundzwanzig Stunden, manchmal tagelang. Und er war ein Metzger, sein weißer Kittel strotzte vor Blutflecken. Deshalb mußten wir ihn veranlassen, sich umzuziehen, wenn er zu Jackie gerufen wurde. Weil er sich das Zeug auch selber injizierte, lallte er manchmal, und man konnte ihn kaum verstehen. Mein Vater, ein Psychiater, veranlaßte mich, den Job aufzugeben, weil er fürchtete, Max könnte mir ebenfalls Spritzen geben.«

Mehrere Vertraute der Kennedys teilten Ruth Mosses Bedenken. Pierre Salinger verstand nicht, warum der Präsident einen Arzt konsultierte, der so unprofessionell wirkte wie Jacobson, und hatte Angst, die Presse würde davon erfahren. Dr. Janet Travell versuchte mit JFK über seine Amphetaminsucht zu diskutieren, aber er ignorierte ihre Ratschläge ebenso wie die häufigen Warnungen seines Bruders

Bobby. Wie aus FBI-Akten hervorgeht, schickte Bobby 1961 fünf Fläschchen, die Jacobson im Weißen Haus zurückgelassen hatte, ins FBI-Labor, um eine chemische Analyse vornehmen zu lassen. Dabei fand man Amphetamin und Steroide in hochkonzentrierter Form.

Schließlich wollte Jacobson aus eigenem Antrieb aufhören, die Kennedys zu behandeln, weil er sich von mehreren Leuten, die dem Präsidenten nahestanden — darunter Robert Kennedy und Dr. Janet Travell —, schlecht behandelt fühlte. Um diesen Entschluß JFK mitzuteilen, schrieb er einen Brief, den er ihm beim nächsten Zusammentreffen überreichte. »Er öffnete ihn«, berichtet Jacobson in seinen Erinnerungen, »und las, ich sei glücklich, ihm gedient zu haben, bitte aber um die Erlaubnis, meine Aktivitäten im Weißen Haus beenden zu dürfen, weil ich eine Kontroverse vermeiden wolle, in die ich verwickelt werden könne. Lachend zerriß er den Brief und sagte: ›Das kommt nicht in Frage.‹«

Jacobson behandelte John und Jackie also auch weiterhin, und Robert Kennedy setzte die Kampagne gegen ihn fort. Er übte so lange Druck auf seinen Bruder aus, bis dieser sich bereit erklärte, das Medikament vom Amt für Lebens- und Arzneimittel untersuchen zu lassen. Dort kam man zum selben Ergebnis wie zuvor das FBI-Labor. »Und wenn es Pferdepisse ist — das ist mir egal«, erklärte der Präsident. »Jedenfalls funktioniert es.«

Glanzvolle und kritische Augenblicke wechselten einander im Weißen Haus ab und sorgten dafür, daß Max immer wieder gebraucht wurde. Je stärker Kennedys innere Anspannung wurde, desto öfter verlangte er nach einer Behandlung mit Amphetamin. »Ich erinnere mich an einen Nachmittag, wo im Weißen Haus ein wichtiger Empfang stattfinden sollte«, schreibt Jacobson. »Zu jenem Zeitpunkt litt das ganze Land unter den Auswirkungen der Stahlkrise [die Stahlarbeiter streikten]. Kennedy war rastlos und nervös. Nach der Behandlung sagte er lächelnd: ›Jetzt kann ich nach unten gehen und ein paar hundert intimen Freunden die Hände schütteln.‹«

Als James Meredith im September 1962 als erster farbiger Amerikaner an der Universität von Mississippi zu studieren begann und Kennedy Armee-Truppen einsetzte, um gegen die Rassenunruhen vorzugehen, verabreichte ihm Max Jacobson mehrere Injektionen. Auch in den frühen Tagen der Kuba-Krise und wann immer die USA einen Astronauten ins All schickten, stand der Arzt auf Abruf bereit.

Am 15. November 1963 flog Max nach Palm Beach, um Kennedy zum letztenmal zu behandeln. »Er steckte gerade mitten in den Vorbereitungen für seine Reise nach Texas«, schreibt Jacobson. »Die Atmosphäre wirkte angespannt, obwohl mir der Präsident gelassen und gut gelaunt erschien. Einem Gerücht zufolge war die bevorstehende Reise möglicherweise risikoreich. Ich brachte meine Sorge um sein Wohlergehen zum Ausdruck. Lachend tat er meine Bedenken ab und erklärte, er freue sich auf Texas. Ich erinnere mich noch, wie enttäuscht ich war, weil er mich nicht aufforderte, ihn zu begleiten.«

18

Am Ende ihres ersten Jahres im Weißen Haus gab Jacqueline Kennedy einem Reporter von *Newsweek* ein Interview und erklärte, sie habe seit dem Amtsantritt ihres Mannes viel gelernt. »Bedenken Sie, was wir alles durchgemacht haben. John und ich sind beide jung und gesund, und wir haben zwei wundervolle Kinder. Aber anfangs war es schwierig für sie, vor allem in den ersten drei Monaten, wo wir sie kaum sahen. Es brach mir fast das Herz. Und man merkte es Caroline an. Dieses traurige kleine Gesicht! Und in einem Bürogebäude leben zu müssen! Man verläßt seinen Schreibtisch für fünf Minuten, und wenn man zurückkommt, ist er schon wieder bis zur Zimmerdecke mit Papierstapeln beladen. John war es nicht gewöhnt, im selben Haus zu wohnen und zu arbeiten. Ein Freund riet ihm, morgens zweimal die Auffahrt hinauf- und hinunterzulaufen, dann hätte er das Gefühl, zur Arbeit zu gehen.«

Für den durchschnittlichen *Newsweek*-Leser mußten Jakkies Klagen sonderbar klingen. Die Kinder wurden von mehreren Angestellten versorgt, deren Gehälter aus dem Budget des Weißen Hauses stammten. Und Carolines ›trauriges kleines Gesicht‹ dürfte sich beim Anblick ihrer unzähligen Spielsachen vielleicht hin und wieder aufgehellt haben. Wie ihr Bruder besaß sie so viele Stofftiere, Puppen, Bücher und Spiele, daß sie gar nicht wußte, was sie damit anfangen sollte. Um in den Kindergarten zu gehen, brauchten sie nur in den Lift zu steigen und in die oberste Etage zu fahren, wo Jackie für Caroline, John-John und zwei Dutzend privilegierter kleiner Spielkameraden entsprechende Räumlichkeiten eingerichtet hatte.

»Ich erinnere mich, gelesen zu haben, was für eine großartige Mutter Jackie als First Lady war und wie schwierig es für sie gewesen sein muß, ihre Kinder aufzuziehen«, erinnert sich Esther Van Wagoner Tufty. »Auch das gehört zum kunstvollen Kennedy-Image, für dessen Aufbau die Familie — vom Patriarchen Joseph Kennedy bis zu Jackie selbst — so viel Zeit und Geld verwendet haben. Man erzählte mir, Jackie sei snobistisch und selbstsüchtig und schrecklich verwöhnt, aber als Mutter vollbringe sie eine wunderbare Leistung. Ich sehe das nicht so. Ich sehe nichts, wodurch sie sich ... im Vergleich zu fünfzig Millionen anderer amerikanischer Moms auszeichnet, abgesehen von der Tatsache, daß sie mehr Geld, mehr Angestellte und mehr elitäre Neigungen hat. Und was Caroline und John-John betrifft — wie vielen Kindern geht es denn so gut, daß sie im Weißen Haus aufwachsen ... auf eigenen Ponys über den Rasen vor dem Haus galoppieren, eine so große Garderobe besitzen, daß man damit die Hälfte der Kinder von Harlem einkleiden könnte, niemals im Wartezimmer eines Arztes oder Zahnarztes sitzen, niemals im Bus oder in der U-Bahn fahren müssen und wissen, daß sie alles haben und überall hingehen und tun können, was immer sie sich wünschen? Diese Kinder wurden wie königliche Hoheiten behandelt. Wenn sie Bozo, den Clown, kennenlernen wollten, lernten sie Bozo, den Clown, kennen. Wenn sie Lassie streicheln wollten, streichelten sie Lassie. Und da sollen sie mir leid tun? Muß ich Jackie als Mutter des Jahres betrachten, weil sie ihnen gelegentlich vor dem Einschlafen eine Geschichte vorlas oder manchmal zuschaute, wenn sie von ihrem Kindermädchen gebadet wurden?

Von uns allen wurde Mitleid mit Jackie erwartet. Ich meine, wegen all der Mühe, die sie als First Lady auf sich nahm, indem sie Staatsoberhäupter wie Konrad Adenauer und Harold Macmillan traf ... Diese Begegnungen nutzte sie zu unverschämten, fröhlichen Spötteleien ... Sie imitierte Adenauers starken preußischen Akzent, das Lispeln des Schahs von Persien, das affektierte Zwitschern der Königin Friederike von Griechenland. Ihr Repertoire bestand aus etwa fünfzig führenden Persönlichkeiten aus allen Teilen der Welt. Es war grausam, aber amüsant, diese Art von Schmähungen, die Noël Coward so brillant beherrschte.

Pierre Salinger (links), Kennedys treuergebener Pressesprecher, und General Polk 1963, kurz vor Kennedys Besuch in Berlin. *(Ullstein Bilderdienst)*

Dr. Max Jacobson, der die Elite Amerikas nichtsahnend mit Amphetaminen behandelte. *(Ruth Jacobson)*

Trotz der Ausstrahlung, die sie für andere Männer hatte, gelang es Marilyn Monroe nicht, Kennedy auch emotional an sich zu binden. *(Ullstein Bilderdienst)*

Angie Dickinson gehörte zu den wenigen Frauen, für die sich John F. Kennedy ernsthafter interessierte.

Judith Campbell Exner, Kennedy-Gespielin und direktes Verbindungsglied zur Chicagoer Mafia. *(AP/Wide World)*

Gene Tierney mit ihrem Mann, dem Designer Oleg Cassini. Als ihre Ehe 1946 brüchig wurde, hatte sie eine längere Beziehung mit John F. Kennedy. *(Keystone Pressedienst)*

Auch die Schauspielerin Zsa Zsa Gabor hatte eine Affäre mit John F. Kennedy. *(Interpress Paris/Ullstein Bilderdienst)*

Franklin D. Roosevelt Jr. und seine Frau, die frühere Ethel Du Pont. Beide waren enge Freunde von John und Jackie. *(Keystone Pressedienst)*

Truman Capote, ein scharfer Kritiker John F. Kennedys und später auch Jackies, 1955 mit Marilyn Monroe. *(Bilderdienst Süddeutscher Verlag)*

Frank Sinatra war einer der wichtigsten Wahlkampfhelfer John F. Kennedys. Hier bei einer Wahlkundgebung 1960 in New York. *(Keystone Pressedienst)*

John F. Kennedy, Jackie und John Conally, der Gouverneur von Texas, am 22. 11. 1963, kurz vor dem Attentat auf Kennedy. *(Bilderdienst Süddeutscher Verlag)*

Direkt nach dem Attentat. Voller Panik will Jackie aus dem fahrenden Wagen springen, wird aber von einem Sicherheitsbeamten zurückgehalten. *(Bilderdienst Süddeutscher Verlag)*

Unmittelbar nach John F. Kennedys Tod läßt sich Johnson in Texas vereidigen. *(John F. Kennedy Library)*

Noch vor seinem Prozeß wird Lee Harvey Oswald, von vielen für den Mörder Kennedys gehalten, erschossen. *(Keystone Pressedienst)*

Jackie mit ihren Kindern John Jr. und Caroline auf dem Weg zur Beisetzung ihres Mannes. *(Ullstein Bilderdienst)*

John F. Kennedy Jr. grüßt die Wache am Sarg seines Vaters. *(Keystone Pressedienst)*

Besonders Achmed Sukarno konnte sie fabelhaft nachmachen. Sukarno, der indonesische Staatschef, besuchte Washington im Frühling 1961 und wollte ausschließlich über die sexuellen Neigungen seiner Lieblingsfilmstars, vor allem von Marilyn Monroe und Gina Lollobrigida, diskutieren. Er verlangte, das US-Außenministerium müsse ihm selbst und einigen Mitgliedern seines Gefolges Callgirls zur Verfügung stellen. Bei einem Empfang im Weißen Haus stellte er Jackie nach und lud sie ein, ihn in Indonesien zu besuchen — ohne ihren Mann. Dieses Angebot lehnte sie ab. Sie übte eine starke Wirkung auf Männer aus. Ché Guevara sagte einmal, sie sei die einzige Amerikanerin, die er treffen wolle — aber nicht am Konferenztisch. ... Jackie hatte ihre guten und schlechten Seiten. Beide wurden zu sehr aufgebauscht. Wie ihr Mann wuchs sie in ihre Rolle hinein und lernte mit der Macht und den Verantwortungen umzugehen, die sich aus ihrer Position ergaben. Einmal prahlte sie ...: ›Die Leute erzählen mir von neunundneunzig Dingen, die ich als First Lady tun müsse, und ich habe überhaupt nichts davon getan.‹ Im Weißen Haus bekam sie viele Ratschläge, wie sie ihr Image ändern solle. Sie müsse sparsamer sein, wie Mrs. Taft, politisch engagierter, wie Mrs. Roosevelt, oder die Politik bleibenlassen und hausfraulicher wirken, wie Mrs. Truman. Sie müsse ihre schicken Frisuren aufgeben. Sie dürfe nicht auf Fuchsjagd gehen und sich nicht so teuer anziehen. Aber Jackie tat weiterhin nur das, was sie wollte.

Und nicht alles war schlecht. Als sie hörte, die Damen von den ›Töchtern der Amerikanischen Revolution‹ hätten dagegen protestiert, daß sie UNICEF-Weihnachtskarten kaufe, weil das Geld angeblich in kommunistisch kontrollierte Länder floß, bestellte sie zusätzlich hundert Kartons mit Karten. Sie veranlaßte, daß die Presse darüber berichtete. In jenem Jahr kaufte jede amerikanische Hausfrau UNICEF-Weihnachtskarten.

Als sie ihren Mann 1960 während des Wahlkampfs nach West Virginia begleitete, war sie entsetzt über die Armut im Gebiet des Kohlebergbaus. Nach ihrem Einzug ins Weiße Haus beschloß sie, die dortige Situation zu verbessern. Sie kaufte Kristall von der Morgantown Glassware Guild, einem bedeutenden Unternehmen in West Virginia … Und sie erklärte, sie werde ›jede Woche alle Gläser im Weißen Haus zerbrechen und neue bestellen, wenn ich keine andere Möglichkeit habe, diesen Leuten zu helfen‹.«

»Ich glaube, Jackie spürte schließlich, daß sie eine lohnende Aufgabe hatte«, meint Oleg Cassini. »Anfangs war sie gezwungen worden, sich anzupassen. Dann reiste sie nach Europa und erregte größeres Aufsehen als der Präsident. Da begann sie ihre Position zu genießen. Davor hatte sie sich nur als ›Frau des Präsidenten‹ betrachtet. Jetzt sah die Sache anders aus. Sie hatte ihrem Mann die ganze Schau gestohlen.«

Igor Cassini ging noch einen Schritt weiter. »Jackie hatte die Welt der Macht und des Geldes schon immer geliebt. Und wie man so sagt — ›Macht verdirbt‹. In gewisser Weise wurde auch sie von der Macht verdorben. Sobald sie First Lady geworden war, veränderte sie sich — und nicht zum Guten.«

Jackies ›Power-Trip‹ führte zu Unstimmigkeiten in der Familie. Edie Beale meinte, für Lee könne es nicht leicht gewesen sein, »hinter Jackie die zweite Geige zu spielen. Wann immer Lee das Weiße Haus besuchte oder Jackie auf einer Reise begleitete, mußte man sie darauf hinweisen, daß Jakkie die Zirkuskönigin war.«

Falls Lee das zufällig einmal vergaß, wurde sie von Jackie nachdrücklich daran erinnert. Als die First Lady einmal in der Zeitung las, man finde die Kleidung ihrer Schwester eleganter als ihre eigene, schrieb sie an eine ihrer Modespioninnen in Paris: »Ich würde es sehr schätzen, wenn Sie mich vor Lee über alle Neuigkeiten informieren würden. Bitte, tun Sie das immer — jetzt, wo sie weiß, daß Sie mein ›Scout‹ sind, ist sie vor mir an Ort und Stelle. Also teilen Sie mir in diesem Herbst zuerst mit, was am schönsten ist.«

Die größten Probleme hatte Jackie mit der Kennedy-Familie, hauptsächlich mit Ethel, Bobbys Frau. »Ethel Kennedy besaß die Denkungsart eines Geiers«, berichtete Truman Capote. »Sie ist der ehrgeizigste und eifersüchtigste

Mensch, dem ich je begegnet bin. Wenn Jackie im Weißen Haus eine Party gab, fühlte sich Ethel verpflichtet, eine Woche später eine Riesenfete in Hickory Hill zu veranstalten. Jackie bezeichnete sie als ›Gebärmaschine — man braucht sie nur aufzuziehen, und schon wird sie schwanger‹.«

Auch mit Rose Kennedy hatte Jackie ständig Schwierigkeiten. Das Verhältnis war weder für sie selbst noch für ihre Schwiegermutter einfach. Capote führte das auf die ›starken Persönlichkeiten‹ beider Frauen zurück. »Jackie war First Lady, aber Rose die Matriarchin der Familie. Sie traf die Entscheidungen. Wie jede andere Schwiegermutter sagte sie ihren Kindern, Jackie eingeschlossen, was sie essen, wo sie Urlaub machen, was sie anziehen sollten. Jackie duldete nicht einmal von seiten ihrer eigenen Mutter irgendwelche Anweisungen, und sie akzeptierte auch Roses Ratschläge nicht. Auch in Fragen der Kindererziehung hatten die beiden verschiedene Ansichten. Wenn die Kinder ihnen nicht zuhören sollten, sprachen sie französisch. Rose wollte, daß Caroline und John Jr. eine fundierte religiöse Erziehung erhielten und prüfte sie, ob sie ihre Gebete auswendig konnten.«

Wie der Majordomus J. B. West beobachtete, kam Rose »öfter ins Weiße Haus, wenn ihre Schwiegertochter verreist war, als in deren Anwesenheit. Dann fungierte sie bei offiziellen Anlässen als Gastgeberin ihres Sohnes.«

Die Mutter des Präsidenten schrieb häufig an verschiedene Angestellte des Weißen Hauses, um Jackie zu kritisieren. Als die First Lady die Air Force One nach Palm Beach schickte, um mehrere Schallplatten holen zu lassen, die sie dort vergessen hatte, schrieb Rose Kennedy an Ken O'Donnell: »Diese Art von Verschwendung ist einfach unakzeptabel.«

Der einzige Kennedy, dem Jackie wirklich verbunden blieb, war Joe. Ein paar Wochen nach seinem Schlaganfall Ende 1961 besuchte Lem Billings das Haus in Palm Beach. »Der alte Mann konnte nicht sprechen«, erinnerte er sich. »Statt Worte zu formulieren, stöhnte und gurgelte er. John und Jackie waren da und zeigten sich sehr bestürzt. Vor allem Jackie. Joe war es gewöhnt, Befehle zu geben und die Leute anzubrüllen. Nun mußte er sich mit zwei Wörtern begnügen — ›Nein‹ und ›Scheiße‹. Jackie war ihm treu ergeben. Wann immer man ihn ins Weiße Haus brachte, kümmerte sie sich um ihn und wischte ihm den Mund ab, wenn ihm beim Dinner der Speichel herausrann. Der restlichen Familie bereitete seine Lähmung Unbehagen, aber Jackie ... küßte ihn auf die gelähmte rechte Wange.«

Bis dahin stets vom politischen Rat seines Vaters abhängig, wandte sich der Präsident nun an andere Familienmitglieder, um Hilfe zu suchen. Bobby hatte er schon immer vertraut, und nun verließ er sich immer öfter auf ihn. Teddy konsultierte er nicht so oft — das tat er erst, als sein jüngster Bruder 1962 Senator von Massachusetts wurde. Überraschenderweise fragte er auch Jackie nach ihrer Meinung.

»John entwickelte großen Respekt vor dem politischen Urteilsvermögens seiner Frau«, berichtete George Smathers. »Sein Stolz auf ihre Leistungen wurde um so größer, je länger er im Amt blieb. Im Ausland setzte er sie als eine Art inoffizielle Beobachterin ein. Sie reiste nach Indien, Pakistan, Griechenland, Italien und in andere Staaten, und die Leute glaubten, sie würde nur Ferien machen. Aber sie tat viel mehr. Sie kam mit Regierungsbeamten zusammen und ging ihnen um den Bart ... In ihren Briefen — besser gesagt in ihren Berichten übte sie keine Zurückhaltung, weder bei negativer Kritik, noch bei Lobeshymnen.

Außerdem trat sie in der Öffentlichkeit als erstklassige Rednerin auf. Es war Jackie, die auf spanisch zu den Veteranen der Schweinebucht sprach, als sie nach Miami zurückkehrten. Sie besaß die Fähigkeit, schwierige Situationen zu meistern und mit schwierigen Menschen umzugehen. Sie hätte auch eine hervorragende Protokollchefin abgegeben. Und sie fungierte oft als Johns Vermittlerin, wenn er mit Leuten zu tun hatte, ... die er nicht besonders mochte.«

Zu diesen Personen gehörte der indische Staatschef Nehru, der Washington im November 1961 besuchte, zusammen mit seiner Tochter Indira Gandhi. Die beiden verbrachten mit den Kennedys ein Wochenende auf der Hammersmith

Farm der Auchinclosses in Newport. »Kennedy führte Nehru an den großen Marmorpalästen der Millionäre von Newport vorbei«, erzählt Kathy Tollerton, Verwaltungsbeamtin im Weißen Haus während JFKs Amtszeit, »und scherzte: ›Sie sollen sehen, wie der Durchschnittsamerikaner lebt.‹ Der Witz kam nicht gut an ... Am Montagmorgen landete der Hubschrauber, der die Besucher, den Präsidenten und Mrs. Kennedy von Newport nach Washington gebracht hatte, auf dem Rasen vor dem Weißen Haus. Dort hatten sich viele von uns versammelt ... Mein erster Eindruck war, daß JFK schrecklich aussah. Normalerweise sah er großartig aus, als hätte er acht Stunden geschlafen. Aber nun lagen dunkle Schatten unter seinen Augen, und er wirkte furchtbar mißmutig. Jackie und Nehru gingen zehn oder fünfzehn Schritte hinter ihm, Arm in Arm, und unterhielten sich sichtlich angeregt. Ich hatte gehört, JFK hätte Nehru 1951 bei einer Reise nach Indien selbstherrlich, unhöflich und hölzern gefunden. Offenbar hatte sich nichts daran geändert. Aber genauso deutlich konnte man erkennen, daß sich Jackie und Nehru wunderbar verstanden. Später besuchte sie Indien ohne ihren Mann, was keinen der Angestellten im Weißen Haus überraschte, die diese Ankunftsszene an jenem Morgen beobachtet hatten.«

Jackie trat die Good-Will-Tour nach Indien am 8. März 1962 an, begleitet von ihrer Schwester Lee und ihrer Freundin Joan Braden. Letzterer gestand sie bei der Landung in Delhi, sie habe eine ›Todesangst‹. Bei einem Besuch im Ausland an der Seite ihres Mannes zu stehen, das war etwas ganz anderes, als die Vereinigten Staaten allein zu repräsentieren. Sie wirkte ein wenig steif, als sie am Flughafen Hände schüttelte, ein paar Begrüßungsworte sprach und dann mit Premierminister Nehru in einem Cadillac davonfuhr, gefolgt von ihrer Begleitung in anderen Autos.

Abends, beim Dinner, lernte sie von Indira Gandhi den traditionellen indischen Gruß, bei dem man die Hände wie zum Gebet faltet. Diese Geste vollführte sie zum erstenmal, als sie in Udaipur auf dem Rücksitz eines offenen Autos stand. Die Menschenmenge brach in lauten Jubel aus. *»Jak-*

kie Ki Jai! Ameriki Rani!« (»Es lebe Jackie! Königin von Amerika!«)

Die indische Presse schwelgte in überschwenglichen Reportagen und berichtete, es seien viel mehr Leute erschienen, um Mrs. Kennedy zu sehen, als beim Besuch der Königin Elizabeth. Im Leitartikel einer New-Delhi-Zeitung wurde Jackie ›Durga, Göttin der Macht‹ genannt. Prew Bhatia, Chefredakteur der *Times of India,* schrieb: »Während Mrs. Kennedy hier war, geschah in Indien nichts anderes. Ihre Anwesenheit beherrschte die indische Szene.«

Wohin immer sie ging, erhielt sie Geschenke — einen kostbaren indischen Teppich, eine Miniatur, einen Silberdolch, ein Spinnrad, einen goldenen Sari aus Rohseide und Baumwolle. Für ihre Kinder bekam sie einen handgearbeiteten Sattel, einen jungen Elefanten und zwei kleine Tiger (die Tiere wurden später in amerikanischen Zoos untergebracht). Der Gouverneur von Rajasthan überreichte ihr eine emaillierte goldene Halskette, die mit Diamanten und Perlen besetzt war. Doch sie behielt nur die Geschenke des pakistanischen Präsidenten Mohammed Ayub Khan — einen Vollblüter, den braunen Wallach Sardar, den eine Militärtransportmaschine auf Regierungskosten in die USA flog, und ein zweites Halsband mit Diamanten, Rubinen und Smaragden.

Als sie von den internationalen Medien kritisiert wurde, daß sie in einem so armen Land Haute-Couture-Modelle trug, verbot sie ihrem Pressesprecher, den Reportern weitere Informationen über ihre Kleidung zu geben. »Wenn Sie unbedingt was sagen müssen, erklären Sie, das seien Second-hand-Sachen.«

Newsweek meinte, Jackie würde zu viele indische Fürsten und deren Paläste besuchen, statt sich das ›wahre Indien‹ anzuschauen. Das ärgerte den Präsidenten, der verlauten ließ, die indische Regierung entscheide, was Jackie zu sehen bekomme und was nicht. »Wenn uns die Franzosen nach Paris einladen, zeigen sie uns nicht die Kloaken, sondern Versailles.« Trotzdem instruierte er den amerikanischen Botschafter Galbraith, in Indien mehr Krankenhausbesuche zu planen und die Aufenthalte in kostbaren Palästen zu reduzieren. Das führte zu Komplikationen. Als die Amerikaner den Maharadscha und die Maharani von Jaipur besuchten, teilten sie ihren Gastgebern mit, sie könnten nicht so lange bleiben wie vorgesehen. Der Maharadscha erbot sich, Jackie den Stadtpalast von Jaipur zu zeigen, doch das lehnte Galbraith ab. In ihrer Autobiographie *A Princess Remembers* schreibt die Maharani: »Mr. Galbraith schien absurderweise zu glauben, wir wollten politische Vorteile aus Jackies Besuch ziehen. Er schrieb sogar an Präsident Kennedy und bat ihn, seiner Frau nahezulegen, nicht nach Jaipur zu reisen. Der Präsident antwortete, er mische sich nie in die privaten Pläne seiner Frau ein.«

Später verteidigte sich Galbraith, indem er hervorhob: »Zu jener Zeit gab es beträchtliche Spannungen zwischen der indischen Regierung und den alten Fürstenhäusern ... Ich war der indischen Regierung verpflichtet, mit der sowohl die Regierung der Vereinigten Staaten als auch ich zu tun hatten. Man gab mir zu verstehen, ich solle Mrs. Kennedy der Obhut staatlicher Behörden überlassen. Aber es wurde ein Kompromiß gefunden, und sie besuchte die Jaipurs ... im Stadtpalast.« Dieser Besuch fand spätabends statt, als die Straßen von Jaipur verlassen waren.

Zu einem weiteren Meinungsaustausch zwischen dem Präsidenten und dem amerikanischen Botschafter kam es, als Jackie darauf bestand, die erotischen Kunstwerke in der Schwarzen Pagode von Konarac zu besichtigen — unter anderem, wie sich Galbraith ausdrückte, »eine fachkundige Frau, die zwei sichtlich erregte Männer gleichzeitig liebt«. Voller Sorge, ein Fotograf könnte Jackie davor aufnehmen, wandte er sich an den Präsidenten. »Na und?« fragte Kennedy. »Glauben Sie, daß sie noch nicht alt genug ist?«

Am 26. März flogen Jackie und ihre Begleitung von Pakistan nach London, wo sie zwei Tage blieben. Dort wurde sie zum Lunch in den Buckingham Palace eingeladen. Als sie den Palast verließ, beeilte sie sich, peinlichen Vergleichen zuvorzukommen, und erklärte der Presse: »Ich fand das Kleid der Königin sehr schön.« Aber sie fügte die züchtige, matronenhafte britische Monarchin noch in derselben Woche ihrer Sammlung komischer Imitationen bei.

Nach Washington zurückgekehrt, wirkte die First Lady erschöpft. Die öffentlichen Beschwerden über die Reise besserten ihre Laune keineswegs. Der Kongreßabgeordnete Walter L. McVey, Republikaner aus Kansas, erzählte der *New York Times,* er habe in einer Militärmaschine, die von Pakistan nach Griechenland geflogen sei, keinen Platz mehr bekommen, weil Jackies neues Pferd an Bord gewesen sei. Außerdem erfuhr man, ein Film über Jacqueline Kennedys Aufenthalt in Indien und Pakistan habe die Regierung mehr als hunderttausend Dollar gekostet. Jackie verriet selten, was sie von öffentlicher Kritik und Johns gelegentlichen Vorwürfen hielt. Über die Reise sagte sie nur: »Ich habe die Familie vermißt. Wenn die Leute in Indien und Pakistan nett zu mir waren, dann deshalb, weil ich die Frau des Präsidenten bin.«

Nie zuvor war Jackie so populär gewesen. Sie manipulierte die Meinungsumfragen genauso geschickt wie jeder andere Kennedy, und sie schien auch genauso einflußreich zu sein. Was immer die Ursache ihrer magischen Anziehungskraft sein mochte — sie wurde zur Gefangenen ihres eigenen Charismas. Ein Teil ihrer Ausstrahlung lag vielleicht an den widersprüchlichen Reaktionen, die sie auslöste — vor allem bei Menschen, die sie persönlich kannten.

»Jackie hat viel von einem kleinen Mädchen an sich«, meinte Oleg Cassini, »und das ist zweifellos ein Teil ihres Charmes. Manchmal wirkt sie verloren. Wenn man genau hinschaut, merkt man, wie ihr Gesicht ihre Gefühle und Probleme widerspiegelt, und dann sieht sie ganz verwirrt aus. Bei anderen Gelegenheiten tritt sie äußerst selbstsicher auf ... Sie ist in Hochform und weiß es auch, gibt sich autoritär, witzig und entschlossen. Das Schwierige daran ist nur — man weiß nie, mit welcher der beiden Jackies man rechnen muß.«

19

Anfang 1962 wußten sowohl das FBI als auch der Geheimdienst von John F. Kennedys Beziehung zu Marilyn Monroe. Außerdem war beiden Behörden bekannt, daß Marilyn mehrmals in der psychiatrischen Klinik Payne Whitney gewesen war und sich vergeblich bemüht hatte, ihre Abhängigkeit von Schlaftabletten und Alkohol zu überwinden. Doch trotz ihrer Süchte und ihrer persönlichen Probleme dauerte ihre Affäre mit dem Präsidenten an.

»Sie war verrückt nach John«, berichtete Peter Lawford, »und schwelgte in allen möglichen irrwitzigen Phantasievorstellungen, bei denen sie sich selbst in der Hauptrolle sah. Zum Beispiel malte sie sich aus, John Kinder zu schenken und Jackies Platz als First Lady einzunehmen. Die Tatsache, daß er Präsident war, brachte sie dazu, der Liaison eine gewaltige symbolische Bedeutung beizumessen. Er hatte nur seinen Spaß mit ihr, aber sie verliebte sich ernsthaft in ihn und in das, was er verkörperte — oder sie redete es sich in ihrem depressiven, gedopten Zustand ein, daß sie ihn liebte, was im Grund dasselbe ist.

Sie rief ihn nicht nur im Weißen Haus an, sondern sie schickte ihm auch Kopien ihrer Liebesgedichte, die sie zum großen Teil zu Beginn ihrer Karriere verfaßt hatte. Eines Tages erzählte sie mir, sie habe mit Jackie telefoniert. Trotz ihrer romantischen Ader und ihres Masochismus konnte Marilyn ziemlich gemein sein. Alle Leute stellten sie als armes, hilfloses Opfer hin, doch das stimmte nicht ganz. Wie sie behauptete, hatte der Anruf Jackie nicht weiter erschüttert. Jedenfalls sei nichts dergleichen zu spüren gewesen. Sie habe sich bereit erklärt, das Feld zu räumen und sich von John scheiden zu lassen, damit Marilyn ihn heiraten könne, aber diese müsse dann ins Weiße Haus ziehen. Wenn Marilyn nicht gewillt sei, offiziell im Weißen Haus zu leben, könne sie das Ganze vergessen.

In Wirklichkeit war Jackie wütend über den Anruf, und aus irgendeinem Grund machte sie Frank Sinatra dafür verantwortlich. Mir konnte sie nicht so leicht die Schuld geben, weil ich zur Familie gehörte, also ließ sie ihren Ärger an ihm aus. Bis dahin hatte sie sich immer gut mit ihm verstanden. Er besuchte die Kennedys im Weißen Haus, in Hyannis Port und Palm Beach, und sie luden ihn auch auf die Jacht Honey Fitz ein. Damit machte Jackie jetzt Schluß. Sinatra war im Weißen Haus nicht mehr willkommen, auch in keiner anderen Kennedy-Bastion.

Der Bruch mit Jackie erfolgte zur selben Zeit, als Sinatra auch mit Bobby Kennedy Schwierigkeiten bekam. Als Generalstaatsanwalt hatte er vielen von Sinatras Mafia-Kumpeln die Hölle heiß gemacht, unter anderen Giancana. Einige dieser Jungs baten Sinatra um Hilfe, und der wandte sich an Bobby, wobei ich ihn begleitete. Der Generalstaatsanwalt ließ sich nicht von seinem Kurs abbringen und riet seinem Bruder, dem Präsidenten, die Freundschaft mit Sinatra aufzugeben. ›In diesem Land versuchen wir den Bossen des organisierten Verbrechens das Handwerk zu legen‹, sagte Bobby, ›und du verkehrst mit einem Mann, der die Hälfte dieser Leute zu seinen engen Freunden zählt.‹

John hatte beabsichtigt, Sinatra vom 24. bis zum 26. März 1962 in Palm Springs zu besuchen, während Jackie durch Indien und Pakistan reiste. Dies war eine ideale Gelegenheit für John, sich ein wenig zu entspannen. In Erwartung des Präsidenten hatte Sinatra einige Räume an sein Haus anbauen und zwei oder drei kleine Gebäude für den Geheimdienst errichten lassen. Außerdem wurde ein Landeplatz für JFKs Hubschrauber angelegt, und man stellte sogar einen Flaggenmast auf. In letzter Minute rief Bobby mich an und sagte, ich solle Sinatra mitteilen, der Präsident könne seine Gastfreundschaft nicht annehmen. Ich bat ihn, sich das noch mal zu überlegen, und erklärte, wieviel der Besuch für Sinatra bedeute. Aber er erwiderte, Sinatras Kontakte zur Mafia könnten den Präsidenten in Verlegenheit bringen.

Ich telefonierte mit JFK. Er zeigte sich mitfühlend, blieb aber hart. ›Ich kann dort nicht wohnen, solange Bobby die Giancana-Untersuchung durchführt‹, sagte er. ›Vielleicht findest du eine andere Bleibe für mich.‹

Und so rief ich Sinatra an, um ihm die Situation zu erklären. Ich schob alles auf den Geheimdienst und behauptete, man vertrete die Meinung, das Haus in Palm Springs sei schwer zu bewachen. Sinatra merkte, daß das erstunken und erlogen war. Er telefonierte mit Bobby Kennedy, gab ihm alle erdenklichen Schimpfnamen und warf ihm Heuchelei vor, weil die Mafia gut genug war, solange sie seinem Bruder zum Wahlsieg verhelfen konnte, nun aber plötzlich nicht mehr gut genug für ihn sei.

Inzwischen traf John Vorbereitungen, um das Wochenende in Palm Springs bei Bing Crosby zu verbringen. Das trieb Sinatra vollends zur Weißglut. Der andere Sänger war noch nicht einmal ein Demokrat. Unfairerweise gab Sinatra mir die Schuld an der ganzen Sache. Damit war unsere Freundschaft zu Ende. Später erfuhr ich, daß er mit einem Vorschlaghammer den Beton des Hubschrauberlandeplatzes demoliert hat, den er für Kennedy angelegt hatte.«

Marilyn Monroe verbrachte das Wochenende mit JFK in Bing Crosbys Haus. Am 19. Mai, zwei Tage vor seinem fünfundvierzigsten Geburtstag, sah sie ihn bei einer Feier im New Yorker Madison Square Garden wieder, an der fünfzehntausend Demokraten teilnahmen. Zur Prominenz, die dem Präsidenten huldigte, gehörten Ella Fitzgerald, Peggy Lee, Jimmy Durante und Maria Callas. Aber es war Marilyn in ›Haut und Perlen‹ (um Adlai Stevenson zu zitieren), die allen die Schau stahl, als sie mit ihrer geschmeidigen, kehligen Stimme das ›Happy Birthday‹-Lied sang.

Peter Lawford hatte Marilyns Auftritt im Madison Square Garden arrangiert, aber erst, als er sicher war, daß Jackie an diesem Abend woanders sein würde. In seiner Rolle als Zeremonienmeister kündigte er ›the late Miss Monroe‹ an. (Das englische Wort ›late‹ hat eine doppelte Bedeutung: ›verstorben‹ und ›verspätet‹.) Damit wollte er auf ihre allgemein bekannte Unpünktlichkeit anspielen. »Natürlich ahnte ich nicht, daß sie nur noch wenige Monate leben würde«, erklärte er später. »Irgendwie war sie nicht sie selbst. Wie ich mich entsinne, schrieb Arthur Schlesinger, ein Gespräch mit Marilyn sei, als würde man mit jemandem unter Wasser reden.«

Am späteren Abend verbrachten Marilyn und John F. Kennedy mehrere Stunden allein in seinem Penthouse im Carlyle. Es sollte das letzte Rendezvous zwischen ihnen sein. Robert Kennedy und J. Edgar Hoover hatten JFK gewarnt, Peter Lawfords Strandhaus in Santa Monica sei wahrscheinlich von der Mafia mit Wanzen versehen und mindestens eine seiner heimlichen Zusammenkünfte mit Marilyn auf Band aufgenommen worden. Deshalb beschloß er, die Affäre zu beenden.

»Marilyn wußte, daß es vorbei war, konnte es aber nicht akzeptieren«, berichtete Lawford. »Sie begann, sentimentale Briefe an John zu schreiben und rief ihn immer wieder an. Und sie drohte sogar, die Presse zu informieren. Schließlich schickte er Bobby nach Kalifornien, der sie besänftigen sollte. Bobby kannte sie bereits. Sie waren sich auf einer Dinnerparty in meinem Haus begegnet, die er mit Ethel besucht hatte. Und ein zweites Mal hatten sie sich in New York nach Marilyns Auftritt bei Johns Geburtstagsfeier gesehen. Nun versuchte er ihr zu erklären, der Präsident sei sehr beschäftigt und erfülle die wichtige Aufgabe, das Land zu regieren. Sie bedeute ihm zwar sehr viel, aber er sei bereits verheiratet und könne nicht einfach davonlaufen und einen Scheidungsanwalt aufsuchen. Auch wenn es möglicherweise nicht einfach für sie sei, müsse sie diese Entscheidung akzeptieren und aufhören, den Präsidenten ständig anzurufen.

Sie nahm es sehr schwer, und Bobby hatte Mitleid mit ihr. Am nächsten Tag trafen sie sich wieder und gingen den ganzen Nachmittag am Strand spazieren. Es lag nicht in Bobbys Absicht, aber an diesem Abend wurden sie ein Liebespaar und verbrachten die Nacht in unserem Gästezimmer.

Es wurde auf Anhieb eine sehr leidenschaftliche Affäre, und sie sahen sich ziemlich oft. Nun rief Marilyn nicht mehr im Weißen Haus an, sondern im Justizministerium. Angie Novello, Bobbys Privatsekretärin, führte lange Gespräche mit ihr, wenn der Chef nicht da war. Bald verkündete Marilyn, sie liebe Bobby, und er habe versprochen, sie zu heiraten. Sie schien keinen Unterschied mehr zwischen Bobby und John zu machen.

Zu diesem Zeitpunkt wurde sie von der Twentieth Century-Fox gefeuert, weil sie bei den Dreharbeiten zu *Something's Got to Give* — einem kostspieligen Cinemascopefilm, der nie fertiggestellt werden sollte — ständig unter Tabletteneinwirkung gestanden und ihren Text nur noch gelallt hatte. Sie konnte nachts nicht schlafen und sah schrecklich aus. Ich sagte ihr, sie solle endlich von dem Zeug loskommen, das sie andauernd nahm, und vernünftig werden, sonst würde sie ihre ganze Karriere zerstören. Aber Marilyn konnte sich nicht bremsen. Bobby zog sich allmählich von ihr zurück, genauso wie vorher John. Da ging sie die Wände hoch. ›So behandeln sie alle!‹ empörte sie sich. ›Sie benutzen dich, dann werfen sie dich weg wie einen Müllsack!‹

Wenn sie zum Dinner oder zu einer Party in unser Haus kam, blieb sie oft über Nacht, besonders dann, wenn sie viel getrunken hatte. Einmal erwachte ich am frühen Morgen und fand sie in einem Bademantel auf dem Balkon. Sie starrte zum Swimming-pool hinunter. Ich ging hinaus und fragte: ›Bist du okay?‹ Tränen rannen über ihre Wangen. Ich führte sie ins Haus, machte das Frühstück, und Pat und ich trösteten sie stundenlang. Sie war völlig niedergeschlagen und erklärte, wie häßlich sie sich fühle, wie wertlos, wie mißbraucht.

Im Juli nahmen wir sie zu zwei Festen in Cal-Neva am Lake Tahoe mit. Bei der ersten Party tranken wir alle eine ganze Menge, aber Marilyn schluckte zusätzlich Schlaftabletten, was keiner von uns merkte, bis es fast zu spät war. Es ging ihr so schlecht, daß sie nach Reno gebracht und von dort in Sinatras Privatmaschine nach Los Angeles geflogen werden mußte.

Die zweite Party endete genauso abrupt, als Marilyns Ex-Ehemann, der Baseballstar Joe DiMaggio plötzlich auftauchte. Offenbar hatte ihm jemand erzählt, sie sei gekidnappt worden und würde gegen ihren Willen in Cal-Neva festgehalten werden. In der Hütte gab's immer Callgirls, Sex, Drogen und wilde Feste. Marilyn war bestimmt nicht unfreiwillig da. Aber DiMaggio wollte, daß sie mit ihm nach Hause kam. Die beiden stritten, sie wurde richtig hysterisch und mußte auch diesmal früher aufbrechen und in Sinatras Flugzeug nach Los Angeles zurückkehren.«

Am 3. August 1962, zwei Tage vor Marilyns angeblichem Selbstmord, überstürzten sich die Ereignisse. Es war Wochenende, und Marilyn hatte gehört, Bobby habe sich mit seiner Familie in der Nähe von San Francisco einquartiert. Und so rief sie Peter Lawford an, um ihn nach Bobbys Telefonnummer zu fragen. Die hatte er nicht, aber er dachte, seine Frau Pat könne ihr vielleicht helfen. Pat besuchte gerade ihre Familie in Hyannis Port. Er gab Marilyn die dortige Nummer. Sie rief an, und Pat machte die gewünschte Telefonnummer ausfindig.

Obwohl Bobby zunächst zögerte, erklärte er sich dann doch bereit, Marilyn zu treffen. Am nächsten Tag flog er nach Los Angeles und ließ sich von einem Hubschrauber zum Filmgelände der Twentieth Century-Fox bringen. Dort erwartete ihn Peter Lawford, der ihn zu Marilyns Haus in Brentwood fuhr.

Um zwei Uhr nachmittags kamen sie an. Marilyn hatte ein mexikanisches Buffet vorbereitet, das sie in einem nahen Restaurant bestellt hatte, und eine große Flasche Champagner kaltgestellt. Lawford goß sich ein Glas ein und ging zum Swimming-pool hinaus, damit Marilyn und Bobby ungestört miteinander reden konnten. Wenige Minuten später hörte er laute Stimmen. Bobby sagte, er werde mit Lawford zu dessen Haus fahren, und sie könne mitkommen. Darauf entgegnete Marilyn, er habe versprochen, den Nachmittag mit ihr allein zu verbringen.

»Sie stritten etwa zehn Minuten lang, und Marilyn wurde immer hysterischer«, berichtete Lawford. »In heller Empörung kündigte sie an, sie werde am Montagmorgen eine Pressekonferenz einberufen und aller Welt erzählen, wie sie von den Kennedy-Brüdern behandelt worden sei. Bobby wurde leichenblaß. Unmißverständlich machte er ihr klar, sie solle John und ihn von nun an in Ruhe lassen — keine Telefonanrufe und keine Briefe mehr, nichts. Sie wollten nichts mehr von ihr wissen.

Da verlor Marilyn die Beherrschung, beschimpfte Bobby und schlug mit beiden Fäusten auf ihn ein. In hellem Zorn packte sie ein kleines Küchenmesser und stürzte sich auf ihn. ... Es gelang uns, Marilyn zu Boden zu werfen und ihr das Messer zu entwinden. Bobby hielt es für das beste, ihren Psychiater Dr. Greenson von Beverly Hills anzurufen und ihn zu bitten, vorbeizukommen. Etwa eine Stunde später traf Dr. Greenson ein.«

Was danach geschah, läßt sich nur vermuten. So unterschiedliche Schriftsteller wie Norman Mailer, Anthony Summers und Earl Wilson haben jeweils ihre detaillierte, logische, aber oft widersprüchliche Version der Ereignisse veröffentlicht, die in der Nacht des 4. August zu Marilyn Monroes Tod führten. Die glaubwürdigste, auf persönlichen Erinnerungen basierende Variante stammt von Ted H. Jordan und wurde bis heute nicht publiziert.

Jordan, ein Kleindarsteller aus Hollywood, kannte Marilyn seit 1942. Er schreibt, sie habe »zu Übertreibungen geneigt und eine sehr lebhafte Phantasie und die Fähigkeit besessen, die Dinge so aufzubauschen, daß die Proportionen nicht mehr stimmten. Aber als sie mich am letzten Tag ihres Lebens um etwa siebzehn Uhr anrief, hatte sie keinen Grund zu lügen. Sie erzählte mir von ihrem Streit mit Bobby und sagte, Dr. Greenson, der immer noch bei ihr sei, habe ihr eine Beruhigungsspritze gegeben. Lawford und Bobby Kennedy seien bereits gegangen. Abends telefonierte Marilyn ein zweites Mal mit mir. Ihre Stimme klang so, als wäre sie tausend Meilen weit entfernt. Sie berichtete, Lawford habe sie gegen neunzehn Uhr angerufen, um sie zu einem chinesischen Essen und einer Pokerpartie mit Freunden einzuladen. Bobby wolle, daß sie komme. Aber Marilyn argwöhnte, Lawford werde nach dem Spiel für Bobby und sich ein paar Huren kommen lassen und erwarten, daß sie dabei mitmachte. ›Davon habe ich genug‹, erklärte sie. ›Bobby hat versprochen, bei mir zu bleiben, und das ist nun daraus geworden.‹

Sie erwähnte noch, sie habe am früheren Abend Schlaftabletten genommen. Diese müssen ihr zusammen mit Greensons Injektion und dem Alkohol wenig später die Besinnung geraubt haben. Nach diesem zweiten Anruf telefonierte sie offenbar noch einmal mit Lawford, um sich zu verabschieden. ›Sag Pat bye-bye, sag dem Präsidenten bye-bye, und auch dir sage ich bye-bye, denn du warst ein guter Kerl.‹ Wußte sie, daß sie im Sterben lag? Hatte sie weitere Pillen geschluckt? Wurde sie von jemandem getötet? Ich bezweifle, daß wir jemals eine Antwort auf diese Fragen bekommen werden.

Ich weiß nur eines. Weil ich spürte, daß da irgend etwas nicht stimmte, rief ich Marilyn in dieser Nacht zurück. Peter Lawford meldete sich. Also steht fest, daß er nach ihrem Tod in ihr Haus zurückgekehrt war — wahrscheinlich, um Ordnung zu machen und dafür zu sorgen, daß man nichts finden würde, was Marilyn mit dem Präsidenten oder dem Generalstaatsanwalt in Verbindung brachte.«

In den nächsten Tagen, als die Nachricht von Marilyn Monroes Tod Schlagzeilen machte und die ganze Nation erschütterte, setzte Bobby Kennedy sein Leben fort, als wäre nichts geschehen. Am Montag hielt er bei einer Sitzung des amerikanischen Advokatenverbands in San Francisco eine Rede, dann fuhr er mit seiner Familie zur Weltausstellung in Seattle und anschließend mit seinen Kindern zum Camping im Nordwesten.

Auch John F. Kennedy schien Marilyns Tod nicht weiter zu bedrücken. Malcolm ›Mac‹ Kilduff, stellvertretender Pressesprecher des Präsidenten, meinte, Kennedy habe alle Menschen als Sexualobjekte betrachtet, nicht nur Frauen: »Ich erinnere mich an das Gastspiel des Bolschoi-Balletts im alten Capitol-Theater in Washington. Es fand während der Kuba-Krise statt, aber Jackie bestand darauf, die Premiere zu besuchen. Der Präsident interessierte sich für das Bolschoi-Ballett ungefähr so wie ich mich für einen Flohzirkus. Ehe sie nach der Aufführung hinter die Bühne gingen, flüsterte er mir ins Ohr: ›Ich will nicht fotografiert werden, wenn ich all diesen russischen Tunten die Hände schüttle.‹«

Die Zahl der Frauen in seinem Leben schien unaufhörlich zu wachsen. Eine junge Frau war während seiner Amtszeit als Senator mit ihm intim gewesen und hatte sich in ihn verliebt. Nachdem er Präsident geworden war, bekam sie einen Job beim Nationalen Sicherheitsrat und stand JFK jederzeit zur Verfügung. Die Geheimdienstakten aus jener Zeit strotzen vor Hintergrundinformationen über verschiedene Frauen, hauptsächlich waren es Models und Stewardessen. Auf Anweisung des Präsidenten ließen die Agenten solche Frauen ohne große Formalitäten in seine Privaträume, vor allem, wenn sie ein Empfehlungsschreiben von einem vertrauenswürdigen Freund vorlegen oder sich auf ein Telefonat berufen konnten. In gewissen Fällen war nicht einmal das erforderlich.

»John kam niemals auf den Gedanken, daß man einige dieser Frauen als gefährlich betrachten könnte«, sagt Lem Billings. »Sie wurden niemals durchsucht, niemals ausführlich befragt. Einmal hörte ich von einer achtzehnjährigen Irin, die den Präsidenten besuchen wollte. Er bestand darauf, daß sie sofort ins Oval Office geführt wurde. Wie sich später herausstellte, steckte ein Schlachtmesser in ihrer Schultertasche. Sie war eben erst aus einer Nervenheilanstalt in Dublin entlassen worden.«

Eine neue Gefahr tauchte auf, als JFK mit dem bekanntesten Sexskandal der frühen sechziger Jahre, dem Profumo-Fall, in Verbindung gebracht wurde. Der britische Kriegsminister John Profumo, mit den heikelsten Verteidigungsgeheimnissen des westlichen Bündnisses vertraut, ließ sich mit Christine Keeler ein, einem von Stephen Ward beschäftigten Callgirl, zu deren Freiern angeblich auch ein sowjetischer Spion gehörte. Dies legte die Möglichkeit nahe, Profumo könne Christine Keeler militärische Informationen gegeben haben, die sie an den Russen weiterleitete. Er trat zurück, und die britische Regierung stand kurz vor dem Zusammenbruch.

Am 28. Juni 1963, als Präsident Kennedy gerade eine Auslandsreise unternahm, erschien im *New York Journal-American* ein Artikel, der folgendermaßen begann: »Einer der größten Namen in der amerikanischen Politik — ein Mann, der ›ein sehr hohes‹ wählbares Amt innehat — wurde mit dem britischen Sitten- und Sicherheitsskandal in Verbindung gebracht.« Robert Kennedy beorderte die beiden Journalisten, die für diese Denksportaufgabe verantwortlich waren, nach Washington und erfuhr, daß es sich bei jenem hohen Beamten um JFK handelte. Dieser war angeblich mit zwei Callgirls aus Stephen Wards exklusivem Stall zusammengewesen, Suzy Chang und Maria Novotny.

Bob Kennedy stritt solche Kontakte ab und drohte mit rechtlichen Schritten gegen das *Journal-American*, falls es Namen oder weitere Einzelheiten dieser Story veröffentlichen sollte. Da das Blatt über kein ausreichendes Beweismaterial verfügte, ließ es das Thema fallen. Aber das FBI führte, unterstützt von Scotland Yard, eine gründliche Untersuchung durch. Dabei stellte sich heraus, daß die achtundzwanzigjährige Suzy Chang, in China geboren und in London ansässig, in regelmäßigen Abständen nach Amerika flog, um ihre kranke Mutter zu besuchen. Das elegante, exotische Mädchen war mehrmals mit Präsident Kennedy gesehen worden, einmal beim Dinner in New York, im noblen ›21‹.

Der Kontakt zu Maria Novotny war noch brisanter. Blond und temperamentvoll, hatte sie ihre Karriere als Stripperin in englischen Nachtclubs begonnen. 1960 heiratete sie den fast vierzig Jahre älteren Horace Dibben, einen reichen, britischen Antiquitätenhändler und Nachtclubbesitzer. Ein halbes Jahr später verließ sie ihn und ging nach New York, wo sie bald darauf mit dem TV-Produzenten Harry Alan Towers zusammenlebte und den New Yorker Zweig eines internationalen Callgirlrings leitete.

1962 kehrte sie nach England zurück. Von Scotland Yard zum Profumo-Fall befragt, gab sie zu, John F. Kennedy im Dezember 1960 als Neunzehnjährige kennengelernt zu haben. Peter Lawford habe sie mit ihm auf einer Party in einer

New Yorker Hotelsuite bekannt gemacht, und sie sei JFK in ein Schlafzimmer der Suite gefolgt, um sexuelle Beziehungen mit ihm einzugehen. Nach Kennedys Amtsantritt sei sie erneut von Peter Lawford engagiert worden, mit dem Auftrag, sie möge sich »etwas Interessanteres für den Präsidenten einfallen lassen«. Man traf sich in einem Apartment an der West 55th Street in Manhattan, das Maria Novotny mit Towers teilte. Zwei weitere Prostituierte waren anwesend, als Ärztin und Krankenschwester verkleidet. Man inszenierte Sexspiele, wobei Kennedy die Rolle des Patienten übernahm.

Diese Episode alarmierte das FBI vor allem deshalb, weil sich Harry Towers als sowjetischer Agent entpuppte und für die Weitergabe von Informationen bezahlt worden war, die benutzt werden konnten, um prominente amerikanische Politiker, darunter Kennedy, zu kompromittieren. Als Maria Novotny 1962 nach Großbritannien zurückkehrte, floh Towers aus den USA, angeblich in die Tschechoslowakei.

Solche Begegnungen hatten, wie wahrscheinlich auch Jakkie bestätigen würde, nichts mit Liebe zu tun. Aber Kennedy unterhielt auch längerfristige, ernsthaftere Beziehungen. Die letzte mit Jackies Freundin Mary Pinchot Meyer dauerte vom Januar 1962 bis zu seiner Ermordung im November 1963. 1945 hatte Mary den späteren CIA-Spitzenbeamten Cord Meyer Jr. geheiratet. Nach der Scheidung 1959 erbte sie einen Anteil am milliardenschweren Kurzwarenkonzern ihrer Familie, der Pinchots, und verwendete das Geld, um eine bescheidene Karriere als Malerin zu beginnen. In einer alten Garage, die an das Haus ihres Schwagers grenzte, richtete sie sich ein Atelier ein.

»Ich kannte Mary schon seit Jahren«, berichtet Blair Clark. »Sie war intelligent, charmant und schön, mit blondem Haar und einem kecken Gesicht. Von ihrer Affäre mit John wußte ich nichts. Ich hatte eine Geschichte gehört, die eher auf das Gegenteil hinwies. Im Haus des *New York Times*-Kolumnisten Arthur Krock fand eine Dinnerparty statt. Nach dem Essen blieben die Herren im Speisezimmer sitzen, rauchten Zigarren und tranken Cognac. Die Damen gingen ins Wohnzimmer. Mary weigerte sich, ihnen zu folgen. Sie saß auf der Treppe und sprach mit einer anderen Frau. In Hörweite der Männer sagte sie, jede anwesende Frau wolle mit John F. Kennedy schlafen ... Dabei schlug sie einen angewiderten Ton an, als fände sie diese Frauen sehr dumm.«

Kennedy stand Mary sehr nahe, was daraus hervorgeht, daß er bereit war, in ihrer Gegenwart mit Drogen zu experimentieren — nicht nur mit Marihuana, wie vielfach berichtet wurde, sondern auch mit LSD.

James Angleton, ein hoher CIA-Mann, erinnerte sich an die Einzelheiten: »Mary war mit Timothy Leary befreundet, dem berühmten LSD-Guru der sechziger Jahre. Offenbar erzählte sie ihm, sie habe in Washington mit einigen anderen Frauen ein Komplott geschmiedet, um die Spitzenpolitiker mit Gras und LSD ›anzumachen‹, damit sie sich nicht mehr so militaristisch aufführen und den Frieden lieben lernen würden. Leary beschaffte ihr gewisse Drogen ... Später machte sie ihre eigene Quelle ausfindig.

Im Juli 1962 führte sie Kennedy bei einem Besuch im Weißen Haus in ein Schlafzimmer und holte ein kleines Etui mit sechs Joints hervor. Sie teilten sich einen, und Kennedy erzählte ihr lachend, einige Wochen später würde im Weißen Haus eine Konferenz zum Thema Drogen stattfinden.

Sie rauchten zwei weitere Joints. Kennedy legte den Kopf in den Nacken und schloß die Augen. Einen vierten Joint lehnte er ab. ›Stell dir vor, die Russen werfen gerade in diesem Moment eine Bombe ab‹, sagte er. Er gab zu, mit Peter Lawfords Hilfe Kokain und Haschisch ausprobiert zu haben. Mary behauptete später, sie habe noch bei zwei anderen Gelegenheiten mit JFK Gras geraucht. Bei einem milden LSD-Trip hätten sie sich geliebt.«

Mary Meyer wurde mit dreiundvierzig Jahren am 12. Oktober 1964 um zwölf Uhr fünfundvierzig erschossen, fast elf Monate nach Kennedys Tod. Sie schlenderte in Georgetown am Ohio Canal entlang, nicht weit von ihrem Studio, an einer Stelle, wo sie früher oft mit Jackie Kennedy spazierengegangen war. Ein sechsundzwanzigjähriger schwarzer Arbeiter wurde am Schauplatz des Verbrechens festgenommen, des Mordes an Mary angeklagt und verurteilt.

Bei den Sachen ihrer Schwester fand Toni Bradlee ein Tagebuch. Sie las es, dann übergab sie es James Angleton, der es im CIA-Hauptquartier in Langley, Virginia, vernichtete. »Ich fand es sinnlos, das Tagebuch zu behalten«, erklärte er. »Ich handelte als Privatperson und Freund der Verstorbenen. Die Meyers hatten zwei Söhne, das war mein Beweggrund. Ich hatte keineswegs die Absicht, Kennedy zu schützen, denn ich empfand nur geringe Sympathien für den Präsidenten. Das Fiasko in der Schweinebucht, das er dem CIA anhängen wollte und das zum Rücktritt des CIA-Chefs Allen Dulles führte, war sein Werk. Ich glaube, die Entscheidung, der Invasion die Unterstützung durch die Luftwaffe zu entziehen, prägte Kennedys ganze Karriere und wirkte sich auf alles aus, was danach geschah.«

20

Jackie Kennedy verriet ihrer Schwester Lee Radziwill Anfang 1963, daß sie wieder ein Baby erwartete und ihre offiziellen Pflichten bald einschränken werde. Aber sie war entschlossen, an möglichst vielen Staatsbanketten teilzunehmen. Im März kam König Hassan II. von Marokko zu Besuch. Ihm zu Ehren fand eine Aufführung der New York City Light Opera Company statt, und auf der Gästeliste standen Persönlichkeiten wie Samuel Barber, Sol Hurok, Myrna Loy, Agnes de Mille und Alan Jay Lerner. Der junge Monarch war sichtlich entzückt über den luxuriösen Empfang, den man ihm bereitete. Er lud Jackie nach Marokko ein, und einige Jahre später bot er ihr einen maurischen Palast in Marrakesch an. Zunächst beschloß sie das Geschenk anzunehmen, doch dann besann sie sich anders und lehnte es ab.

Im April gab sie ihre Schwangerschaft bekannt, und im selben Monat traf sie Vorbereitungen für die Ankunft der Großherzogin Charlotte von Luxemburg. Beim Staatsbankett trug der Schauspieler Basil Rathbone auf Jackies Wunsch Werke von Marlowe, Johnson und Donne vor, auch Shakespeare-Sonette und Passagen aus JFKs Lieblingsdrama *Heinrich V.* Außerdem traten elisabethanische Musiker und Sänger auf, und der Abend wurde zum denkwürdigen Ereignis. Wie zuvor König Hassan II., war auch die Großherzogin voll des Lobes für ihre Gastgeber, insbesondere für Jackie. Der Presse gegenüber bemerkte sie, »Madame la Presidente« sei »Amerikas stärkste Waffe«.

Im Juli nahm Jackie zwar noch an einem Staatsbankett für Präsident Radhakrishnan von Indien teil, blieb aber nun immer häufiger hinter den Kulissen. Mit ihrem Personal verständigte sie sich hauptsächlich durch Aktennotizen. Sie wies ihre Sekretärin Tish Baldridge an, sie solle die Leute veranlassen, die verschiedenen schriftlichen Aufträge zu sammeln und ihr am Jahresende zurückzugeben, so daß sie als Beleg für die Rolle dienen konnten, die Jackie im Weißen Haus spielte.

Jahre später sagte sie: »So viele Leute stürzten sich mit laufenden Diktaphonen auf das Weiße Haus, und ich führte nicht einmal ein Tagebuch. Ich wollte es einfach nicht, und das ist irgendwie schade. Wahrscheinlich wollte ich mein Leben leben und nicht Buch darüber führen. Und ich bin immer noch froh darüber. Aber ich glaube, es gibt viele Dinge, die ich vergessen habe.«

Während Jackies Schwangerschaft besuchte Kay Lepercq, ein Mitglied der New Yorker Gesellschaft, mit ihrem damaligen Ehemann Paul eine kleine Dinnerparty in Arthur Schlesingers Washingtoner Haus, zu der auch Jackie und Bobby Kennedy eingeladen worden waren. »Bobby erzählte in einem fort, wie er als Generalstaatsanwalt dem Gesetz Geltung verschaffe, und so weiter. Das war nicht besonders passend, zumal ich den Verdacht hegte, daß Präsident Kennedy seinen Wahlsieg zum Großteil dem tatkräftigen Eingreifen der Mafia zu verdanken hatte. Aber den Vogel an diesem Abend schoß Jackie ab. Mein Mann war zufällig Franzose und zufällig auch noch groß und blond. Jackie ging zu ihm, blickte ihn tief an und sagte in diesem heimtückischen Flüsterton: ›Ich wußte gar nicht, daß Franzosen so groß und blond sind.‹«

Wenn sich Kay Lepercq schon nicht besonders entzückt von Jackie zeigte, so waren andere noch mehr von ihr enttäuscht. Frances Parkinson Keyes, Mitglied der ›Ladies of the Senate‹, wollte es nicht glauben, als sie erfuhr, Lady Bird Johnson würde Jackie bei der Vereinssitzung im Mai 1963 vertreten. Immerhin war Jackie erst seit wenigen Monaten schwanger. Mrs. Keyes lehnte die Einladung ab und schrieb an Lady Bird: »Eine Party im Weißen Haus in Abwesenheit der Präsidentengattin wäre so ähnlich wie ›Hamlet‹ ohne den Prinzen von Dänemark, nicht wahr? Zumindest käme es mir so vor, und ich erinnere mich lieber an die vielen Gelegenheiten im Lauf vieler, vieler Jahre, wo ich einen Aufenthalt im Weißen Haus noch genießen konnte.«

Noch größere Mißbilligung sprach aus einem Brief der Washingtoner Salonlöwin Virginia Livingston Hunt an die Kolumnistin Betty Beale, die sich über Mrs. Kennedys plötzliche Zurückhaltung gegenüber den Gesellschaftsreportern beklagt hatte. »Wissen Sie nicht, daß Mrs. Kennedy die unhöflichste, selbstsüchtigste First Lady ist, die ich kenne, seit ich hier lebe ... Erwarten Sie keine Höflichkeit von Jackie, es sei denn, es paßt ihr gerade in den Kram.«

Betty Beale selbst fand Jackie »hochnäsig und unfreundlich. Sie konnte keine Kritik vertragen. Ich veröffentlichte die Story über ihren Zwist mit Verteidigungsminister Robert McNamara im Weißen Haus. Daraufhin verbot mir Jackie, je wieder an irgendwelchen Veranstaltungen im Weißen Haus teilzunehmen. Glücklicherweise erhob der Präsident Einspruch, und ich wurde wieder zugelassen.

1963 waren Jackies Beziehungen zur Presse auf dem absoluten Nullpunkt angelangt. In gewisser Weise kann ich verstehen, warum sie uns nicht um sich haben mochte. Sie wollte nicht, daß sich irgend jemand zu tiefe Einblicke in ihre Ehe verschaffte, die offensichtlich nur rein zweckmäßigen Gründen diente. Beide eigneten sich perfekt für die Rollen, die sie spielten. Einer stand hinter dem anderen, beide hatten eine Menge Charisma. Sie war schön, er attraktiv und sexy. Aber sie nahm nie den ersten Platz in seinem Leben ein. Den reservierte er für seine Liebesaffären. Er war egozentrisch. Wenn er ein Zimmer betrat, tat er dies stets vor Jackie. Seit den Tagen von Woodrow Wilson war so etwas nicht mehr vorgekommen. Jackie bildete immer die Nachhut.

Er benahm sich wirklich nicht so, als wäre er übermäßig in sie verliebt. Anscheinend interessierte es ihn nicht sonderlich, mit ihr zusammenzusein. Er war kein bißchen feinfühlig. Das hatte sich von Anfang an gezeigt. Kaum war er mit ihr verlobt, hat er eine Kreuzfahrt mit seinen Kumpeln unternommen. Ich kenne keinen anderen Mann, der so etwas tut, wenn er angeblich verliebt ist. Bald danach sah ich Jackie, und sie erwähnte es mit keinem Wort.«

Jackies Einstellung zur Presse begann auch auf ihre Tochter abzufärben. Wie sich Purette Spiegler erinnert, betrat Caroline eines Tages ein Zimmer, in dem sich die Fotografen auf sie stürzten. Da hob sie ihre kleine Hand, im gleichen Stil wie ihre Mutter, und sagte: »Keine Fotos, bitte.«

Die First Lady drückte sich viel deutlicher aus. Barbara Coleman, die in JFKs Pressebüro arbeitete, beobachtete häufig, wie Jackie hereinstürmte, um den Pressechef Pierre Salinger zu beschimpfen. »Sie trat sehr entschieden auf und wollte nicht, daß irgendwelche Fotos ohne ihre Zustimmung veröffentlicht wurden. Zunächst war es nur um die Fotos der Kinder gegangen. Aber 1963 kontrollierte sie jedes Foto, das aus dem Weißen Haus kam. Ich fand, Pierre verhielt sich Jackie gegenüber ... fast ehrerbietig. In unserer Gegenwart sprach er niemals schlecht über sie. Er versicherte ihr immer wieder, er wolle tun, was in seiner Macht stehe. Aber er wußte, daß er nicht allzuviel tun konnte.

Je heftiger sie gegen die Presse protestierte, desto größer wurde seltsamerweise ihre Popularität. Diese Medienexplosion umfaßte Berichte in Tageszeitungen, Titelgeschichten in Magazinen, Fernsehsendungen, Broadway-Stücke und -Musicals, Barbie-Puppen, Schallplatten und einige Dutzend anderer kommerzieller Projekte. Mein Job im Pressebüro bestand darin, telefonische Anfragen zu beantworten, hauptsächlich von in- und ausländischen Nachrichtendiensten und Reportern oder Redakteuren, aber auch von Bürgern. Wir waren zu fünft, und in unserem Büro ging es unglaublich hektisch zu. Niemals hörten die Telefone zu klingeln auf, und die Anfragen betrafen zu neunzig Prozent Jakkie. Mindestens zehnmal am Tag wurde ich nach ihrer Schuhgröße gefragt.

Um ehrlich zu sein — ich glaube, sie paßte nicht nach Washington. Sie schien in einer ganz anderen Welt zu leben, die Gesellschaft reicher Leute und die Dinge zu genießen, die man in solchen Kreisen tut. Bis zu einem gewissen Grad mag sie sich mit Politik befaßt haben; aber ich kann mir nicht vorstellen, daß sie sich in diesem Bereich wohl fühlte.«

Wegen ihrer Schwangerschaft und ihres zwiespältigen Verhältnisses sowohl zum Weißen Haus als auch zu der überaktiven Libido ihres Ehemanns war Jackie schwieriger denn je. Gegenüber ihrem Personal wurde sie immer intoleranter. Mehrmals verlor sie die Beherrschung. Sie stampfte mit dem Fuß auf, und ihre sanfte Flüsterstimme nahm einen harten Klang an. Die volle Wucht ihres Zorns bekam vor allem Tish Baldridge zu spüren, deren Unabhängigkeit und Popularität der First Lady ein Dorn im Auge waren.

»Tish hatte Probleme mit Jackie, weil sie — genau wie Jackie — ein willensstarker Mensch ist«, erklärte Purette Spiegler. »Beide machten sich ihre eigenen Gedanken über die Art und Weise, wie diese oder jene Angelegenheit gehandhabt werden sollte. Tish sah die Dinge oft ganz anders als Jackie. Aber Jackie war der Boß. Man durfte ihr nicht sagen, wen sie ins Weiße Haus einladen solle und wen nicht. Ebensowenig durfte man ihr empfehlen, welche Veranstaltungen sie besuchen sollte und welche nicht. Doch von einem gewissen Zeitpunkt an begann Tish, ihre Kompetenzen zu überschreiten.«

Um Jackie von der Notwendigkeit zu überzeugen, die Ehefrauen der UN-Abgeordneten zu treffen, schickte sie ihr folgende Aktennotiz: »Die Frauen der UN-Abgeordneten haben sich beklagt, weil sie Ihnen noch nie begegnet sind, und deshalb setzen sie uns schon seit zweieinhalb Jahren heftig unter Druck. Jedesmal, wenn Sie nach New York reisen, machen mir die Damen das Leben schwer und fragen, ob Sie sie nun endlich empfangen würden. Da es ihnen nur darauf ankommt, in ihren Heimatländern nicht das Gesicht zu verlieren, haben wir uns einen kleinen Plan ausgedacht, der Ihnen keine allzu großen Unannehmlichkeiten bereiten wird. Am Montag, dem 22. April, dem Tag, an dem das Kentucky Youth Concert stattfindet, wird Mrs. (Dean) Rusk die UN-Damen zu einem großen Lunch einladen. Dann teilen wir ihnen mit, Sie hätten von diesem Besuch gehört, wollten sie sehen und würden sie bitten, sich mit Ihnen das Konzert auf der Festwiese anzuhören. Wir werden für die Damen einen eigenen Bereich mit Sitzplätzen abgrenzen, und Sie brauchen dann nur noch zu lächeln und keiner die Hand zu schütteln, es sei denn, Sie wünschen es.

Sind Sie damit einverstanden?«

Jackie antwortete, ebenfalls schriftlich: »Nein, bitten Sie die Damen auf keinen Fall zu einem wilden Hillbilly-Konzert. Ich werde irgend etwas davor oder danach improvisieren — oder am nächsten Tag.«

Tish merkte, daß sie die First Lady festgenagelt hatte, und schlug in künftigen Communiques einen behutsameren Ton an. Am 1. Mai besuchte Jackie einen Ballettabend in der New Yorker Met, und Tishs Aktennotiz hatte klargestellt, Mrs. Kennedy werde in Rudolf Bings Loge sitzen und man habe Bing mitgeteilt, es sei unmöglich, daß Jackie hinter die Bühne gehe. »Vielleicht kann er es so arrangieren, daß Nurejew und die Fonteyn während einer Pause in Ihre Loge geführt werden. Bitte geben Sie mir Bescheid, wenn Sie nicht damit einverstanden sind ... Außerdem schwört er, die Presse werde vor Ihrer Ankunft nichts erfahren. Er wird es auch Sol Hurok verheimlichen, der den Weg zur Loge unweigerlich mit amerikanischen Flaggen und schmetternden Trompetern (darunter ein paar russischen, damit es einen besseren Eindruck macht!) säumen würde.«

Aber Jackie hatte bereits beschlossen, Tishs Posten anderweitig zu besetzen. Kaum war sie ins Weiße Haus zurückgekehrt, führte sie ihr erster Weg in Tishs Büro.

»Alle in Washington behaupten, Tish wäre von Jackie ›gefeuert‹ worden, obwohl alles in freundschaftlichem Rahmen verlief, zumindest nach außen hin«, berichtete Betty Beale. »Jackie gab sogar eine Abschiedsparty für die ›liebe Tish‹. Eine Marine-Combo sang ›Arrivederci Tish‹ — Text und Musik stammten von Jackie Kennedy.«

Jackies neue persönliche Sekretärin war Nancy Tuckerman, die alte Freundin und einstige Zimmergenossin in Farmington, die für ein New Yorker Reisebüro gearbeitet hatte.

»Nancy Tuckerman war viel serviler als Tish, und das machte es für Jackie leichter«, beobachtete Purette Spiegler. »Ich glaube, Jackie wußte, was für eine phantastische Privatsekretärin Tish war, aber es gab persönliche Differenzen.

Nancy Tuckerman wirkte scheu und zurückhaltend, eine perfekte Dame.«

Jackie tat ihr Bestes, damit sich ›Tucky‹ im Weißen Haus willkommen fühlte. Sie gab für ihre Freundin eine Überraschungsgeburtstagsparty und schrieb einen Sketch über die Studienzeit an Miss Porter's School. Ihre Angestellten übernahmen die Hauptrollen. Zu Beginn der Aufführung wurde die Schulhymne gesungen. Der Majordomus J. B. West trug ein Kleid nebst Perücke, um Miß Ward darzustellen, eine altjüngferliche Hausmutter auf Farmington. Nancy Hough, aus dem Büro des Kurators, trat als Jackie auf und imitierte mit Bravour deren Stimme. Die richtige Jackie und Tucky schrien vor Vergnügen.

Tish Baldridge war nicht das einzige Opfer der Kennedy-Familie. Als weitere unglückliche Zielscheibe fungierte Igor Cassini, der den Fehler beging, in einer seiner Kolumnen zu erwähnen, der Präsident habe eine Privatparty besucht und die Nacht mit Cassinis junger Tochter Marina durchgetanzt. Dadurch entstanden Spannungen, die bald in offene Aggressionen von seiten Bobby Kennedys ausarteten. Der Generalstaatsanwalt, der Affronts gegen die Familie nie auf die leichte Schulter nahm, setzte eine gründliche Untersuchung von Igor Cassinis Kontakten zu Generalissimo Rafael Trujillo und der Dominikanischen Republik in Gang. Offenbar war Cassini vom dominikanischen Diktator bezahlt worden, weil er in den USA ein bißchen PR für den südamerikanischen Staat gemacht hatte. Aber er hatte es versäumt, sich als Interessenvertreter des Auslands registrieren zu lassen. JFK ahnte nicht, daß Cassini auf Trujillos Lohnliste stand, und wußte nur von den guten Beziehungen zwischen dem Kolumnisten und dem südamerikanischen Staatschef. Deshalb schickte er ihn zusammen mit dem altgedienten Diplomaten Robert Murphy in die Dominikanische Republik zu einem privaten Treffen mit dem Diktator. Sechs Monate später wurde Trujillo ermordet, und Informationen über Cassinis Geschäfte begannen durchzusickern.

Weil Cassini sich nicht entsprechend hatte registrieren lassen, wurde Anklage gegen ihn erhoben, und er gab seine

Stellung als Kolumnist auf. Seine Frau, Charlene Wrightsman, schrieb einen leidenschaftlichen Brief an den Präsidenten und bat ihn um Hilfe. »Ich kann Ihnen gar nicht sagen, wie erstaunt und schockiert ich über Bobbys harte, unnachgiebige Haltung bin. Wir haben uns immer als gute Freunde der Kennedys betrachtet, und Ghighi versteht nicht, warum der Sohn eines Mannes, der zu seinen ältesten Freunden zählt, ... plötzlich den Entschluß gefaßt hat, ihn völlig zu ruinieren.«

Der Präsident zeigte Jackie den Brief, aber weder sie noch er schienen Charlene Wrightsman ernst zu nehmen, bis sie mehrere Wochen später Selbstmord beging, indem sie eine Überdosis schmerzstillender Mittel und Schlaftabletten schluckte. Robert Kennedy erklärte, ihr Tod mache die Angelegenheit zu einem ›unangenehmen Fall‹. Schließlich wurde Cassini zu sechs Monaten Gefängnis mit Bewährung und einer Geldstrafe von zehntausend Dollar verurteilt.

Jackies Gleichgültigkeit gegenüber den Problemen von Menschen, die ihr einst nahestanden, betraf auch ihre eigene Familie. Als sie ins Weiße Haus zog, waren Edith und Edie Beale völlig mittellos. Wie Doris Francisco, eine alte Freundin der Beales berichtet, waren die beiden das ›Stadtgespräch‹ in East Hampton. »Ihr Haus wimmelte von Katzen, das Dach war von Waschbären zerfressen, der Garten verwildert und überwuchert. Sie hatten keine Heizung, kein Gas, keinen elektrischen Strom. In allen Zimmern verrichteten die Katzen ihre Geschäfte. Jackie Kennedys Tante und ihre Kusine lebten von Abfällen und Katzenfutter.

Lois Wright, eine mit Edith befreundete Malerin, schickte ein an Jackie adressiertes Telegramm ins Weiße Haus, um ihr mitzuteilen, Edith und Edie seien in Schwierigkeiten. Sie hätten kein Geld, um ihre Rechnungen zu bezahlen, und fast nichts zu essen. Sie fürchte um die Gesundheit der beiden. Ob Jackie ihnen vielleicht helfen könne? Aber Jackie konnte nicht helfen. Sie antwortete, sie habe nicht einmal zehn Cent zu verschenken. Das waren mehr oder weniger ihre Worte.«

»Jackie besaß weder die Menschlichkeit noch den Edelmut, meiner Mutter in dieser Notlage beizustehen«, sagt Edie Beale. »Sie half uns erst, als sie mit Aristoteles Onassis verheiratet war — hauptsächlich, weil unsere Geschichte Schlagzeilen machte und sie in Verlegenheit brachte. Eigentlich war es Onassis, der uns unter die Arme griff. Meine Mutter hungerte, in ihrem Haus gab es schon seit Jahren keine Heizung und keine funktionsfähige Toilette. Sie stand Höllenqualen aus ... Und was tat John F. Kennedy für uns? Er hetzte das FBI auf uns. Von Anfang 1961 bis zum Ende der Kennedy-Amtszeit standen wir pausenlos unter FBI-Überwachung. Unser Haus wurde abgehört, unsere Post geöffnet, unser Telefon mit Wanzen versehen. Sie beschatteten uns, fragten unsere Nachbarn über uns aus, parkten ihre Autos auf dem Rasen vor unserem Haus. Ich glaube, Kennedy hielt uns für Kommunistinnen oder Sowjetagentinnen oder vielleicht für Besucherinnen vom Mars.«

21

Am 26. Juni — vier Wochen, nachdem er seinen sechsundvierzigsten Geburtstag auf der Jacht ›Sequoia‹ mit einer Dinnerkreuzfahrt gefeiert hatte — besuchte Präsident Kennedy die Berliner Mauer und beteuerte in einer mitreißenden Rede, er werde die Bemühungen, Westberlin gegen die Sowjets zu verteidigen und Deutschland wiederzuvereinen, voll und ganz unterstützen. Um seine Verbundenheit mit Berlin zu beweisen, erklärte er der jubelnden Menge: »Ich bin ein Berliner.«

Später erzählte er Barry Goldwater, mit dem er trotz unterschiedlicher politischer Ansichten befreundet blieb, er habe die Nächte in Deutschland damit verbracht, Frauen zu beglücken, insbesondere Ursula, eine deutsche Sekretärin in der amerikanischen Botschaft in Bonn. Jackie war währenddessen in einem gemieteten Sommerhaus auf Squaw Island geblieben, eine Meile von der Kennedy-Residenz entfernt.

JFK unternahm einen viertägigen Abstecher nach Irland, der Heimat seiner Ahnen, und beendete seine Europareise in Italien. Im Vatikan wurde er von dem soeben gewählten neuen Papst, Paul VI., empfangen, dann sprach er vor einer NATO-Versammlung in Neapel und betonte die Notwendigkeit der westlichen Einheit.

In Italien bat er seinen Außenminister, Dean Rusk, dafür zu sorgen, daß er die Nacht in einer schönen Umgebung verbringen könne — um sich zu entspannen, wie Rusk annahm. Als ehemaliger Vorsitzender der Rockefeller Foundation konnte er Kennedy die Villa Serbelloni am Comer See zur Verfügung stellen. JFK erklärte, er wolle das Haus ganz für sich allein haben — keine Berater, keine sonstigen Mitarbeiter, keine Dienstboten, keine Sicherheitsbeamten. Von einem Militärhubschrauber wurde er zur Villa gebracht. Als Rusk ihn am nächsten Morgen abholte, strahlte Kennedy und sagte, er könne sich nicht entsinnen, jemals eine so wundervolle Nacht verlebt zu haben. Für Rusk war es nur allzu offensichtlich, daß der Präsident nicht allein geschlafen hatte.

Am Morgen des 7. August brachte Jackie ihre Tochter Caroline zum Reitunterricht nach Hyannis. Bei der Rückkehr wurde sie von starken Bauch- und Rückenschmerzen befallen. Sie hatte beabsichtigt, ihr Baby im Walter Reed Army Hospital in Washington zu gebären, wurde aber statt dessen von einem Hubschrauber zum Militärhospital des nahen Stützpunkts Otis Air gebracht, wo ein ganzer Flügel mit zehn Räumen für einen solchen Notfall hergerichtet worden war.

John F. Kennedy wurde aus einer Konferenz im Weißen Haus gerufen und über die Situation informiert. Zwanzig Minuten später war er, begleitet von mehreren Mitgliedern des Pressecorps des Weißen Hauses, auf dem Weg nach Cape Cod. Da keines der Präsidentenflugzeuge zur Verfügung stand, ging er an Bord eines achtsitzigen Lockheed Jet-Stars. Zum erstenmal flog der Regierungschef in einer Maschine, die nicht mit der gewohnten komplizierten Kommunikationstechnologie ausgerüstet war. Während sich JFK noch über den Wolken befand, nahm Dr. John Walsh in Otis einen Kaiserschnitt bei Jackie vor, wobei er von einem zehnköpfigen Militärärzteteam unterstützt wurde und entband sie — fünf Wochen zu früh — von einem Sohn. Das Kind war so winzig und schwach, daß es sofort vom Kaplan des Stützpunkts getauft wurde. Jackies drittes Kind erhielt den Namen Patrick Bouvier Kennedy.

Als der Präsident eintraf, hatte man das Baby bereits in einen Brutkasten gelegt, der am frühen Abend für ein paar Minuten in Jackies Krankenzimmer gebracht wurde. Da der Säugling an Hyalinose litt, beschloß man am nächsten Morgen, ihn nach Boston zu verlegen, in eine modernere, besser ausgestattete Kinderklinik. Aber Patrick Bouvier Kennedy starb schon an seinem dritten Lebenstag, um fünf Uhr früh.

Die vorangegangene Nacht hatte der Präsident mit Bobby Kennedy im Bostoner Krankenhaus verbracht. Nun flog er zu Jackie nach Otis zurück. Eine Stunde lang war er allein mit ihr, hinter verschlossenen Türen. Sie erklärte ihm, so schlimm dieser Verlust auch sein möge — »der einzige Schicksalsschlag, den ich nicht ertragen könnte, wäre, dich zu verlieren«. An diese Worte sollte sie nach der Ermordung ihres Mannes wieder denken.

John F. Kennedy, Lee Radziwill und Jackies Halbgeschwister, Jamie und Janet Auchincloss, besuchten den Trauergottesdienst für das Baby, den Kardinal Cushing zelebrierte. Jackie war zu krank, um daran teilzunehmen. JFK legte eine Christophorus-Medaille, die zu einer Geldklammer verarbeitet worden war — ein Hochzeitsgeschenk seiner Frau —, in den kleinen Sarg. Dieser wurde dann im Familiengrab der Kennedys versenkt, auf dem Hollywood-Friedhof in West Roxbury, Massachusetts. Patrick war der erste Kennedy, der dort begraben wurde.

Der Journalist John White, der Jackie in den letzten Jahren nur selten gesehen hatte, schickte ihr einen Beileidsbrief. »Darin zitierte ich die Worte des Äschylos über die Trauer, die ›Tropfen um Tropfen auf das Herz fällt‹. Und sie schrieb zurück. Verblüfft las ich dasselbe Zitat in einer von Bobby Kennedys Reden nach JFKs Ermordung. Ich nehme an, daß sie ihn darauf hingewiesen hat.«

Am 12. September feierten John und Jackie ihren zehnten Hochzeitstag auf der Hammersmith Farm in Newport — dem ›Schauplatz des Verbrechens‹, wie Kennedy witzelte, ohne sich an eine bestimmte Adresse zu wenden. Zu den Gästen gehörten die Bradlees und Jackies alte Freundin Sylvia Blake. Yusha Auchincloss hob sein Glas und rief: »Wir wollen Jackie danken, daß sie den Präsidenten aus diesem Anlaß hierhergeholt hat, und auch dafür, daß er mit ihrer Hilfe ins Weiße Haus einziehen konnte. Ich glaube, sie hat viel mehr getan, um ihm dieses Amt zu verschaffen, als jemals erkannt worden ist.«

Sylvia Blake erinnert sich an das Dinner. »John schenkte Jackie zum Hochzeitstag einen Katalog von J. J. Klejman, dem New Yorker Antiquitätenhändler, und sagte, sie solle sich etwas daraus aussuchen. Er las die Liste der Antiquitäten laut vor, und wenn er die Preise auch nicht nannte, so bat er uns doch bei jedem teuren Objekt im Bühnenflüsterton: ›Haltet sie bloß davon ab!‹ Es war sehr komisch. Schließlich entschied sie sich für ein schlichtes Armband in Gestalt einer zusammengerollten Schlange. Sie schenkte ihm eine goldene Christophorus-Medaille, um jene zu ersetzen, die er in den Sarg des kleinen Patrick gelegt hatte, und ein rotgoldenes Lederalbum mit Fotos vom Rosengarten des Weißen Hauses vor und nach ihrem Einzug.«

Am nächsten Tag segelten sie in der Narragansett Bay. Danach traf Kennedy sich mit dem Senator von Rhode Island, während Jackie ihre Freundin Sylvia Blake besuchte, die später berichtete: »Es überraschte mich, Jackie an diesem Wochenende in so fröhlicher Stimmung zu sehen. Andererseits war es unmöglich, ihre Gedanken zu lesen ... Sie war zwar immer lieb und nett, aber nie besonders mitteilsam. Niemals — nicht einmal als Teenager. Manche Menschen erzählen alles, was sie bewegt. Jackie blieb stets reserviert. Man stellte ihr keine Fragen, die ihre Person betrafen, und man wagte es nicht, eine gewisse Grenze zu überschreiten. Das duldete sie nicht. Und daran hat sich bis heute nichts geändert.«

Jackie war keineswegs in heiterer Stimmung, doch das wollte sie nicht einmal ihrer alten Freundin anvertrauen. Ihre Schwester Lee, die sich damals in Europa aufhielt, spürte es allerdings, wann immer sie mit Jackie telefonierte. Sie hatte eine enge und zeitweise romantische Freundschaft mit dem griechischen Reeder Onassis geschlossen und erzählte ihm vom Kummer ihrer Schwester. Jackie sei ungewöhnlich introvertiert, erklärte sie, und würde ihre Gedanken mit niemandem teilen. Sie sei sehr verletzlich und leide offenbar sehr.

Onassis lud Lee und Jackie nach Griechenland zu einer Inselkreuzfahrt ein. Er stellte ihnen seine Jacht ›Christina‹ mitsamt der Besatzung zur Verfügung und versicherte, sie könnten Freunde mitbringen und fahren, wohin sie wollten. Sie seien seine Gäste, aber er werde an Land bleiben oder außer Sichtweite, ganz so, wie es ihnen beliebte. Lee glaubte, die Kreuzfahrt würde Jackie helfen, ihren schweren Verlust zu verkraften. Sie rief ihre Schwester an, unterbreitete ihr Aris Vorschlag und erwähnte auch, daß er an Land bleiben wolle.

Ohne auch nur eine Sekunde zu zögern, willigte Jackie ein und meinte, dies sei »der Traum meines Lebens«. Sie bestand allerdings auf Aris Begleitung. »Ich kann unmöglich die Gastfreundschaft dieses Mannes annehmen und ihm verbieten, seine eigene Jacht zu betreten. Das wäre grausam.«

John und Bobby Kennedy waren weniger begeistert von der Idee. Sie fragten sich besorgt, wie die Presse auf diese Reise reagieren und wie sich das 1964 auf die Präsidentenwahl auswirken könnte, die bereits einen breiten Raum in JFKs Überlegungen einnahm. Aristoteles Onassis, der ›goldene Grieche‹, war nicht nur Ausländer, sondern auch noch Jetsetter, aus dem Blickwinkel des Durchschnittsamerikaners die denkbar schlimmste Kombination. Außerdem hatte die amerikanische Justiz mehrfach gegen ihn ermittelt, und von der obersten Handelsschiffahrtsbehörde der USA war er verschiedener Vergehen angeklagt worden. Im bekanntesten Fall ging es um vierzehn Schiffe, die ihm die Handelsschiffahrtsbehörde in der Annahme verkauft hatte, sie würden unter amerikanischer Flagge fahren. Statt dessen hatte er sie ins Ausland weiterverkauft und zwanzig Millionen Dollar verdient. Um einer strafrechtlichen Verfolgung zu entgehen, mußte er eine Geldbuße von sieben Millionen Dollar zahlen.

»Jackie, weißt du auch, was du tust?« fragte der Präsident. »Kennst du den Ruf dieses Mannes? Daß sich deine Schwester mit ihm eingelassen hat, ist schon schlimm genug.«

Er war über Lees Pläne informiert, die Ehe mit Stas Radziwill annullieren zu lassen und den griechischen Tankerkönig zu heiraten. Gerüchten zufolge wollte Onassis nichts lieber werden als der Schwager des amerikanischen Präsidenten.

Bobby Kennedy machte Jackie klar, daß solche Manöver

ihrer Schwester bis zur nächsten Präsidentenwahl warten mußten. JFK stellte eine weitere Bedingung. Wenn Jackie darauf bestand, an der Kreuzfahrt teilzunehmen, mußte auch Stas Radziwill mitkommen, außerdem eine zusätzliche ›Anstandsdame‹, damit wenigstens der Schein gewahrt wurde. — Nachdem Maria Callas auf der Bildfläche erschienen war, hatte sich Onassis von seiner Frau Tina scheiden lassen. Es würde keinen guten Eindruck machen, wenn sich die First Lady und ihre verheiratete Schwester im trauten Beisammensein mit einem geschiedenen Mann blicken ließen, der zu allem Überfluß auch noch als Liebhaber schöner Frauen galt.

Jackie stimmte zu, und Kennedy bat seine Freunde Franklin D. Roosevelt Jr. und dessen Frau Suzanne, die Rollen der ›Anstandsdamen‹ zu übernehmen.

»Von einer Bitte kann man eigentlich nicht sprechen«, meinte Roosevelt. »Ich nahm auf Befehl des Präsidenten an dieser Kreuzfahrt teil, der gesagt hatte, es müsse jemand mitkommen, der sein Freund sei und dem er vertrauen könne. Wir amüsierten uns großartig, aber ich hatte wirklich keine Lust, Jackies Babysitter zu spielen. Damals war ich Handelsunterstaatssekretär und bezweifelte, daß diese Reise meinem politischen Image Glanz verleihen würde, abgesehen von der Tatsache, daß ich zu jenem Zeitpunkt eine ganze Menge zu tun hatte. Obwohl ich ein alter persönlicher Freund des Präsidenten und von Mrs. Kennedy war, fand ich, daß es einem Regierungsbeamten nicht zustand, fern von seinen Pflichten in Washington ... durch das östliche Mittelmeer zu kreuzen. Ich befürchtete, man könnte die Reise als eine Art Playboy-Trip betrachten, obwohl meine Frau mich begleitete, und so etwas konnte ich wahrlich nicht gebrauchen.

Das hatte nichts mit Jackie zu tun, die ich sehr bewunderte. Irgendwie war ich sogar für ihre Ehe mit John verantwortlich. Sie hatten sich zwar durch die Bartletts kennengelernt, aber ich war es, der John empfohlen hatte, sich weiterhin mit Jackie zu verabreden. Wie ich mich entsinne, erzählte ich ihm, in Washington gebe es eine Dame, die ihm meiner Ansicht nach in Konversation und Schlagfertigkeit sowie in intellektueller Hinsicht ebenbürtig sei und die außerdem zu den schönsten Mädchen Amerikas gehöre. ›Wer ist das?‹ fragte er. ›Sie heißt Jacqueline Bouvier‹, antwortete ich. Da sagte er: ›Ich kenne sie, wir sind ein paarmal miteinander ausgegangen.‹ — ›Das solltest du auch weiterhin tun‹, riet ich. ›Sie ist phantastisch.‹

Ich kannte auch Onassis. Das erstemal traf ich ihn im März oder April 1942 auf Long Island. Als wir uns nach dem Krieg wiedersahen, versuchte er mich als Anwalt zu engagieren, um sich in einem seiner zahllosen Gerichtsprozesse von mir vertreten zu lassen. Ich biß nicht an, aber wir blieben befreundet, was wohl auch eine Rolle spielte, als Kennedy mich ersuchte, an der Kreuzfahrt teilzunehmen. Bevor ich Jackie in Piräus traf ..., besprach ich auf JFKs Wunsch hin in Ägypten mit Präsident Nasser eine äußerst geheime Angelegenheit, dann fragte ich den Präsidenten von Somalia, warum er seine Waffen bei den Russen kaufe, statt sich den USA diplomatisch zu nähern und mit uns Geschäfte zu machen. Danach, am 4. Oktober, gingen wir an Bord der Jacht.«

Wie Jackie bereits wußte, war die ›Christina‹, nach Aris Tochter benannt, nicht nur das luxuriöseste Vergnügungsboot der Welt, sondern auch das schwimmende Heim des vitalsten Mannes, dem sie je begegnet war. An Jackies erstem Abend an Bord gab Onassis ihr zu Ehren eine Dinnerparty, gefolgt von einem mitternächtlichen Tanzfest an Deck. Am nächsten Morgen wurde der Anker gelichtet, und die ›Christina‹, geschmückt mit roten Rosen und rosa Gladiolen, fuhr in die Ägäis hinaus, mit Kurs auf Istanbul. Zu der sechzigköpfigen Besatzung gehörten eine Band, eine Masseuse und zwei Friseure.

»Onassis war wundervoll«, berichtete Roosevelt, »sehr gut erzogen (wenn auch nicht förmlich), sehr belesen, bestens informiert über alles, was auf der Welt geschah, ein brillanter, charmanter Mann. Keineswegs hübsch oder auch nur attraktiv, aber eine liebenswürdige, geistreiche Persönlichkeit.

Der erste Hafen, den wir anliefen, war Lesbos, die Insel Sapphos, die wir erforschten, während Onassis diskret an Bord blieb. Er war zu feinfühlig, um irgend jemanden von unserer Gruppe in Verlegenheit zu bringen. Was die Demonstration seines Reichtums betraf, zeigte er sich weniger zurückhaltend. Der Luxus auf der ›Christina‹ wirkte geradezu protzig. Da gab es Barhocker, die mit Walfischhodensäkken gepolstert waren, und an der Theke eine Geländerstange aus Walfischelfenbein, Kamine aus Lapislazuli, vergoldete Wasserhähne in den Badezimmern, zweiundvierzig Telefone, eine Arztpraxis, einen Schönheitssalon, ein Bordkino, neun Staatskabinen — jede nach einer anderen griechischen Insel benannt. Jackie bewohnte Chios, wo bereits Sir Winston Churchill und Greta Garbo logiert hatten.

Als wir Kreta anliefen, bat mich Jackie, mit Onassis zu sprechen und ihm zu sagen, er brauche sich nicht zu verstecken, sie würde sich freuen, wenn er mit uns an Land ginge. Das tat er, und er genoß es sichtlich, den Fremdenführer zu spielen, während sich seine Gäste mit großen Augen umsahen.«

Jackie schilderte die Kreuzfahrt in zehn Seiten langen Briefen an »meinen liebsten, liebsten John«. Einen davon beendete sie mit dem Satz: »Ich wünschte, wir könnten uns gemeinsam an der Stille des Mittelmeers freuen.« Der Präsident rief sie mehrmals am späten Abend an.

Onassis überschüttete seine Gäste mit üppigem Komfort und Luxus. Zwei Köche — ein französischer und ein griechischer — bereiteten mit Kaviar gefüllte Eier zu, Gänseleberpastete, pochierten Hummer und Riesengarnelen. Ari unterhielt die First Lady mit seinem reichhaltigen Anekdotenschatz und Geschichten aus dem alten Smyrna, seiner Geburtsstadt (die im Lauf der Kreuzfahrt ebenfalls besichtigt wurde), und von Großmutter Gethsemane, die ihm viel von ihrem gesunden Menschenverstand mit auf den Weg gegeben hatte. In gewisser Weise erinnerte sie Jackie an Großvater Bouvier. Ari erzählte von seinem frühen Lebenskampf, von seinem Job als Telefonist in Argentinien, wo er fünfundzwanzig Cents pro Stunde verdient hatte. Nach der Hochzeit mit der Tochter eines mächtigen griechischen Schiffsmagnaten war er langsam zu seinem derzeitigen Status emporgestiegen.

Oft saßen Jackie und Ari zusammen auf Deck unter einem funkelnden Sternenhimmel, während die anderen längst zu Bett gegangen waren. Sie wurden Freunde, besuchten kleine Dinnerpartys in den Häfen und mitternächtliche Bouzouki-Feste. Nachdem sie Ithaka gesehen hatten, machten sie in Aris Privatparadies auf Skorpios Rast, einer Insel voller Zypressen und felsiger Berghänge. Dort erklärte Jackie ihrem Gastgeber bei einem Spaziergang am Meeresufer, sie wünsche, ihre griechische Idylle würde niemals enden.

»Onassis war charmant, interessant und humorvoll«, erinnert sich Suzanne Roosevelt (heute Mrs. Kloman). »Aber da war nichts zwischen den beiden. Vielleicht hat Jackie ein bißchen mit ihm geflirtet, wie das so ihre Art war, wenn sie sich in männlicher Gesellschaft befand. Sie liebte es, von ihren Bewunderern umringt zu werden, FDR Jr. eingeschlossen. Auch Franklin forderte sie heraus. Sie war schrecklich. Sie warf ihm so träumerische Blicke zu, daß er auf Wolken schwebte. Damals wußte ich es noch nicht, doch das war ganz einfach Jackies Stil. Franklin genoß es, neben ihr zu sitzen und mit ihr zu reden, und ich glaube, das galt auch für Onassis. Falls da irgend etwas vorging, dann zwischen Ari und Lee. Maria Callas war zum erstenmal seit vier Jahren nicht an Bord. Jackies Schwester hatte Stas Radziwill mitgebracht, doch der verließ die Jacht während der Kreuzfahrt. Allmählich sahen wir aus wie lauter Jet-setter, und Präsident Kennedy mißbilligte ein solches Image.«

Franklin Jr. bestätigte den Eindruck, den seine Frau gewonnen hatte. »Die enge Freundschaft, die Jackies Schwester und Ari verband, war kein Geheimnis. Ich nehme an, mittlerweile wußte jeder von dieser Beziehung ... Jackie hingegen wollte sich nur erholen. Wir hatten viel Spaß miteinander und zogen uns gegenseitig auf. Es war ein gutmütiges, lustiges Geplänkel. Im Rückblick muß ich sagen, daß ich vielleicht etwas versäumte, aber Jackie und ich hatten nie eine Affäre miteinander.«

Von einem Motorboot aus knipste ein Fotograf Jackie im Bikini beim Sonnenbad an Deck der ›Christina‹, und das Bild erschien auf den Titelseiten der Weltpresse. Als John F. Kennedy den Schnappschuß sah, schickte er seiner Frau ein vorwurfsvolles Telegramm und drängte sie zur Rückkehr nach Washington. Sie ignorierte seinen Wunsch.

Die Journalisten schilderten mehrere Partys, die Onassis an Bord seiner Yacht gab — lautstarke Feten, die oft bis zum Morgengrauen dauerten. »Schickt sich so ein Benehmen für eine Frau, die Trauer trägt?« fragte der Autor eines Leitartikels im *Boston Globe.* Der Republikaner Oliver Bolton aus Ohio erklärte im Kongreß, die First Lady würde »ein schlechtes Urteilsvermögen beweisen und sich vielleicht auch ungehörig verhalten, indem sie die Gastfreundschaft eines Mannes annimmt, der das amerikanische Volk betrogen hat«. Der Abgeordnete stellte mehrere Fragen, unter anderem diese: »Warum reist denn die Lady nicht etwas öfter durch ihr eigenes Land, statt sich in Europa herumzutreiben?«

Nachdem die ›Christina‹ in Istanbul angelegt hatte, besichtigte Jackie die Stadt, und Onassis schenkte ihr eine Halskette mit Rubinen und Diamanten im Wert von fünfzigtausend Dollar. Lee beschwerte sich bei JFK, Ari habe Jackie mit Geschenken ›überschüttet‹. »Ich halte das nicht aus«, schrieb sie. »Mir gab er drei armselige kleine Armbänder, die nicht einmal Caroline bei ihrer Geburtstagsparty tragen würde.« Diese Geste sprach eine deutliche Sprache: Onassis dachte gar nicht daran, Lee Radziwill zu heiraten, weder jetzt noch später.

Jackie verbrachte noch einige Tage in Marokko als Gast von König Hassan II. Falls sie nach dieser überzeugenden Demonstration ihrer Unabhängigkeit eine gewisse Zerknirschung empfand, so zeigte sie es nicht. Sie blieb nur kurz im Weißen Haus — lange genug, um mit ihrem Mann zu streiten —, dann brach sie zu ihrer neuen Wochenendvilla in Atoka auf.

»John und Jackie waren beide willensstark und eigenständig«, meinte Janet Auchincloss. »Sie zankten sich wie jedes

Ehepaar, aber sie konnten ihre Differenzen immer bereinigen.«

Mehrere Freunde stellten fest, daß der Präsident jetzt eher geneigt schien, für das Glück seiner Frau Opfer zu bringen als zuvor. Und sie bemühte sich offenbar genauso um ihr Eheleben.

22

»Kommst du nächsten Monat mit nach Texas?« fragte JFK. »Ich begleite dich auf deiner Wahlkampagne, wohin immer du willst«, versprach Jackie.

Bevor sie ihre endgültige Entscheidung traf, besann sie sich mehrmals anders, ebenso wie John. Die Reise nach Texas widerstrebte dem Präsidenten, wie Lem Billings berichtete. »›Warum kann Johnson seine gottverdammte Wäsche nicht selber waschen?‹ fragte er. Vielleicht wurde er von bösen Ahnungen geplagt. Doch zu guter Letzt war er Feuer und Flamme. ›Jackie wird diesen texanischen Miezen ein bißchen was über Mode beibringen‹, meinte er.«

»John zwang Jackie, mit ihm nach Texas zu fliegen«, erinnerte sich George Smathers, »er bestand darauf. Sie mußte als Friedensstifterin fungieren. Zwischen Gouverneur John Connalley und Senator Ralph Yarborough war ein Streit ausgebrochen, der die demokratische Partei in Texas zu spalten drohte. Jackie sollte die Leute umgarnen, mit denen JFK im Augenblick nicht reden wollte — die alte politische Puffer-Routine.«

Wahlhelfer Larry O'Brien gab sich die Schuld an der verhängnisvollen Reise. »Unglücklicherweise war ich für die Reise nach Texas verantwortlich. Im Lauf der Jahre habe ich immer wieder darüber nachgedacht, denn dies wird mein Gewissen für den Rest meines Lebens schwer belasten. Eigentlich kam die Reise nur zustande, weil wir einem befreundeten Kongreßabgeordneten aus Texas einen Gefallen tun wollten: Albert Thomas, der die Hauptverantwortung für das Raumfahrtzentrum in Houston trug. Eines Tages besuchte er mich und teilte mir mit, man würde da unten eine Dinnerparty für ihn geben, und es wäre eine große Ehre für ihn, wenn der Präsident daran teilnehmen könnte. Nun, das veranlaßte mich, mit Kennedy darüber zu reden. Außerdem war sein damaliges Image in Texas nicht gerade großartig ...

Es gab da gewisse kleine Störfaktoren, und vielleicht eignete sich der Zeitpunkt, um die aus der Welt zu schaffen. Das Dinner von Thomas würde als Vorwand dienen, obwohl man natürlich wegen eines Dinners nicht nach Texas fliegt. So fing es also an. Von Houston ging es weiter nach Fort Worth und Dallas, und zuletzt wären wir noch nach Austin geflogen.«

Dallas kam am 23. Oktober bei einer Dinnerparty im Weißen Haus zur Sprache, zu der Hervé Alphand, seine Frau Nicole, Franklin und Suzanne Roosevelt sowie Prinzessin Irene Galitzine erschienen, die prominente italienische Designerin und Gesellschaftslöwin, die erst kürzlich zusammen mit Jackie an Bord der ›Christina‹ gewesen war.

»Wir aßen an diesem Abend im Familienspeisezimmer«, berichtete Hervé Alphand, »und unterhielten uns über die bevorstehende Reise nach Texas. Roosevelt Jr. erwähnte, Adlai Stevenson sei neulich in Dallas von einem wütenden Mob angegriffen, bespuckt und mit faulen Eiern beworfen worden. Stevenson hatte Jackie vor der Reise gewarnt. Senator William Fulbright und Bobby Kennedy vertraten dieselbe Ansicht. Trotzdem wollte Jackie ihren Mann begleiten. — Wenn er nach Texas ging, würde sie mit ihm gehen.

Ich riet ihr, sich das noch einmal zu überlegen, dann wechselte ich das Thema und sprach von der Reise von Charles de Gaulle in die Vereinigten Staaten, die für 1964 geplant war. Sicher wollte er zuerst das Weiße Haus aufsuchen. Jackie bemerkte, sie würde ihn gern nach Hyannis Port einladen, um einen weniger formellen Gedankenaustausch zwischen Kennedy und de Gaulle zu ermöglichen. ›Ich dachte auch an Palm Beach‹, sagte sie, ›aber ich hasse diese Stadt.‹

Dann erzählte ich, in Frankreich seien gewisse Schmuckstücke angefertigt worden, die wir Mrs. Kennedy anläßlich der Geburt Patricks schenken wollten. Vielleicht würde de Gaulle sie im nächsten Jahr mitbringen. Als ich Patricks Namen aussprach, erschrak Jackie. Sie hielt den Atem an und erholte sich nur langsam von diesem Schock. Schließlich erklärte sie mir, sie sei bereits über den Schmuck informiert und würde ihn gern in Empfang nehmen, allerdings lieber aus den Händen von André Malraux.

Natürlich wußte ich nicht, daß de Gaulle früher als erwartet nach Washington kommen würde und daß ich meinen guten Freund, den Präsidenten John F. Kennedy, an jenem Abend zum letztenmal sah.«

Die letzte Veranstaltung im Weißen Haus unter Präsident Kennedy fand am 20. November statt, am Vorabend der unheilvollen Abreise nach Texas. Beim alljährlichen Empfang für die Richter des Obersten Gerichtshofs, ihre Ehefrauen und andere Justizbeamte übernahm Mrs. Kennedy zum erstenmal seit Patricks Tod eine offizielle Funktion. Wie immer interessierte man sich sehr für Jackies Aussehen und ihre Kleidung, ebenso für die Art und Weise, wie sie das Ereignis gestaltete, um das sie sich jedes Jahr persönlich kümmerte.

Jessie Stearns, Korrespondentin im Weißen Haus, entsinnt sich, wie begeistert das Pressecorps an jenem Tag war. »Wir wurden eingeladen, über den Empfang zu berichten, Fotos zu machen und unsere Eindrücke mit den Lesern zu teilen. Eine solche Offenherzigkeit von seiten Jackie Kennedys war uncharakteristisch. Sie hatte uns von Anfang an ziemlich gemein behandelt.

Ich erinnere mich deshalb so genau an die Einzelheiten, weil der Empfang nur wenige Tage vor dem Mord gegeben wurde. Obwohl JFK in jener Zeit angeblich gerade ›zur Ruhe kam‹ und sich mit Jackie begnügte, amüsierte er sich immer noch mit anderen Frauen. Dafür gab es genügend Beweise, außerdem zahlreiche Augenzeugenberichte von sehr verläßlichen Informanten. Diese Aktivitäten wurden in der Presse nicht erwähnt, weil das Sexualleben eines Präsidenten als ›off-limits‹ betrachtet wurde.

Bei diesem Empfang stand ich neben der breiten Treppe, auf der die Ehrengarde mit der Präsidentenflagge und dem Sternenbanner herabmarschierte, gefolgt vom Präsidenten, der First Lady und den Ehrengästen. Dazu spielte die Marine-Band ›Hail to the Chief‹.

Plötzlich hörte ich die Geräusche eines Handgemenges auf den Stufen, ein Ziehen und Zerren. Die Leute reckten neugierig die Hälse, und einen Moment später tauchte das Präsidentenpaar auf. An einer Seite stand Kennedys Haar zu Berge, als hätte er eine Ohrfeige bekommen. Er wirkte leicht verwirrt, Jackie war sichtlich erregt. JFK begann sein Haar glattzustreichen. Danach wurden wir möglichst schnell hinauskomplimentiert. Aus offensichtlichen Gründen wollten sie nicht, daß das Pressecorps herumstand und Fragen stellte.

Ich glaube, daß folgendes passiert ist: Jackie kam aus ihrem Wochenendhaus in Atoka zurück, wo sie ausgeritten war und dabei etwas gesehen oder gehört hatte, was sie ärgerte. Um halb zwei Uhr nachmittags traf sie im Weißen Haus ein, und bis zum Beginn des Empfangs um halb sieben kochte sie fünf Stunden lang vor Wut. Dann traf sie JFK und schleuderte ihm ihren ganzen Zorn und vielleicht sonst noch was ins Gesicht. Ich möchte wetten, daß die beiden nach der Party in ihren Privaträumen sich noch weiterstritten.«

»Ich weiß nicht, ob es am Abend vor unserer Abreise eine Meinungsverschiedenheit zwischen den Kennedys gab«, erklärt Larry O'Brien. »Über so etwas pflegte mich JFK nicht zu informieren. Vielleicht war ein Ehestreit ausgebrochen. Wie ich mich entsinne, fragte der Präsident im Hubschrauber auf dem Rasen des Weißen Hauses General McHugh nach dem Wetter in Texas. McHugh erstattete eine Art Wetterbericht und der Präsident sagte: ›O Gott, ich weiß nicht, ob Mrs. Kennedy die richtige Kleidung für diese Wetterverhältnisse eingepackt hat.‹ Wir hatten bereits mehrere Minuten gewartet, als sie aus dem Weißen Haus auftauchte und zu uns in den Hubschrauber stieg. JFKs Sorge bewies, wie sehr es ihn freute, daß Jackie mitkam, ... denn im Grunde war es eine Amtsreise. Eine Spaltung der demokratischen Partei in Texas konnte ihm bei der nächsten Wahl empfindlich schaden. Während dieser Reise sollte zerbrochenes Porzellan gekittet werden, und darauf verstand sich Jackie ausgezeichnet. Und da sie ihn nach Texas begleitete, lag außerdem die Vermutung nahe, daß sie im Wahlkampf 1964 eine größere Rolle spielen wollte.«

Godfrey McHugh verriet, es sei bei dieser Reise nicht so sehr um Wählerstimmen wie um Geld gegangen, »denn Texas schwamm in Geld, und ein ernsthafter Zwist in der demokratischen Partei von Texas gefährdet die finanzielle Unterstützung, die man braucht, um eine Präsidentenwahlkampagne durchzuführen.

Außerdem sollte das Interesse Kennedys an den Problemen des Südwestens demonstriert werden. Ich glaube, der Präsident hätte nicht nach Texas fliegen müssen. Zu seiner Tagesordnung gehörten andere Probleme, zum Beispiel Vietnam und Kambodscha. Aber da er sich nun mal für diese Reise entschieden hatte, legte er sich auch richtig ins Zeug. Zum Beispiel hatte man erörtert, ob bei der Wagenkolonnenfahrt durch Dallas ein Auto mit kugelfestem Klarsichtdach benutzt werden sollte. Jackie war dafür, weil sie fürchtete, der Wind könnte ihr Haar zerzausen. In Washington hatte irgend jemand eine Sekretärin aus dem Weißen Haus eine halbe Stunde lang in einem offenen Cabrio die Pennsylvania Avenue hinauf- und hinuntergefahren, damit nachher ihre Frisur begutachtet werden konnte. Der Geheimdienst sprach sich aus Sicherheitsgründen für das kugelfeste Dach aus. Aber JFK wollte in einem offenen Wagen fahren, und er wollte auch, daß die Route der Wagenkolonne in Dallas bekanntgegeben wurde. ›Wenn man die Leute aus den Häusern locken will, müssen sie wissen, wo sie einen finden‹, sagte er.«

Während des Fluges bewies Jackie ihre Nervosität, indem sie voller Hektik eine ganze Packung Zigaretten rauchte. Dabei besprach sie mit Donald F. Barnes, einem Dolmetscher vom Außenministerium, eine kurze Rede, die sie am selben Abend auf spanisch vor dem Bund der Vereinigten Lateinamerikanischen Bürger halten wollte. Zusammen mit Pam Turnure ging sie die Reiseroute durch, die Kennedy in fünf größere texanische Städte führen und mit einem Besuch auf LBJs Ranch enden sollte, wo der Vizepräsident ein riesiges rustikales Barbecue nebst Ausritt plante.

In San Antonio, beim ersten Zwischenstop an diesem Tag, blieb Jackie in der Nähe ihres Mannes, als er bei der

Einweihung einer neuen Forschungsabteilung im Aerospace Medical Center des Luftwaffenstützpunkts Brooks eine Rede hielt. Dann flogen sie nach Houston, wo Jackies kleine Rede und das Dinner zu Ehren Al Thomas' im Houston Coliseum auf dem Programm standen. Am Freitag, dem 22. November, um fast ein Uhr morgens, trafen sie im Texas Hotel von Fort Worth ein.

Später sollte sich Jackie an gewisse Einzelheiten ihrer letzten Nacht mit John erinnern und diese Informationen an William Manchester weitergeben, damit er sie in seinem Buch *Death of a President* verwenden konnte. Allerdings bestand sie dann darauf, daß ihre Enthüllungen entweder gestrichen oder eingehend bearbeitet wurden. Zum Beispiel hatte sie ihrem Mann mitgeteilt, sie könne John Connally nicht ausstehen. »Dieses launische, eigensüchtige Großmaul ... Anscheinend werden manche Männer von ihrem guten Aussehen verdorben; sie entwickeln sich beinahe zu Weichlingen. Sein schwächlicher Mund ist mir zuwider. Und da sitzt er und verkündet all diese grandiosen Dinge über sich selbst.« Schließlich erklärte Jackie, sie ›hasse‹ Connally, was dann in *Death of a President* durch den milderen Ausdruck ›nicht mögen‹ ersetzt wurde.

Sie bewohnten eine Suite von drei Räumen und verbrachten die Nacht in getrennten Schlafzimmern. Der Präsident hatte sich kürzlich am Unterleib verletzt, außerdem litt er an Magenkrämpfen — der Folge einer nervösen Erschöpfung, die ihm oft zu schaffen machte, was er aber vor der amerikanischen Öffentlichkeit geheimhalten konnte.

Mitten in seinem Schlafzimmer umarmten sich John und Jackie. Wie Jackie später erklärte, waren sie beide so müde, daß sie sich gegenseitig stützten.

Der erste, der am nächsten Morgen die Präsidentensuite betrat, war Larry O'Brien. »Ich war sehr deprimiert«, entsinnt er sich. »Die texanischen Zeitungen hatten Leitartikel über die Schwierigkeiten zwischen Lyndon B. Johnson und Ralph Yarborough veröffentlicht. Yarborough warf Johnson vor, er stelle sich auf Connallys Seite, und weigerte sich, im selben Auto wie Johnson zu fahren. Also hatte sich die Kluft zwischen Yarborough und Connally vertieft, und wir mußten uns jetzt auch noch um Johnson Sorgen machen.

Der Präsident sollte bei einem Frühstück eine Rede halten und am Vormittag vor einem größeren Publikum im Freien sprechen, ehe er nach Dallas weiterflog. Ich beschloß, irgend etwas in der Yarborough-Connally-Johnson-Affäre zu unternehmen. Sie irritierte mich, weil wir ja selbst vor Ort waren und die Aufmerksamkeit der Texaner eigentlich auf den Präsidenten hätte gerichtet sein müssen, doch durch diese Sache wurde sie nun teilweise von ihm abgelenkt. Ich erklärte ihm, ich würde nach unten gehen und versuchen, Yarborough aufzustöbern und mit ihm zu reden, ehe die Wagenkolonne das Hotel verließ. Er stand draußen vor dem Hotel, etwa zehn Minuten, ehe die Fahrt beginnen sollte. Die Pressebusse warteten in Reih und Glied. ›Ralph, es ist wirklich unangenehm, daß Sie nicht mit Johnson im selben Auto fahren wollen‹, sagte ich. ›Schauen Sie sich diese Busse an! In diesem Augenblick blickt die gesamte Presse auf uns zwei. Es wäre Ihre Schuld, wenn eine Situation entstünde, die dem Präsidenten schaden könnte. Ich weiß, Sie halten sehr viel von ihm. Warum wollen Sie dann so was tun?‹ Ralph erwiderte in etwa: ›Nun, vielleicht haben Sie recht.‹ Ich schlug vor: ›Steigen Sie doch einfach mit dem Vizepräsidenten ins Auto, und wir bringen's hinter uns.‹ Er stimmte zu ..., und gleich danach kam Johnson aus dem Hotel. Ich packte ihn am Arm und informierte ihn über Yarboroughs Bereitschaft, zusammen mit ihm zu fahren. Johnson gab keinen besonderen Kommentar dazu ab. Die beiden kletterten einfach ins Auto, und das war's.

Als wir auf dem Love Field von Dallas landeten, wollte ich sicherstellen, daß die Sitzordnung in der Wagenkolonne unverändert blieb. Während sich John und Jackie von der Menge bejubeln ließen, blieb ich im Hintergrund, um zu sehen, ob Yarborough und Johnson wieder in dasselbe Auto stiegen. Das taten sie, und weil ich diesen Moment abgewartet hatte, wäre mir die Wagenkolonne beinahe davongefahren. Ich sprang gerade noch rechtzeitig in ein Auto, in dem vier oder fünf texanische Kongreßabgeordnete saßen.«

Die Wagenkolonne verließ Love Field um zwölf Uhr fünfundfünfzig. Die übliche polizeiliche Motorradeskorte fuhr voraus, dann folgte der große Lincoln mit dem Präsidenten und Jacqueline sowie mit Gouverneur John Connally und seiner Frau. Auf dem Rücksitz, zwischen dem Präsidenten und der First Lady, lag ein großer Strauß aus langstieligen roten Rosen, der einen hübschen Kontrast zu Jackies erdbeerrosanem Wollkostüm und dem passenden Pillbox-Hut bildete. Als ihr die Blumen auf dem Flughafen überreicht worden waren, war ihr aufgefallen, daß sie seit ihrer Ankunft in Texas immer nur die berühmten gelben Rosen dieses Staates bekommen hatte. Die roten Blüten erinnerten sie nun an die ›Christina‹ und die griechischen Inseln.

Über eine halbe Stunde lang fuhren sie dahin, lächelten und winkten der fröhlichen Menschenmenge zu. In der Innenstadt von Dallas, an der Ecke der Elm und der Houston Street, bog die Kolonne scharf nach links. An dieser Stelle führt die Straße bergab, auf eine Unterführung zu. Hier hatte sich die Menge etwas verdünnt, zeigte sich aber gleichbleibend freundlich. Um halb zwei kam der Präsidentenwagen an einem Schulbuchlager vorbei. Aus einem Fenster im fünften Stock des Gebäudes richtete der Mörder, angeblich ein Außenseiter der Gesellschaft namens Lee Harvey Oswald, ein Gewehr auf die Wagenkolonne, bis die Präsidentenlimousine im Fadenkreuz des Zielfernrohrs auftauchte. Dann krachten die Schüsse und hallten über die Dealey Plaza.

Die Anzahl der abgeschossenen Kugeln und die Zahl der Verschwörer, die an der Ermordung Kennedys beteiligt waren — falls es ein solches Komplott überhaupt gegeben hat —, konnte bis heute, sechsundzwanzig Jahre nach dem Ereignis, nicht mit Sicherheit festgestellt werden. In einem Zeitraum von weniger als sechs Sekunden wurden mindestens drei Schüsse abgefeuert. Die erste Kugel traf den Präsidenten unterhalb des Nackens, streifte den rechten Lungenflügel, durchtrennte die Luftröhre und trat am Hals wieder aus. Ein weiteres Geschoß, schätzungsweise das zweite, verletzte Gouverneur Connally, der direkt vor Kennedy auf einem Klappsitz saß, schwer. Die dritte Kugel schlug am Hinterkopf des Präsidenten ein, sprengte das rechte hintere Viertel seines Schädels ab und erzeugte eine grausige Wolke aus Blut und Gehirnmasse.

Jene Organisation, die man oft genug als tüchtigste Sicherheitsbehörde der Welt gepriesen hatte — der US-Geheimdienst —, hatte trotz aller kostspieligen Ausbildungsprogramme und Sicherheitsvorkehrungen versagt. Stumm und ungläubig starrten die Geheimdienstler und die Polizeibeamten von Dallas einander an. Offenbar wartete jeder darauf, daß der andere etwas unternahm.

Wie so viele andere, dachte auch Jackie zunächst, es wäre die Fehlzündung eines Motorrads gewesen, die mehrmals geknallt hatte. Als sie sich jedoch umschaute, stellte sie entsetzt fest, daß ein beträchtlicher Teil vom Schädel ihres Mannes fehlte. Blut quoll aus der großen Wunde. Die Gehirnmasse des Präsidenten, grau und klebrig, schien alles ringsum zu bedecken. »Mein Gott, was tun sie?« schrie Jakkie.

»Mein Gott, sie haben John getötet, sie haben meinen Mann getötet ... John! John!«

Nellie Connally, die Frau des Gouverneurs, handelte blitzschnell und geistesgegenwärtig. Sie zog ihren verwundeten Mann aus der Schußlinie und in ihren Schoß, dann beugte sie sich über ihn, um ihn mit ihrem Körper zu schützen.

»Ich hatte nach links gesehen«, berichtete Jackie den Mitgliedern des Warren-Untersuchungsausschusses, um ihnen zu erklären, warum sie nicht das gleiche für den Präsidenten getan hatte wie Mrs. Connally für den Gouverneur. »Immer wieder dachte ich mir, hätte ich doch nach rechts gesehen, dann hätte ich bemerkt, wie ihn der erste Schuß traf, und ihn hinunterziehen können, und dann wäre er nicht von der zweiten Kugel getroffen worden.«

Jackies Aussage wurde durch einen Film widerlegt, den Abraham Zapruder, ein Textilfabrikant aus Dallas, zufällig am Tatort gedreht hatte (und den er später für fünfzigtausend Dollar an *Time-Life* verkaufte). Er hatte die Wagenkolonne mit dem Wagen des Präsidenten genau in dem Augenblick gefilmt, als der Mord geschah, und es ist deutlich zu erkennen, daß Jackie einen Sekundenbruchteil nach dem ersten Schuß nach rechts schaute, direkt auf ihren Mann. Sie drehte sich herum und starrte John während der nächsten sieben Sekunden an, ohne auch nur einen Finger zu rühren, um ihm zu helfen.

Als sie sich dann bewegte, schlug sie eine unerwartete Richtung ein. Sie sprang auf und kletterte von ihrem Sitz auf den Kofferraum des Wagens. Dabei trat sie versehentlich gegen das, was noch vom Kopf ihres Mannes übrig war, und kroch zur rechten Seite des Hecks. Sie steuerte auf einen großen Gummigriff am Deckel des Kofferraums zu. Daran wollte sie sich festhalten, bevor sie von dem Fahrzeug sprang, das plötzlich beschleunigt hatte. Sie reagierte nicht nur auf die tödliche Verletzung ihres Mannes, sondern auch auf Gouverneur Connallys angstvollen Schrei: »O Gott, sie bringen uns alle um!«

Jackie geriet in Panik. In diesem Augenblick der Wahrheit funktionierte nur ein einziger ihrer Instinkte, ihr Selbsterhaltungstrieb. Die Entschuldigungen, die sie später für ihre gescheiterte Flucht vorbrachte, schienen wie die Jahreszeiten zu wechseln. Vor dem Warren-Ausschuß behauptete sie, daß sie sich nicht erinnern könne, auf den Kofferraum des Wagens gestiegen zu sein. William Manchester erzählte sie, sie sei von ihrem Sitz nach oben gekrochen, weil sie versuchen wollte, den fehlenden Teil vom Kopf ihres Mannes zu retten. Das Magazin *Life* bekam zu hören, sie sei auf den Kofferraum geklettert, weil sie Hilfe für den tödlich verletzten Präsidenten gesucht habe.

Es war der Geheimdienstagent Clint Hill, der schließlich Hilfe leistete. Beim Anblick der First Lady, die schwankend auf dem rutschigen, schräg abfallenden Chassis kauerte und das Gleichgewicht zu verlieren drohte, sprang Hill aus dem nachfolgenden Auto. Sekunden später landete er auf dem Heck der Präsidentenlimousine und stieß Jackie auf ihren blutgetränkten Sitz zurück.

Von den Medien wurde Jackies vorübergehender Mangel

an Courage nicht erwähnt. Im letzten Moment merkte sie, daß sie den Gummigriff nicht erreichen konnte, und streckte ihre Hand Clint Hill entgegen. Für einige Betrachter des Zapruder-Films sah es so aus, als hätte sie *ihn* in Sicherheit gebracht, obwohl es eher umgekehrt gewesen war. Dem Schweigegebot des Geheimdienstes treu, sagte Hill nur wenig, um solchen Vermutungen entgegenzutreten. Jackie schwieg über die Rolle, die sie während der Tragödie gespielt hatte, legte keine Geständnisse ab und weigerte sich, über jene Augenblicke des Grauens zu sprechen. Wenn sie sich überhaupt dazu äußerte, dann nur, um andere für ihr Unglück verantwortlich zu machen — den Fahrer der Präsidentenlimousine, der nicht rechtzeitig beschleunigt hatte; John Connally, weil er den Anschlag überlebt hatte, während der Präsident sterben mußte; Lyndon B. und Lady Bird Johnson, die es wagten, Jackies schöne bunte Traumwelt zu zerstören.

23

Sechs Minuten nach den Schüssen hielt der Präsidentenwagen vor der Notaufnahme des Parkland Memorial Hospitals. Jackie hielt John in den Armen und wollte ihn nicht loslassen, bis Clint Hill sein Jakkett über die klaffende Kopfwunde legte. Der Rücksitz war ein blutiges Chaos, die zerdrückten Rosen schwammen in einer trüben Pfütze aus Körperflüssigkeiten und Gehirnfragmenten.

Jackies Kostüm war über und über mit Blut bespritzt. Der erste Arzt, der ihr entgegenkam, dachte zunächst, sie sei ebenso wie ihr Mann verwundet worden. Lady Bird Johnson traf wenig später in der Klinik ein und entdeckte die First Lady ganz allein im schmalen Korridor vor dem Behandlungsraum, in den man John gebracht hatte. Später berichtete sie, Jackie habe in jenem Moment einsamer und verletzlicher gewirkt als irgend jemand, dem sie je zuvor begegnet sei. Lady Bird umarmte sie und schlug ihr vor, sich umzukleiden. Das lehnte Jackie ab. Sie wollte der Welt vor Augen führen, was ›man‹ — der namenlose Feind — John angetan hatte. Ihr blutbeflecktes Kostüm stellte ein Zeichen der Tapferkeit dar, und sie hatte nicht die Absicht, es auszuziehen.

In der Limousine, unmittelbar nach den Schüssen, hatte sie zu fliehen versucht. Jetzt, wo ihr Mann mit dem Tod rang, wollte sie unbedingt bei ihm sein. Nachdem es ihr nicht gelungen war, die Oberschwester beiseite zu stoßen, wandte sie sich an Dr. George Burkley, JFKs Leibarzt, der ihr zunächst ein Beruhigungsmittel anbot.

»Ich will kein Beruhigungsmittel«, erwiderte sie, »ich möchte bei meinem Mann sein, wenn er stirbt.« Das war ihr gutes Recht, und obwohl die Ärzte im Behandlungsraum protestierten, bestand Dr. Burkley darauf, daß man sie hineinließ. Ärzte und Schwestern versuchten, das Unmögliche zustandezubringen. Die Hoffnungslosigkeit der Situation war Jackie bereits auf der Dealey Plaza klar geworden, dem Schauplatz des Verbrechens. Sobald sie den Raum betreten hatte, sank sie auf ein Knie, um zu beten, dann erhob sie sich langsam. Ein großer texanischer Arzt stand vor ihr. »Mrs. Kennedy, ihr Mann ist tödlich verletzt worden«, erklärte er. »Ich weiß«, flüsterte sie. Dr. Burkley tastete nach dem Puls des Präsidenten — aber sein Puls schlug nicht mehr.

Es war vorbei. Man breitete ein Laken über seinen Körper, das zu kurz war, und ein Fuß ragte hervor, bleicher als das Tuch. Jackie griff nach dem Fuß und küßte ihn. Dann schlug sie das Laken zurück, küßte seine Lippen, seine geöffneten Augen, seine Hände und alle Finger. Sie hielt eine seiner Hände fest, weigerte sich, loszulassen.

Mac Kilduff, der während der Texasreise als Pressesekretär fungierte, gab den Tod des Präsidenten um vierzehn Uhr einunddreißig offiziell bekannt, nachdem zwei katholische Priester die letzte Ölung vorgenommen hatten.

»Ich ging zu Ken O'Donnell, dem Leiter der Kampagne in Texas, der Jackie im Behandlungsraum zur Seite stand«, berichtete Kilduff, »und sagte ihm, daß ich eine Erklärung abgeben müsse. Draußen liefen zu viele Reporter herum, die schon Bescheid wußten. ... Zumindest ahnten sie etwas ... Ken erwiderte: ›Fragen Sie nicht mich, fragen Sie den Präsidenten.‹ Also stöberte ich Johnson auf. Man hatte ihn in einen anderen Behandlungsraum geführt, und da saß er mit Lady Bird und dem Geheimdienstagenten Rufus Youngblood. Ich wußte nicht, wie ich ihn anreden sollte. ›Lyndon‹ wollte ich ihn nicht nennen, also redete ich ihn mit ›Mr. President‹ an. Lady Bird schrie auf ... ›Ich muß Präsident Kennedys Tod bekanntgeben‹, sagte ich. Er erwiderte: ›Wir wissen nicht, was für eine Art von kommunistischer Verschwörung dahinterstecken könnte.‹ Es kam mir seltsam vor, daß er angesichts des politischen Klimas von einer ›kommunistischen Verschwörung‹ sprach. ... Man sah beinahe, wie es in Johnsons Gehirn klickte. Schließlich sagte er: ›Wir wissen nicht, ob sie auch hinter mir, dem Sprecher und Außenminister, her sind. Es ist wohl besser, wenn ich von hier verschwinde. Geben Sie Ihre Erklärung ab, ich warte auf Sie.‹ Ich begleitete ihn zum Auto hinaus, und er wurde zur Air Force One zurückgebracht. Manche Leute fanden es anmaßend, daß er die Air Force One und nicht die Air Force Two benutzte, doch diese Entscheidung traf der Geheimdienst, nicht LBJ.«

Ein neues Problem war aufgetaucht. Dr. Earl Rose, der amtliche Leichenbeschauer von Dallas County, dessen Büro im Parkland Memorial Hospital lag, hatte verfügt, daß die Leiche des Präsidenten in Dallas blieb, damit an Ort und Stelle eine Autopsie vorgenommen werden konnte. Da es sich um einen Mord handle, so Rose, schreibe das Staatsgesetz eine solche Prozedur vor. Daß das Mordopfer der Präsident der Vereinigten Staaten war, spiele keine Rolle — Gesetz bleibe Gesetz.

Kennedys Mitarbeiter versicherten Rose, die Autopsie werde erfolgen, sobald der Leichnam in Washington eingetroffen sei. Aber der Leichenbeschauer hatte sich die Unterstützung der Lokalbehörden gesichert und bestand darauf, daß die Autopsie in Dallas stattfand, wo JFK getötet worden war.

»Wir bringen ihn nach Washington zurück«, verkündete Ken O'Donnell.

Ein Lieferwagen transportierte einen Bronzesarg zur Klinik. Jackie steckte ihren blutbeschmierten Ehering an den kleinen Finger ihres toten Mannes. Dann wurde er in den Sarg gehoben und auf einer Bahre zu einem weißen Leichenwagen gerollt, vorbei an zwei erbosten Lokalbeamten. Jackie bestand darauf, während der Fahrt neben dem verstorbenen Präsidenten zu sitzen. Zu ihrer maßlosen Erleichterung konnte sie mit ihm die Heimreise antreten.

Oder doch nicht? Lyndon B. Johnson schien andere Absichten zu hegen. Während der Sarg an Bord der Air Force One gebracht wurde, telefonierte LBJ mit der Bundesbezirksrichterin Sarah T. Hughes, einer von Kennedy ernannten Lokalbeamtin, und bat sie, sofort zu erscheinen und ihm den Amtseid abzunehmen. Sobald das Kennedy-Lager bemerkte, daß es eine Verzögerung geben würde, sagte es der Johnson-Brigade den Kampf an.

Wie sich Air Force-General Godfrey McHugh erinnerte, bestand das Problem darin, daß Lyndon B. Johnson das Flugzeug übernommen hatte. »Als wir ankamen, beauftragte mich Ken O'Donnell, der über den jeweiligen Start der Maschine zu entscheiden hatte, mit dem Kapitän zu sprechen und ihm den Befehl zum Abflug zu geben. Ich war der Kommandierende Air Force-Offizier an Bord, also dafür zuständig, die Order weiterzuleiten. Außerdem kannte ich den Kapitän sehr gut. Er hieß James Swindal, und ich hatte ihn für den Job ausgesucht. Also betrat ich das Cockpit und sagte: ›Los, starten Sie die verdammte Maschine!‹ — ›Dazu brauche ich erst die Erlaubnis des Präsidenten‹, entgegnete Swindal. ›Der Präsident liegt hinten in seinem Sarg‹, meinte ich. Und Swindal erwiderte: ›Nein, ich meine Johnson.‹ Da ging mir plötzlich ein Licht auf: Lyndon Baines Johnson war der Präsident der Vereinigten Staaten.

›Wo zum Teufel ist Johnson?‹ fragte ich. Swindal zuckte die Achseln und sagte: ›Ich glaube, mittschiffs.‹ Also begann ich, Johnson zu suchen. Ich schaute überall nach, konnte ihn aber nicht finden. Da merkte ich, daß die Jalousien an allen Fenstern herabgelassen waren. Viele Leute weinten, auch mehrere Geheimdienstler. Auf Pam Turnures Gesicht war die Wimperntusche verschmiert. Evelyn Lincoln schluchzte. Andere versuchten, ihre Tränen zu verbergen ... Endlich fand ich Johnson — in einem Schrank außerhalb des Bads in der Schlafkabine des Präsidenten. Er stand Todesängste aus und schrie: ›Sie werden uns umbringen, sie werden das Flugzeug abschießen, sie werden uns alle umbringen!‹ Er hatte einen hysterischen Anfall. Ich gab ihm eine Ohrfeige, dann ging ich zum Heck, um bei Jackie und dem Sarg zu bleiben.«

Wie General Chester V. Clifton, ein weiterer militärischer Begleiter JFKs, berichtet, hatte man, sobald Jackie mit dem Sarg und ihrer Begleitung an Bord gekommen war, heftig über die Frage diskutiert, ob gestartet werden solle oder nicht. »Die Kennedy-Gruppe wollte so schnell wie möglich abreisen. Man hatte uns davor gewarnt, die sterblichen Überreste des Präsidenten vor der Autopsie aus dem Krankenhaus zu entfernen. Also hatten wir den Sarg sozusagen gestohlen ... Das letzte, was wir gebrauchen konnten, war, daß der Leichenbeschauer mit einer gerichtlichen Verfügung auf dem Flughafen auftauchte und uns zwang, den Toten herauszugeben.

Wir wußten nicht, was wir denken sollten. Waren die Mörder amerikanische Staatsbürger oder stammten sie aus dem Ausland? Würde man uns abschießen, wenn wir starteten? Wir tappten völlig im dunkeln, und deshalb wurden die amerikanischen Truppen auf der ganzen Welt in Alarmbereitschaft versetzt.

Alle waren ziemlich nervös an jenem Tag, Lyndon B. Johnson eingeschlossen. Ich habe den angeblichen Zusammenstoß zwischen McHugh und LBJ nicht miterlebt, weiß aber, daß Johnson seine Gedanken und Handlungen zeitweilig nicht unter Kontrolle hatte, was mich zugegebenermaßen beunruhigte.

Ich persönlich hatte das Gefühl, es wäre besser gewesen, Dallas sofort zu verlassen, statt herumzusitzen und auf das Erscheinen von Richterin Hughes zu warten. Nachdem McHugh aus dem Cockpit gekommen war, gingen Ken O'Donnell und ich hinein, um mit Swindal zu reden, der nicht wußte, was er tun sollte. ›Hören Sie, Jim‹, redete ich auf ihn ein, ›ich werde Ihnen sagen, wann Sie starten müssen, und es ist mir egal, wer Ihnen was anderes erzählt.‹ — ›Das ist mir recht‹, antwortete er. ›Sie sind der ranghöchste Offizier an Bord, ich werde Ihre Anordnungen befolgen.‹ Er schaltete zwei Motoren ein, und gleich darauf kam Kilduff angerannt. ›Präsident Johnson will, daß Sie die Motoren abschalten.‹ O'Donnell warf ihm einen seltsamen Blick zu, auf den Kilduff mit der Erklärung reagierte: ›Sie haben hier nichts mehr zu sagen, Ken. Jetzt gibt es einen neuen Präsidenten. Und der neue Präsident besteht darauf, vereidigt zu werden, bevor wir vom Boden abheben.‹ Also gingen Ken und ich zu Johnson. Ich dachte, wir könnten ihn umstimmen, aber er blieb unnachgiebig.

Er teilte uns mit, er habe mit Bobby Kennedy gesprochen, und der habe ihm geraten, den Amtseid in Texas abzulegen. Bobby Kennedy bestritt das später. Vermutlich hatte Johnson ganz bestimmte Gründe für sein Verhalten. Wahrscheinlich befürchtete er, das Land würde in ein schreckliches Dilemma geraten, wenn er, ohne vorher vereidigt zu werden, nach Washington flog und ihm dabei etwas zustieß; dann gäbe es keinen Präsidenten, und eine solche Situation könnte zu jahrelangen Querelen führen.

Als wir die Diskussion um den Start beendet hatten, wirkte Johnson viel ruhiger. Er begann mit Washington zu telefonieren, berief Kabinettssitzungen ein und gab Anweisungen. Aber es gab Augenblicke, wo er zusammenhanglos redete und nicht zu wissen schien, was er wollte und was für alle Betroffenen das Beste wäre.«

Cecil Stoughton, der Fotograf des Weißen Hauses, hielt die Zeremonie der Vereidigung mit seiner Kamera fest. »Die Richterin traf mit einer Polizeieskorte ein, und als sie an Bord kam, entdeckte mich Kilduff und rief: ›Gott sei Dank, daß Sie da sind! Der Präsident wird jetzt seinen Eid ablegen. Sie müssen Fotos machen und sie dann der Presse geben.‹

Ich verstand nicht, warum die Vereidigung nötig war, denn sobald ein Präsident stirbt, wird der Vizepräsident automatisch der höchste Mann im Staat. Aber wie dem auch sein mochte, die ganze Zeremonie dauerte nicht länger als zwei Minuten, obwohl es mir wie eine Ewigkeit vorkam. Nachdem wir uns alle versammelt hatten, ging Ken O'Donnell wieder nach hinten zu Jackie. Ich glaube, er erklärte ihr, sie müsse es keineswegs tun, wenn sie nicht wolle. Aber sie sagte, sie wäre es ihrem Land schuldig. Also kam sie nach vorn und stellte sich an Johnsons linke Seite. Lady Bird stand rechts von ihm. Siebenundzwanzig Personen — alle, die sich in die goldgelb dekorierte Präsidentenkabine im Mittelteil des Jets drängen konnten — wurden Zeugen des feierlichen Akts. Jackies Augen blieben trocken, anscheinend war sie weit weg, wie unter einem Schock. Auf den meisten Fotos sieht man die verkrusteten Blutflecken an ihrem Kostüm. Auch Dr. Burkleys Hemd wies Blutspuren auf.

Ich empfand Mitleid mit Jackie und mit mir selbst, denn ich wußte, was es heißen würde, für Johnson zu arbeiten. Alle wußten es. Ich erinnere mich an einen Agenten des Geheimdienstes, der mir 1962 erklärte: ›Wir müssen aufpassen, daß Kennedy gesund bleibt.‹ Damit meinte er, daß sie sich Johnson nicht zum Präsidenten wünschten. Sie wußten, daß es schrecklich werden würde, wenn er jemals der erste Mann im Staat wurde. Und diese Ahnung bewahrheitete sich.

Was meinen Job betraf, so konnte er gar nicht oft genug fotografiert werden. Ich mußte ihn sogar knipsen, wenn er ins Badezimmer ging. Alle Johnsons hatte große Münder und große Zähne. Ihre Mundwinkel richteten sich ständig nach meiner Kamera, und sobald ich sie hochhob, klafften ihre Lippen auseinander, wie von unsichtbaren Fäden bewegt. Ganz automatisch begannen sie zu lächeln.«

Nach der kurzen Zeremonie kehrte Jackie an ihren Platz neben dem Sarg ihres Mannes zurück. Bald darauf leisteten ihr Ken O'Donnell, Dave Powers und Larry O'Brien Gesellschaft. Johnson schickte Bill Moyers, seinen späteren Assistenten, während des Fluges zweimal nach hinten, um O'Donnell und O'Brien zu bitten, ihm Gesellschaft zu leisten. Beide Male weigerten sich JFKs treue Anhänger.

»Wir wollten bei Jackie bleiben«, erklärte O'Brien. »Wir brauchten sie, und sie brauchte uns. Ken ärgerte sich über Lyndon Johnson. Ich glaube, Jackie grollte keiner bestimmten Person, nur dem Schicksal.

Während des Fluges führten wir lange Gespräche ... unsere Beziehung zum Präsidenten war sehr intensiv und eng gewesen, und das über einen langen Zeitraum ... Mitten im Gespräch holte Ken O'Donnell eine Flasche Scotch hervor. ›Ich weiß nicht, wie's mit euch ist‹, sagte er, ›aber ich könnte einen starken Drink vertragen.‹ Wir tranken alle mit, auch Jackie, die noch nie zuvor Scotch getrunken hatte. Er schmeckte ihr nicht besonders, aber sie nahm noch ein zweites Glas, und ich glaube, sie fühlte sich anschließend ein bißchen besser.

Ich habe wohl nie in meinem Leben eine derartige Tapferkeit erlebt, wie sie sie bewiesen hat — erst im Krankenhaus in Dallas, dann auf dem Flug nach Washington und schließlich beim Begräbnis. In jenen Tagen und während der nächsten Monate sprachen wir oft miteinander, und manchmal sagte sie: ›Wie konnte das nur geschehen?‹ oder: ›Das Leben bedeutet mir nichts mehr.‹ Aber insgesamt benahm sie sich großartig und wurde zum Symbol für uns alle — zu einem Symbol von Edelmut und Charakter in einem Zeitalter, das von einer allgemeinen Verarmung der Seele geprägt ist.«

Als sich das Flugzeug Washington näherte, bemerkte Godfrey McHugh, daß an Jackies Hut und ihrem Kostüm immer noch Fragmente von Kennedys Gehirn klebten. »Das getrocknete Blut war nicht so schlimm, aber diese grauen Gehirnklümpchen ... Ich wies sie darauf hin. Sie reichte mir den Hut, und ich reinigte ihn, brachte ihn in Form und gab ihn ihr zurück. Aber das Kostüm durfte ich nicht anrühren. ›Alle sollen sehen, was man getan hat‹, sagte sie. ›Ich will, daß sie es sehen.‹«

Die Air Force One landete, und Bobby Kennedy kam an Bord. Er schien unter der Einwirkung eines ähnlichen Schocks zu stehen wie Jackie. Wenn jemand mit ihm sprach, reagierte er nicht. Er wirkte gefühllos und bewegte sich fast mechanisch. Man konnte sich nicht mit ihm verständigen, wenn er es auch irgendwie schaffte, Jackie mitzuteilen, eine verdächtige Einzelperson sei festgenommen worden, ein Schmalspurkommunist namens Oswald. Die Vorstellung, daß so ein unbedeutender Mensch den Präsidenten ermordet haben könnte, stimmte Jackie noch trauriger. Dadurch verlor das Ereignis an Bedeutung, und der Mord an Kennedy erschien plötzlich als trivial. »Wenn er wenigstens für die Verteidigung der Bürgerrechte gestorben wäre«, meinte Jakkie.

Die Kluft zwischen dem Johnson- und dem Kennedy-Lager vertiefte sich, als die Mitarbeiter des Verstorbenen den Mittelgang im Flugzeug blockierten und verhinderten, daß der neue Präsident zusammen mit dem von Sargträgern gehaltenen Sarg aussteigen konnte. Statt die Leiche zum Bethesda Naval Hospital zu begleiten, wo die erforderliche

Autopsie durchgeführt werden sollte, fuhr Johnson sofort zum Weißen Haus, wo er persönliche Briefe an die Kinder John F. Kennedys schrieb und ihnen erklärte, wie ›stolz‹ sie auf ihren Vater sein könnten.

Auf der Fahrt zum Bethesda fragte Jackie ihren Schwager Bobby, was von Johnsons Behauptung zu halten sei, er habe ihm geraten, sich noch in Dallas vereidigen zu lassen. Als Bobby ihr versicherte, an der ganzen Geschichte sei kein wahres Wort, bemerkte Jackie: »Dies war das letzte, was John mir über Lyndon sagte — er sei unfähig, bei der Wahrheit zu bleiben.«

Jackie hatte Ken O'Donnell und Larry O'Brien gebeten, ihr während der Autopsie beizustehen und dann noch einige Tage als ihre persönlichen Gäste im Weißen Haus zu bleiben. Nach der Ankunft rief O'Brien seine Frau an und teilte ihr mit, er sei von der Reise zurückgekehrt, könne aber nicht nach Hause kommen. Im Lauf der viertägigen Vorbereitungen der Trauerfeierlichkeiten wohnte er im Weißen Haus und begleitete Jackie auch zum Arlington National-Friedhof, wo sie die künftige Grabstätte ihres Mannes inspizierte.

Auch Dr. Walsh hatte Jackie zum Bethesda Naval Hospital begleitet. Er riet ihr, sich auszuruhen, während die Autopsie durchgeführt wurde. Damit sie sich entspannen konnte, injizierte er ihr hundert Milligramm Visatril, eine Dosis, die unter normalen Umständen einen zwölfstündigen Schlaf bewirkt. Doch die Spritze schien Jackie nur aufzuputschen.

Robert McNamara eilte ebenfalls ins Bethesda, um Bobby und Jackie zu trösten. Stundenlang erzählte Jackie ihm alle Einzelheiten der Ermordung. »Seit sie das Parkland erreicht hatten, erinnerte sie sich an alles«, berichtet McNamara. »Es erleichterte sie irgendwie, immer wieder davon zu sprechen. Ihr eigentliches Problem war die Zukunft. Sie wußte, daß sie nicht im Weißen Haus bleiben konnte, hatte aber keine Ahnung, wohin sie gehen sollte.«

Während die Nacht verstrich, kamen immer mehr Leute in die Klinik, darunter die Bradlees und die Bartletts. Janet und Hugh Auchincloss hatten Jackie am Flughafen abgeholt und sie zum Bethesda begleitet. »So schrecklich es auch ist«, meinte Janet, »stell dir vor, John wäre am Leben geblieben und völlig gelähmt.« Jackie drängte ihre Mutter und ihren Stiefvater, mit ins Weiße Haus zu kommen und stellte ihnen für eine Nacht das Zimmer ihres verstorbenen Mannes zur Verfügung.

Um es ihrer Tochter so behutsam wie möglich beizubringen, bat Janet die Kinderfrau im Weißen Haus, Maud Shaw, Caroline über den Tod des Vaters zu informieren. Das kleine Mädchen schluchzte so heftig, daß Mrs. Shaw fürchtete, es könnte ersticken. Am nächsten Morgen sah das Kind eine *New York Times,* die eine Hausangestellte liegenlassen hatte, und fragte Großmutter Janet, warum das Foto des Vaters schwarz umrandet sei. John-John war noch zu klein, um irgend etwas zu begreifen, und man erzählte ihm auch nichts.

Jackie überließ die technischen Einzelheiten der Begräbnisvorbereitung Sargent Shriver. Sie hatte sich bereits bei Protokollchef Angier Biddle Duke nach den Arrangements für Abraham Lincolns Beerdigung erkundigt, die ein knappes Jahrhundert zuvor stattgefunden hatte. Duke leitete die Anfrage an Rutherford Rodgers weiter, den Bibliothekar des Kongresses, der Jackie innerhalb von vierundzwanzig Stunden nicht nur über Lincolns Beerdigung Informationen lieferte, sondern auch über die Begräbnisse von George Washington, Woodrow Wilson, Ulysses S. Grant und sogar König Edward VII.

Die Autopsie war, wie aus künftigen Untersuchungen hervorgehen sollte, bestenfalls eine Augenauswischerei, schlimmstenfalls ein Hohn. Auf Betreiben Robert Kennedys und anderer Familienmitglieder wurde sie ohne die Mitwirkung eines Gerichtsmediziners durchgeführt. Danach verschwanden verschiedene Körperteile auf mysteriöse Weise, zum Beispiel JFKs Gehirn, Gewebeteile und Organproben. 1979 stellte das Select Committee on Assassinations fest, aller Wahrscheinlichkeit nach habe Robert Kennedy dieses und anderes Material beiseite schaffen lassen, weil er fürchtete, es könnte öffentlich ausgestellt werden. Ob Jacqueline Kennedy mit diesem Vorgang etwas zu tun hatte, bleibt offen. Der ehemalige Generalstaatsanwalt Ramsey Clark erzählte mir, Jackie habe ihn gebeten, der Öffentlichkeit alle Röntgenaufnahmen, die bei der Autopsie entstanden waren, und die übrigen Dokumente vorzuenthalten. »Sie wollte nicht, daß dieses Material zu Lebzeiten ihrer Kinder von den Medien — Zeitungen und Fernsehen — ausgeschlachtet wird. Ich fand diesen Wunsch vernünftig.«

Man brachte den Toten ins Weiße Haus, auf einen eigens errichteten Katafalk im East Room. Godfrey McHugh beaufsichtigte die Ehrengarde, die den Sarg bewachte, in dem der Präsident bestattet werden sollte (es war ein anderer Sarg als der, in dem der Leichnam von Dallas nach Washington transportiert worden war). Auf Jackies Bitte hin ließ er noch Blumen besorgen, die er an der einen Seite des Sarges gruppierte.

»Noch etwas beschäftigte sie«, berichtete McHugh. »Es störte sie, daß die Ehrengarde, die aus je einem Mann von jedem Bereich der Streitkräfte bestand, während ihrer Wache vom Sarg wegschaute. ›Aber Jackie‹, sagte ich, ›sie schauen *immer* weg ... Das militärische Protokoll will es so.‹ — ›Das ist mir egal‹, erwiderte sie. ›Wenn sie den Sarg bewachen, sollen sie hinsehen. Sie sehen absurd aus, wenn sie ins Leere starren. Wenn die Ablösung kommt, befehlen Sie ihr, den Präsidenten anzusehen.‹

Ich verstand das zwar nicht, aber angesichts der Ungeheuerlichkeit des Mordes schien es mir unwichtig. Als also die nächste Wache antrat, sagte ich dem Offizier der Marine, der die Wache befehligte, er solle seine Männer auf den Sarg starren lassen ... Am Ende der Wachschicht sagte der Offizier: ›Auf diese Art können wir das nicht wieder machen, Sir. Ich fürchte, einige meiner Männer fallen sonst in Ohnmacht.‹ — ›Warum sollten sie?‹ fragte ich. — ›Sie verlieren leicht die Besinnung, wenn sie eine Stunde lang immer auf denselben Fleck starren. Während sie ins Leere blicken, können sie sich wenigstens verschiedene Dinge vorstellen.‹ — ›Nun‹, erwiderte ich, ›es tut mir leid, aber unter diesen Umständen müssen Sie zu halbstündigen Schichten übergehen oder irgend etwas anderes tun, was erforderlich ist, um zu verhindern, daß die Leute umkippen. Jedenfalls werden sie auf den Sarg schauen.‹«

Am 23. November, um zehn Uhr morgens, las John Cavanaugh, ein alter Freund der Kennedys, im East Room die Totenmesse für die Familie und enge Freunde des ermordeten Präsidenten. Wie er später erzählte, war er vor dem vereinbarten Termin gekommen, um Jackie die Beichte abzunehmen.

»Was soll ich beichten, Pater?« fragte sie ärgerlich. »Daß ich nicht auf den Kalender geachtet und an einem Freitag vor drei Monaten Fleisch gegessen habe?« Damit begann eine fünfminütige Schmährede der Witwe, die mit der Forderung endete, der Geistliche solle ihr den Mord an ihrem Mann erklären. »Warum? Warum? Wie konnte Gott so etwas zulassen?«

In dieser Nacht warf sich Jackie, übermüdet und mit Medikamenten vollgepumpt (der Arzt hatte ihr zwei Amytalspritzen gegeben), im Bett hin und her, schrie und schluchzte. Sie rief den Namen ihres Mannes, sprach mit ihm, wälzte sich von ihrer Matratze auf die, die er benutzt hatte, wenn er bei ihr geblieben war, vergrub das Gesicht in seinem Kissen und weinte, bis sie in einen unruhigen Schlaf fiel. Nach einigen Stunden erwachte sie. Unfähig, wieder einzuschlafen, schrieb sie auf dem blauen Briefpapier des Weißen Hauses an John. Sie berichtete, sie habe in seinem Bett geschlafen, schrieb von Caroline und John-John und Patrick, über ihre Ehe, über Pläne und Versprechungen. Dabei begann sie wieder zu weinen. Tränen tropften auf das Blatt und verschmierten einzelne Worte. Als der Brief beendet war, faltete sie ihn zusammen und steckte ihn in ein Kuvert.

Während der Autopsie in der vorangegangenen Nacht hatte Dr. Burkley Jackies Ehering vom Finger des Toten gezogen und ihr zurückgegeben. Sie beschloß, ihn in den Sarg zu legen, zusammen mit einigen von Johns Lieblingsgegenständen — Elfenbeinschnitzereien, einem Armband, das er ihr geschenkt hatte, und goldenen Manschettenknöpfen, einem Geschenk von ihr. Ihren Brief wollte sie auch hineinle-

Jackie (Mitte) bei einer Feierstunde anläßlich der Umbenennung des New Yorker Flughafens in John-F.-Kennedy-Airport, 1963. *(Ullstein Bilderdienst)*

Jackie als Wahlkampfhelferin Robert (Bobby) Kennedys. *(Ron Galella)*

Robert Kennedy mit Ehefrau Ethel, 1962.
(Ullstein Bilderdienst)

Robert Kennedy beim Straßenwahlkampf,
um 1966. *(Ullstein Bilderdienst)*

Hochzeit von Peter Lawford und Patricia Kennedy 1954. Peter Lawford war einer der engsten Vertrauten John F. Kennedys. *(Bilderdienst Süddeutscher Verlag)*

Jackie 1967 mit ihren Kindern John Jr. und Caroline in Irland. *(dpa)*

Jackie 1965 in Sun Valley. *(Ullstein Bilderdienst)*

Jackie 1970 mit Ethel Kennedy und deren Kindern. *(Ullstein Bilderdienst/Joachim Schuppe)*

Jackie 1966 in Sevilla. *(AP/Wide World)*

Edward Kennedy im Juni 1968, kurz nach der Ermordung seines Bruders Robert, bei einem Fernsehinterview im Garten seiner Eltern. *(Bilderdienst Süddeutscher Verlag)*

Edward Kennedy 1970 auf dem Weg zum Gericht, ein Jahr nach dem Tod von Mary Jo Kopechne. *(dpa)*

Joan Kennedy wehrte sich als einzige Frau gegen die Untreue der Kennedy-Männer. Sie ließ sich von Edward (Ted) Kennedy scheiden. *(Pandis)*

Jackie als Wahlkampfhelferin Edward Kennedys, 1980. *(dpa)*

John F. Kennedy Jr., Jackie, Caroline, Rose, Ted und Jackies Mutter, Mrs. Hugh Auchincloss, 1975. *(Sygma)*

gen, außerdem Briefe von den Kindern. Am nächsten Morgen ging sie ins Spielzimmer und bat sie, an den Vater zu schreiben. Der kleine John-John konnte nur kritzeln. Seine ältere Schwester half ihm, indem sie ihm die Hand führte. Carolines Botschaft, in blauer Kugelschreiberschrift, lautete: »Lieber Daddy, wir alle werden Dich vermissen, Daddy, ich liebe Dich sehr. Caroline.«

Jackie bat Bobby Kennedy, sie in den East Room zu begleiten. Dort wurden sie von Godfrey McHugh erwartet, der ihnen half, den Sarg zu öffnen. Bobby ergänzte die Sachen, die Jackie mitgebracht hatte, um eine Krawattennadel und einen silbernen Rosenkranz. Die beiden Männer sahen zu, wie die Witwe die Gegenstände neben ihrem toten Mann arrangierte. Sie blickte in sein Gesicht und streichelte einige Minuten lang sein Haar. McHugh erriet ihren Wunsch, verließ das Zimmer und kehrte mit einer Schere zurück. Vorsichtig schnitt Jackie dem Präsidenten eine Locke ab, dann schloß Bobby langsam den Sarg, und sie ging hinaus.

Anläßlich der Beerdigung war Dr. Jacobson nach Washington geflogen und am Morgen bei Jackie gewesen. Sein Elixier hatte ihre Nerven beruhigt. Aber es gab nichts, was sie hinlänglich auf die allerneuesten Nachrichten vorbereiten konnte. Zwei Tage nach seiner Festnahme war Lee Harvey Oswald in Begleitung zweier Polizisten aus nächster Nähe erschossen worden — von einem gewissen Jack Ruby, einer ebenso seltsamen, bizarren Figur wie Oswald selbst.

»Noch ein schreckliches Ereignis«, bemerkte Jackie, als sie davon erfuhr. Ruby sagte vor dem FBI aus, er habe Oswald getötet, um Mrs. Kennedy die Tortur zu ersparen, wegen des Gerichtsprozesses nach Dallas zurückkehren zu müssen. Doch das vermochte Jackie weder zu rühren noch zu beeindrucken. Erst am Vortag hatte sie einen Beileidsbrief nach Dallas geschickt, an die Witwe des Streifenpolizisten J. D. Tippit, Oswalds zweitem Opfer. Nun hatte also auch Oswald den Tod gefunden, war vor laufenden Fernsehkameras ermordet worden.

Die Trauerfeierlichkeiten wurden ebenfalls vom Fernsehen übertragen, und Millionen beobachteten, wie Jackie, an jeder Hand ein Kind, die nördliche Säulenhalle des Weißen Hauses verließ und den Sarg zur Capitol-Rotunde begleitete, wo der Präsident aufgebahrt wurde. Vor dem mit Flaggen verhangenen Sarg knieten sie nieder. Dann zogen die ersten der zweihundertfünfzigtausend Trauergäste vorbei.

Im Verlauf des Tages kamen Lee und Stas Radziwill aus London nach Washington, um die Auchinclosses abzulösen. »Lee wird bei mir schlafen«, verkündete Jackie und schickte ihren Schwager in Johns Zimmer. Ein weiterer Gast im Weißen Haus, von dessen Anwesenheit die Presse allerdings nichts wußte, war Aristoteles Onassis, der aus Hamburg gekommen war, nachdem er von der Ermordung Kennedys gehört hatte. Jackies Bouvier-Tanten und deren Ehemänner trafen ebenfalls ein, übernachteten aber nicht im Weißen Haus.

Die Frage, wo sie in Zukunft mit den Kindern wohnen sollte, bedrückte Jackie immer noch. Präsident Johnson hatte ihr zwar versichert, sie könne sich Zeit nehmen, so viel sie wolle. Doch sie wußte, daß ihr Umzug nicht bis in alle Ewigkeit dauern durfte. John Kenneth Galbraith, ein soeben aus Indien zurückgekehrter Freund, besprach das Problem mit Mr. und Mrs. Averell Harriman, die der Witwe ihr Haus in Georgetown anboten, ein zweistöckiges Ziegelgebäude im Kolonialstil, das nur drei Blöcke von Johns und Jackies ehemaligem, mittlerweile verkauftem Haus entfernt lag. Die Harrimans zogen ins Georgetown Inn und erklärten Mrs. Kennedy, sie könne das Haus benutzen, bis sie eine geeignete Bleibe gefunden habe.

Von dieser Sorge befreit, konzentrierte sich Jackie auf die letzte, wichtigste Phase der Trauerfeierlichkeiten. Sie bestand darauf, daß die offizielle Totenmesse in der kleinen St. Matthews' Cathedral abgehalten wurde. Seine letzte Ruhe sollte der Präsident auf dem Arlington National-Friedhof finden, neben seiner namenlosen, 1956 totgeborenen Tochter und Patrick, der erst im vergangenen August gestorben war. Der Architekt John Warnecke wurde beauftragt, ein Grabmal zu entwerfen.

Jackie überwand ihre Verzweiflung und beschloß, die historische Bedeutung ihres Mannes dem amerikanischen Bewußtsein einzuprägen und der ganzen Nation vor Augen zu führen, was ihr genommen worden war. Die Zeremonien sollten JFKs Bedeutung als globale Führungspersönlichkeit demonstrieren, seine geschichtliche Nähe zu Abraham Lincoln, Andrew Jackson und Franklin Roosevelt. Eine Prozession internationaler Würdenträger folgte Jackie und anderen engen Familienangehörigen zur St. Matthew's Cathedral. Der Sarg wurde vom selben Munitionswagen zur Kirche befördert, mit dem 1945 Roosevelts Sarg befördert worden war. Ein reiterloses Pferd folgte dem Sarg unter gedämpftem Trommelwirbel mit von oben nach unten gekehrten Stiefeln in den Steigbügeln. Am Kircheneingang wurden Jackie und ihre Kinder von Kardinal Cushing empfangen. Ehe sie eintrat, küßte sie seinen Ring.

So grandios und majestätisch die Zeremonie insgesamt auch wirkte, sie hatte ihre schlichten Momente. Vor dem Trauergottesdienst verteilte Sargent Shriver Meßkarten mit Jackies Inschrift: »Lieber Gott, bitte beschütze Deinen Diener John Fitzgerald Kennedy.« In jedem anderen Land hätte man bei einem Staatsbegräbnis den Trauergästen Gedenkmünzen oder etwas von ähnlichem Wert überreicht. »Aber wir hatten nur diese kleinen Papierchen, und die drückten wir all den großen Tieren in die Hand«, teilte Shriver der Presse mit. »Plötzlich stand ich vor dem französischen Präsidenten Charles de Gaulle ... Er nahm die Karte, sah sie an und reichte sie seinem Begleiter. Die Karte war so einfach, die Geste so königlich.«

Nach der Beerdigung traf Jackie im Weißen Haus mit de Gaulle, Kaiser Haile Selassie von Äthiopien, dem irischen Präsidenten Eamon de Valera und Prinz Philip zusammen, der ihr empfahl, die anderen ausländischen Würdenträger in Form einer Empfangsprozession hereinführen zu lassen, statt sich ins Gedränge zu mischen. Die Warteschlange — zweihundertzwanzig Vertreter von einhundertzwei Nationen, darunter acht Staatsoberhäupter und elf Regierungschefs — reichte vom Red Room durch den Blue Room bis zum Bankettsaal. John Davis, aus Italien angereist, traf seine Kusine ›in gehobener Stimmung‹, an. »Endlich war sie die alleinige Herrscherin im Weißen Haus. Sie genoß es, im Mittelpunkt der allgemeinen Aufmerksamkeit zu stehen, umgeben von Staatsoberhäuptern aus aller Welt, die ihr Beileid bekundeten. Erst später wurde ihr das ganze Grauen der Ereignisse bewußt.«

Davis führt den Mord nicht zuletzt auf die ›erstaunliche Sorglosigkeit‹ zurück, mit der die Kennedys ihr Leben gestalteten. »Die Familie ging große Risiken ein, und das bedeutete, daß sie schwere Verluste erleiden mußte. Die Komplotte beispielsweise, die geschmiedet wurden, um Fidel Castro mit Hilfe der Mafia zu eliminieren, waren einfach ungeheuerlich. Die Kennedys wußten von zwei solchen Anschlägen. Insgesamt plante man acht — einen an dem Tag, wo Kennedy erschossen wurde.

JFK schlief mit jeder Frau, ungeachtet der Umstände. Er hatte echtes Charisma und bemerkenswerte Fähigkeiten, aber er war jung und glaubte, ihm könne nichts mehr passieren. Wegen seines Leichtsinns unterließ es die Familie, die polizeilichen Ermittlungen nach dem Mord voranzutreiben. Sie wollte verhindern, daß die Kontakte zwischen dem CIA, der Mafia und dem Präsidenten ans Licht kamen.

Für jeden außer den Kennedys lag es klar auf der Hand, daß JFKs Ermordung keine Ein-Mann-Operation gewesen war. Als Generalstaatsanwalt hatte Robert Kennedy natürlich Zugang zu allen möglichen Informationen, die ihm zu denken gegeben haben mußten. Trotzdem schienen ihm die schlichten, vom Warren-Ausschuß gezogenen Schlußfolgerungen zu genügen.

Ich entsinne mich, daß ich Janet, Jackies Mutter, gefragt habe, warum sie meine Kusine nicht veranlasse, eine genaue Untersuchung in die Wege zu leiten. ›Würde John dadurch wieder lebendig?‹ fragte sie. — ›Nein‹, erwiderte ich, ›aber vielleicht könnte man die Mörder ihrer gerechten Strafe zuführen.‹ Janet zuckte nur mit den Schultern. 1974 sprach ich mit Jackie darüber, und sie wechselte hastig das Thema. Das war typisch für die Art und Weise, wie sie mit allen unangenehmen Dingen umging ... Inzwischen hatte sie JFKs Tod überwunden und wollte nicht an jene Zeit erinnert werden. Für die historische Wahrheit interessierte sie sich nicht.«

George de Mohrenschildt, ein alter Freund von Jackies Vater, hatte Lee Harvey Oswald gekannt. Nach dem Mord an JFK setzte er sich mit Janet in Verbindung, die er ebenfalls kannte, und bat sie, ihm eine Begegnung mit ihrer Tochter zu ermöglichen. Jackie lehnte eine solche Begegnung ab.

»Auch ich habe JFK zum Zeitpunkt seiner Ermordung idealisiert«, erklärt de Mohrenschildt. »Wenn ich jetzt die alten Filme über Kennedy im TV sehe, muß ich mich sehr beherrschen, um nicht zu erbrechen. Es ist schwer zu glauben, daß uns dieser Heuchler, dieser Schürzenjäger und Opportunist so großartig vorgekommen ist. All unsere Träume wurden in so jemanden investiert! Welch eine Enttäuschung!«

Cecil Stoughton machte beim Empfang der Trauergäste im Weißen Haus die offiziellen Fotos von Jackie und berichtete später, er habe sich gefragt: »Wie hält sie das nur aus?« Aber an jenem Tag übertraf sie sich selbst, blieb gefaßt, umarmte einige, tröstete andere. Zu Anastas Mikojan, dem Ersten Stellvertretenden Ministerpräsidenten der Sowjetunion, sagte sie: »Bitte, richten Sie dem Ersten Sekretär (Chruschtschow) aus, ich weiß, daß er mit meinem Mann zusammengearbeitet hat, um den Weltfrieden zu erreichen. Jetzt muß er gemeinsam mit Ihnen das Werk meines Mannes fortsetzen.« Mikojan hörte sich die Übersetzung des Dolmetschers an, dann schlug er die Hände vors Gesicht.

Am Abend desselben Tages feierten Jackie und andere Familienmitglieder John-Johns dritten Geburtstag mit einer kleinen Party im Privatspeisezimmer. Auch die Bradlees erschienen, und Toni bemerkte Jackies gerötete Augen — ein Zeichen von Erschöpfung und Tränen. Eine größere Geburtstagsparty für beide Kinder (Caroline und John-John waren im Abstand von drei Jahren in der gleichen

Woche geboren worden) sollte einige Tage später stattfinden.

Um Mitternacht besuchten Jackie und Bobby das Grab des Präsidenten auf dem Arlington-Friedhof. Bläulich flakkerte das ewige Licht in der kühlen Nacht. Sie beteten, und Jackie legte einen Maiglöckchenstrauß neben das Grab.

Am nächsten Tag, dem 26. November, schrieb sie an Lyndon B. Johnson: »Lieber Mr. President, danke, daß Sie gestern hinter John gegangen sind. Sie hätten es nicht tun müssen. Sicher wurden Sie von vielen Leuten auf das damit verbundene Risiko hingewiesen. Trotzdem taten Sie es.«

Am 1. Dezember erhielt sie die Antwort des neuen Präsidenten. »Jackie, Sie waren großartig und haben sich einen Ehrenplatz im Herzen der Geschichte erobert. Ich wünschte nur, es wäre anders gekommen, und ich wäre nicht da, wo ich jetzt stehe. Doch der Allmächtige wollte es nicht anders, und jetzt brauchen Lady Bird und ich Ihre Hilfe.«

Obwohl Jackie für ihre Haltung während der Trauerfeierlichkeiten großes öffentliches Lob erhielt, wurde ihr von manchen Seiten vorgeworfen, sie habe sich zu sehr in Szene gesetzt. Angier Biddle Duke, der Protokollchef, entsinnt sich, sie beobachtet zu haben, »wie sie vor Prinz Philip, dem Gatten Königin Elizabeths, einen kleinen Knicks machte, als sie ihm in einem Korridor des Weißen Hauses begegnete. Der Prinzgemahl nahm es als Ausdruck der Höflichkeit hin. Als ich sie daran erinnerte, daß die Ehefrauen von Staatsoberhäuptern vor den Ehemännern anderer Staatsoberhäupter nicht zu knicksen pflegen, erwiderte sie: ›Ich bin nicht mehr die Frau eines Staatsoberhaupts.‹ Das klang verächtlich und ärgerte mich sehr.«

Charles de Gaulle bewunderte Jackie (offenbar mehr als ihren Mann, den er später als »Präsident mit dem Stil eines Friseurgehilfen« bezeichnete: »Er kämmt sich durch alle Probleme hindurch.«). Aber er hielt das Begräbnis für ein überdramatisiertes Spektakel. Nach Frankreich zurückgekehrt, schrieb er genaue Instruktionen für seine eigene Bestattung nieder. Sie solle im engsten Kreis stattfinden, ohne die Anwesenheit von Staatsbeamten oder ausländischen Würdenträgern, und er wolle in einem möglichst schlichten Sarg liegen.

Eine Woche nach JFKs Ermordung rief Jackie den Journalisten Teddy White an und lud ihn nach Hyannis Port ein, wo sie das Erntedankfest verbrachte. »Da sie erfahren hatte, daß ich für *Life* einen Artikel über den Mord schrieb, fragte sie, ob ich mit ihr darüber reden wolle.

Es regnete in Strömen, und so nahm ich mir ein Taxi, um von New York nach Hyannis Port zu fahren. Jackie sah blaß und erschöpft aus. Sie erklärte, sie habe Washington verlassen, um den neugierigen Blicken zu entfliehen — verständlich, nachdem vier Tage lang, wie nie zuvor in der Geschichte, eine ganze Nation an dem Kummer und dem privaten Leid einer Präsidentenwitwe aus nächster Nähe teilgenommen hatte.

Sie erklärte, sie sei auch nach Hyannis Port gekommen, um Joe Kennedy zu sehen, allein mit ihm zu sein und ihm zu schildern, wie sein Sohn das Leben verloren habe. Sie sei, an Rose Kennedy und Ann Gargan vorbei, in sein Zimmer gestürmt und habe ihm alles erzählt.

Wir sprachen fast vier Stunden miteinander. Sie bezeichnete Patricks Tod als Vorspiel des Mordes. Der Verlust dieses Kindes war für beide Elternteile eine starke emotionale Erfahrung. Ich glaube, in gewisser Weise hatte der Präsident damals die Nähe seiner Frau gesucht wie nie zuvor. In dieser Ehe hatte es nur wenige solcher Augenblicke gegeben. Daß sie so kurz vor dem Ende eine neue Vertrautheit erreichten, muß Jackies Schmerz noch vertieft haben.

Sie erinnerte sich an viele Einzelheiten des Mordes, an die rosa Ringe im Kopf des Präsidenten, nachdem ein Stück der Schädeldecke weggerissen worden war. ›Das Innere seines Kopfes war so schön‹, sagte sie. ›Ich versuchte den Oberkopf hinabzudrücken, damit nicht noch mehr Gehirnmasse herausquoll. Aber ich wußte, daß er tot war.‹

An Bord der Air Force One, vor Lyndon Johnsons Vereidigung, hatte sie sich mit einem Kleenex-Tuch Blutflecken und verkrustete Haarklümpchen von ihrem Mann aus dem Gesicht gewischt. Das bereute sie später. Kurz nach dem Mord hatten die Leute ihr immer wieder geraten, sich umzuziehen und alle Spuren des Verbrechens zu beseitigen. Aber sie wollte die Spuren nicht vergessen. Ihr einziger Trost war, daß er nicht gelitten hatte. Nach den Schüssen lag ein ›sehr zufriedener‹ Ausdruck auf seinem Gesicht. Er hatte ihr mehrfach erklärt, er wolle nicht so enden wie sein Vater und ziehe den Tod einer irreparablen Behinderung vor. Zum erstenmal hatte er dies erwähnt, als er zu Beginn der Ehe wegen seiner Rückenbeschwerden operiert werden mußte.

Wir sprachen auch ein wenig über das politische Klima, das zu dem Mord geführt hatte — über die Möglichkeit eines Komplotts oder sogar einer Beteiligung von Regierungskreisen. Die unzähligen Theorien bezüglich der Frage, wer hinter der Ermordung ihres Mannes stecken könnte, interessierten Jackie nicht im geringsten. Was machte es schon aus, ob er vom CIA, vom FBI, von der Mafia oder einfach nur von einem halbverrückten Misanthropen getötet worden war? Sie hatte ihn für immer verloren, und jetzt kam es ihr nur noch darauf an, seinen Tod in einen gesellschaftlichen Zusammenhang zu stellen.

›Nur verbitterte alte Männer machen Geschichte‹, sagte sie, ›und Johns Leben hatte mehr mit Mythen, mit Magie, Legenden und Sagen zu tun als mit politischer Theorie oder politischer Wissenschaft.‹ In jenem Augenblick rückte sie mit ihrer Camelot-Theorie heraus. Sie glaubte — und John Kennedy hatte diesen Glauben geteilt —, daß die Geschichte den Helden gehört und daß die Helden nicht vergessen werden dürfen. Deshalb wolle sie verhindern, daß man John vergaß oder seine Leistungen in ungünstigem Licht erscheinen ließ. Er solle den Menschen als Held in Erinnerung bleiben. Jackie erzählte, nachts habe er oft das Musical *Camelot* auf Schallplatte gehört und sich mit den letzten Worten des Schlußsongs identifiziert: Man möge nie vergessen, daß es für einen kurzen strahlenden Augenblick einen Ort gegeben habe, der als Camelot bekannt war ... Ich erkannte, daß Jackie die Geschichte mißdeutete, war aber fasziniert von ihrer Fähigkeit, der Tragödie einen so menschlichen, romantischen Rahmen zu verleihen. Sie zog mich in einen seltsamen Bann. In jenem Moment hätte sie mir alles verkaufen können ... Doch sie wollte nur, daß ich die Camelot-Illusion als Aufhänger für den *Life*-Epilog benutzte. Ich fand, das war keineswegs zuviel verlangt, und sagte mir: Warum nicht? Wenn das alles ist, was sie sich wünscht, soll sie's haben. Und so wurde der Nachruf auf die Kennedy-Regierung zu ›Camelot‹ — einem magischen Augenblick in der amerikanischen Geschichte, in dem heroische Männer mit schönen Frauen tanzten, große Taten vollbracht wurden und das Weiße Haus zum Zentrum des Universums wurde.«

24

Am 26. November, dem Tag nach John F. Kennedys Begräbnis, lud Jackie ihre Nachfolgerin, Lady Bird Johnson, zum Tee ins Weiße Haus ein und beschwor sie: »Fürchten Sie sich nicht vor diesem Gebäude. Ich habe darin einige meiner glücklichsten Ehejahre verbracht. Auch Sie werden hier glücklich sein.«

Nach dem Tee wanderten sie von einem Raum in den anderen. Jackie wies auf verschiedene Einzelheiten hin und machte die neue First Lady mit einigen Angestellten bekannt. Bevor sich Lady Bird verabschiedete, bat Jackie sie um einen Gefallen. Sie wollte nicht, daß Carolines Unterricht vor dem Ende des Semesters unterbrochen wurde, und so fragte sie, ob die Schule im Weißen Haus weiterhin benutzt werden könnte, bis man sie in die britische Botschaft verlegen würde. Damit war Lady Bird einverstanden.

Jackie ersuchte auch Lyndon B. Johnson um einige Vergünstigungen. »Ich erinnere mich, daß ich ins Oval Office ging und ihn um zwei Dinge bat«, sagte sie in ihrem mündlichen Beitrag zur LBJ-Buchreihe. »Erstens, daß das Raumfahrtzentrum in Florida ›Cape Kennedy‹ genannt wurde. Jetzt ist mir klar, daß das ein Fehler war. Hätte ich damals bloß gewußt, daß der Name ›Cape Canaveral‹ aus Columbus' Zeiten stammte! Es wäre das letzte gewesen, was John gewollt hätte ... Und die andere Sache war so trivial. Es gab Pläne für eine Sanierung Washingtons. Eine Organisation befaßte sich damit ... und ich bat Präsident Johnson, sie zu empfangen und ihre Arbeit anzuerkennen. Das tat er. Es war eine seiner ersten Amtshandlungen.«

LBJ tat noch mehr — er schlug vor, Lady Bird solle die Verschönerung von Washington zu ihrer besonderen Aufgabe machen und ein Komitee zur Erhaltung des Weißen Hauses gründen, dem auch Mrs. Kennedy angehören sollte. Jackie trat dem Komitee zwar bei, weigerte sich aber, die Sitzungen im Weißen Haus zu besuchen, und erklärte, es sei zu schmerzlich für sie, dorthin zurückzukehren.

Das Projekt zur Sanierung Washingtons wurde teilweise vom National Trust gefördert, einer Organisation, die zu Spenden für die Erhaltung von Gebäuden in ganz Amerika aufrief. Judy White, eine Angestellte des Trusts, erinnerte sich: »Jackie überwies uns einmal tausend Dollar, aber das war vor Jahren. Seither gab sie uns nichts mehr, obwohl sie so oft betont hatte, wie wichtig es sei, alte Bauten zu retten.«

Bevor Jackie das Weiße Haus verließ, schickte sie Lady Bird eine elf Seiten lange, handgeschriebene Aktennotiz auf Kanzleipapier, in der sie alle Aspekte ihrer Restaurierungsarbeiten während der tausend Tage von ›Camelot‹ auflistete, außerdem die Kunstwerke, die durch ihre Mithilfe in den Besitz des Regierungsgebäudes gelangt waren.

Liz Carpenter, Lady Birds Pressesekretärin, wurde von seltsamen Gefühlen befallen, als sie dieses Schriftstück erhielt. »Ich fand es furchtbar, sogar unheimlich, daß Jackie bis zum späten Abend im Weißen Haus saß und irgendwelchen Möbelstücken solche Bedeutung beimaß, wo sie doch zutiefst verzweifelt über den Tod ihres Mannes gewesen sein muß. Aber solche materiellen Dinge waren ihr wichtig, und sie wollte, daß Mrs. Johnson über all das Bescheid wußte.«

Jackie lief herum und verteilte an Johns Freunde und an Angestellte des Weißen Hauses Andenken an ihren ermordeten Mann und verabschiedete sich von allen. Zu Godfrey McHugh sagte sie: »Erst wollte ich nicht hier einziehen, jetzt fällt es mir schwer, auszuziehen.«

Es ist üblich, daß ein scheidender Präsident der Gemäldesammlung des Weißen Hauses ein Bild hinzufügt. Jackie und der Rest des Kennedy-Clans entschieden sich für einen Ausblick auf die Seine von Claude Monet und hängten das Gemälde im Green Room auf.

Am 6. Dezember, ihrem letzten Tag im Weißen Haus, schrieb die einstige First Lady an Nikita Chruschtschow und wiederholte, was sie Mikojan bereits nach JFKs Begräbnis gesagt hatte — nun sei es an den Russen, die Bemühungen um den Frieden fortzusetzen, an dessen Errichtung sie gemeinsam mit John F. Kennedy gearbeitet hätten.

Als Lady Bird im Weißen Haus eintraf, wurde ihr ein kurzer Brief von Jackie überreicht: »Ich wünsche Ihnen eine glückliche Ankunft in Ihrem neuen Heim, Lady Bird. Vergessen Sie nicht — Sie werden hier glücklich sein. Alles Liebe, Jackie.« Die frühere First Lady hinterließ noch eine zweite Visitenkarte, eine Messingplakete über dem Kamin in Lady Birds Schlafzimmer, die die Aufschrift trug: DIESES ZIMMER BEWOHNTE JOHN FITZGERALD KENNEDY MIT SEINER FRAU JACQUELINE — IN DEN ZWEI JAHREN, ZEHN MONATEN UND ZWEI TAGEN, IN DENEN ER PRÄSIDENT DER VEREINIGTEN STAATEN WAR — 20. JANUAR 1961—22. NOVEMBER 1963.

Dieses Andenken mißfiel Lyndon B. Johnson, der bemerkte, daß Jackie es unter einer ähnlichen Plakette angebracht hatte, die darauf hinwies, daß auch Abraham Lincoln in diesem Raum geschlafen hatte.

An dem Abend, an dem Jackie das Haus der Harrimans in Georgetown bezog, brannten zwei antike Laternen zu beiden Seiten des Eingangs. Ein kleiner Trupp von Geheimdienst-Leuten hatte das Gebäude umstellt. (Ursprünglich wurden Jackie und ihren Kindern für zwei Jahre Leibwächter zugeteilt, was man später auf vier Jahre verlängerte. Seit 1968 steht allen Präsidentenwitwen der Schutz des Geheimdienstes bis zu ihrem Tod oder bis zu ihrer Wiederverheiratung zu, den Präsidentenkindern bis zur Vollendung ihres sechzehnten Lebensjahrs.) Nachbarn und Neugierige drängten sich vor dem Harriman-Haus, um zu beobachten, wie die Möbelpacker einzelne Gegenstände ins Haus trugen — eine lange Kleiderstange mit Jackies Pelzmänteln, Carolines Fahrrad, John-Johns Spielzeugkartons, Käfige mit den Sittichen der Kinder. Die Zuschauer entdeckten auch ein trauriges Andenken: eine ausgebeulte, zehn Jahre alte Aktentasche mit den Initialen JFK, Jackies Hochzeitsgeschenk für ihren Mann.

Auf Jackies Wunsch hin hatte Lyndon B. Johnson ihr zwei Navy-Stewards zur Verfügung gestellt, die ihr beim Umzug halfen und auch danach für mehrere Monate bei ihr blieben, während sie sich an ihre Rückkehr ins Privatleben gewöhnte. Da LBJ die politischen Vorteile einer guten Beziehung zur einstigen First Lady erkannte, tat er alles, um ihr den Übergang in ihr neues Haus zu erleichtern. Am 11. Dezember beschloß der Kongreß mit der Billigung des Präsidenten, Mrs. Kennedy ein Büro für ein Jahr (was später verlängert wurde) und Mitarbeiter ihrer Wahl (sie entschied sich für Pam Turnure und Nancy Tuckerman) zur Verfügung zu stellen. Außerdem erhielt sie ein Budget für Personalkosten von fünfzigtausend Dollar für denselben Zeitraum bewilligt sowie die Jahrespension von zehntausend Dollar, die allen Präsidentenwitwen bis zur Wiederverheiratung zustand. Als Jackies Bürokosten 1964 den festgesetzten Betrag um zwanzigtausend Dollar überstiegen, sorgte LBJ dafür, daß die Regierung dafür aufkam.

Und er tat noch mehr. Er bat den Kongreß, das National Culture Center in ›John F. Kennedy Center‹ umzutaufen und erwirkte einen Zuschuß von siebzehneinhalb Millionen für diese Organisation. Für die geplante Bibliothek zum Gedenken an JFK steuerte er einen beträchtlichen finanziellen Beitrag aus eigener Tasche bei.

Jackie schien zwar Lady Bird zu bewundern, aber ihre Gefühle gegenüber dem Präsidenten blieben zwiespältig. Franklin D. Roosevelt Jr. erinnerte sich an einige Schwierigkeiten zwischen Jackie und LBJ:

»In den ersten drei oder vier Monaten nach dem Attentat schauten einige enge Freunde John F. Kennedys — darunter Charles Bartlett ... und ich ... immer wieder bei Jakkie vorbei, meistens zum Tee am Spätnachmittag, einfach, um sie aufzumuntern. Manchmal war ein halbes Dutzend alter Bekannter versammelt. Diese kleine Gruppe kümmerte sich in diesen Zeiten ihrer schrecklichen Einsamkeit um Jackie ... ihre intimsten Gedanken verriet sie uns nicht, aber sie berichtete von ihrem Alltag. Dabei erwähnte sie, Lyndon Johnson würde beträchtlichen Druck auf sie ausüben. Er lud sie ständig ins Weiße Haus ein, aber sie weigerte sich, hinzugehen. Zu jeder Veranstaltung, zu jedem Staatsbankett erhielt sie eine schriftliche Einladung, der ein Telefonanruf folgte. Johnson konnte sich mit seiner Niederlage nicht abfinden. Er hatte erkannt, daß Jackie etwas Besonderes war, die begehrteste Frau der Welt, und daß er, wenn er ihren Beistand gewann, einen großen Coup landen konnte. Und so versuchte er es mit allen erdenklichen Tricks. Zu Weihnachten, kurz bevor Jackie nach Palm Beach abreiste, schickte er seine Tochter Luci mit Geschenken für die Kinder zu ihr. Immer wieder bekam sie Blumen von LBJ und Lady Bird. Er bot ihr verschiedene Posten in seiner Regierung an, wollte sie als Botschafterin, Protokollchefin oder Leiterin diverser kultureller Behörden einsetzen.

Als er eines Nachmittags wieder anrief, war ich zufällig bei Jackie. Sie telefonierte in einem anderen Zimmer mit ihm, und als sie zu mir zurückkam, kochte sie vor Wut. ›Es war Lyndon‹, erklärte sie, ›und er sagte: ‚Hören Sie, Schätzchen, Lady Bird und ich wollen Sie bei unserer nächsten Dinnerparty im Weißen Haus sehen. John war ein großartiger Mann, aber Sie müssen allmählich wieder zu leben anfangen.'‹ Sie ärgerte sich nicht nur über seine herablassende Bemerkung über John. ›Wie kann es dieser aufgeblasene Flegel von einem Cowboy es wagen, mich Schätzchen zu nennen?‹ rief sie. ›Zum Teufel, wofür hält er sich eigentlich?‹ Bei meinem nächsten Treffen mit dem Präsidenten sagte ich ihm, er habe Jackies Gefühle verletzt. ›Wie denn das?‹ fragte er. ›Nun, Mr. President‹, erwiderte ich, ›anscheinend mag sie es nicht, wenn sie Schätzchen genannt wird.‹ Da richtete sich Johnson zu seiner vollen Größe auf. ›Verdammt, ich habe diese Bullenscheiße satt. Wo ich herkomme, nennen wir die Damen Schätzchen, und die Damen nennen die Herren Liebling. Ich habe mich wegen dieser Frau halb umgebracht, ständig Purzelbäume geschlagen und tiefe Kniebeugen gemacht, und zum Lohn werde ich immer nur kritisiert.‹

Obwohl sie in Verbindung blieben, verschlechterte sich

die Beziehung zwischen Jackie und Präsident Johnson zusehends. Zum Beispiel fand im F Street Club in Washington eine Cocktailparty für Jackie statt, zu der die Freunde und Anhänger JFKs scharenweise kamen. Mit Ausnahme einer Überraschungsparty, die Bobby und Ethel Kennedy im Harriman-Haus für Jackie gaben, war dies das erste gesellschaftliche Ereignis, an dem sie seit der Ermordung ihres Mannes teilnahm. Präsident Johnson versprach zu kommen und hielt sein Wort. Aber ich bezweifle, daß sich irgend jemand mit ihm unterhielt. Er stand da, einen Drink in der Hand, und kein Mensch ging auch nur in seine Nähe.

Für die Mehrheit dieser Leute war er immer noch der Vizepräsident. Ebenso wie Jackie lehnten sie ihn ab. Zusammen mit Bobby stand sie im Mittelpunkt der Aufmerksamkeit und Lyndon Johnson war der Außenseiter.

Ich glaube, in erster Linie trug Bobby die Schuld an den Spannungen zwischen Jackie und LBJ. Über sein feindseliges Verhältnis zu Lyndon ist viel geredet und geschrieben worden. Das Mißtrauen und die Abneigung, die auf Gegenseitigkeit beruhten, waren nach der Ermordung JFKs noch gewachsen. Die Tragödie hatte Bobby ebenso tief getroffen wie Jackie. Er konnte weder schlafen noch arbeiten oder essen und sah seine Schwägerin fast täglich. Der gemeinsame Verlust verband sie.

Mitte Dezember bat mich Jackie, mir das Haus anzusehen, das sie später kaufte ... gegenüber der Harriman-Residenz ... Das einzige Problem lag darin, daß ... man mühelos durch die Fenster hineinschauen konnte, also mußten die Vorhänge stets geschlossen bleiben. Jackie hatte sich zur Washingtoner Touristenattraktion Nummer Eins entwickelt. Morgens, mittags und abends drängten sich die Leute zu beiden Seiten der Straße, um einen Blick auf die Präsidentenwitwe und ihre Kinder zu erhaschen. Wenn Jackie den Häuserblock entlangging, standen sie einfach nur da und gafften, fast ehrfürchtig. Die lokale Polizei und der Geheimdienst mußten ihr einen Weg durch die Menge bahnen. Immer wieder durchbrachen irgendwelche Frauen die Polizeisperren und versuchten, Jackie oder die Kinder anzufassen, wenn sie aus dem Haus kamen oder hineingingen. Nicht nur die Gehsteige waren überfüllt, auf der Fahrbahn kroch der Verkehr Stoßstange an Stoßstange dahin. Reisebüros setzten Jackies Haus auf die Liste ihrer Washingtoner Sehenswürdigkeiten und schickten riesige Busse hin, die mit lautem Dröhnen die Straße hinabrumpelten, während die Insassen an den Fenstern hingen. Es war ein Alptraum.«

Im Januar dankte Jackie dem amerikanischen Volk im Fernsehen für seine überschwengliche Anteilnahme. In Robert F. Kennedys Büro gab die ehemalige First Lady die erste öffentliche Erklärung seit dem Mord an FJK ab. »Alles Licht ist aus der Welt geschwunden«, sagte sie vor den laufenden Kameras.

Sie lud den Innenarchitekten Billy Baldwin ein, um mit ihm die Ausstattung ihres neuen Hauses zu besprechen. Ihre Bücher und eine schöne Sammlung von Zeichnungen aller Stilrichtungen und Perioden hatten bereits im Wohnzimmer Platz gefunden. »Schauen Sie«, sagte sie zu Baldwin, »ich möchte Ihnen etwas besonders Schönes zeigen.« Sie holte kleine Fragmente griechischer und römischer Skulpturen hervor, jedes einzelne eine Kostbarkeit. »John hat begonnen, diese Stücke zu sammeln«, fügte sie hinzu und fing an, die wunderbaren Gegenstände im Raum zu verteilen. »Es ist bedrückend, so etwas zu tun. Wie ein junges Ehepaar, das sein erstes Haus einrichtet ... Das Weiße Haus konnte ich nie nach meinen persönlichen Wünschen gestalten ...« Plötzlich kämpfte sie mit den Tränen. »O Mr. Baldwin, ich fürchte, ich werde Sie in Verlegenheit bringen. Aber ich ertrage es nicht mehr.« Sie sank in einen Sessel, schlug die Hände vors Gesicht und weinte.

Baldwin wollte sie trösten, wußte aber nicht, was er sagen sollte, also blieb er schweigend sitzen. Schließlich sah Jackie auf und trocknete ihre Augen mit einem Taschentuch. »Obwohl ich Sie erst vor kurzem kennengelernt habe, weiß ich, daß Sie ein mitfühlender Mensch sind. Stört es Sie, wenn ich Ihnen etwas erzähle? Ich weiß, daß mein

Mann mich liebte. Ich weiß, daß er stolz auf mich war. Es dauerte lange, bis wir wirklich gut miteinander zurechtkamen. Aber wir haben es geschafft. Und wir wollten gerade beginnen, richtig miteinander zu leben und gemeinsam die Wahlkampagne durchstehen. Ich weiß, daß ich einen ganz besonderen Platz in seinem Herzen einnahm, einen einzigartigen Platz ...«

Sie sprach noch lange über John F. Kennedy, erzählte von ihrer Ehe und malte sich aus, was hätte sein können und was hätte sein müssen.

»Versteht denn irgend jemand, wie das ist, im Weißen Haus gewohnt zu haben und dann plötzlich allein zu leben, als Präsidentenwitwe? Das hat etwas so Endgültiges. Und die Kinder! Die Welt legt meinen Kindern eine gräßlich anbetende Bewunderung zu Füßen, und ich habe Angst um die beiden, weil sie all dem ausgeliefert sind. Wie kann ich sie auf normale Weise großziehen? Nie wäre John nach seinem Vater genannt worden, hätten wir geahnt ...«

Später sprachen sie auch über die Einrichtung des neuen Hauses. Die Kinderzimmer sollten genauso aussehen wie damals, im Weißen Haus. Jackie gab Billy Fotos, an denen er sich orientieren konnte. Zusätzlich bekam er noch eine lange Liste mit Wünschen und Ideen. Schließlich verabschiedete er sich, deprimiert und erschüttert.

Mit solchen Gefühlen gingen viele Besucher aus Jackies Haus. Immer öfter sprach sie vom ›besonderen Stil‹ ihres Mannes, der von Johnsons ›derber Volkstümlichkeit‹ ersetzt worden war. Und schließlich erklärte sie Bobby zum einzig würdigen Erben für das Amt ihres verstorbenen Mannes. Sich selbst sah sie als eine Art Königinwitwe und JFKs getreue Anhänger als Exilregierung.

Nur wenn es ihr etwas besser ging, brachte sie es fertig, politische Überlegungen anzustellen. Normalerweise wurde sie viel zu sehr von ihrem Verlust gepeinigt, um an irgend etwas anderes denken zu können als an den Toten. »Als ihr das ganze Ausmaß ihrer Situation bewußt wurde, war dies zuviel für sie«, berichtete ihr Vetter John Davis.

»Miche Bouvier besuchte sie einen Monat nach dem Begräbnis in Washington und traf sie in einer schrecklichen Verfassung an. Sie konnte gar nicht aufhören zu weinen. Später erzählte sie meiner Mutter, Johns Tod beherrsche ihr Leben. Bei allem, was sie tue, und überall, wo sie hingehe, werde sie an ihn erinnert. Sie könne ihm nicht entrinnen. Wenn sie in Washington spazierengehe oder umherfahre, stoße sie immer auf etwas, was sie an ihren Mann erinnere, und dann breche sie zusammen.

Ehrlich gestanden, ich fand es schwierig, mir eine ›zusammenbrechende‹ Jackie vorzustellen. Auf mich wirkte sie so emotionslos ... daß ich bezweifelte, daß sie jemals Tränen vergossen hatte. ... Sie war nie richtig fröhlich, gehörte aber auch nicht zu der Sorte, die herumsaß und Trübsal blies. Nun begann ich zu glauben, daß ich meine Kusine vielleicht irgendwie unterschätzt hatte.«

Robert McNamara sah Jackie in jener Zeit sehr oft. »Es war furchtbar traurig«, erinnerte er sich, »man hatte sie auf das Podest einer mythischen Volksheldin gestellt, aber sie führte in ihrem eigenen Haus praktisch das Leben einer Gefangenen. Niemals konnte sie spazierengehen oder irgendwo eine Kleinigkeit essen, ohne von Leuten belagert zu werden. Einmal saß ich mit ihr in einem Restaurant in Georgetown. Die Gäste an den Nachbartischen gafften, Kellner und Kellnerinnen gafften. Ich hoffte inständig, niemand würde zu uns kommen und Jackie um ein Autogramm bitten.«

In der schlimmsten Zeit ihrer Trauer war Jackie untröstlich. Sie lag endlos lange im Bett, nahm tagsüber Beruhigungspillen und Antidepressiva und abends Schlaftabletten, konnte mit niemandem zusammensein, wollte aber auch nicht allein bleiben. Besessen von dem Gedanken, sie hätte John irgendwie im Stich gelassen, erlebte sie den Mord in ihrer Phantasie immer wieder von neuem — tausendmal, wie sie ihrer Tante Michelle später gestand.

Dann gab es Phasen, in denen sie nicht akzeptierte, daß ihr Mann tot war, und von ihm in der Gegenwarts- oder Zukunftsform sprach (»John möchte ... John wird ...«), als wäre er nur auf die Straße gegangen, um eine Zeitung zu kaufen.

Sie schwelgte in Selbstmitleid und kannte keine Geduld mit anderen, beschuldigte ihre Angestellten, sie würden nicht hart genug arbeiten, weigerte sich, deren Überstunden zu bezahlen und feuerte sie wegen der geringsten Kleinigkeit, um sie dann reumütig wieder einzustellen. Als sich die Sekretärin Evelyn Lincoln über ihr großes Arbeitspensum beklagte, erwiderte Jackie: »O Mrs. Lincoln, das alles dürfte Ihnen nicht so schwerfallen. Sie haben immer noch Ihren Mann. Und was habe ich? Nur die Bibliothek.«

»Sie war in einer elenden Verfassung«, bestätigte Lem Billings. »Sie kam mit sich selbst nicht mehr zurecht, und manchmal behandelte sie Johns alte Freunde wie Dienstboten. Sie verabredete sich zum Essen und kam nicht, oder sie arrangierte kleine Partys, auf denen sie sich dann nicht blicken ließ. Andererseits konnte sie in dieser Zeit auch sehr aufmerksam sein. Als Bobby Kennedy den Tiefpunkt seiner Depressionen erreichte und überlegte, ob er in Washington bleiben und weiterhin im Staatsdienst arbeiten sollte, setzte sich Jackie hin und schrieb ihm einen Brief — einen sehr gefühlvollen Brief, in dem sie ihn beschwor, nicht aufzugeben ... Sie erklärte, sie brauche ihn, und für die Kinder, vor allem für John Jr., sei er ein Ersatzvater, an den sie sich wenden könnten ... Und was am wichtigsten sei — Amerika brauche ihn nach wie vor. Er müsse Johns Andenken ehren, statt ihn nur zu betrauern. Sie beide würden ihre Pflichten gegenüber diesem Andenken vernachlässigen, wenn sie zusammenbrächen. John würde sich wünschen, daß sie sich beide für das einsetzten, was er vertreten hatte und wofür er gestorben war — sie selbst durch die Kinder, Bobby durch den Staatsdienst.«

Anfang 1964 begann Jackie, kleine Dinnerpartys bei Freunden wie Franklin D. Roosevelt Jr. und Robert McNamara zu besuchen. »Egal, wer die Partys gab«, berichtete Roosevelt, »die Gästeliste blieb immer gleich. Am Ende des Abends fuhr ich Jackie nach Hause. Und dann machte ich mir stets Sorgen, weil ständig Fremde vor Jackies Tür herumlungerten. Sie saßen auf den Eingangsstufen ihres neuen Hauses, aßen Süßigkeiten und warfen ihren Abfall auf den Boden. Die Dreisteren stiegen die Treppe hinauf und spähten in Jackies Speisezimmer im Erdgeschoß. Obwohl die Spitzengardinen zugezogen waren, konnte man abends alles sehen. ›Ich ertrage das nicht mehr‹, sagte Jakkie. ›Sie sind überall, wie die Heuschrecken. Ich kann mich nicht einmal unbeobachtet umziehen, weil sie sogar in mein Schlafzimmer starren.‹«

Die Presse, genauso gnadenlos, postierte rund um die Uhr Fotografen und Reporter vor Jackies Haus. Caroline, von Blitzlichtern geblendet, fragte ihre Mutter immer wieder, warum sie andauernd von ›diesen dummen Leuten‹ fotografiert wurde.

Jacqueline Hirsh, die in Carolines Schule im Weißen Haus Französischunterricht gab, erinnerte sich an die Wirkung, die der Mord an Präsident Kennedy für seine Tochter hatte: »Jeden Montag gab ich ihr Privatstunden in Jakkies Haus. Das Kind sah furchtbar aus, so blaß und unglücklich. Manchmal ging ich mit Caroline und ihrem Vetter Syndey Lawford spazieren oder wir fuhren herum. Caroline begriff voll und ganz, was geschehen war. Wenn ein Reporter oder Fotograf an unser Auto trat und ›Hallo Caroline!‹ rief, verkroch sie sich auf dem Boden … Man merkte ihr an, daß sie ständig an das schreckliche Geschehen dachte. Aber sie beklagte sich nicht, kein einziges Mal.«

25

Um dem immer unerträglicher werdenden Presserummel um sie herum zu entrinnen, verbrachte Jackie ein Februarwochenende in New York im Hotel Carlyle und fühlte sich zum erstenmal seit Monaten »wie ein Mensch. — Ich kann durch die Straßen wandern und werde nicht belästigt.« Sie begann zu glauben, sie hätte vielleicht ihr Mekka gefunden — oder wiederentdeckt, da New York ihre Heimatstadt war. An einem weiteren Wochenende besuchte sie zusammen mit Bobby Kennedy den kranken Expräsidenten Herbert Hoover. Wie sich dessen Pflegerin entsinnt, »kommandierte Bobby seine Schwägerin herum und sagte unentwegt: ›Jackie, setz dich dahin, Jackie, tu dies, Jackie, tu jenes.‹« Trotzdem fühlte sich Jackie in New York viel wohler als in Washington, der Stadt, die sie für immer an John und an die Trauer nach seinem Tod erinnern würde.

Sie überlegte, ob sie nicht nach New York ziehen sollte. Bobby hatte bereits beschlossen, sich dort niederzulassen, weil er in Washington keine Chancen für seine politische Zukunft sah. Wie Richard Goodwin feststellte, »gab es böses Blut zwischen RFK und LBJ. Bobby fand, Johnson habe sich nach Johns Tod mit Gewalt ins Oval Office gedrängt, ohne einen angemessenen Zeitraum verstreichen zu lassen. Schon am Dienstag, einen Tag nach dem Begräbnis, wollte Johnson eine Rede zur Lage der Nation halten. Die beiden führten zahlreiche erbitterte Diskussionen. Später gewann Bobby den Eindruck, Johnson schmücke sich mit vielen Leistungen, die eigentlich auf John zurückgingen. Bobby war wütend auf alle, die einst John nahegestanden hatten und jetzt auf irgendeine Weise zu Johnson hielten — Sargent Shriver, Robert McNamara und George McBundy eingeschlossen ... Es wurde offensichtlich, daß der Bruch zwischen den beiden Lagern — Johnson gegen Kennedy — niemals gekittet werden konnte. Bobby fragte mich, ob ich glaube, daß Johnson ihn für 1964 als Vizepräsidenten in Betracht ziehen würde ... Ich erwiderte: ›Wenn Johnson zwischen dir und Ho Chi Minh wählen müßte ... würde er sich für Ho Chi Minh entscheiden.‹«

Am 29. Mai 1964 hätte JFK seinen siebenundvierzigsten Geburtstag gefeiert. Aus diesem Anlaß ging Jackie mit den Kindern auf den Arlington National-Friedhof und legte Blumen auf sein Grab. Sie besuchte eine Gedenkmesse in der St. Matthew's Cathedral, dann reiste sie nach Hyannis Port und hielt im Fernsehen eine Rede, die in ganz Amerika und in Europa übertragen wurde. Sie nutzte diese Gelegenheit, um zur friedlichen Verständigung zwischen allen Völkern aufzurufen. Nach der Sendung brach sie, von Trauer überwältigt, zusammen. Sie begriff, daß sie nicht in Washington bleiben konnte, wenn sie je wieder zu sich selbst finden wollte.

Auch Lee Radziwill meinte, ihre Schwester sei in New York besser aufgehoben. Jackie bot nicht nur ihr Haus in Georgetown, sondern auch Wexford in Virginia zum Verkauf und zog in eine elegante, großräumige Wohnung an der Fifth Avenue mit Ausblick auf den Central Park und das Metropolitan Museum of Art. Bald wurde sie regelmäßig im Park beim Jogging beobachtet, in diskretem Abstand von ihrem Leibwächter gefolgt.

Allein an laufenden Kosten mußte sie vierzehntausend Dollar im Jahr aufwenden, ein Betrag, der sich inzwischen vervielfacht hat. Zusätzlich gab Jackie etwa hundertfünfundzwanzigtausend Dollar nur für die Renovierung aus. Um Wexford vorübergehend zu ersetzen, mietete sie in Glen Cove, Long Island, ein Sommerhaus mit zehn Zimmern, fünf Minuten von Robert Kennedys Feriendomizil entfernt.

Die *Washington Post* bedauerte, daß Georgetown eine langjährige Einwohnerin verlor. »Unerwartet kam sie zu uns, wie eine Märchenkönigin — nun begleiten sie die Herzen aller, die hier in ihrer Nähe wohnten.« Viele Washingtoner Bürger nahmen ihr den Auszug sogar übel und warfen ihr vor, sie würde vor der Welt John F. Kennedys fliehen.

Während die Handwerker Jackies neues Zuhause herrichteten, bewohnte sie eine Suite im Hotel Carlyle, organisierte die Gründung der John F. Kennedy-Bibliothek und bereitete eine JFK-Ausstellung vor, die im ganzen Land gezeigt werden sollte und unter anderem Kennedys Schreibtisch sowie seinen Schaukelstuhl umfaßte. Sie flog auch nach Boston, um ein Baugelände für die Bibliothek zu besichtigen, das an Harvard grenzte. (Die Universität verlegte die Bibliothek später unter dem Druck der Stadtverwaltung, die sich gegen einen weiteren Wolkenkratzer in diesem ohnehin sehr dicht bebauten Gebiet aussprach, nach Columbia Point.) In Boston traf Jackie mit Professor Samuel H. Beer zusammen, einem Mitglied des Aufsichtsrats der JFK-Bibliothek. Er erinnerte sich an eine frühere Begegnung mit ihr kurz nach dem Tod ihres Mannes, als sie »immer noch unter der Einwirkung des Schocks stand und, halb betäubt von den Beruhigungsmitteln, beinahe wie ein Geist aussah. Jetzt aber war sie wieder die alte Mrs. Kennedy, temperamentvoll und schön.«

Um die Bibliothek zu finanzieren, organisierte sie einen Großangriff auf die Spendierfreudigkeit der Menschen in aller Welt. Ohne ihre persönliche Initiative hätte die französische Regierung niemals hunderttausend Dollar gespendet. Jackies alter treuer Freund Gianni Agnelli stellte ihr ebenfalls hunderttausend Dollar zur Verfügung, Andre Meyer gab ihr zweihundertfünfzigtausend Dollar. Obwohl auch Aristoteles Onassis einen Beitrag geleistet hätte, unterließ sie es seltsamerweise, ihn darum zu bitten.

Sie unternahm ausgedehnte Reisen und sprach mit mehreren Architekten, die für den Bau der Bibliothek in Frage kamen. Zu ihnen gehörten Louis Kahn, Mies van der Rohe, Philip Johnson und I. M. Pei, der schließlich den Auftrag erhielt.

Nach einer zweiwöchigen Kreuzfahrt in der Adria mit Charles und Jayne Wrightsman und einem Kurzurlaub in Italien bei Lee und Stas Radziwill kehrte sie in die Staaten zurück, um am Konvent der Demokraten in Atlantic City teilzunehmen. »Jetzt sind nur mehr fünf oder sechs von uns übrig«, erklärte Bobby Kennedy den versammelten Parteimitgliedern und führte einen zwanzigminütigen Film über seinen ermordeten Bruder vor. Danach zitierte er auf Jackies Vorschlag hin fünf Zeilen aus Shakespeares *Romeo und Julia,* um an die Gefühle der Demokraten zu appellieren und sie ins Kennedy-Lager zurückzuholen.

Jackies Anwesenheit beim Konvent war Johnson ein Dorn im Auge. Nur sie konnte seine sorgfältig geschmiedeten Siegespläne vereiteln. »Seine größte Sorge galt Jakkie Kennedy«, meinte Jerry Bruno, ein Mitarbeiter LBJs. »Er fürchtete, sie könne ... die Stimmung zu Bobbys Gunsten beeinflussen. (Marvin) Watson (der Koordinator des Präsidenten während des Konvents) bat mich zwei- oder dreimal, Jackie im Auge zu behalten und ihn genau darüber zu informieren, was sie tat ... Averell Harriman brachte Johnson in helle Wut, weil er einen Empfang für Jackie arrangierte, damit sie mit allen Delegierten ... zusammentreffen konnte. Das Gedränge war unglaublich. Sogar Glastüren wurden eingetreten ... Drei Stunden lang stand sie lächelnd da und schüttelte die Hände. Fairerweise muß man sagen, daß sie die Hauptperson dieses demokratischen Konvents war.«

Nach dem Konvent setzte sich Jackie für Bobby ein, der in New York gegen den Republikaner Kenneth Keating für den Senatorenposten kandidierte. Sie erlaubte ihrem Schwager sogar, sich bei mehreren Gelegenheiten mit dem Sohn des verstorbenen Präsidenten fotografieren zu lassen, und wurde deshalb heftig kritisiert.

Wieder im Carlyle, rief sie Billy Baldwin an und bat ihn, letzte Hand an ihr Apartment in der Fifth Avenue zu legen, so wie er es in ihrem Haus in Georgetown getan hatte. Damit er im Apartmentgebäude nach Belieben ein und aus gehen konnte, stellte sie ihm einen ihrer vier Leibwächter vom Geheimdienst zur Verfügung. Bald sah man den kleinen, schlanken Innenarchitekten und den großen, kräftigen Agenten, der ihm die Koffer mit den Tapeten-

und Teppichmustern trug, in der ganzen Stadt herumlaufen.

Im September wurde Caroline im Convent of the Sacred Heart eingeschult, einer renommierten katholischen Schule an der East 91st Street, wo ihr Vetter und ihre Kusine, Sydney und Victoria Lawford, zu ihren Mitschülern zählten. Und im nächsten Herbst sollte die St. David's School einen neuen Schüler in ihren Kreis aufnehmen: John F. Kennedy Jr.

Jackie ging mit den Kindern zur New Yorker Weltausstellung, in den Zirkus, zum Rudern in den Central Park, und sie überwachte den Reitunterricht der beiden. Als Caroline schon einige Fortschritte gemacht hatte, nahm sie an einem Rennen in West Barnstable teil. Sie ritt Macaroni und besiegte sechs von zwölf Konkurrenten. Im Sattel fehlten ihr die Haltung und das Selbstvertrauen ihrer Mutter, doch sie erwies sich als eine weit bessere Verliererin.

Ein Kolumnist der *Daily News* nahm Anstoß am luxuriösen Lebensstil der Präsidentenwitwe und ihrer Kinder und wollte wissen: »In welchem Teil von Harlem wird Mrs. Kennedy demnächst wohnen, um für die Gesetzesvorlage ihres Mannes zu den Bürgerrechten einzutreten?«

Anfang Oktober verbrachte Dorothy Schiff, Eigentümerin der *New York Post*, zwei Nachmittage mit Jackie im Carlyle. Sie unterhielten sich ausführlich über Robert Kennedys Kandidatur für das Senatorenamt von New York und über seinen Wahlkampf. »Er muß gewinnen«, sagte Jackie. »Er wird gewinnen. Oder vielleicht denke ich das nur, weil ich es mir so sehr wünsche.«

Sie sprachen auch über Männer. Jackie fand, Männer über sechzig wären oft attraktiver als jüngere; General Maxwell Taylor wäre zum Beispiel großartig und so schlank, während sich einige frühere Klassenkameraden von John hätten gehenlassen und gräßlich aussähen.

Schließlich erwähnte Dorothy Schiff den eigentlichen Grund ihres Besuchs — sie wollte, daß Jackie eine Kolumne für die *Post* schrieb. »Berichten Sie einfach über Ihre

Reisen oder irgend etwas anderes, worüber Sie schreiben möchten.«

»Oh, ich kann nicht schreiben«, kicherte Jackie. »Ich habe schon viele Angebote von Magazinen bekommen — alle wollen, daß ich über gehobenen Lebensstil und Mode schreibe. Aber ich interessiere mich für dieselben Dinge, die John interessiert haben.«

Einen Monat später, am Wochenende vor dem ersten Jahrestag von JFKs Tod, kehrte Dorothy in Jackies Apartment im Carlyle zurück, diesmal zum Lunch. Jackie sah nicht gut aus. Sie hatte abgenommen und ihre Haut, auf die in der vergangenen Woche die Sonne von Palm Beach gebrannt hatte, wirkte gebräunt, aber lederartig. Weiße Ringe umgaben die glanzlosen braunen Augen. Auch ihr Haar hatte seinen Schimmer verloren. Sie erklärte, sie fühle sich ganz durcheinander.

»Es war schwierig, mit ihr zu reden«, vertraute Dorothy ihrem Tagebuch an. »Immer wieder ließ sie zu, daß ein langes Schweigen zwischen uns entstand. Sie ist merkwürdig geworden und verändert, da ist nur noch wenig von der königlichen Erscheinung, die ihr einmal eigen war.«

Der erste Jahrestag von JFKs Tod weckte Jackies Trauer von neuem. Sie beschrieb ihren Verlust in einem Artikel für *Look,* der an John F. Kennedy erinnern sollte: »Ich hätte wissen müssen, daß eine Magie von ihm ausging ... Und ich hätte mir denken können, daß es nicht von Dauer sein würde. Ich hätte wissen müssen, daß ich zuviel verlangte, als ich mir wünschte, zusammen mit ihm alt zu werden und unsere Kinder gemeinsam aufwachsen zu sehen. Jetzt ist er eine Legende, obwohl er es vorgezogen hätte, ein Mann zu sein.«

Orville Freeman, Landwirtschaftsminister unter JFK, und seine Frau schickten Jackie »einen kurzen Brief und Blumen. Sie rief uns an und sagte, wir seien die einzigen, die sich an dieses Datum erinnert hätten ... Gerade habe sie im Central Park gesessen und sich so richtig ausgeweint.«

Rosemary Sorrentino, Friseurin bei Kenneth's, erinnerte

sich an den ersten Jahrestag, »weil Jackie um jene Zeit zu uns kam, um sich frisieren zu lassen. Ich hatte sie eine Zeitlang nicht gesehen. Da mir das Datum bewußt war, vergab ich für diesen Nachmittag keine weiteren Termine. Provi, ihr Hausmädchen, hatte mir von all den Nächten erzählt, in denen sich Jackie die Augen ausweinte. Also war ich nicht unvorbereitet.

Sie betrat mein Zimmer bei Kenneth's und sagte nicht viel. Ich begann zu arbeiten, entdeckte einige graue Haare, und sie sagte, sie habe in Italien versucht, diese Strähnen färben zu lassen ... Plötzlich fing sie zu weinen an, und ich tat natürlich mein Bestes, um sie zu trösten.«

Jackies neu erwachte Verzweiflung zeigte sich auf verschiedene Art, drückte sich aber vor allem durch heftigen Zorn aus. Schon immer anfällig für Wutausbrüche, verlor sie jetzt öfter denn je die Beherrschung. Sie wurde immer empfindlicher und reagierte häufig irrational und unberechenbar.

Anfang 1964 hatte sie den Schriftsteller William Manchester, einen großen Bewunderer John F. Kennedys, gebeten, die Geschichte des Mordes in Dallas zu schreiben. Um sich für Jackies Mithilfe erkenntlich zu zeigen, erklärte er sich bereit, das fertige Manuskript von Jackie und Bobby Kennedy gegenlesen zu lassen und dann einen großen Prozentsatz seines Honorars für die JFK-Bibliothek zu spenden.

Jackie hatte sich an Manchester gewandt, weil sie erfahren hatte, daß ein anderer Autor ein Buch über den Mord schrieb — Jim Bishop. Er hatte bereits ein Werk über John verfaßt, das gerade bei Random House erschienen war — *A Day in the Life of President Kennedy*. Derselbe Verlag plante nun auch sein Buch über JFKs Tod herauszubringen. Jackie schrieb einen zornigen Brief an den Verlagsleiter Bennett Cerf und verlangte, er solle den Schriftsteller von seinem Vorhaben abbringen. »Ich glaube, die Leute werden wissen, daß Manchesters Buch die historisch genaueren Fakten enthalten wird, und ich werde dafür sorgen, daß sie es nicht vergessen.«

Einige Wochen später rief sie Cerf an und brachte ihr Anliegen abermals vor. Sie bezeichnete Bishop als »Lohnschreiber und Verfasser drittklassiger Klischees« und beschuldigte ihn, er habe die Erlaubnis des Präsidenten, »nach Belieben im Weißen Haus herumzuwandern«, auf unverschämte Weise ausgenutzt. Eines Tages war der Schriftsteller von Jackie ertappt worden, wie er die Kleider in ihrem Schrank gezählt hatte. Ein andermal traf sie Bishop im Badezimmer an, wo die kleine Caroline gerade unter der Aufsicht ihres Kindermädchens in der Badewanne saß. Sie kenne Bishops Buch, und es gefalle ihr nicht.

Nun bereue sie, daß sie ihm jemals Zugang zum Weißen Haus gewährt habe, wo er ein ›gräßliches Ärgernis‹ gewesen sei. Sie halte ihn für arrogant und unsympathisch. Und nun wolle er auch noch ein Buch über die Ermordung ihres Mannes schreiben.

»Bitte, sagen Sie, daß Sie das Buch nicht herausbringen werden«, flehte sie Cerf an und begann zu weinen.

»Ich kann ihn nicht daran hindern, dieses Buch zu schreiben«, erwiderte Cerf. »Wir haben einen Vertrag mit ihm. Natürlich, ich könnte mich weigern, das Buch zu veröffentlichen, ... aber dann würden sich fünfzig andere Verleger darauf stürzen. Das wird mit Sicherheit ein Bestseller.«

»Bennett, ich bitte Sie um einen persönlichen Gefallen, bringen Sie das Buch nicht heraus.«

»Sie müssen sich an Bishop wenden. Wenn Sie ihn ausdrücklich bitten, auf dieses Buch zu verzichten, wird er's bestimmt tun.«

Er gab ihr Bishops Privatnummer in Florida, und sie rief an. Der Schriftsteller sah keinen Grund, warum nicht zwei Bücher über den Mord erscheinen sollten.

»Das geht nicht«, beharrte Jackie.

»Nun, dann sagen Sie diesem anderen Burschen, er soll aufhören, an seinem Buch zu arbeiten. Ich schreibe meinen Bericht, und damit basta.«

»Niemand wird mit Ihnen reden, niemand wird Sie interviewen«, drohte Jackie und legte auf.

Jim Bishops Buch *The Day Kennedy Was Shot* erschien 1968, ein Jahr nach William Manchesters *The Death of a President.* Es verkaufte sich nicht ganz so gut wie das Buch seines Rivalen, blieb aber lange auf den Bestsellerlisten und bekam ausgezeichnete Kritiken, ebenso wie Manchesters Werk. Aber es wurde von Funk and Wagnalls herausgebracht, nicht von Random House.

Jackie hatte Bishop inzwischen längst vergessen und ihren Zorn gegen Manchester gerichtet. Die langandauernden Streitigkeiten mit ihr trieben ihn schließlich fast in den Ruin.

Weihnachten besuchte Jackie in schwarzem Crêpe und weißem Hermelin ein von den Vereinten Nationen veranstaltetes Konzert, danach verbrachte sie mit ihren Kindern, den Bradens und mehreren Kennedys einen Skiurlaub in Aspen, Colorado. Eines Abends gestand sie Joan Braden, wie sehr sie ihren Mann vermisse. »Es wird niemals einen zweiten John geben. Jetzt verstehe ich, warum er so intensiv gelebt hat, immer an der Grenze, und ich bin froh darüber.«

Mittlerweile war sie mit Caroline und John Jr. in ihre Wohnung an der Fifth Avenue gezogen, und Anfang 1965 empfing sie die ersten Besucher. Lyndon B. Johnson, Hubert Humphrey, Adlai Stevenson, Haile Selassie und König Hassan II. — alle fanden den Weg zu Jackies Tür. Randolph Churchill, Sir Winstons Sohn, schickte John-John zur Einweihung des neuen Heims ein Geschenk — eine bemalte Blechtruhe mit den gesammelten neunundvierzig Werken seines Vaters in Spezialeinbänden. Die Bücher wurden ins Speisezimmer gestellt, und die Kinder erfanden eines Abends beim Dinner ein Ratespiel: »An welches von Winston Churchills Büchern denke ich gerade?« Bunny Mellon schenkte Jackie ein Louis-XV.-Bett, das siebzehntausend Dollar gekostet hatte, und weinte, als sie erfuhr, daß es keinen Anklang gefunden hatte.

Auch Rudolf Nurejew kam zu Besuch, und ein Agent vom Geheimdienst, der vor der Tür Wache hielt, hörte seltsame Geräusche in der Wohnung – das Poltern von Möbeln, die umhergerückt wurden, dann ein Gelächter und Applaus. Offenbar gab der Ballettstar eine Solovorstellung in Jackies Wohnzimmer.

Norman Podhoretz lud sie zu einer Party ein, die er für berühmte Literaten veranstaltete, und sie erklärte, sie wolle nur kommen, wenn Norman Mailer nicht käme. »Ich war nicht eingeladen«, erinnerte sich Mailer, »also brauchte ich nicht ausgeladen zu werden. Aber die Sache war meiner sterbenden Freundschaft mit Podhoretz nicht gerade dienlich.« Jackie grollte Mailer noch immer wegen seiner scharfen Kritik an einer Führung durch das Weiße Haus, die sie einmal für einen Fernsehsender veranstaltet hatte.

Jackies gesellschaftliches Leben lief auf Hochtouren. Sie nahm an zahlreichen Dinnerparties in Manhattan teil, lernte Maria Callas nach einer Aufführung in der Met kennen, ließ sich von Bill Walton in Museen und Kunstgalerien und von Charles Addams, dem Karikaturisten beim *New Yorker,* ins Kino und in die exklusivsten Restaurants von New York begleiten.

Kay Lepercq, eng mit Addams befreundet, erinnerte sich an ein Gespräch mit ihm über Jackie: »Seit sie mit meinem Exmann auf jener Dinnerparty in Washington geflirtet hatte, erregte sie meine Neugier. ›Wie ist sie?‹ fragte ich. ›Wenn ich das bloß wüßte!‹ antwortete er (Addams). Er gab zu, er sei ihretwegen so durcheinander, daß er einen ihrer Briefe an einen Graphologen geschickt habe, ohne ihm den Namen der Schreiberin zu verraten. Daraufhin habe er ein äußerst negatives Gutachten über Jackies Handschrift erhalten. Diese weise eindeutig auf eine egozentrische Persönlichkeit hin.

Wenn sie miteinander ausgingen, beklagte sie sich ständig, weil sie überall angestarrt wurde. Wann immer sie im Foyer eines Kinos standen, gab es ein Gedränge und Gerangel, weil alle näher rücken wollten, um besser sehen zu können. Sie erklärte Charlie, sie würde sich nichts sehnlicher wünschen als einen friedlichen Abend im Kino. Ich sagte zu ihm: ›Nun, vielleicht sollte sie ihre Haare glatt herunterfallen lassen (damals hatte sie eine voluminöse, aufgetürmte Frisur) und aufhören, in geschlossenen Räumen eine Sonnenbrille zu tragen. Dann würde man sie vielleicht nicht sofort erkennen.‹

Manchmal mußte sie einem wirklich leid tun. Ich kannte eine Frau, die im selben Haus wie sie wohnte und deren Dienstmädchen mit Jackies Köchin befreundet war. Einmal ging ich hin und traf die Köchin, die mir erzählte, welch eine gräßliche und niederträchtige und unmögliche Person Jackie sein könne. »Woher wissen Sie das?« fragte ich, und sie erklärte: »Oh, das merkt man durchs Schlüsselloch, über das Telefon und am Inhalt des Papierkorbs.« Ich glaube, die Hälfte ihrer Angestellten verriet sie an die Presse, und die andere Hälfte schrieb Bücher über sie.«

Die Tabakerbin Doris Duke, bei der Jackie in Newport und Somerville, New Jersey, zu Besuch war, empfahl ihr einen strengeren Umgang mit dem Hauspersonal. Phil Strider, Miss Dukes Butler, hörte diese Anweisungen. »Wenn ich jemanden einstelle«, erzählte sie, »gebe ich ihm eine Liste der Hausregeln. Eine Kopie dieser Liste hängt an einer Anschlagtafel. Die erste Regel lautet, daß jeder, der mit irgend jemandem über seinen Job oder seine Arbeitgeberin spricht, sofort entlassen wird. Sie müssen die Leute an die Kandare nehmen, sonst tanzen sie Ihnen auf der Nase herum.«

Diese viktorianischen Prinzipien paßten nicht zu Jackies modernem Lebensgefühl, aber die ehemalige First Lady erklärte sich bereit, bei Doris Dukes Newport Restoration Foundation mitzuarbeiten, einem Projekt, das sich die Erhaltung alter Kolonialgebäude zum Ziel setzte. »Wie kann dieses Vorhaben scheitern, wenn Doris Dukes Geld und Jackies Geschmack im Spiel sind?« fragte die *New York Post*.

»Jackie stellte der Foundation zwar ihren Namen zur Verfügung, rührte aber keinen Finger dafür«, behauptete Dick Banks. »Wegen ihrer Freundschaft mit Jackie sagte Doris nichts, aber sie war enttäuscht. Jackie kam es offenbar nur auf die Publicity an, die ihr das Projekt verschaffte. Davon konnte sie nie genug bekommen.«

Die verstorbene Flora Whitney Miller, ehemalige Aufsichtsratsvorsitzende des Whitney Museum of Art, war ebenfalls der Meinung gewesen, daß Jackie zu jenem Zeitpunkt keine altruistischen Zwecke verfolgte. »Seit 1962 war sie Mitglied unseres Aufsichtsrats, aber sie tat nicht viel für uns. Ich glaube, sie war viel zu sehr mit ihren eigenen Projekten beschäftigt — der JFK-Bibliothek und so weiter. Wir verliehen ihr sogar einen Titel — Aufsichtsratsvorsitzende des Nationalkomitees des Museums —, und sie kam tatsächlich zur Einweihung des neuen Bauplatzes an der Madison Avenue. Sie brachte Andre Meyer mit und posierte für die Fotografen. Alles nur Show. Ich hatte nie den Eindruck, daß sie sich für unsere Bemühungen interessierte. 1968 erfüllten wir nur zu gern ihre Bitte, sie nicht mehr in den Aufsichtsrat zu wählen. Ich weiß, daß sie andere Sorgen und Prioritäten hatte, aber auf mich wirkte sie immer nur publicity-süchtig — eine Frau, die als Witwe des ermordeten Präsidenten eine unmögliche Position innehatte. Wäre sie nicht mit John Kennedy verheiratet gewesen, hätte sie sich genauso wie ihre Schwester zu einer langweiligen, egoistischen, verwöhnten Jet-setterin entwickelt, deren Gedanken ausschließlich um die eigenen trivialen Bedürfnisse kreisen.«

Als die Johnsons im April den East Garden des Weißen Hauses nach ihr benannten, beleidigte Jackie sie, indem sie ihre Mutter zu den Festlichkeiten schickte. Später versuchte sie den Präsidenten mit drei Buntstiftzeichnungen von John-John und einem Begleitbrief zu besänftigen.

Ihr Verhalten wies sprunghafte Züge auf. Manchmal schien sie sich von allen Menschen zurückzuziehen. Liza Minelli traf sie eines Tages im Friseursalon Kenneth's und ging zu ihr. »Hallo, Mrs. Kennedy, ich bin Liza Minelli. Erinnern Sie sich an mich?« Jackie lächelte nur kühl und wandte sich ab. Solche Abfuhren waren, vielleicht unbeabsichtigt, zu einem festen Bestandteil ihres Repertoires geworden. Ihre ältesten Freunde wagten kaum noch, auf sie zuzugehen, weil sie fürchteten, ähnlich behandelt zu werden.

Ein Grund für ihre wachsende Zurückhaltung war die ständig eskalierende Aufmerksamkeit, die ihr die Medien schenkten. Überall wurde sie von Reportern und Fotografen verfolgt, und je mehr sie sich in ihrer Privatsphäre verbarrikadierte, desto größer schien ihre mysteriöse Anziehungskraft zu werden, mit desto raffinierteren Mitteln versuchte man, zu ihr vorzudringen. Sie pflegte sich zu maskieren, am liebsten mit einer riesigen Sonnenbrille und einem gezwungen ausdruckslosen Lächeln, obwohl sie ohne diese Attribute bestimmt seltener erkannt worden wäre. Ihr Lächeln bewog eine Bekannte, ihr den Spitznamen ›Mona Lisa von Manhattan‹ zu verleihen.

Mehreren Aussagen zufolge wurde sie immer paranoider. Offenbar glaubte sie, derselbe Feind, der ihren Mann ermordet hatte, wollte nun sie in kommerzieller Hinsicht ausbeuten und erniedrigen. Jeder Türsteher, Lieferant, Nachbar, Kellner, Taxifahrer, jeder, der sie in einem Laden bediente oder auf der Straße anlächelte, war ein potentieller Gegner. Sie schien alle Menschen in ihrer Umgebung zu verdächtigen. Zum Beispiel weigerte sie sich, in ein Taxi zu steigen, ehe ihr Leibwächter das Innere des Wagens gründlich inspiziert hatte. Ihre Freunde wurden instruiert, keinesfalls mit der Presse zu reden, ansonsten drohte ihnen die Verbannung aus Jackies Kreis. Pam Turnure und Nancy Tuckerman, die jetzt in einer beengten Vier-Zimmer-Suite an der Park Avenue für Jackie arbeiteten, durften niemandem auch nur verraten, welche Bücher sie las. Eine junge Frau, die Caroline Klavierstunden gab und dies einem Journalisten erzählte, wurde sofort entlassen.

Allmählich begann Jackie, Doris Dukes Ratschläge zu befolgen. Als die Köchin (die ihr nachzuspionieren pflegte) verlauten ließ, Jackies Kleidergröße sei von zwölf auf acht geschrumpft und dann wieder auf zehn gewachsen, wurde sie fristlos entlassen. Eine zweite Köchin mußte gehen, weil sie ihre Absicht kundgetan hatte, ein Kochbuch zu veröffentlichen. Ein privater Autodienst, den Jackie gelegentlich in Anspruch nahm, bekam die Anweisung, er dürfe ihr denselben Fahrer nicht öfter als zweimal schicken, so daß kein Chauffeur eine genauere Kenntnis von ihren häufiger angesteuerten Zielen erhielt.

Im Mai 1965 wurde Jackie eingeladen, in Großbritannien an der Enthüllung eines John F. Kennedy-Denkmals teilzunehmen. Jackie flog in einer Maschine über den Atlantik, die ihr Präsident Johnson zur Verfügung gestellt hatte. Begleitet wurde sie von Bobby und Teddy Kennedy, Außenminister Dean Rusk, sechs amerikanischen und zwei britischen Geheimdienstleuten, ihren Kindern und mehreren Dienstboten. Bei der Zeremonie beobachtete Königin Elizabeth, wie Jacqueline Kennedy heimlich Tränen vergoß, während ein Redner nach dem anderen die Taten ihres Mannes rühmte. Danach schrieb Jackie an LBJ: »Es war ein so gefühlsbetonter, schwieriger Tag für mich — so viele Gedanken darüber, was ich verloren habe, stiegen wieder in mir auf.«

In London saßen Caroline und John-John dem berühmten Maler Cecil Beaton Portrait. Ihre Mutter fand, er habe Carolines mit Melancholie vermischte Empfindlichkeit gut eingefangen und freute sich über die Ähnlichkeit zwischen ihrem Sohn und dem verstorbenen Präsidenten. So sehr sie Beatons Kunst zu schätzen wußte — die Art und Weise, wie er sie in seinem Tagebuch beschrieb, das später veröffentlicht wurde, hätte ihr bestimmt mißfallen. »Sie ist eine überlebensgroße Karikatur ihrer selbst. Breite Baseballspielerschultern und Hüften, große, jungenhafte Hände und Füße; sehr dunkle, schöne, aufmerksame Augen, die spitzbübisch oder traurig dreinschauen — manchmal funkeln sie zu stark; sehr breite, volle Lippen, mit einem Lächeln, das die Mundwinkel in einem umgekehrten Lachen nach unten zieht; eine etwas negroide Erscheinung; die Andeutung eines Schnurrbarts und sehr dunkles Haar.«

Ihren sechsunddreißigsten Geburtstag feierte Jackie im Juli mit den Kennedys in Hyannis Port. Nach mehreren kurzen Reisen wurde sie im November von immer schlimmeren Depressionen befallen und wandte sich in ihrer Not an Truman Capote, der — ein Nachbar Bobby Kennedys in Manhattan — an der United Nations Plaza wohnte. Bennett Cerf, Capotes Verleger, erfuhr davon und berichtete später: »Truman kam heim und wurde von einem Mädchen erwartet, das einen Schlüssel zu seinem Apartment hatte und gerade malte, als er eintraf … Dieses Mädchen war Jacqueline Kennedy. Vor zwei Jahren … etwa um dieselbe Zeit, hatte man ihren Mann ermordet. Ihr ging es sehr schlecht. Und bei wem suchte sie Zuflucht? Bei ihrem Freund Truman Capote. Wie Phyllis (Cerfs Frau) sagte: ›Das war der einzige Ort, an dem sie sich sicher fühlte.‹ Die Leibwächter saßen unten im Auto. Truman ging zum Kühlschrank und fand darin zwei Champagnerflaschen von der besten Sorte. Die beiden leerten diese zwei riesengroßen Flaschen und redeten praktisch die ganze Nacht miteinander. Um fünf Uhr morgens ging Jackie zu ihrem Wagen hinab und fuhr mit den Leibwächtern nach Hause.«

26

»Nachdem Jackie Washington verlassen hatte, sahen wir sie nur noch selten«, erinnerte sich Charles Bartlett. »1967 begleiteten wir sie auf eine Reise nach Kambodscha, aber davon abgesehen, trafen wir sie nur im Far Hills-Peapack-Bernardsville-Gebiet (New Jersey), wo sie, ebenso wie meine Schwiegereltern, ein Wochenendhaus besaß. Ich glaube, sie wollte nicht an die Vergangenheit erinnert werden.«

Auch Toni Bradlee verlor allmählich den Kontakt zu Jakkie. »Ich glaube, sie hatte niemals wirklich enge Freunde. Manche Leute können richtige Freundschaften schließen, andere nicht. Einige ziehen es vor, viele Bekannte zu haben und keine guten Freunde. Zu dieser Kategorie schien Jackie zu gehören. Ich bezweifle, daß sie sich jemals nach einer engen Freundschaft gesehnt hat. Natürlich verkehrte sie auf gesellschaftlicher Ebene mit ›Freundinnen‹ wie Bunny Mellon, Jayne Wrightsman und Nancy Tuckerman —, aber es gibt eben Freundschaften und Freundschaften. ... Gelegentlich sahen wir uns. Diese Begegnungen waren nicht unangenehm, aber schmerzlich. Vermutlich weckte ich böse Erinnerungen in Jackie.«

Sie kränkte ziemlich viele ihrer einstigen Freunde. Der Fotograf Richard Avedon wurde aus ihrem Kreis verstoßen, weil er angeblich eine negative Bemerkung über JFKs Politik gemacht hatte. Charles Addams hatte scheinbar in Gegenwart von Reportern indiskrete Kommentare abgegeben, an die er sich allerdings nicht erinnern konnte, und erlitt die gleiche schnöde Behandlung. John B. White hatte sie sehr lange nicht mehr gesehen, und eines Tages lief er ihr in New York zufällig über den Weg. »Es war etwa drei Jahre nach dem Mord. Das Wiedersehen schien sie unangenehm zu berühren. Es gab nichts mehr, was uns verband. Sie lebte in einer neuen Welt voller neuer Freunde, und sie tat so, als wäre mein Auftauchen völlig überflüssig. Seither habe ich nie mehr von ihr gehört.«

Jackie hatte ein leuchtendes neues Universum betreten, die Politik hinter sich gelassen und sie durch die internationale Gesellschaft ersetzt. Ihr breites Lächeln erstrahlte überall, wo ›man‹ sich traf. Zum Beispiel erschien sie zum Lunch im Colony in Manhattan in einem marineblauen Balenciaga-Mantel, eine frische Kamelie an der einen Schulter, eine Chanel-Handtasche an der anderen (obgleich Coco Chanel sie als »die am schlechtesten gekleidete Frau aller Kontinente« bezeichnete). Oder sie zog die Blicke der Gäste des La Côte Basque auf sich, wenn sie mit Cecil Beaton eintrat. (Nachdem sich Truman Capote mit Jackie und ihrer Schwester Lee zerstritten hatte, verspottete er die beiden im ›La Côte Basque‹-Abschnitt seines unvollendeten Romans *Answered Prayers.*) Abends erschien sie dann etwa mit Arthur Schlesinger im Russian Tea Room. Oder sie dinierte mit ihrem glühenden Bewunderer Mike Nichols bei Sardi's. Danach gingen sie zu Arthur's, Sybil Burtons beliebter Diskothek, tanzten und hielten sich an den Händen.

Obwohl sie ihre Lebenskraft wiedergewonnen hatte, suchte sie Dr. Max Jacobson immer noch von Zeit zu Zeit auf. Ken McKnight sah sie am Tag nach Kennedys Ermordung in der Praxis. »Sie war mit Clint Hill (dem Leibwächter, der sie in Dallas nach den Schüssen vom Heck der Präsidentenlimousine auf den Sitz zurückgestoßen hatte). Ich glaube, die schrecklichen Ereignisse damals haben die beiden zusammengeführt. Wahrscheinlich war er der einzige, der Jackies Entsetzen und ihren Schmerz verstehen konnte. Soviel ich weiß, litt er unter dem Mord genauso wie sie. Einmal brach er in der TV-Sendung ›60 Minuten‹ zusammen. Er begann zu weinen und erklärte immer wieder, er wünsche, er wäre an Kennedys Stelle erschossen worden.«

Ihre Wochenenden verbrachte Jackie meistens in Bernardsville, New Jersey, wo sie einem Jagdclub beitrat. Dort war sie zunächst unwillkommen, weil man großen Wert auf die

Privatsphäre legte und in Jackies Popularität eine Bedrohung sah. Aber einflußreiche Mitglieder wie C. Douglas Dillon setzten sich für sie ein. »Ich verschaffte Jackie Zugang zum Club«, berichtet er, »und half ihr, in der Gesellschaft von Bernardsville Fuß zu fassen. Vermutlich fürchteten einige Clubmitglieder, sie würden nun von Reportern verfolgt werden. Diese Leute wollen möglichst wenig auffallen. Ich erklärte ihnen, das liege auch in Jackies Interesse.«

Die ruhige Gegend des Somerset County mit seiner englischen Landatmosphäre wurde Jackies bevorzugtes Erholungsgebiet. Wenn sie nicht zur Jagd ging, ritt sie umher und geriet oft auf die Grundstücke nichtsahnender Nachbarn. »Sie ritt durch die Wälder, meistens auf meinem Land«, erinnerte sich Patricia Shea of Badminster. »Ihr Pferd transportierte sie in einem Lieferwagen, den sie auf unserer Sandstraße parkte, und dann sprengte sie zwischen den Kiefern davon. Das gefiel ihr. Wegen ihrer Position sagte ich nichts, aber es ärgerte mich, daß sie nie um Erlaubnis fragte.«

Wenn Jackie in Bernardsville Erholung fand, so sorgten ihre häufigen Reisen für Abwechslung. Anfang 1966 machte sie mit ihren Kindern, Bobby Kennedy und seiner Familie Skiurlaub in Sun Valley, Idaho, danach vergnügte sie sich auf den alpinen Pisten von Gstaad in der Schweiz. Von dort ging es weiter nach Rom. Obwohl sie Freunden versichert hatte, sie wolle »ein paar ruhige Tage verbringen«, geriet die römische Aristokratie in helle Aufregung. Wo immer Jackie auftauchte, jubelte die bewundernde Menge und applaudierte ihr. Prinzessin Irene Galitzine gab ihr zu Ehren ein kleines Dinner und entwarf ein knöchellanges schwarzes Kleid für Jackies Besuch beim Papst. Mit dem Bildhauer Pericle Fasine aß sie im George's, einem gepflegten englischen Restaurant; mit dem Grafen Dino Pecci-Blunt, einem ehemaligen Schulkameraden ihres Mannes, ging sie zur Fuchsjagd. Fürst Aspreno Colonna lud sie zu einer eleganten Dinnerparty in den ockerfarbenen Palazzo Colonna aus dem fünfzehnten Jahrhundert ein. Am exklusiven Strand von Forte dei Marmi besuchte sie auch Gianni Agnellis Villa.

Den Großteil ihrer Zeit verbrachte sie in Rom allerdings mit Valentino, dem damals außerhalb Italiens noch wenig bekannten Mode-Designer. Jackie hatte seine schlichten, stilvollen Kreationen schon einige Jahre zuvor in New York entdeckt. Nachdem sie in ihr Apartment an der Fifth Avenue gezogen war, hatte er sie mit seiner ganzen Kollektion, einer Schneiderin, einer Assistentin und einem Mannequin besucht. Sie beschloß, ihn zu ihrem Lieblingscouturier zu ernennen, und im Lauf der nächsten fünf Jahre entwarf er zahlreiche Modelle für sie. Die Rechnungen ließ sie, wie sie es schon im Weißen Haus gehalten hatte, an Joe Kennedy schicken.

Die Osterferien verlebte Jackie mit ihren Kindern in Cordoba, Argentinien, auf der Rinderranch Miguel A. Carcanos, dessen Töchter mit Joe Kennedys Söhnen befreundet gewesen waren. John-John legte auf ein Monument aus Steinen, das vor Jahren von seinem Vater errichtet worden war, einen weiteren Stein. Und Jackie wurde von im Gebüsch versteckten Fotoreportern geknipst, während sie sich an einem Privatstrand umzog und in ihren Badeanzug schlüpfte. Die Fotos ihrer nackten Kehrseite erschienen im argentinischen Magazin *Gente,* aber die Presse der Vereinigten Staaten weigerte sich, sie zu veröffentlichen. Unbeeindruckt von diesem Zwischenfall, flog Jackie nach New York zurück, setzte die Kinder daheim ab und unternahm zwei Tage später eine Reise nach Spanien, die der Herzog und die Herzogin von Alba und Angier Biddle Duke, der neue amerikanische Botschafter in Spanien, organisierten.

Jay Rutherford, Dukes Assistent im Protokollbüro während JFKs Amtszeit und später Repräsentant von Hearst Headlines und der Mutual Broadcasting System Corporation in Madrid, flog nach New York, um Jackie auf ihrer Reise zu begleiten. »Das Magazin *Constanza* hatte mich gebeten, einen Artikel über Jackies Aufenthalt in Spanien zu schreiben«, berichtet er. »Da ich sie bereits kannte, dachte ich, es würde mir gelingen, Insider-Informationen zu erhalten. Zunächst verbrachte ich mehrere Tage mit Nancy Tuckerman, um mir die Grundregeln einzuprägen. Jede Zeile müsse von ihr abgesegnet werden, schärfte sie mir ein, was mir natürlich die Möglichkeit nahm, eine spontane, aktuelle Reportage zu verfassen.

Die europäische Presse interessierte sich immer noch sehr für Jackie, vor allem für ihre Beziehung zu Antonio Garrigues, dem spanischen Botschafter im Vatikan. Der zweiundsechzigjährige Garrigues, ein Witwer mit acht Kindern, war ein guter Freund der Kennedys gewesen. Zuletzt hatte er Jackie bei ihrem Besuch in Rom gesehen, und die Journalisten machten sofort ein romantisches Märchen daraus.

Als wir bei der Landung in Madrid von ein paar hundert Reportern begrüßt wurden, die Jackie sofort mit Fragen bestürmten, ärgerte sie sich und sagte mir, sie komme sich vor wie im Madison Square Garden. Natürlich verstand sie es, mit den Medien umzugehen. Darin hatte sie viel Übung. Wir übernachteten in Madrid, und am nächsten Tag ging es nach Sevilla.«

Dort wurde sie von dem Herzog und der Herzogin von Alba mit typisch spanischer Gastfreundschaft herzlich in Empfang genommen und im Palacio de las Duenas untergebracht. Mrs. Robin Duke stellte der einstigen First Lady ihre Friseuse zur Verfügung, die sie für die Dauer von Jakkies Aufenthalt aus Madrid einfliegen ließ. Während Jackie frisiert wurde, warf sie einen Blick in die neueste Ausgabe von *Women's Wear Daily* und erfuhr, daß man sie für »ehrlich, natürlich, offen, ungekünstelt, ... subtil, feminin, jugendlich und modern« hielt. Sie sei »verliebt in das Leben« und wisse genau, »wie man sich amüsiert«.

Die erste größere gesellschaftliche Veranstaltung, die sie in Sevilla besuchte, war ein Ball des Internationalen Roten Kreuzes, ein glamouröses Wohltätigkeitsfest für zweitausendfünfhundert Gäste, das der Herzog von Medinaceli im Hof seiner Casa de Pilatos gab. Dort war Jackie hilflos den zweihundertfünfzig Fotografen ausgeliefert, die sich zwischen die Gäste und aneinander drängten. Außerdem begegnete sie einer frostigen Fürstin Gracia Patricia von Monaco in Begleitung ihres Ehemanns. Beide waren pikiert, weil Jackie ihnen die Schau stahl. Als Mrs. Kennedy eintraf, verschwand Fürstin Gracia im nächstbesten Waschraum, wo sie sich für die nächste Stunde versteckte, während Fürst Rainier nervös eine Zigarette nach der anderen rauchte.

Einige Tage später war Jackie nahe daran, nach Madrid zurückzufliegen, erbost über die Gerüchte, die sie mit Garrigues in Verbindung brachten. Als das Gerede nicht verstummen wollte, berief Botschafter Duke eine improvisierte Pressekonferenz ein und verkündete: »Ich möchte in aller Deutlichkeit klarstellen, daß die Gerüchte über eine Verlobung jeder Grundlage entbehren.«

Jackie beschloß zu bleiben, und bald darauf konnte sie ihre Ferien endlich in vollen Zügen genießen. In der großartigen Stierkampfarena von Madrid übergingen die drei führenden spanischen Toreros — El Cordobes, Paco Camino und El Viti — Fürstin Gracia, reichten Jackie ihre Hüte und widmeten ihr die Stiere. Hastig schickte sie einen Mitarbeiter von der US-Boschaft zum nächsten amerikanischen Luftwaffenstützpunkt, ließ sich drei halbe Kennedy-Dollars bringen und legte sie in die Hüte, ehe sie diese zurückgab. Wenn sie sich auch abwandte, als die Stiere mit Lanzen durchbohrt wurden, so beobachtete sie doch fasziniert die Angriffe der Tiere und fand die Kämpfe ›aufregend und schön‹.

Cleveland Amory, Sprecher der Humane Society von Amerika, hatte Jackies Begeisterung für die Fuchsjagd bereits angeprangert. Nun schrieb er über ihre Freude am Stierkampf: »Es ist ein trauriges und in seiner Ironie einzigartiges Zeichen unseres modernen Zeitalters der Gewalttätigkeit, daß ausgerechnet Mrs. Kennedy, die die Barbarei der Gegenwart selbst in so tragischer Unmittelbarkeit erlebt hat, nun ... einem der letzten Relikte einer barbarischen Vergangenheit ... applaudiert.«

Jackie reagierte auf Amorys Rüge, indem sie weitere

Stierkämpfe besuchte. Außerdem beschloß sie, zum Fest zu reiten. »Wenn man in Sevilla nicht reitet, ist es genauso, als wäre man gar nicht dagewesen«, erklärte sie. Und so stieg sie, angetan mit der traditionellen schwarzbestickten roten Jacke, weiten Hosen und einem flachen, breitkrempigen Hut, in den Sattel eines weißen Hengstes. Prompt wurde sie von der Presse wegen ihrer Extravaganz angegriffen.

»Jackie wußte, daß sie in der andalusischen Reitertracht Kritik heraufbeschwören würde«, berichtet Jay Rutherford, »aber sie hielt es für ein Gebot der Höflichkeit, die Sachen anzuziehen, weil sie ihr von ihrem Gastgeber, dem Herzog, zur Verfügung gestellt worden waren ... Sie wollte ihre Privilegien genießen und kümmerte sich nicht um den Eindruck, den sie auf die Öffentlichkeit machte.«

Ebenso vergnüglich war die Dinnerparty an ihrem letzten Abend, die in der amerikanischen Botschaft in Madrid stattfand. Dort saß sie zwischen Prinz Juan Carlos de Bourbon, dem heutigen König von Spanien und damals achtundzwanzigjährigen Thronerben, und dem spanischen Industrieminister, dem zweiundvierzigjährigen Gregorio Lopez Bravo, einem aufstrebenden Stern am Polithimmel, dessen Temperament und Charisma Jackie an JFK erinnerten.

Anfang Juni flog sie mit den Kindern nach Hawaii. Zuvor machten sie Station in San Francisco, wo sich Peter Lawford und zwei seiner Kinder, der elfjährige Christopher und der neunjährige Sydney, hinzugesellten, außerdem Lawfords langjähriger Freund John Spierling, ein attraktiver Junggeselle und Geschäftsmann, der in Honolulu lebte. Nur Lawfords und Spierlings Autos hatten Zugang zu dem abgeschiedenen Strandhaus im japanischen Stil in Kahala, das Jackie für dreitausend Dollar pro Monat gemietet hatte. Aber sie wurde in dieser Zeit auch mit dem Architekten John Carl Warnecke gesehen. Der geschiedene Mann begleitete Jackie und ihre Kinder auf mehreren Ausflügen.

Nach sieben Wochen auf Hawaii feierte Jackie in New York ihren siebenunddreißigsten Geburtstag auf einer Party, die Paul und Bunny Mellon für sie gaben. Dann flog sie zur Hammersmith Farm, um die Hochzeit ihrer Halbschwester Janet Auchincloss und Lewis Rutherfords zu besuchen, eines Princeton-Absolventen und direkten Nachfahren Peter Stuyvesants. Dick Banks meinte, »Jackies Ankunft habe die Hochzeit in ein Zirkusfest verwandelt. Deshalb hatte Janets Freundeskreis sie nicht dabeihaben wollen. Trotzdem kam sie, und mit ihr kamen einige tausend Touristen und ein paar hundert Fotoreporter. Newport war an jenem Tag restlos überfüllt. Alle wollten Jackie und John-John begaffen, der — als Page verkleidet — wie der kleine Lord Fauntleroy aussah. Die Braut wurde auf ihrer eigenen Hochzeit völlig in den Hintergrund gedrängt und brach in Tränen aus.«

In diesem Herbst war Jackie auf einer weiteren Hochzeit zu Gast. Pam Turnure heiratete Robert N. Timmins, einen wohlhabenden kanadischen Zinnmagnaten, in der New Yorker St. Ignatius Loyola-Kirche. Jackie gab in ihrem Apartment einen Empfang für das Brautpaar. In den nächsten Jahren besuchte sie die beiden oft in Montreal und brachte auch ihre Kinder zu ihnen, was bewies, wie nahe sie der Exgeliebten ihres verstorbenen Mannes gekommen war.

»Ich kann mir nicht vorstellen, was Jackie zu Kennedys einstiger Geliebten hinzog«, bemerkte Truman Capote. »Es war unmöglich, diese Frau zu verstehen. Anfangs neigte sie dazu, Freundschaften zu übertreiben, mit dem Ergebnis, daß sie sich sehr rasch langweilte oder in ihrem Enthusiasmus enttäuscht wurde. Sie entwickelte oft eine wahre Begeisterung für gewisse Leute, doch das war nur selten von langer Dauer. Nur die Freundschaften, bei denen sie den Ton angab, hatten Bestand. Der Kontakt zu Bunny Mellon blieb bestehen, weil sie sich vor Jackie fürchtete. Nancy Tuckerman kann sich halten, weil sie Jackies ›Strohmann‹ ist, ihre erprobte Sklavin.

Die anderen kommen und gehen. Robin Douglas-Home

wurde fallengelassen, weil er die Kühnheit besaß, einen Artikel über Jackie zu schreiben. Mir gab sie aus zwei Gründen den Laufpaß. Erstens verriet ich der Welt, daß sie sich in ihrem Schlafzimmer fürs Dinner umgezogen und ich währenddessen dabeigesessen und mich mit ihr unterhalten hatte. Zweitens freundete ich mich zu eng mit Lee an. Trotzdem kümmerte ich mich um Jackie, als sie wieder nach New York zog. Endlos lange redete ich mit ihr über ihren Kummer. Am ersten Jahrestag von Kennedys Ermordung schenkte ich ihr eine Porzellanrose. Ich machte sie mit allen meinen Freunden bekannt. Oliver Smith, ehemaliger Kodirektor des American Ballet Theatre und Bühnenbildner, wollte sie kennenlernen, also arrangierte ich einen Lunch in seinem Haus an der Willow Street in Brooklyn Heights. Die beiden wurden sehr schnell Freunde. Er begleitete sie dahin und dorthin, lud sie zu Dinnerpartys ein und besuchte sie. Oft ging sie in sein Haus, um zu zeichnen. Dafür hörte er kein einziges Dankeswort, auch nicht für andere Gefälligkeiten, die er ihr erwies. Sie nutzte die Leute aus, benutzte sie wie Gummibälle. Man sieht ja, was aus dem armen William Manchester geworden ist.«

Der ›arme William Manchester‹ sollte sowohl von Bobby als auch von Jackie Kennedy durch die Mangel gedreht werden. Schon im Zusammenhang mit anderen Kennedy-Büchern hatte sie den Autoren Schwierigkeiten bereitet. Als Maud Shaw *White House Nannie* schrieb, bat Jackie Sol M. Linowitz, den Aufsichtsratsvorsitzenden der Xerox Corporation, um Hilfe und drohte, den Verleger strafrechtlich zu verfolgen. Während Red Fay *The Pleasure of His Company* verfaßte, bestand Jackie auf mehreren Änderungen und Streichungen. Obwohl Fay alle ihre Wünsche erfüllte, schickte sie ihm einen Dreitausend-Dollar-Scheck — sein erstes Honorar, das er für die JFK-Bibliothek spenden wollte — zurück. Auch über Arthur Schlesinger ärgerte sie sich, als *A Thousand Days* als Serie in *Life* erschien, aber als sein Buch Literaturpreise gewann, versöhnte sie sich mit ihm. Die Tatsache bleibt bestehen, daß weder Fay noch Schlesinger autorisierte Bücher schrieben, während Jackie persönlich an Manchester herangetreten war. Deshalb erschienen ihre Einwände gegen die Veröffentlichung von *The Death of a President* um so unvernünftiger.

»Als ich anfing, das Buch über den Mord zu schreiben, steckte ich bereits mitten in der Arbeit an einer Geschichte der Krupps«, berichtete Manchester. »Außerdem unterrichtete ich an einem College. Jackie rief mich an und erklärte, Jim Bishop, den sie nicht ausstehen könne, würde ein Buch über die Ereignisse am 22. November verfassen. Ob ich bereit wäre, den offiziellen Bericht über die Ermordung Kennedys zu schreiben? Ich sagte zu meiner Sekretärin: ›Wie kann ich Jacqueline Kennedy etwas verweigern?‹ Aber nachdem ich fast drei Jahre lang überaus mühsame Recherchen durchgeführt und alle meine übrigen Pflichten hintangestellt hatte, nachdem das Manuskript redigiert und für gut befunden worden war, entschied sie plötzlich, daß es nicht erscheinen dürfe, höchstens in völlig unkenntlicher Form.«

Wie Jackie erklärte, war sie in einem ›Kokon der Trauer‹ eingeschlossen gewesen, und es sei »schwer, aufzuhören, wenn die Schleusen einmal geöffnet sind. Ich redete und redete über all diese privaten Dinge. Dann ging der Mann, und ich glaube, er war tief bewegt, während er das Buch schrieb. Später ... wollte ich viele Passagen herausnehmen, die lediglich ein Ausdruck des Schmerzes ... waren. Und ob sie nun gestrichen worden waren oder nicht, sie kursierten jedenfalls überall in gedruckter Form. Jetzt stört es mich nicht mehr so sehr ... Ich weiß, daß auch viele andere Leute die politischen Dinge streichen wollten, die Präsident Johnson gegenüber unfair waren. Und die Art und Weise, wie das Buch aufgebaut war ... Jetzt, im Rückblick, erscheint es mir falsch, daß es überhaupt entstanden ist ... Bevor wir das Weiße Haus verließen, erklärte Jim Bishop, er wollte ein Buch schreiben ... All diese Leute hatten so etwas vor, und man dachte, um das zu vermeiden und immer größere Sensationen zu verhindern, sollte man eine Person auswählen und alle Betroffenen bitten, nur mit dieser einen Person zu sprechen, dann würde vielleicht etwas

Gutes dabei herauskommen. Nun, es stellte sich heraus, daß es nicht so war.«

Jackie erwähnte allerdings nicht, daß sie bei ihrem Gespräch mit Manchester getrunken hatte, und zwar eine ganze Menge. Nur so konnte sie ihre Erinnerungen verkraften, und dieser Umstand führte zu sehr persönlichen Passagen in Manchesters Buch. Die ›Politischen Dinge‹, auf die Jackie hinwies, hingen mit Manchesters vermeintlich schäbiger Darstellung der Rolle zusammen, die Johnson in jenem November gespielt hatte — was den Beratern Bobby Kennedys gar nicht so ungelegen kam, weil sie fanden, es könne seiner politischen Karriere dienlich sein. Unglaublicherweise war es Pam Turnure, die auf Jackies Wunsch hin das Manuskript bearbeitete. Und Manchester lehnte es ab, sich von Mrs. Kennedys Sekretärin erklären zu lassen, wie man ein Buch schreibt.

Die Situation spitzte sich zu, als die ersten Vorabdrucksrechte an das Magazin *Look* verkauft wurden — für sechshundertfünfundsechzigtausend Dollar, eine Summe, die nicht an die JFK-Bibliothek ging, sondern an Manchester. Als Jackie von der Serie erfuhr, die in *Look* erscheinen sollte, verhielt sie sich völlig irrational. Sie verkündete, sie habe nicht die Absicht, die Veröffentlichung des Buches zu verhindern, das (wie Bobby entschieden hatte) bei Harper & Row als Hardcover herausgebracht werden sollte. Aber sie wehrte sich gegen die Ausbeutung des Werkes durch eine im ganzen Land verbreitete Zeitschrift und werde alles tun, um die Privatsphäre ihrer Kinder sowie ihre eigene zu schützen. Und so sagte sie Manchester den Kampf an und prophezeite, sie würde siegen. »Jeder, der gegen mich vorgeht, wird wie eine Ratte aussehen, es sei denn, ich brenne mit Eddie Fisher durch.«

Die *New York Times* nahm in einem Leitartikel zu den Differenzen Stellung: »Die Geschichte gehört allen, nicht nur den Beteiligten ... Nachdem Mrs. Kennedy ihre ursprüngliche Entscheidung (daß das Buch geschrieben werden sollte) getroffen hat, kann sie sich den Konsequenzen nicht entziehen.«

Richard Goodwin, der in Middletown, Connecticut, William Manchesters Heimatstadt, lebte, wurde von den Kennedys gebeten, in der Kontroverse zu vermitteln. Er betrachtete den Streit zwischen beiden Seiten als »Rechtssache. Die Vereinbarung, die er (Manchester) mit Bobby und Jackie traf, war nicht unüblich. Er brauchte ihre Zustimmung, um gewisse Zitate zu benutzen und schließlich zu veröffentlichen. Jackie fühlte sich verraten. Sie hatte recht, sowohl vom legalen als auch vom ethischen Standpunkt aus. Manchester ist ganz einfach vertragsbrüchig geworden.«

Der Schlüsselsatz in dem von William Manchester am 28. März 1964 unterzeichneten Vertrag lautet: »Der endgültige Text darf nicht veröffentlicht werden, wenn er nicht zuvor gebilligt wurde.« Später argumentierte Manchester, Robert Kennedy habe das Manuskript in einem Telegramm gutgeheißen. Aber dieser behauptete, diese Nachricht sei keine endgültige Zusage gewesen.

Mike Cowles, Aufsichtsratsvorsitzender von *Look*, und William Attwood, Chefredakteur, waren nicht bereit, klein beizugeben. Cowles besuchte Jackie in Hyannis Port, wo er sich bemühte, die Schwierigkeiten aus der Welt zu schaffen und das Erscheinen der Serie in die Wege zu leiten. »Mrs. Kennedy wurde ziemlich ausfallend«, berichtete William Attwood in einem Vortrag an der Columbia University. »Sie nannte Mike einen Hurensohn und Bastard ... Sie wurde ziemlich hysterisch und gewalttätig, verbal gewalttätig, so daß Mike etwas erstaunt zurückkam ... daß die große Dame ... so reden konnte.

Mrs. Kennedy war ... völlig außer Kontrolle geraten und ... ein Ärgernis geworden, jedenfalls für Bobby Kennedy, der ... immer noch an seine politische Zukunft dachte und nicht in diesen schmutzigen kleinen Kampf um die Memoiren hineingezogen werden wollte, ebensowenig in einen Streit mit der Presse, weil ... die anderen Zeitungen und Magazine instinktiv auf unserer Seite waren.«

Jackie fuhr fort, Manchester zu attackieren, und wandte sich sehr bald auch gegen Harper & Row, weil der Verlag

— wie sie in einer Presseerklärung verlauten ließ, »die Regeln des Anstands« verletze, ebenso »die Würde und die Privatsphäre, die meine Kinder und ich so mühsam wahren«, und »einen verfrühten Bericht über die Ereignisse im November 1963« herausbringe, »der teilweise geschmacklos und verzerrt ist«. Um endlich rechtliche Schritte zu unternehmen, beauftragte sie ihren Anwalt, Simon H. Rifkind, eine gerichtliche Verfügung zu erwirken, der zufolge die Veröffentlichung des Buches oder einzelner Abschnitte untersagt werden sollte, und alle Personen zu verklagen, die mit der geplanten Publikation zu tun hatten.

»Warum sie mit mir zusammengearbeitet, das Manuskript gelesen und scheinbar für gut befunden und dann vor der Presse verkündet hat, mein Buch sei geschmacklos und schrecklich, werde ich nie begreifen«, erklärt William Manchester. »Stundenlang sprach ich mit dieser Frau, teilte ihre tiefsten, düstersten Gedanken und schrieb den autorisierten Bericht über den Mord an Präsident Kennedy, aber ich habe nicht die leiseste Ahnung, wie Jackie Kennedy Onassis wirklich ist. Das dürfte eine Frage sein, die ich ins Grab mitnehmen werde.«

Die juristischen Vorgänge verhinderten keineswegs die Verhandlungen hinter den Kulissen. Schließlich erklärten sich *Look*, Harper & Row und der Autor bereit, weitere Änderungen im Manuskript vorzunehmen.

William Attwood schilderte, wie er mit Jackie und ihrem Anwalt die Passage bearbeitete, die ihr am wichtigsten war — die Szene, wo die Schüsse fielen. »Bevor ich hinaufging (in die Redaktion von *Look*), sagte mir Mike Cowles, dessen letzte Begegnung mit ihr (Jackie) so unangenehm gewesen war: ›Was immer sie tut, was immer sie sagt, wie laut sie auch schreit und wie immer sie dich nennen mag, bleib cool.‹

›Keine Angst, Mike‹, erwiderte ich. ›Immerhin war ich vier Jahre als Regierungsbeamter in Afrika. Dort wurde ich von vielen Leuten angeschrien und mußte mit Demonstrationen vor der Botschaft fertig werden. Sie kann mich nicht einschüchtern.‹

Zu meiner Überraschung war sie ruhig und umgänglich, freundlich und kooperativ. Wir gingen den langen Abschnitt durch, gegen den sie protestiert hatte ..., und gegen die meisten Abschnitte erhob sie überhaupt keine Einwände ... Wir unterhielten uns über alte Zeiten und unsere früheren Begegnungen (im Weißen Haus), und sie verabschiedete sich mit einem Lächeln. Aber als sie die Tür erreichte, sah sie die Presseleute, die auf sie warteten, und da schaffte sie es irgendwie, in Tränen auszubrechen. Und so lauteten die Schlagzeilen der Abendzeitungen: ›Jackie verläßt Besprechung in Tränen aufgelöst.‹ Die Sache war ... zu einer PR-Schlacht geworden, und man drängte uns in die Rolle der Schurken, die alles taten, um die arme Witwe in Verlegenheit zu bringen. Das sorgte für böses Blut, denn Jackie hatte eindeutig eine Show abgezogen. Wäre ihr wirklich zum Weinen zumute gewesen, hätte sie ihre Tränen bei mir in der Redaktion vergossen, als sie den Bericht über die Schüsse und das Blut auf ihrem Kleid und die überall im Auto verteilte Gehirnmasse gelesen hatte. Da war sie völlig gefaßt gewesen ... die Tränen ... kamen erst, als sie der Presse gegenüberstand.«

Der Fall Manchester hatte einen seltsamen Ausgang. Zur Bestürzung aller, die den Standpunkt vertraten, die Kennedys seien auf William Manchester herumgetrampelt, setzte sich der Schriftsteller für Bobby ein, während dieser 1968 für die Präsidentschaft kandidierte, und bezeichnete ihn als »echten Menschen ... den am wenigsten verstandenen Mann in der Präsidentschaftsarena«. Jacqueline Kennedy rief Manchester an und schrieb ihm nach RFKs Tod einen Brief. »Als ich in diesem Frühjahr las, Sie würden Robert Kennedy unterstützen, war ich völlig verwirrt — und dann so gerührt, mehr als das ... Sie sollen wissen, daß ich mit Bobby darüber sprach, als ich ihn das letzte Mal lebend sah. Und ihm bedeutete es genauso viel ... Sie gaben ihm, worum er die anderen bat — den Schlußstrich unter die Vergangenheit, den Glauben an das Jetzt — und Sie zeigten so viel Großmut und Opferbereitschaft.«

27

Einmal eine Kennedy, immer eine Kennedy. Alles, was Jackie in der Öffentlichkeit tat oder sagte, wurde von den Familienmitgliedern danach beurteilt, ob es dem politischen Image des Clans nützte oder schadete. Die Manchester-Kontroverse unterstützte dieses Image ebensowenig wie Jackies offenkundiges Luxusleben. Das neue Jahr hatte sie mit einer Reise nach Antigua begonnen. Bunny Mellon erklärte sich bereit, auf dieser kleinen, idyllischen Insel ein Haus für sie zu bauen oder zu kaufen. Aber Bobby Kennedy bestand darauf, daß Jackie dieses Angebot ablehnte. Und mit Teddys Hilfe zwang er sie, in Zukunft auf den Zuschuß zu verzichten, den sie von der Regierung bezog, um ihr Büro an der Park Avenue zu finanzieren.

»Jackie hatte ihre Probleme mit den Kennedys«, bemerkt der französische Journalist Paul Mathias. »JFK hinterließ ein Vermögen von fünfzehn Millionen Dollar, das aber zum Großteil in Form von Treuhandfonds für die Kinder gebunden war. Das Testament war seit 1954 nicht geändert worden und enthielt keine ausreichenden Bestimmungen, was Jackies Versorgung betraf. Das Apartment an der Fifth Avenue kaufte sie mit dem Geld, das sie für das Haus in Georgetown bekommen hatte. Und um dieses zu bezahlen, hatte sie einen Teil vom Erbe ihrer Kinder verwendet. Aus einem Treuhandfonds auf ihren Namen bekam sie jährlich hundertfünfzigtausend Dollar; falls sie wieder heiratete, sollte dieser Fonds an die Kinder übergehen. Außerdem besaß sie die Summe, für die sie das Haus in Atoka verkauft hatte, und das Haus in Hyannis Port, hinter dem seit JFKs Tod ein Wohnwagen stand. Darin wurden die Leibwächter vom Geheimdienst einquartiert, die sie nicht im Haus haben wollte, da sie sie zu aufdringlich fand. Dazu kamen noch die Witwenpension von der Regierung und Kennedys persönliches Eigentum — Bücher, Kunstgegenstände, Möbel. Insgesamt hatte sie pro Jahr zweihunderttausend Dollar zum Leben. Bobby besserte ihr Einkommen mit jährlich fünfzigtausend auf. Aber damit kam sie nicht weit. Sie liebte schöne Dinge und fand nichts dabei, fünfzigtausend Dollar für eine Schnupftabakdose oder einen Blumentopf auszugeben, der einmal Katharina der Großen gehört hatte.

Die Kennedys scherten sich nicht um Schnupftabakdosen oder Fabergé-Ostereier oder Perserteppiche. Alle ihre Häuser waren ziemlich einfach eingerichtet. Sie begeisterten sich nicht für große Kunst oder Möbel oder Porzellan, sie interessierten sich für Macht und Politik. Ihr Geld gaben sie aus, um Wählerstimmen zu kaufen. Sogar Andy Warhol wäre zum Präsidenten gewählt worden, hätte ihm die Summe zur Verfügung gestanden, die Joe Kennedy unter die Leute brachte, um JFK dieses Amt zu verschaffen. Für andere Dinge vergeudeten sie nichts. Sie gaben niemals Trinkgelder. Ihren Angestellten bezahlten sie so wenig wie möglich. Nach Joe Kennedys Schlaganfall holten sie sich ihr Personal — Gärtner, Köchinnen, Hausmädchen — aus Costa Rica und der Dominikanischen Republik, weil das die einzigen waren, die für solche Löhne arbeiteten. Sie trugen nie Geld bei sich und ließen bei ihren Einkäufen alles anschreiben ... Deshalb wurden sie in Hyannis Port zum Gespött. Und Bobby war genauso knauserig wie sein Vater. Wenn Jackie zu ihm ging und sagte: ›Hör mal, gerade habe ich bei A La Vieille Russie eine süße kleine Karaffe aus dem achtzehnten Jahrhundert gesehen, die nur sechzigtausend Dollar kostet‹, lachte er ihr ins Gesicht. Es war sogar schwierig, ihm Geld für die alltäglichen Bedürfnisse zu entlocken. Jackie brauchte ein neues Auto, und um es zu bekommen, mußte sie Bobby praktisch bestechen und ihm versprechen, ihn zu unterstützen, wenn er einmal für die Präsidentschaft kandidieren sollte.

Gerüchten zufolge hatten Jackie und Bobby nach dem Mord an JFK sexuelle Beziehungen. Wie wir aufgrund ihrer Ehe mit JFK wissen, liebte es Jackie, unerreichbaren

Männern nachzujagen. Und Bobby... genoß seine Abenteuer. Aber es würde mich überraschen, wenn ich erfahren sollte, daß Jackie und Bobby jemals eine Affäre hatten. Die Möglichkeit eines Flirts, die Möglichkeit, daß sich irgendwann etwas entwickelt haben könnte, würde ich allerdings nicht ausschließen.«

Mary DeGrace, die in Hyannis Port siebzehn Jahre lang für Ethel Kennedy arbeitete, wußte von den Gerüchten, die Bobby und Jackie betrafen. »Ständig erschienen in der Boulevardpresse Reportagen über die angebliche Romanze zwischen Jackie und Robert Kennedy, und das Personal klatschte über diese Gerüchte. Es war mehr ein Gefühl, das in der Luft lag, als irgend etwas, das man tatsächlich beobachtet hatte. An den Wochenenden versammelte sich die Familie zum Dinner in Bobbys Haus. Einmal kam Jakkie ins Speisezimmer, und Ethel stand wortlos vom Tisch auf und ging hinaus. Zwischen den beiden Frauen gab es dauernd Spannungen. Ob Jackie und Bobby miteinander schliefen, weiß ich nicht, aber irgend etwas ging da vor. Ich glaube, im Sommer 1967 erreichte es den Höhepunkt, in dem Jahr, bevor Bobby getötet wurde. Ethel fühlte sich von Jackie bedroht. Es sah so aus, als würden Bobby und Jackie irgend etwas planen, und während überhaupt nichts passierte, fürchtete Ethel, es könnte etwas geschehen.

Ich hörte eine Geschichte, die ziemlich aufschlußreich klingt. Katherine, ein älteres Hausmädchen, das für Ethel arbeitete, beobachtete eines Tages, wie Teddy Kennedy ins Haus kam. Er ging zu Ethel und beugte sich hinab, um sie zu küssen. Aber sie stieß ihn weg und sagte: ›So was wie zwischen Bobby und Jackie gibt's hier nicht.‹ Offenbar spürte sie sehr genau, was möglicherweise mit Bobby und Jackie geschah — oder was geschehen könnte, wenn die Dinge außer Kontrolle gerieten.«

Mary DeGrace empfand keine besondere Sympathie für Ethel. »An fünf Tagen pro Woche erledigte ich die Wäsche für die Familie, von halb acht Uhr morgens bis fünf Uhr nachmittags, jeden Sommer in all diesen Jahren. Es dauerte vier oder fünf Jahre, bis sie merkten, daß ich einen Namen habe. In dieser ganzen Zeit bekam ich ein minimales Gehalt und nur ein einziges Geschenk — ein Bild von Bobby Kennedy nach seinem Tod. In späteren Jahren, als die Kinder heranwuchsen, fand ich Marihuana in ihren Hosentaschen, vor allem in den Sachen von David, der später eine Überdosis nahm. Ich räumte das Zeug weg und sagte Ena Bescheid, dem langjährigen Kindermädchen der Kennedys. Ena stammte aus Costa Rica und hatte Ethel bei den meisten Geburten ihrer elf Kinder beigestanden. Ethel konnte man nichts sagen. Man konnte nicht einmal Ena was sagen. Hätte ich ihr das Gras gegeben, hätte sie es vor Ethel versteckt.

Eines muß man Ethel lassen, und das galt auch für Jakkie. Wenn die Familie zum Dinner Steaks aß, bekamen auch die Hausangestellten Steaks. Wenn Rose Kennedy ein Steak aß, mußten sich ihre Leute mit Hamburgern begnügen, und wenn sie Hamburger aß, gab's für das Personal Hotdogs. In Roses Haus mußten die Dienstboten immer auf Desserts verzichten. So waren die Kennedys nun mal. Sie zogen eine scharfe Grenze zwischen sich selbst und uns.

Ethel Kennedys ... Haus war ein Schweinestall. Jeden Morgen gingen sie zum Gottesdienst, aber sie räumten niemals ihre Sachen weg. In Jackies Haus schien etwas mehr Ordnung zu herrschen, doch da gab es nicht so viele Kinder. Ich erinnere mich, daß ich einmal im Sommer in ihrem Haus nach dem Rechten sah, ehe irgend jemand ankam. Sie hatte ein Bett mit Baldachin ... Da gab es nichts, was auf übermäßigen Reichtum schließen ließ, abgesehen von ihrem Kleiderschrank ... Der war vollgestopft mit Kleidern. Und da standen etwa dreißig Paar Schuhe. Dort verbrachte sie pro Jahr nur einen Monat, also fand ich diese Garderobe mehr als reichhaltig.

Zu mir war Jackie sehr nett. Die anderen Mädchen mochten sie nicht. Wann immer sie mich sah, lächelte sie und fragte: ›Hallo, wie geht's?‹

Nachdem ich siebzehn Jahre für Ethel gearbeitet hatte, kam es zu einem Streit über die Wäscherechnung. Sie glaubte, ich würde zu viele Sachen in die Wäscherei schikken. Dabei wusch und bügelte ich Hemden, Handtücher, Unterhosen, Kissenbezüge, sogar Jeans. Wer bügelt heutzutage Jeans, noch dazu mit Bügelfalten? Die Waschmaschine lief von der Minute meiner Ankunft im Haus, bis ich abends ging und ein anderes Mädchen meinen Job übernahm. Nur die größeren Sachen — Leinentücher, Bettbezüge und Vorhänge — gaben wir in die Wäscherei. Eines Tages kam Ethel in die Waschküche und sagte: ›Sie müssen was mit dem Kerl von der Wäscherei haben. Die bisherige Wäscherechnung in diesem Jahr beläuft sich auf siebenhundert Dollar, das müssen Sie bezahlen.‹ Ich erwiderte, sie könne mich mal, warf das Bügeleisen auf den Boden und marschierte zur Tür hinaus.

1982 bewarb ich mich bei Jackie um eine Stellung. Das war ein Jahr, nachdem ich bei Ethel Kennedy gekündigt hatte. Ich dachte, Jackie würde den Zwischenfall erwähnen. Doch das tat sie nicht. Sie erkannte mich nicht einmal. In den vergangenen zwei Jahrzehnten hatte sie mich tausendmal gesehen und gegrüßt, aber als ich ihr Haus in Straßenkleidung betrat, war ich Luft für sie. Ich nahm den Job nicht an.«

Im März 1967 flogen Jackie, John-John und Caroline nach Acapulco, wo sie einige Wochen mit Lee Radziwill und deren Kindern verbringen wollten. Dieser Urlaub entwickelte sich zu einem einzigen Desaster. Auf Schritt und Tritt wurden sie von der Presse verfolgt, und schließlich brachte ein Motorboot mit einem halben Dutzend mexikanischer Reporter Jackies Segelboot zum Kentern. Die Medien gerieten völlig aus dem Häuschen, und die überall herumwirbelnden Reporter bereiteten dem Geheimdienst schlimmstes Kopfzerbrechen. Außerdem kam es zu Differenzen zwischen Jackie und Lee. Es ging um Truman Capote, der Lee in den letzten Monaten nähergekommen war als ihrer Schwester. Er hatte an Lee eine Verletzlichkeit und Empfindsamkeit entdeckt, die er, wie er behauptete, bei Jackie niemals finden konnte, und war mit ihr nach Marokko gereist. Dort hatte er Lee dazu ermutigt, eine schauspielerische Karriere zu beginnen.

»Wir waren uns sehr nahe«, berichtete Capote, »und sprachen sogar von Heirat ... Ich nannte sie ›liebste Prinzessin‹, und sie bezeichnete mich als ihren besten Freund ... ›Dieses arme Kind mußte sein ganzes Leben im Schatten seiner älteren Schwester verbringen‹, dachte ich, ›und es mußte zuschauen, wie sie von einem Gipfel zum nächsten kletterte. Warum soll ich sie nicht ein bißchen aufmuntern?‹

Sie erzählte mir, ihr größter Kummer sei, daß sie keine berufliche Ausbildung habe. ›Ich interessiere mich vor allem für Kunst‹, sagte sie, ›aber ich hatte eine Erziehung, die meine Interessen nie in eine bestimmte Richtung lenkte.‹ Also machte ich sie mit Milton Goldman bekannt, einem Theateragenten, der sich um Talente wie Laurence Olivier und John Gielgud kümmerte, und er verschaffte ihr eine Rolle in Chicago. Das mißfiel Madame Königin Kennedy. Die beiden Schwestern waren sehr neidisch aufeinander. Sie wetteiferten sogar miteinander, wenn es um Geschenke ging. Madame Königin gab mir einen lavendelblauen Porzellankrug, der in großen schwarzen Lettern die Aufschrift OPIUM trug. Die liebste Prinzessin schickte mir ein in Gold gefaßtes Schlumberger-Zigarettenetui mit der Widmung: ›Für die Antwort auf mein Gebet‹ (eine Anspielung auf *Answered Prayers*), in Liebe, Lee.‹«

Später sagte Lee, sie hätte es vorgezogen, ihr Debüt in Chicago mit einem Auftritt in einem Stück von Tschechow zu beginnen oder gemeinsam mit Maureen Stapleton in einem Dinnertheater in Phoenix aufzutreten. Aber ihre erste Rolle war die Tracy Lord, die reiche, egozentrische Heldin aus Philip Barrys banaler Komödie *The Philadelphia Story*, mit der das Ivanhoe Theater in Chicago die Sommersaison 1967 eröffnete. Wie Gerald Clarke, Truman Capotes Biograph, verrät, wurde Kenneth aus New York eingeflogen, um Lee zu frisieren, und George Masters, ein Visagist aus Hollywood, kam eigens, um sie zu schminken. Und Stas Radziwill und Capote waren zum Händchenhalten da. Laut Clarke beschwerte sich Masters über die Farbe von Lees Saint Laurent-Kleid. »Kräftiges Pink, Purpur und

Chartreuse — das sei alles völlig falsch. Er sagte, jede einzelne dieser Farben sehe aus wie Hundefutter. — Die bessere Gesellschaft würde nicht einmal im Traum daran denken, so etwas anzuziehen.«

»Lee legt ein goldenes Ei«, äußerte sich ein Kritiker über die Aufführung. »Pathetisch, weinerlich und traurig«, klagte ein anderer. Selbst Capote stöhnte, als er sah, wie sich seine Entdeckung auf der Bühne lächerlich machte. »Ich traute meinen Augen nicht«, erzählte er lange nach dem endgültigen Bruch. »Ich dachte, da kann irgendwas nicht stimmen. Sie verdient eine zweite Chance.«

Der inzwischen verstorbene Produzent David Susskind, Produzent und Gastgeber in TV-Talkshows, erinnerte sich, wie er Truman bei einer Party in New York in die Arme lief. »Er schwärmte von Lee Radziwill und beteuerte, was für eine großartige Schauspielerin sie sein könnte, wenn man ihr die richtige Rolle geben würde. Und dann begann er mich zu bearbeiten, rief jede Stunde an und tauchte in meinem Büro auf. Ständig schleppte er eine Aktenmappe mit Bildern von Lee als Tracy Lord mit sich herum. Die Kritiken waren gräßlich, aber Truman blieb bei seiner Behauptung, sie habe Talent. Außerdem meinte er, ich solle an die Publicity denken, die sie in *The Philadelphia Story* erhalten habe. ›Das Fernsehen ist ihr Medium‹, sagte er. Also gingen wir zu ABC und verkauften den Leuten die Idee, Lee in Trumans Bearbeitung von John van Drutens Komödie *The Voice of the Turtle* auftreten zu lassen. Sie erklärten sich bereit, ihr fünfzigtausend Dollar für die Hauptrolle zu zahlen.

Nach ... ein paar Wochen rief ich Truman an und fragte: ›Was würdest du zu einer ernsten Rolle für Lee sagen? Ich möchte ein Remake vom Otto-Preminger-Film *Laura* aus dem Jahr 1944 drehen. Lee soll Gene Tierneys Rolle übernehmen, George Sanders tritt in Clifton Webbs Fußstapfen.‹ Truman sprach mit Lee, und sie hatte nichts dagegen, vorausgesetzt, die Dreharbeiten fanden in London statt, damit sie in der Nähe ihres Zuhauses bleiben konnte. ›Gut‹, sagte ich, ›das arrangiere ich‹. Außer George Sanders verpflichteten wir Robert Stack, Arlene Francis und Farley Granger. John Rich sollte Regie führen.

Im Herbst 1967 machten wir in London die ersten Probeaufnahmen, und sobald unsere Hauptdarstellerin ihren Text zu lesen begann, merkte ich, daß ich einen kolossalen Fehler gemacht hatte. Um es kurz und bündig zu sagen – Lee Radziwill, oder Bouvier, wie ihr Künstlername lautete, eignete sich nicht zur Schauspielerin. Sie brachte keine einzige Zeile über die Rampe und konnte sich nicht bewegen. Kein noch so intensiver Schauspielunterricht könnte ihr Talent zum Vorschein bringen, weil sie keines besitzt.

Ich rief Truman in New York an und stellte ihn zur Rede. Er versprach, das in Ordnung zu bringen, und anscheinend versuchte er Lee einzureden, sie wäre Laura und müsse nur so tun, als gäbe sie eine Cocktailparty. ›Sei einfach nur charmant, wie bei einem Dinner, wenn du fünfzig Gäste hast.‹ Es klappte nicht. Sie agierte nur noch mechanischer. Und das Erstaunliche war, daß sie ihre Unsicherheit niemals zugab. So schrecklich sie auch spielen mochte, sie fand, daß sie ihre Sache sehr gut machte … Als der Beginn unserer Dreharbeiten immer näherrückte, geriet ich in Panik. Ich versuchte, Truman noch einmal anzurufen, erfuhr aber, daß er auf die Bahamas gereist war, ohne eine Adresse oder Telefonnummer zu hinterlassen.

Was mich am meisten ärgerte, war Lees Verhalten. Ständig kam sie zu spät zur Probe, weil sie daheim bis in die Nacht hinein gefeiert hatte. In der letzten Probenwoche beherrschte sie ihren Text noch immer nicht, kannte ihre Stichwörter nicht und wußte nicht, wo sie die Szene betreten oder verlassen mußte. Ein leitender Angestellter von ABC, der zwei Probentage wacker durchhielt, sagte zu mir: ›Sie muß verschwinden‹, und ich stimmte zu.

Aber wie feuert man die Schwägerin des ehemaligen Präsidenten der Vereinigten Staaten und die Schwester der wahrscheinlich einflußreichsten Frau der Welt? Antwort: Man tut es nicht, man veranlaßt sie, aus eigenem Antrieb aufzuhören.

Ich schmiedete einen Plan und wies John Rich an, Lees

schauspielerische Leistung so gnadenlos und so oft zu attackieren, daß sie ausstieg. Gegen diesen Plan ... wehrten sich die anderen Ensemblemitglieder, die darauf bestanden, daß Lee nicht gedemütigt werde, gleichgültig, wie schlecht sie auch spielen mochte. Und so beschlossen wir, die letzte Probenwoche zu nutzen und unseren unglückseligen Star in einen Schauspielschnellkurs zu schicken.

Das verhängnisvolle Projekt nahm seinen Lauf. Manche Szene mußten wir dreißigmal drehen, und die einzige Möglichkeit, überhaupt zu einem akzeptablen Ergebnis zu kommen, bestand darin, die Kamera überallhin zu richten, nur nicht auf Lee. Im Dezember 1970 wurde der Film in den Staaten gesendet, im Januar in England. In beiden Ländern bekam er katastrophale Kritiken. Er beendete Lees Show-Karriere — und meine beinahe auch.«

28

Während Lee auf der Bühne agierte und mit Truman Capote durch die Lande zog, wurde Jackie zu zahlreichen Reisen und unterschiedlichsten Festen und gesellschaftlichen Veranstaltungen eingeladen, denen sie allein schon durch ihre Anwesenheit Glanz verlieh.

»Jackie Kennedy war die große Verführerin ihrer Zeit«, meinte Paul Mathias. »Sie erfand die Kunst der Verlockung und perfektionierte sie. Sie war Miss Narziß, die ständig in alle Spiegel blickte, um zu sehen, ob sie irgendwelche Sorgenfalten und vorzeitig ergraute Haare entdecken konnte. Daß sie älter wurde, war nicht ihr Problem — sie wollte nicht alt aussehen. Achtzehn Monate nach JFKs Ermordung ließ sie zwei Dutzend der brillantesten und wichtigsten Männer der Welt wie Marionetten nach ihrer Pfeife tanzen. Die meisten von ihnen waren verheiratet, sehr alt oder sehr merkwürdig.«

In den Jahren nach dem Tod des Präsidenten wurde Jakkie in der Tat von zahlreichen namhaften Männern umworben. Sogar Adlai Stevenson zeigte in seiner bescheidenen Art ein mehr als flüchtiges Interesse. 1964, als Jackie noch in Georgetown lebte, schrieb er ihr: »Bitte, seien Sie barmherzig, tun Sie einem alten Mann einen Gefallen, und geben Sie mir Bescheid, wenn Sie in New York sind.« Und nach ihrem Umzug begrüßte er sie in einem weiteren Brief mit den Worten: »Willkommen in New York! Ich hoffe, Sie finden hier ein wenig Ruhe, mir ist das nicht gelungen! Und ich werde Sie nicht in Ruhe lassen — bis Sie einen Abend für mich reservieren — allein, in einer kleinen, einer mittelgroßen oder großen Schar — was immer und mit wem immer Sie wünschen.«

Je öfter er sie sah, desto stärker faszinierte sie ihn. Er begann sie zu Reisen einzuladen. Zum Beispiel nach Washington: »Möchten Sie am Sonntag mit mir einen kleinen Abstecher nach Washington machen? Nachmittags würden wir mit einer Sondermaschine hinfliegen und abends ... wieder zurück.« Oder nach Spanien: »Wollen Sie das Kronjuwel eines ... wunderbaren Festes sein?«

Jackie hielt Stevenson mit spielerischen, mehrdeutigen Briefen auf Distanz, ließ sich auf nichts ein, wies ihn aber auch nicht kategorisch ab. Mit dem Dichter Robert Lowell hatte sie es dagegen etwas schwerer. Sie kannte ihn, seit sie sich 1962 im Weißen Haus bei einer Dinnerparty für André Malraux getroffen hatten. 1965 und 1966, nachdem ein gemeinsamer Freund, Blair Clark, eine Begegnung herbeigeführt hatte, sahen sie sich gelegentlich, und Jackie erklärte in einem Brief, sie freue sich, »einen Freund auf der anderen Seite des Central Parks« zu haben. Diese Worte verwendete er als Titel eines Gedichts. Ihre Freundschaft wurde zum Gesprächsstoff aller Klatschmäuler, als am 1. Dezember 1965 ein Foto des Paares auf der Titelseite von *Women's Wear Daily* erschien. Nur wenige Tage später erzählte Lowell seinen Freunden, er wolle sich von seiner Frau, der Literaturkritikerin Elizabeth Hardwick, scheiden lassen und Jackie Kennedy heiraten.

»Eine Zeitlang war Lowell ganz besessen von Jackie«, erinnerte sich Blair Clark. »Ich glaube, sie merkte nicht, daß er manisch-depressiv war, Lithium nahm und zwischendurch immer wieder im Krankenhaus lag. Als mir das Ausmaß seiner Besessenheit auffiel, sagte ich ihr, daß er meiner Meinung nach bald wieder einen seiner manischen Anfälle bekommen würde. Ich erklärte ihr, seine Besessenheit von Frauen würde oft zu solchen Auswüchsen führen, und bat sie, vorsichtig zu sein ... Ich stand ihm sehr nahe und wurde immer geholt, wenn er einen Anfall hatte. Deshalb erkannte ich die Vorzeichen. Er interessierte sich wirklich sehr für sie ... und sie sich für ihn, aber nur als ... jemand, mit dem sie sich hin und wieder unterhalten konnte.«

Lowell erlitt tatsächlich wieder einen manisch-depressiven Anfall und landete zu Weihnachten 1965 im McLean

Hospital in Boston. Jackie schrieb ihm, dankte ihm für das Buch über Alexander den Großen, das er ihr geschickt hatte, und berichtete, sie habe auf seinen Vorschlag hin Juvenal und Cato gelesen. Da es ihr widerstrebte, seine Krankheit zu erwähnen, bemerkte sie nur, es sei klug von ihm gewesen, über die Feiertage zu ›verreisen‹ — als würde er Urlaub machen, statt in einer psychiatrischen Klinik zu liegen.

Nach seiner Entlassung sahen sie sich wieder, und er empfahl ihr auch weiterhin bestimmte Bücher. Jackie stellte ›Cal‹, wie er von allen genannt wurde, Bobby Kennedy vor. Nach Blair Clarks Meinung war sie »gebildeter und kultivierter als die Kennedys, und ich nehme an, sie wollte Bobby erziehen, indem sie ihn mit einem Mann wie Lowell zusammenbrachte, so wie sie auch John erzogen hatte. Vielleicht versuchte sie, seine rauhen Kanten abzuschleifen, ehe er für die Präsidentschaft kandidierte. Lowell und Bobby führten in jener Zeit mehrere lange Gespräche, weniger über Politik als über Literatur.«

Auch Lord Harlech, dessen Frau gerade gestorben war, wurde immer wieder als möglicher zukünftiger Ehemann Jackies erwähnt. Sie hatte ihn auf einer Reise nach Irland getroffen, und er besuchte sie, als er in die Vereinigten Staaten kam. Harlechs entschiedenes Dementi (»Wir sind nur gute Freunde.«) traf unglücklicherweise mit der Ankündigung zusammen, Jackie werde eine Privatreise in den Fernen Osten unternehmen, und zwar in Begleitung von Lord Harlech.

Nur wenige Journalisten schienen die wahre Bedeutung der Reise zu erkennen. Was die meisten Medien für das erotische Vergnügen eines Liebespaares hielten, war in Wirklichkeit eine sorgfältig organisierte, halb politische Mission, die vom amerikanischen Außenministerium diskret unterstützt und nach außen hin als private Unternehmung getarnt wurde. In Washington glaubte man, Jackie könne dazu beitragen, die wachsenden antiamerikanischen Tendenzen in Kambodscha, eine Folge des Vietnamkrieges, zu dämpfen und möglicherweise Prinz Sihanouk für sich gewinnen. Kambodscha hatte alle offiziellen Beziehungen zu den USA abgebrochen, und Verteidigungsminister McNamara war auf die Idee gekommen, Jackie hinzuschikken. Averell Harriman hatte die Einzelheiten des Besuchs ausgearbeitet, dem eine Reise nach Thailand folgen sollte. Vor ihrer Zustimmung hatte Jackie mit Bobby Kennedy gesprochen, und er war der Meinung gewesen, ein Versuch würde sich lohnen.

Jackie hatte beschlossen, zur Unterstützung Lord Harlech, einen geschickten und erfahrenen britischen Diplomaten, und den mit ihnen beiden befreundeten Michael V. Forrestal, einen Südostasien-Experten, mitzunehmen. Beide willigten ein, sie auf ihrer Reise im November 1967 zu begleiten.

Schon vor der Landung auf dem Flughafen von Phnom Penh wurden Jackies Berater mit dem ersten Problem konfrontiert. Lord Harlech hatte vorab eine Kopie der Begrüßungsrede bekommen, die Prinz Sihanouk halten wollte. Die Rede enthielt die problematische Behauptung, daß es keinen Krieg in Vietnam geben würde, wenn Präsident Kennedy am Leben geblieben wäre. Eine solche Bemerkung in einer Willkommensrede für Mrs. Kennedy mußte als Angriff gegen Johnson gewertet werden. Lord Harlech empfahl Jackie deshalb, Sihanouk zu bitten, diesen Abschnitt aus seiner Rede zu streichen. Sie rief ihn vom Flugzeug aus an, und der Prinz erfüllte ihren Wunsch. Sie revanchierte sich bei ihm, indem sie ihrer Ansprache einen Satz hinzufügte: »Präsident Kennedy hätte Kambodscha sehr gern besucht.«

Als Höhepunkt ihrer Reise betrachtete Jackie die Besichtigung der Tempel von Angkor Wat, faszinierender Relikte aus der großen Vergangenheit Asiens. Drei Tage lang lief sie mit Lord Harlech zwischen den historischen Ruinen umher, machte Fotos und sammelte Souvenirs. Diplomatisch ignorierte sie Sihanouks gelegentliche antiamerikanische Äußerungen. Sie aß in seiner Villa zu Mittag und fütterte die königlichen Elefanten. Dann flog eine amerikanische Air Force C-45 die Reisegruppe — ohne Harlech, der nach England zurückkehrte — ins freundlicher gesonnene Thailand, wo sie von König Bhumibol und der schönen und eleganten Königin Sirikit empfangen wurde, die man häufig die ›Jackie des Ostens‹ nannte.

Jackie und ihre Freunde wurden im königlichen Palast von Bangkok untergebracht und mit einem großen Empfang geehrt, bei dem das königliche Ballett auftrat. Der Tempel des Smaragdbuddhas war hell erleuchtet. Jackie war begeistert. Im nachhinein fand sie, die Reise habe sich allein Thailands und Angkors wegen gelohnt.

Ihre wichtigsten Beziehungen zu Männern hatte Jackie in jener Zeit zu dem damals noch verheirateten Roswell Gilpatric und zu dem ebenfalls verheirateten André Meyer. Die Gilpatric-Affäre war so heruntergespielt worden, daß nicht einmal ihre engsten Freunde Verdacht schöpften — bis das Paar im März 1968 gemeinsam verreiste, um die Maya-Ruinen in Mexiko zu besichtigen.

Gilpatric, 1906 in New York geboren, hatte sein Jurastudium in Yale abgeschlossen und war während Kennedys Amtszeit Vizeverteidigungsminister gewesen. »Ich kannte John Kennedy bereits, als ich Kongreßabgeordneter war«, berichtete er. »Und Jackie lernte ich kennen, als sie First Lady wurde ... Sie besuchte mich in meinem Haus an der Ostküste von Maryland ... Damals waren wir nur Freunde. Nach dem Mord an JFK vertiefte sich die Beziehung allmählich.

Seltsamerweise war es die Reise nach Yucatan, auf der ich merkte, daß nichts aus uns beiden werden würde ... Jackie erwähnte Onassis mehrmals und informierte mich über ihre Absichten. Ich fand ihre Äußerungen sehr direkt. Sie hatte es zwar noch nicht ausdrücklich beschlossen (Onassis zu umgarnen), schien es aber vorzuhaben.«

Angus Ash schrieb für *Women's Wear Daily* eine Reportage über die Mexiko-Reise. Er entsann sich, daß »Jackie und Gilpatric oft in aller Öffentlichkeit schmusten und Händchen hielten. Das alles fand vor den Augen der Presse statt ... Einmal sprang Jackie vollständig bekleidet in einen Fluß. John Walsh, ihr Leibwächter, mußte sie herausholen. Ein andermal stieg sie auf eine Maya-Pyramide und posierte wie die englische Königin bei der Eröffnung von Ascot.

Die mexikanischen Journalisten störten Jackie nicht, weil sie enthusiastische Artikel über sie schrieben. Aber sie grollte den amerikanischen Zeitungen, von denen sie sich beleidigt fühlte. Da ich auf dieser Reise der einzige amerikanische Reporter war, konzentrierte sich ihr Zorn auf mich. Über *Women's Wear Daily* ärgerte sie sich ohnehin, weil wir verrieten, wieviel ihre Kleider kosteten, und ihre gesellschaftlichen Aktivitäten detailliert schilderten.

Gilpatric redete mit mir und war zumindest höflich, aber Jackie ... tat ihr bestes, um mich aus ihrem Kreis zu verbannen. ... Ich erinnere mich, daß ich darüber berichtete, daß John Walsh, der fast zwei Meter groß war, auf einem kleinen Esel reiten mußte, während alle anderen auf Pferde ritten. ... Am nächsten Tag nahm mich einer der Agenten beiseite und erklärte mir, falls ich nicht aufpasse, könne ich in einem mexikanischen Gefängnis landen. Und als wir einmal ins Presseflugzeug stiegen, ließ Jackie durch einen ihrer Gefolgsmänner verlauten, nur Fotografen — keine Reporter — dürften an Bord gehen. Zum Glück hatte ich Freunde unter den mexikanischen Fotografen, und zwei davon machten sehr präzise Notizen für mich. Als ich dann meinen abschließenden Bericht telefonisch durchgeben wollte, war die Leitung mysteriöserweise tot. Es dauerte achtundvierzig Stunden, bis ich durchkam.

Aber damit war die Sache noch nicht zu Ende. Irgendwie bekam Rose Kennedy einen Vorabdruck von einem Teil meiner Reportage in die Finger. Es handelte sich um jenen Abschnitt mit dem heftigen Flirt zwischen Jackie und Gilpatric. Rose rief John Fairchild an, den Chefredakteur von *WWD*, und drängte ihn, auf die Veröffentlichung des Berichts zu verzichten. Sie könne den Kindern schaden — ein seltsames Argument, da Jackies Kinder viel zu jung waren, um die Zeitschrift zu lesen. Zu Johns immerwährendem Ruhm erschien die Reportage ungekürzt.«

Zum Zeitpunkt der Mexiko-Reise war Roswell Gilpatric

Jackie mit ihren Kindern bei ihrer Ankunft auf Skorpios, zwei Tage vor ihrer Heirat mit Aristoteles Onassis. *(Ullstein Bilderdienst)*

Mit ihrer Heirat 1968 beendete Jackie ihr mystifiziertes Dasein als Parade-Witwe der mächtigsten Nation der Welt. Daß ihr neuer Ehemann ausgerechnet Onassis war, wurde von der Weltöffentlichkeit als Provokation empfunden. Als ›Entschädigung‹ zahlte Onassis Jackie 3 Millionen Dollar. *(AP/Wide World)*

Oben: Jackies Schwester Lee Radziwill 1969 mit Truman Capote im Theater. Capotes Versuche, aus Lee eine Schauspielerin zu machen, endeten ebenso katastrophal wie ihre gemeinsame Beziehung. *(Ron Galella)*

Links: Onassis mit Maria Callas an Bord seiner Jacht ›Christina‹. *(Ullstein Bilderdienst)* — *Rechts:* Jackie und Onassis 1970 bei einem Spaziergang. *(Ron Galella)*

Onassis mit seinem Sohn Alexander, der bald darauf bei einem Flugzeugunglück ums Leben kommen sollte. *(Camera Press/dpa)*

Onassis mit seiner Tochter Christina, auch sie ein Kind aus erster Ehe. Ihren frühen Tod mußte Onassis nicht mehr erleben. *(Ron Galella)*

Jackie bei ihrer Lieblingsbeschäftigung: beim Einkaufen. *(Ron Galella)*

Jackie 1970 im Urlaub. *(Ullstein Bilderdienst)*

Um der Neugier der Fotografen zu entkommen, maskierte sich Jackie oft mit Kopftuch und großer Sonnenbrille. Doch Ron Galella wich nicht von ihren Spuren. Jackie mit ihren Kindern Caroline und John am Broadway von New York. *(Ron Galella)*

Die Schwestern Lee und Jackie beim Einkaufen auf Capri. *(Ron Galella)*

Obwohl Jackie die Millionen ihres Mannes großzügig verschleuderte, hatte sie angeblich kein Geld, um ihrer verarmten Cousine Edie Beale und deren Mutter Edith Bouvier Beale zu helfen. Es war Onassis, der einsprang. Hier Edie vor einem Plakat über ihr Leben in Grey Gardens. *(AP/Wide World)*

Onassis mit seiner ersten Frau, der Reedertochter Tina Livanos. *(Ullstein Bilderdienst/Camera Press)*

Jackie mit ihrem Finanzberater André Meyer, der zunächst gegen ihre Heirat mit Onassis war. *(Ron Galella)*

Während ihrer Ehe mit Onassis kaufte Jackie alles — Schmuck, Designer-Mode, Möbel, Kunstschätze. Dabei ließ sie sich unter fachkundiger Anleitung in den Museen und Galerien der Welt inspirieren. Hier 1970 vor der Statue ›Der Wagenlenker‹ im Museum von Delphi. *(AP/Ullstein Bilderdienst)*

Links: Tina Onassis 1959 mit ihrer Schwester Eugenie Niarchos, die unter mysteriösen Umständen ums Leben kam. Niarchos wurde von dem gegen ihn aufgekommenen Mordverdacht freigesprochen. *(Ullstein Bilderdienst)* – *Rechts:* Nach ihrer gescheiterten Ehe mit Onassis heiratete Tina dessen Erzrivalen, den Reeder Niarchos, ihren ehemaligen Schwager. *(Keystone Pressedienst)*

noch verheiratet, stand allerdings vor der Scheidung. Seine Frau Madelin wußte von der Affäre. »Mit mir hatte das nichts zu tun«, erklärte sie, »da unsere Ehe praktisch beendet war.«

Während Jackies Beziehung zu Gilpatric eindeutig war, gestaltete sich ihre Freundschaft mit André Meyer viel komplizierter, nicht zuletzt, weil er als ihr Finanzberater fungierte. »Jackie wollte ihr Geld von einer Person außerhalb des Familienkreises verwalten lassen«, erzählte Truman Capote. »Sie vertraute Meyer ... Er kümmerte sich nicht nur um ihr Geld, er beriet sie auch bei der Erziehung ihrer Kinder, bei ihren Reisen und ihren Immobilien. Dafür hatte er ein Mädchen, das ihn zwar nicht liebte, aber ihn wenigstens ... glücklich machen wollte.«

Roswell Gilpatric erinnert sich, André häufig in Jackies Apartment gesehen zu haben. »Sie wußte seine Ratschläge zu schätzen — in geschäftlichen und persönlichen Dingen. Und sie besuchte ihn oft. Er lebte mit Bella, seiner Frau, im Carlyle.«

André wollte sich zwar nicht scheiden lassen, war aber hingerissen von Jackie. Seinem Biographen Cary Reich zufolge hatten viele Freunde und Verwandte des Financiers den Eindruck, daß Jackie nur mit ihm spielte. Was alle in seinem Umfeld zur Verzweiflung brachte, war, wie Reich schreibt, Jackies Verhalten, »besonders dieser atemlose Kleinmädchen-Stil, in dem sie Meyer anflehte: ›André, was soll ich tun? Ich weiß nicht, was ich tun soll.‹« Marianne Gerschel, Meyers Enkelin, wird folgendermaßen zitiert: »Wenn diese Kleinmädchenstimme vom anderen Ende eines Zimmers herüberdrang, konnte sie einen völlig wahnsinnig machen. Ich glaube, ich war damals vierzehn, und ich erinnere mich, daß ich dachte: ›Mein Gott, wie kann er für so einen Blödsinn schwärmen?‹ Aber mein Großvater merkte das einfach nicht.«

Eine weitere Zeugin ist Madeleine Malraux, André Malraux' Exgemahlin und ein Mitglied des ›Carlyle-Gefolges‹, wie sich Reich ausdrückt, einer Frauengruppe, die sich aus Freundinnen und Liebhaberinnen des Financiers zusammensetzte. Madeleine bezeichnete Jackie in Reichs Biographie als »sehr intelligent, aber auch sehr oberflächlich«. Und André Malraux habe diese Meinung geteilt. »Auf der Suche nach einem Wort, das Jackie beschreiben könnte, verfiel Malraux auf den Begriff *allumeuse*. ›Jemand, der einem Hoffnungen macht, jemand, *qui craque l'allumette* — der ein Streichholz anzündet, wissen Sie? Jacqueline Kennedy ... ist sehr kokett.«

Jackies angeborener Hang zum Flirten, dem sie oft vor den Augen von Meyers Frau und seiner Familie frönte, mußte feindselige Gefühle wecken. Helene Gaillet, Fotografin und langjährige Lebensgefährtin von Felix Rohatyn, Meyers Partner, berichtet über die Beziehung zwischen Jackie und André Meyer: »Damals war ich Jackies Freundin ... Ich traf mich oft mit Felix Rohatyn, den André wie einen Adoptivsohn liebte. Sie waren nicht nur die engsten Freunde, sondern auch Geschäftspartner. Jackie war mit André zusammen. Felix und ich aßen praktisch jeden Sonntag mit ihnen im Carlyle zu Mittag oder zu Abend. Die Mahlzeiten wurden stets in Andrés Apartment eingenommen, und da machte ich mir ein klares Bild über die Beziehung zwischen den beiden. Ich kann guten Gewissens behaupten, daß Andrés Enkel Jackie nicht mochten. Der einzige, der ihr Sympathien entgegenbrachte, war sein Sohn Philippe, der in Frankreich lebte ... Was Frauen wie Madeleine Malraux betrifft, so muß man ihre Äußerung im Zusammenhang mit der Situation verstehen. Die meisten Frauen, die in André Meyers Apartment kamen, wollten seine ungeteilte Aufmerksamkeit auf sich ziehen. Er war berühmt und mächtig, und das ist einer der Gründe, warum sie alle da waren. Sie wetteiferten miteinander ... Wenn Jackie erschien, waren die anderen Frauen neidisch — aus einem offensichtlichen Grund: André schenkte ihr seine ganze Aufmerksamkeit und beachtete die anderen nicht. ... Außerdem stellte sie als ungebundene Frau eine enorme Bedrohung für alle Ehegattinnen in ihrem Gesellschaftskreis dar. Mit ihrer Persönlichkeit, ihrem Ruhm und ihrer Schönheit brauchte sie nur ein Zimmer voller Ehepaare zu betreten, und alle Gespräche verstummten ... Sie schüchterte die Männer ein. Man muß ein ganz bestimmter Typ sein, um sich auf eine Romanze mit einer Berühmtheit wie Jackie einzulassen. Die Männer schüchterte sie ein, und in den Frauen weckte sie Eifersucht.«

29

1962, als Jackie noch die First Lady war, hatte sie in New York einen Arzt namens Henry Lax aufgesucht, einen aus Ungarn stammenden Internisten, zu dessen Patienten und Freunden Doris Duke, der Herzog von Windsor, Adlai Stevenson, Merle Oberon, Igor Strawinsky, Zsa Zsa Gabor und Greta Garbo zählten. Nach dem Umzug in ihr Apartment an der Fifth Avenue konsultierte Jackie ihn regelmäßig und ließ sich nicht nur in medizinischen, sondern auch in persönlichen Dingen von ihm beraten, ähnlich wie von Meyer.

Zu ihrer Überraschung erfuhr sie, daß er auch Aristoteles Onassis behandelte. »Der Grieche«, wie Bobby Kennedy ihn nannte, erschien bei Dr. Lax, wann immer er nach New York kam. Jackies Verbindung zu Ari hatte sich in den letzten Monaten gefestigt. Sie hatte ihn nicht nur auf Skorpios, sondern auch in seinem Apartment in Paris an der Avenue Foch besucht. In New York gingen sie zusammen mit Rudolf Nurejew, Margot Fonteyn und mit Onassis' Tochter Christina ins ›21‹, ins El Morocco oder ins Dionysius und Mykonos, zwei einfache, aber authentische griechische Restaurants. Mehrmals wurden sie von Ron Galella verfolgt, einem amerikanischen Fotografen, um dessen Schnappschüsse von Jackie sich die Medien rissen. Aber den Fotos von Jackie und Onassis wurde kaum Beachtung geschenkt. Die Möglichkeit einer engeren Beziehung zwischen den beiden schien zu bizarr, um ernstgenommen zu werden.

Im März 1968 — wenige Tage, nachdem Robert Kennedy seine Kandidatur für die Präsidentschaft bekanntgegeben hatte — wurde Onassis bei einer Cocktailparty im Hotel George V. in Paris interviewt. Nach seiner Meinung über Jacqueline Kennedy befragt, antwortete er: »Sie ist eine völlig mißverstandene Frau. Vielleicht mißversteht sie sich sogar selbst. Sie wird als Vorbild für Schicklichkeit und Standhaftigkeit und so viele andere langweilige amerikanische weibliche Tugenden auf ein Podest gestellt. Jetzt ist überhaupt nichts Mysteriöses mehr an ihr. Sie braucht einen kleinen Skandal, um wieder zum Leben zu erwachen, eine Indiskretion. Irgend etwas müßte mit ihr geschehen, damit wir wieder Mitleid mit ihr empfinden. Die Welt liebt es, gefallene Größen zu bemitleiden.«

Bobby Kennedy fand diese Äußerungen ärgerlich. Als er seine Schwägerin zur Rede stellte, erfuhr er, sie habe mit Onassis über die Möglichkeit einer Heirat gesprochen, aber sie seien zu keinem Entschluß gelangt. »Die Schwäche für ihn muß in der Familie liegen«, meinte Bobby. »Erst deine Schwester, jetzt du.«

Ein paar Tage später bekam sie Besuch von Ethel und Joan Kennedy. Die beiden standen im Wohnzimmer auf dem riesigen Orientteppich und flehten Jackie an, Onassis nicht zu heiraten. Die negative Publicity, die damit verbunden wäre, würde dem Familiennamen einen irreparablen Schaden zufügen und Bobbys Chancen für die Präsidentschaft erheblich verringern.

Der nächste Besucher war Bobby selbst. Er bat Jackie, zumindest bis nach der Wahl zu warten. »Sicher ist Onassis der liebste Kerl auf Erden«, meinte er. »Aber die Leute könnten es mißverstehen, und eine zweite Chance kriege ich nicht.«

Jackie fügte sich den Wünschen der Kennedys, zumindest vorerst. Nach der Wahl wollte sie ihre Entscheidung treffen, und Bobby hoffte, daß sie Onassis einen Korb gab.

Im April 1968 nahm Jackie am Begräbnis des ermordeten Martin Luther King in Atlanta teil. Mehrere Wochen später besuchte sie in New York eine Dinnerparty, auf der sie Arthur Schlesinger traf. Sie zog ihn beiseite und sagte: »Wissen Sie, was ich glaube? Mit Bobby wird dasselbe passieren wie mit John. Es gibt so viel Haß in diesem Land, und Bobby hassen noch mehr Leute als John.«

Zu Ostern flog sie mit ihren Kindern und Onassis nach

Palm Beach. Der Fotograf Bob Davidoff hatte einen Tip bekommen und fuhr zum Flughafen. »Ich parkte direkt auf dem Rollfeld und wartete auf sie. Die Maschine landete, und Jackie stieg mit den Kindern aus. Sie erlaubte mir, ein paar Aufnahmen zu machen, ehe sie in einer Limousine, die bereitgestanden hatte, davonfuhren. Von Onassis keine Spur. Ich wußte, daß er noch im Jet saß ... und auf mein Verschwinden wartete, damit er von Bord gehen und Jackie folgen konnte. Ich hatte meinen Sohn Ken mitgenommen, und wir richteten uns darauf ein, die ganze Nacht auszuharren. Schließlich kam eine Stewardeß aus der Maschine und ging auf mich zu. ›Ich hoffe, Sie haben ein paar nette Fotos von Mrs. Kennedy geknipst‹, sagte sie. ›Wir machen jetzt nur noch im Flugzeug sauber.‹

Ich lächelte und erklärte, ich würde sehr gern auch noch Mr. Onassis fotografieren. ›Er ist nicht an Bord‹, erwiderte sie. ›Nun, ich werde jedenfalls noch eine Weile hier herumhängen und warten‹, kündigte ich an. Sie wiederholte, Onassis sei nicht an Bord, und ich zuckte die Achseln. ›Schon gut, im Augenblick habe ich nichts anderes zu tun.‹ ... Da kehrte sie in die Maschine zurück und kam rasch wieder heraus. Sie behauptete, ein guter Freund von Mr. Onassis sei an Bord, aber nicht er selbst.

Ein paar Minuten verstrichen, schließlich erschien Aristoteles Onassis. Ich ging zu ihm, und mein Sohn fotografierte ihn, während wir miteinander sprachen. ›Wissen Sie, viele Leute verwechseln mich mit Ari — wir sind sehr gute Freunde‹, erklärte er. ›Vielleicht sind wir sogar Vettern, ich bin mir nicht sicher.‹

›Seltsam‹, sagte ich. ›Einmal habe ich ihn zusammen mit Maria Callas fotografiert. Sie sind ihm wie aus dem Gesicht geschnitten.‹ — ›Ja, das behaupten viele Leute‹, entgegnete er. Nach einer Weile wurde er des Spiels müde und ging davon. Er verbrachte den Urlaub zusammen mit Jackie bei den Wrightsmans, aber die beiden ließen sich kein einziges Mal in der Öffentlichkeit blicken. Unsere Bilder waren die einzigen, die beweisen konnten, daß er zusammen mit Jackie in Palm Beach gewesen war.«

Nachdem Onassis Robert Kennedys Wahlkampf im Mai mit einem beträchtlichen Betrag unterstützt hatte, unternahm er mit Jackie auf der ›Christina‹ eine viertägige Kreuzfahrt zwischen den Virgin Islands. Nach New York zurückgekehrt, wurde Jackie mit dem Schauspieler Kevin McCarthy und mit Roswell Gilpatric gesehen. Gilpatric war es auch, der sie eine Woche später zum JFK-Airport brachte, von wo aus sie nach Los Angeles flog, um ans Bett des tödlich verwundeten Bobby Kennedy zu eilen. Nur wenige Minuten nach seinem Vorwahlsieg hatte man auf ihn geschossen.

Chuck Spalding holte Jackie vom Los Angeles International Airport ab, und sobald Jackie ihn sah, fragte sie: »Chuck, was ist los? Ich will die Wahrheit wissen.«

»Jackie, er stirbt«, antwortete Chuck.

Fast hatte sie mit dieser erschreckenden Wiederholung des tragischen Schicksals, das ihr Mann erlitten hatte, gerechnet. Doch diese Erwartung konnte den Schock nicht mildern. Im Good Samaritan Hospital bekam Jackie ein Beruhigungsmittel, dann hörte sie Ethel zu, die den Hergang des Anschlags erzählte. Bobby und sein Gefolge waren durch die Schwingtüren des Ambassador Hotels gegangen und einem jungen Palästinenser namens Sirhan Sirhan in die Arme gelaufen, der sich für die arabische Niederlage im soeben beendeten Sechs-Tage-Krieg rächen wollte.

Wie bei der Ermordung JFKs, so knüpften sich auch an den Tod seines jüngeren Bruders zahlreiche Theorien. Die überzeugendste wurde vor kurzem von dem ehemaligen CIA-Mitarbeiter Robert Morrow in seinem Buch *The Senator Must Die: The Murder of Robert F. Kennedy* aufgestellt. Morrow behauptet, RFK sei von zwei Mitgliedern der SAVAK, der vom CIA ausgebildeten iranischen Geheimpolizei, getötet worden. Man habe verhindern wollen, daß er das Präsidentenamt übernahm und dem Schah, der sich heimlich für Nixon einsetzte, die Unterstützung der USA entzog. Sirhan Sirhans Schüsse waren laut Morrow nicht tödlich und dienten nur als Ablenkungsmanöver. Der wahre Mörder stand hinter Kennedy und schoß aus nächster

Nähe mit einer als Kamera getarnten Spezialwaffe auf ihn, dann entkam er mit dem häufig zitierten »Mädchen im gepunkteten Kleid«.

Robert Kennedy starb in der Nacht des 6. Juni 1968, um ein Uhr vierundvierzig. Die Air Force One brachte seine Leiche nach New York. Jackie suchte in Telefonaten mit Leonard Bernstein eine geeignete Musik für das Begräbnis aus.

Am 8. Juni, nach dem Trauergottesdienst in der St. Patrick's Cathedral, gelang es ihr, Lady Bird Johnson zu brüskieren, die diese Begegnung in ihrem ›White House Diary‹ schildert: »Dann stand ich vor Mrs. Jacqueline Kennedy. Ich sprach sie mit ihrem Namen an und streckte meine Hand aus. Sie schaute mich an wie aus weiter Ferne, als wäre ich ein Geist. Ich murmelte ein paar teilnahmsvolle Worte und ging weiter.«

Der Kolumnist Pete Hamill fuhr in dem Zug mit, der den Sarg von New York nach Washington transportierte. Bobby sollte auf dem Arlington National-Friedhof bestattet werden, in der Nähe von JFK. Hamill erinnerte sich, wie Jackie durch den Zug ging. »Sie sah eisig aus.« Und seine Begleiterin, Shirley MacLaine, berichtete: »Die beiden Frauen, Mrs. Ethel Kennedy und Mrs. Jackie Kennedy, kamen vorbei — Jackie zuerst, königlich, so wie nur sie zu wirken versteht, mit diesem wunderbaren Gefühl für Würde, das sie nie im Stich ließ. Irgendwie schaffte sie es immer, vorauszuahnen, wann der Zug schwanken würde ... und sich irgendwo festzuhalten, so daß sie ... ihr Gleichgewicht nicht verlor.«

Trotz ihrer frostig-königlichen Haltung wurde Jackie von Angst befallen, die sehr schnell in Zorn und Bitterkeit überging. Wenn Amerika nach JFKs Tod irgendeinen Anspruch auf Jacqueline Kennedy hatte erheben können, so war er nun verwirkt. Und falls sie sich verpflichtet gefühlt hatte, auf die politischen Aussichten der Kennedys Rücksicht zu nehmen, sah sie nach dem Mord an Bobby keinen Grund mehr dazu.

»Ich hasse dieses Land«, sagte sie am Tag nach der Beerdigung. »Ich verachte Amerika, und ich will nicht mehr, daß meine Kinder hier leben. Wenn man die Kennedys umbringen will, dann sind meine Kinder erstklassige Zielscheiben … Ich will dieses Land verlassen.«

Den Sommer verbrachte Jackie abwechselnd in Newport und in Hyannis Port, wo sehr bald auch Aristoteles Onassis eintraf, schwer beladen mit Geschenken für die Kinder.

Larry Newman, Jackies Nachbar auf dem Cape, sah sie mit Onassis »die Straße hinabgehen, Händchen halten, tanzen, … Beide schienen sehr glücklich zu sein … Wir hatten alle davon gehört, wieviel Geld sie bekommen würde, wenn sie Onassis heiratete, aber ich gewann den Eindruck, daß sie sich wirklich liebten. Er war ein attraktiver Bursche, der wußte, wie man eine Frau gewinnt.«

Rose Kennedy spielte eine wichtige Rolle bei Jackies Entscheidung, wieder zu heiraten. Immer wieder erklärte sie Janet Auchincloss, deren Tochter müsse ihre Ausgaben einschränken. »Das kann so nicht weitergehen. John kann nicht mehr für sie sorgen, also muß Jackie mit weniger Geld auskommen. Das Büro meines Mannes kann ihre Launen nicht mehr finanzieren.«

Onassis ermöglichte Jackie nicht nur die Flucht aus den USA, er schenkte ihr auch die lange ersehnte finanzielle Unabhängigkeit. Sie brauchte Sicherheit, sie liebte den Luxus, und Onassis bot ihr beides. Außerdem fehlte im Leben ihres kleinen Sohnes eine starke männliche Bezugsperson, und sie wollte jenem Zustand entrinnen, den sie ›Amerikas beklemmende Besessenheit‹ von ihr und ihren Kindern nannte.

Ari erinnerte sie in mancher Hinsicht an Joseph P. Kennedy. Beide waren Selfmademen, tüchtige, fähige Männer, die an sich selbst glaubten und das Leben in vollen Zügen genossen. Obwohl Rose Kennedy religiöse Bedenken äußerte (Onassis war geschieden und gehörte der griechisch-orthodoxen Kirche an), fand sie den Gast charmant und unterhaltsam. Er war dreiundzwanzig Jahre älter als

Jacqueline, was aber angesichts ihrer Vorliebe für ältere Männer ebensogut als Vorteil gelten konnte.

Janet Auchincloss teilte Roses Gefühle keineswegs. Wie ihr Majordomus Jonathan Tapper erklärte, »hielt sie nicht viel von Aristoteles Onassis. Sie fand ihn vulgär, sowohl im Aussehen als auch in seinen Manieren ... Er besaß nicht die Eleganz, die Jackie verdiente«.

Janet hatte ihre Gründe, Onassis abzulehnen. Sie wußte, daß er mit Lee liiert gewesen war, und sie hatte Berichte über seine Affären mit Frauen wie Veronika Lake, Evita Peron, Gloria Swanson und Maria Callas gelesen. Natürlich war sie auch über seine gescheiterte Ehe mit Athina, ›Tina‹ Livanos informiert, der jüngeren Tochter des griechischen Schiffsmagnaten Stavros Livanos. Als er sie 1946 geheiratet hatte, war er vierzig gewesen, Tina siebzehn — derselbe Altersunterschied, der auch zwischen Ari und Jackie bestand. Giovanni Meneghini, der Ehemann von Maria Callas und zugleich ihr wichtigster Förderer, brandmarkte Onassis als ›moralisch Aussätzigen‹. Janet Auchincloss, die perfekte gesellschaftliche Aufsteigerin, hätte lieber einen Mann wie Lord Harlech an der Seite ihrer Tochter gesehen als den kleinen, dunkelhäutigen Griechen.

André Meyer, auf dessen Urteil Jackie im allgemeinen vertraute, erhob ähnliche Einwände. »André mag Jackie davon abgeraten haben, Ari zu heiraten«, meint Helene Gaillet, »aber nicht, weil er selbst an ihr interessiert war. Ich glaube, er sprach sich gegen diese Ehe aus, weil Ari zwar nicht vulgär wirkte, aber aus einer niedrigeren Gesellschaftsschicht stammte. Ich freundete mich mit ihm an und fand ihn sehr pragmatisch. Er besaß nicht das *savoir faire* und den kultivierten Stil der Meyers. Und André dachte wahrscheinlich, Ari wäre nicht Gentleman genug, um Jackie helfen zu können, die Frau Nummer eins auf der Welt zu werden, wenn ich auch nicht weiß, ob sie das jemals angestrebt hat.«

Im August reisten Jackie und Teddy Kennedy als Aris Gäste nach Skorpios. Jackie kannte Aris achtzehnjährige

Tochter Christina bereits, aber deren zwanzigjährigen Bruder Alexander noch nicht. Beide Kinder hingen sehr an ihrer Mutter. Seit der Trennung ihrer Eltern begegneten sie jeder Frau an Aris Seite mit unverhohlener Feindseligkeit, vor allem Maria Callas, der sie die Schuld am Scheitern der Ehe ihrer Eltern gaben. Die Männer, die in Tinas Leben eine Rolle spielten, wurden von den Kindern ebenfalls abgelehnt. Bald nach der Scheidung von Onassis heiratete sie den Marquis de Blandford, von dem sie sich wenig später wieder scheiden ließ. Als dann ihre Schwester Eugenie starb, trat sie in deren Fußstapfen und ehelichte ihren Mann, den griechischen Großreeder Stavros Niarchos, Aris lebenslangen Erzrivalen. In Athen wurde behauptet, Onassis wolle Jackie nur heiraten, um Niarchos zu beeindrucken, der einige Jahre zuvor für kurze Zeit mit Charlotte Ford verheiratet gewesen war, der Tochter Henry Fords II.

Alexander und Christina akzeptierten Jacqueline Kennedy genausowenig wie Maria Callas. Nur eine Versöhnung zwischen ihren Eltern konnte die beiden zufriedenstellen — sonst nichts, und so behandelten sie Jackie mit kühler Höflichkeit.

Während Jackie einen zweitägigen Einkaufsbummel in Athen unternahm, blieb Teddy Kennedy auf der Insel, um mit Onassis die Heirat zu besprechen. »Ich habe keine Mitgift erwartet und auch keine bekommen«, erzählte Ari später lachend seinen Freunden.

Bei diesen Verhandlungen mit dem raffiniertesten Geschäftsmann der Welt fühlte sich Teddy sehr unbehaglich. »Wir lieben Jackie und wollen, daß sie in eine gesicherte, glückliche Zukunft blicken kann«, sagte er.

»Das will ich auch«, erwiderte Onassis.

»Wenn sie wieder heiratet, wird sie ihr Einkommen aus dem Kennedy Trust verlieren«, warnte der Senator.

»Wieviel?«

»Etwa hundertfünfundsiebzigtausend Dollar im Jahr«, antwortete Teddy.

Das hatte Onassis bereits von Jackie erfahren. Er fand

es sonderbar, daß eine der reichsten amerikanischen Familien der Präsidentenwitwe ein so begrenztes Budget zur Verfügung stellte. Doch das sprach er nicht aus, sondern versicherte dem Senator, er werde Jackie für alles mehr als entschädigen, was sie durch ihre Wiederverheiratung verlieren würde. »Sie wird alles bekommen, was sie haben will. Meine Anwälte werden einen Ehevertrag aufsetzen und Ihnen zuschicken, dann können wir ihn Punkt für Punkt durchgehen.«

Die künftige Braut kehrte mit einem Dutzend Paar Schuhen und passenden Handtaschen nach Skorpios zurück (wie sie wußte, war auch Maria Callas Schuhfetischistin). Onassis gab für seine Gäste eine Party auf der hell erleuchteten ›Christina‹. Da er Teddys Schwäche für Wein und Frauen kannte, gab es beides im Überfluß. Nicos Mastorakis, ein griechischer Fotoreporter, kam an Bord, als gerade eine Band aus Athen spielte. Niemand fand etwas dabei, als er seine Kamera schwenkte und Jackie knipste; die — in langem Trachtenrock und roter Seidenbluse — mit Ari Sirtaki tanzte. Aber dann schwenkte er die Linse in Teddys Richtung. Der Senator — das Gesicht vom Ouzo gerötet, eine junge Blondine im Arm — verlangte, Mastorakis solle den Film herausgeben, und sprach wilde Drohungen aus. Onassis trat zwischen die beiden Männer, und die Party ging weiter, als wäre nichts geschehen, obwohl Kennedys Verhalten seinem Gastgeber nicht gerade gefiel.

Teddy schickte eine Kopie des Ehevertrags an André Meyer, der einiges daran auszusetzen hatte. Er rief Onassis an, und sie vereinbarten ein Treffen im Carlyle, wo es am 25. September zu einer heftigen Diskussion kam. Auf Meyers Wunsch sollte Ari zwanzig Millionen Dollar für das Privileg zahlen, die einstige First Lady heiraten zu dürfen. Letzten Endes zahlte er drei Millionen, fast doppelt so viel wie Teddy Kennedy auf Skorpios hatte aushandeln können. Außerdem verpflichtete er sich, jedem von Jackies Kindern bis zum vollendeten einundzwanzigsten Lebensjahr die jährlichen Zinsen aus einem

Treuhandfonds von einer Million zu zahlen. Im Falle einer Scheidung oder seines Todes sollte Jackie zusätzlich zweihunderttausend Dollar pro Jahr auf Lebenszeit erhalten. Dafür stimmte Jackie der Vereinbarung zu, sich mit einem Erbschaftsanteil von höchstens einem Viertel vom Vermögen ihres Mannes zu begnügen.

»Glauben Sie, daß drei Millionen zuviel sind?« fragte er Lynn Alpha Smith, die in New York als Sekretärin für ihn und als Chefsekretärin für Constantine, ›Costas‹, Gratsos arbeitete, den Manager von Aris New Yorker Unternehmen. Darauf Lynn: »Für dieses Geld können Sie einen Supertanker kaufen, aber dann müssen sie auch noch den Treibstoff, die Wartungskosten, die Versicherung und eine Menge anderer Extras bezahlen.«

Doris Lilly, eine enge Freundin Aris, nimmt an, er habe Jackie geheiratet, »weil er sowohl der Welt als auch Stavros Niarchos zeigen wollte, daß er alles und jeden kaufen konnte. Jackie und Ari paßten nicht gut zusammen. Aber es war nicht das alte Spiel ›die Schöne und die Bestie‹, wie die meisten Leute glaubten. An der Oberfläche mochte es so ausgesehen haben. Jackie war eine exquisite, hübsche Frau, Onassis kein besonders gutaussehender Mann. Er glich vielmehr einer Kröte. Aber die Vorstellung, die man von der Schönheit hat, trifft nicht immer zu. John F. Kennedy sah zweifellos gut aus. Aber Onassis wirkte gewinnender und anziehender, wenn man ihn besser kannte. Es ist seltsam, aber das Aussehen hatte nicht viel damit zu tun. Onassis war ein Mann mit einer großen Ausstrahlung, der Macht besaß und gut reden konnte. Auch Carlo Ponti gehört zu dieser Kategorie. Sophia Loren hatte die Wahl zwischen Cary Grant und Carlo Ponti. Sie heiratete Ponti.«

Jackie und Ari sahen sich in jenem Herbst nur selten. Onassis kehrte nach Athen zurück, um endlose Verhandlungen mit Premierminister Georg Papadopoulos zu führen. Den langwierigen Prozeß seiner Trennung von Maria Callas hatte er bereits in die Wege geleitet, aber niemals den Mut gefunden, ihr die ganze Wahrheit zu sagen. Im Lauf der Jahre hatte er ihr Schmuck, Pelze, einen Anteil an einem Tanker und Geld geschenkt. Nun teilte er ihr mit, er habe sie in seinem Testament bedacht. Nach seinem Tod würde sie zehn Millionen Francs erhalten. Als Zeichen seiner Wertschätzung überreichte er ihr sofort einen Scheck über fünfzigtausend Dollar. Aber er brachte es einfach nicht fertig, ihr seine Heiratspläne zu gestehen.

Jackie sprach inzwischen mit dem Bostoner Kardinal Cushing, um sich seine Unterstützung bei ihrer — wie sie wußte — unpopulären Aktion zu sichern. Er gab zu, gewisse Mitglieder des Kennedy-Clans hätten ihn zu überreden versucht, sie von ihrem Vorhaben abzubringen. Darüber hatte er nachgedacht und schließlich entschieden, es sei Jackies Recht, wieder zu heiraten, selbst wenn der Vatikan die Ehe nicht anerkennen sollte. Immerhin mußte sie an ihre Kinder denken. Weil er die Heirat befürwortete, wurde ihm später vorgeworfen, er habe von Onassis eine beträchtliche Spende für die katholische Kirche angenommen, doch dafür gibt es keine Beweise.

Am 15. Oktober 1968 veröffentlichte der *Boston Herald-Traveller* auf der Titelseite einen Artikel über die bevorstehende Hochzeit Jacqueline Kennedys mit dem griechischen Schiffsmagnaten und Milliardär Aristoteles Onassis. Sobald Jackie den Bericht gelesen hatte, rief sie Ari in seiner Villa Glyfada außerhalb von Athen an und erklärte ihm, das kleine Geheimnis habe die Gerüchtephase überschritten, und sie wolle nun so schnell wie möglich heiraten.

Diese plötzliche Eile irritierte ihn ein wenig. Lilly Lawrence, die Tochter von Dr. Reza Fallah, dem Leiter des Iranischen Ölsyndikats und eng mit Onassis befreundet, war über die Vorgänge informiert: »Ari erzählte mir, er habe begonnen, sich das alles noch einmal zu überlegen, ... Er brauche mehr Zeit. Jackie konnte es sich nicht leisten, ihn laufenzulassen. Hätte er einen Rückzieher gemacht, wäre ihr Ruf für alle Zeiten ruiniert gewesen. Nachdem sie mit Kardinal Cushing gesprochen hatte und die Nachricht von der geplanten Hochzeit veröffentlicht worden war, bestand sie darauf, daß alles so lief wie besprochen.«

Am 17. Oktober wurden neunzig Passagiere eines Linienflugs der Olympic Airways nach Griechenland ›ausgeladen‹, um Platz für Jackie und ihre Begleitung zu machen. Dazu gehörten Caroline und John-John, Pat Lawford, Jean Smith, Janet und Hugh Auchincloss. Lee und Stas Radziwill kamen aus Paris zur Hochzeit.

Am selben Tag besuchte Onassis seinen Lieblingsjuwelier Zolotas in Athen und kaufte für Jackie Diamantenohrringe und ein mit Rubinen besetztes Armband. Und am nächsten Morgen fuhr er zum abgelegenen Flughafen Andravida, über zweihundert Kilometer westlich von Athen, um auf Jackies Maschine zu warten. Dreihundert Reporter leisteten ihm dabei Gesellschaft.

Wann das große Fest stattfinden würde, wollten sie wissen. »Innerhalb der nächsten drei Tage«, antwortete er. Wo? »Auf Skorpios.« Wo würden sie ihre Flitterwochen verbringen? »Wir bleiben auf Skorpios, oder wir kreuzen im Mittelmeer.« Abrupt setzte er dem Frage-und-Antwort-Spiel ein Ende. »Ich muß vor der Hochzeit noch so viele Familienprobleme lösen. Bitte lassen Sie mich in Ruhe und wünschen Sie mir alles Gute.«

Mit den Familienproblemen meinte er seine beiden Kinder Alexander und Christina, die sich entsetzt gegen die Heiratspläne des Vaters sträubten. Beide betrachteten Jacqueline als Eindringling, als Abenteurerin, die sich hauptsächlich für sein Geld interessierte. Alexander, der offenbar einen starken Einfluß auf seine jüngere Schwester ausübte, protestierte besonders heftig. Er hatte in der internationalen Presse bestürzende Kommentare zu dem bevorstehenden Ereignis gelesen. Truman Capote hatte Jackie als ›amerikanische Geisha‹ bezeichnet, ein Ausdruck, den Alexander bald selbst gebrauchte. Außerdem nannte er sie ›die Witwe‹.

An dem Tag, an dem Onassis seinen Kindern eröffnete, er wolle Jackie Kennedy heiraten, machte Christina eine Szene. Alexander verließ das Haus und fuhr den ganzen

Nachmittag in seinem Alfa Romeo ziellos durch Athen. Zunächst weigerten sich beide, an der Hochzeitsfeier teilzunehmen, und einige Verwandte mußten ihre ganzen Überredungskünste aufbieten, um die beiden umzustimmen.

Nichts konnte Onassis von dem Vorhaben abbringen, das er für sein unabänderliches Schicksal hielt. »Er hätte Maria Callas heiraten sollen«, meint der Gesellschaftsfotograf Jérôme Zerbe. »Später gestand er seinen Freunden, seine größte Dummheit sei dieser Ego-Trip gewesen, die alberne Jackie Kennedy zu heiraten. Es war der kostspieligste, lächerlichste Fehler, den er jemals begangen hatte und der auf einen noch größeren Irrtum hinwies, dem er aufsaß. Er glaubte, das Geld wäre eine stärkere Macht als die Moral. Die Person, die Onassis wirklich heiraten wollte, bekam er nicht. Wir alle wissen, wer das war — Königin Elisabeth. Sie wäre die absolute Spitze gewesen. Aber er konnte sie nicht haben. Also begnügte er sich mit Jackie.«

Onassis holte seine Drei-Millionen-Braut von Andravida ab, verfrachtete sie mit ihren Kindern an Bord seiner DC-6B und flog mit ihnen nach Norden zum Luftwaffenstützpunkt Aktion, dann per Hubschrauber nach Skorpios.

Ein Heer von Journalisten folgte ihnen. Viele quartierten sich in Nidri ein, einem winzigen Fischerdorf auf der Insel Lefkas, kaum zwei Seemeilen von Skorpios entfernt. Sie mieteten eine Kajak-Flotte und umzingelten Onassis' fünfhundert Morgen große Insel. Am 19. Oktober, einen Tag vor der Hochzeit, richtete Jackie einen persönlichen Appell an die Presse: »Wir wünschen uns eine private Trauung in der kleinen Kapelle zwischen den Zypressen von Skorpios, im Familienkreis. Bitte verstehen Sie, daß auch berühmte Leute in ihren Herzen die gleichen Gefühle für die wichtigsten Augenblicke auf Erden hegen wie gewöhnliche Menschen — für Geburt, Hochzeit und Tod.«

Unglücklicherweise wurden diese Reporter nicht dafür bezahlt, das weltweite Interesse an der Story des Jahrzehnts zu ignorieren. Als es offensichtlich wurde, daß sich die Presse nicht zurückziehen würde, schickte die griechische Regierung die Marine mit der Order auf den Plan, jedes Wasserfahrzeug vom Flugzeugträger bis zum Ruderkahn »aus dem Wasser zu schießen«, das näher als tausend Meter an Skorpios herankam. Vier Reporter durften an der Hochzeit teilnehmen und ihre Berichte dann weitergeben.

Die Trauung fand am 20. Oktober 1968 um siebzehn Uhr fünfzehn in der kleinen weißgetünchten Kapelle Panayitsa (›Zur heiligen Jungfrau‹) statt, die auf Skorpios inmitten von Bougainvillea und Jasmin steht. Einer Pressemeldung zufolge sah Jackie ›verhärmt und bekümmert‹ aus. Sie trug ein langärmliges zweiteiliges Kleid von Valentino und ein elfenbeinfarbenes Band im Haar, der Bräutigam einen dunkelblauen Zweireiher. Obwohl seine schwarzen Schuhe mit dicken Sohlen versehen waren, reichte er nur bis zu Jackies Nasenspitze. Caroline wirkte verwirrt und ermattet. John-John hielt während der ganzen Zeremonie den Kopf gesenkt. Immer wieder blickte Jackie besorgt zu den beiden hinüber. Aris Kinder schauten nervös und grimmig drein. Nicht einmal das Wetter spielte mit — ein kalter, vom Wind gepeitschter Regen prasselte auf Skorpios und das Meer ringsum herab.

In Weihrauchduft gehüllt stand das Paar Hand in Hand vor dem bärtigen Priester. Jackie und Onassis hielten je eine flackernde Kerze. Hymnen und Gebete erklangen, erst auf griechisch, dann auf englisch. Langsam intonierte der Geistliche die Worte, die Braut und Bräutigam zu Mann und Frau machten. Die Ringe wurden gewechselt, Ledergirlanden mit Zweigen und Blüten über die Köpfe der beiden gehalten. Dann nahmen sie je drei Schlucke aus einem Silberkelch mit rotem Wein und ließen sich dreimal um den Altar führen. Als sie aus der Kapelle traten, ohne einen einzigen Kuß getauscht zu haben, bewarf man sie mit Reis und Zuckermandeln — Zucker für das Glück, Reis für die Fruchtbarkeit. Der Empfang wurde an Bord der ›Christina‹ abgehalten, wo Jackie und Ari auch ihre Hochzeitsnacht verbrachten.

Der Aufschrei der Medien war ohrenbetäubend. Am Tag nach der Trauung lautete die Schlagzeile eines britischen Boulevardblatts: »Jackie heiratet Blankoscheck.« Die *New York Times* behauptete, in Amerika reagiere man mit Zorn, Entsetzen und Bestürzung. »Amerika hat eine Heilige verloren«, verkündete die *Bild-Zeitung*. »Heute starb John F. Kennedy zum zweitenmal«, tönte der römische *Messagero*. *Le Monde* schrieb: »Die zweite Mrs. Onassis wird das strahlende Schneewittchen vergessen machen, das so viel zur Popularität seines ersten Ehemanns beigetragen hat.« Und *L'Observatore della Domenica* schimpfte: »Diese Frau lebt nun im Zustand einer geistigen Erniedrigung, eine öffentliche Sünderin.«

Auch von verschiedenen anderen Seiten wurde harte Kritik an der Hochzeit geübt. Hier eine Auswahl der Stimmen:

Monsignore Fausto Vellaine, Pressechef im Vatikan: »Wenn eine Katholikin einen geschiedenen Mann heiratet, steht fest, daß sie wissentlich die Gesetze der Kirche verletzt.«

Alexander Onassis: »Mein Vater braucht eine Frau, aber ich brauche keine Stiefmutter.«

Maria Callas: »Jackie hat gut daran getan, ihren Kindern einen Großvater zu geben.«

Lady Bird Johnson: »Jetzt fühle ich mich seltsam befreit. In der Halle des Weißen Hauses geht kein Schatten mehr neben mir ... Ich frage mich, wie es gewesen wäre, wenn wir dieses Leben ohne diesen Schatten begonnen hätten.«

Coco Chanel: »Jeder wußte, daß sie nicht das Zeug für ein Leben voller Würde hat. Von einer Frau, die zur Vulgarität neigt, darf man nicht erwarten, daß sie den Rest ihres Lebens neben einer Leiche verbringt.«

Joan Rivers: »Na, sagen Sie die Wahrheit! Würden Sie mit Onassis schlafen? Glauben Sie, daß sie's tut? Nun, irgendwas muß sie ja tun — man kann nicht den ganzen Tag bei Bergdorf's einkaufen gehen.«

Jackie war vorgewarnt worden. Ein Freund hatte ihr

prophezeit: »Du wirst von deinem Podest fallen, wenn du ihn heiratest.« Und sie hatte erwidert: »Das ist immer noch besser, als hier eingefroren zu werden.«

Dieser Freund sollte recht behalten. Täglich wühlten die Leibwächter ihrer Kinder in dicken Stapeln haßerfüllter Post, die im Apartment an der Fifth Avenue eintraf. Fernsehkommentatoren verdammten Jackie wegen ihrer Geldgier, Leitartikel bezeichneten die einstige First Lady als Landesverräterin.

Was nicht gedruckt wurde, störte sie noch mehr — die Ansichten ihrer Freunde, die über diese Heirat ebenso staunten wie die Öffentlichkeit.

»Die Hochzeit wirkte zwar überstürzt«, meinte Charlotte Curtis, »doch das war sie nicht. Sie war sorgfältig geplant und arrangiert. Aber man erweckte den Anschein, Jackie hätte in einem Augenblick der Schwäche nach Bobby Kennedys Tod diese seltsame, unverständliche Entscheidung getroffen. Offenbar bekamen beide Seiten, was sie wollten — Onassis ein gesellschaftliches Auszeichnungsstück und Jackie die ersehnte finanzielle Sicherheit.

Ich will keineswegs behaupten, Bobbys Tod habe sie nicht getroffen. Bestimmt war sie tief bewegt, als sie seinen Schmerz und sein Elend und seine Qualen nach Johns Tod miterlebte und dann beobachtete, wie er sich zusammenriß und sich zu der Persönlichkeit entwickelte, die er zum Zeitpunkt seines Endes war. Aber dieser Idealismus und die Hoffnung auf einen neuen Erfolg starben mit Bobbys Ermordung. Gewiß spielte das alles eine Rolle bei Jakkies Entschluß, wieder zu heiraten. Aber nach John Kennedy einen Mann wie Onassis zu heiraten — das ist etwas anderes.

Natürlich ist es einfach, einen Gott aus JFK zu machen und seine Frau und alles andere zu verherrlichen. In Wirklichkeit hat seine Amtszeit nicht viel gebracht. Und wir alle wissen, daß der Präsident ständig mit offenem Hosenschlitz herumlief. Trotzdem stand er hoch über Aristoteles Onassis und seinem schwimmenden Zirkus. All diese stumpfsinnigen Jet-setter und zynischen Industriellen!

Onassis interessierte sich vor allem dafür, Geld zu machen, und Jackie scheint seine Begeisterung, zumindest für einige Zeit, geteilt zu haben.«

Lucky Roosevelt glaubte, Jackie habe Onassis tatsächlich in einem Augenblick der Schwäche geheiratet. »Es war so uncharakteristisch für sie ... Ich werde es nie verstehen ... Ich glaube, sie muß (nach Bobbys Tod) einen Zusammenbruch erlitten haben, einen Nervenzusammenbruch ... Damals arbeitete ich für die *Washington Post.* Jenen Augenblick werde ich nie vergessen, so lange ich lebe. Ich kam herein, und Philip Geyelin rannte schreiend durch die Redaktion und verkündete diese unglaubliche Neuigkeit. Irgendwie hatte ich nichts von dem ganzen Klatsch mitbekommen. Alle anderen wußten davon. Ich nicht. Ich lehnte mich zurück und sagte: ›Mach dich nicht lächerlich. Das ist nicht wahr.‹ — ›Wart's ab‹, erwiderte er. ›Wir bringen die Story.‹ Es war einfach unfaßbar. Und es ergab keinen Sinn.«

Jackies Entschluß wurde aber von manchen Seiten auch gutgeheißen. Obwohl Lee Radziwill im Grunde ihres Herzens vielleicht eifersüchtig auf ihre Schwester war, erklärte sie der Presse: »Wäre Jackies neuer Mann blond, reich, jung und angelsächsisch, würden sich die meisten Amerikaner viel glücklicher fühlen.«

Und Elizabeth Taylor fand Ari »charmant, gütig und rücksichtsvoll. Ich glaube, Jackie hat eine ausgezeichnete Wahl getroffen.«

Roswell Gilpatric verriet etwas später: »Einmal erzählte sie mir, sie glaube, daß sie sich auf Onassis verlassen könne ... Außerdem sehnte sie sich nach ... einer Privatsphäre, sie wollte nicht mehr die ganze Zeit im Licht der Öffentlichkeit stehen. Und er kann sich's leisten, ihr diese Privatsphäre und Schutz zu bieten.«

»Als sie die Hochzeit bekanntgab, schrieb ich ihr einen langen Brief«, erinnert sich Pierre Salinger. »Ich versicherte ihr, sie würde niemanden verletzen und könne alles tun, was sie wolle.«

Aber die Unterstützung, die Jackie anscheinend am meisten bedeutete, bekam sie, in Form eines zwölf Seiten langen Briefs, ausgerechnet von ihrer Kusine Edie Beale. »Ich schrieb ihr, sie habe richtig gehandelt, lud sie nach Grey Gardens ein und bat sie, ihren neuen Ehemann mitzubringen. Wir waren alle sehr neugierig auf ihn.«

30

Die Hochzeitsglocken waren kaum verklungen, als Onassis auch schon abreiste, um seinen Geschäften nachzugehen, und Jackie mit ihren Kindern auf Skorpios zurückließ. Am Nachmittag des 24. Oktober fuhr er mit Premierminister Papadopoulus in der Limousine des Diktators durch die Straßen von Athen. Sie wurden von der Polizei eskortiert. Die beiden Männer besprachen ein Vierhundert-Millionen-Dollar-Projekt, das ›Omega‹ hieß, in zehn Jahren abgeschlossen sein sollte und den Bau einer Ölraffinerie, einer Aluminiumfabrik, mehrerer Schiffswerften und Flughäfen einschloß. Schließlich übernahm Stavros Niarchos das Projekt, aber vorerst war Onassis der wichtigste Financier. Diese Kontakte zur griechischen Militärregierung verliehen Jackies Heirat zusätzliche Brisanz.

Nach einem tränenreichen Abschied schickte Jackie ihre Kinder mit Janet und Hugh Auchincloss nach New York zurück, wo sie wieder zur Schule gehen sollten. Vor Onassis' Rückkehr hatten sich auch die letzten Hochzeitsgäste verabschiedet. Nun waren Jackie und Ari allein. Drei Wochen lang schwammen sie, lagen in der Sonne, angelten, gingen spazieren und unternahmen Ausflüge nach Athen und Rhodos.

Nach seiner Heirat hatte Onassis noch einige Probleme mit seinen verflossenen Gefährtinnen. Baroneß Marie-Helene Rothschild, deren Mutter Maggie van Zulens mit Maria Callas befreundet war, erlebte, wie verzweifelt die Opernsängerin war, nachdem sie Onassis verloren hatte: »Maria ... liebte ihn aufrichtig. Sie empfand eine wahnsinnige Leidenschaft für ihn. Die beiden waren wie wilde Tiere. Sie verstanden sich sehr gut, aber letzten Endes war sie ihm nicht glamourös genug. Jackie Kennedy war glamourös. Über die Hochzeit wurde Maria nicht von Onassis informiert, sondern durch die Zeitungen ... Sie war völlig vernichtet ... so enttäuscht, so tief verletzt.

Immer wieder behaupteten die Leute, Maria und Ari seien einander so ähnlich gewesen ... Nichts könnte weiter von der Wahrheit entfernt sein. Maria war keineswegs die extravagante, temperamentvolle Persönlichkeit, die sie auf der Bühne verkörperte. Sie war eine große Schauspielerin, eine wundervolle Sängerin, aber im Privatleben scheu, humorlos und ernst ... sogar schwermütig. Ari repräsentierte das genaue Gegenteil. Er glich einem griechischen Piraten, intelligent, voller mediterranem Humor. Sicher, er sah häßlich aus, doch das machte er mit vibrierender Energie und Willenskraft wieder wett. Er war nicht glücklich, wenn er nicht zwanzig Menschen gleichzeitig um sich hatte, während Maria nur mit ihm allein sein wollte. Ari flirtete gern, Maria nicht. Er weigerte sich, lange Kreuzfahrten mit ihr allein zu machen. Ständig nahm er meine Mutter mit. Und er erklärte, er müsse alle beide heiraten, weil meine Mutter witzig und fröhlich sei und Maria so ernst. Sie liebte Ari mehr, als es ihr guttat, und konnte sich in seiner Anwesenheit nicht entspannen, war ungeschickt, ließ andauernd irgendwelche Sachen fallen oder sagte das Falsche.

Nachdem sie sich seinetwegen von Meneghini hatte scheiden lassen, verlor Ari das Interesse an ihr. Daß sie ihre Karriere vorübergehend aufgab, schien ihn zusätzlich zu ernüchtern. Meine Mutter und ich erklärten ihr unentwegt, wie sie sich verhalten müsse, wenn sie ihn zurückgewinnen wolle. Kurz nach seiner Hochzeit mit Jackie begann er Maria wieder zu treffen. Meine Mutter fungierte als Vermittlerin. Wir sagten Maria, wenn sie darauf aus sei, Ari zu erobern, solle sie sich rarer machen. Sie war stets für ihn da, stand ihm jederzeit zur Verfügung. Einmal versteckte sie sich in meinem Landhaus, wo er sie nicht finden konnte. Das ärgerte ihn ... Doch die Wirkung hielt nicht lange an, denn eine Woche später lag sie ihm schon wieder zu Füßen.«

Während ihrer Flitterwochen lud Jackie den Innenarchitekten Billy Baldwin nach Athen ein und führte ihn durch die Villa Glyfada. Das Haus mußte neu ausgestattet werden, weil ein Großteil der Einrichtung dem Geschmack der früheren Bewohnerin, Maria Callas, entsprach.

Einen Tag später flog Jackie mit Baldwin nach Skorpios. Er fand die ›Christina‹ abscheulich, vor allem die Bäder aus rosa Marmor, die überladenen Salons und eine Eßkabine mit Wandgemälden von nackten kleinen Mädchen, die Frühling, Sommer, Herbst und Winter darstellten (und die Jackie bald entfernen ließ). Nur Aris Arbeitszimmer mit den vielen Büchern, dem El Greco und dem Jade-Buddha von unschätzbarem Wert fand die ungeteilte Zustimmung des Innenarchitekten. Ebenso entzückt war er von der Insel und der Villa, die für Ari und Jackie darauf gebaut worden war. Dieses Haus sollte noch vor Glyfada ausgestattet werden.

Nach drei Tagen in Griechenland schickte Baldwin eine Rechnung über fünfundzwanzigtausend Dollar an das New Yorker Büro von Onassis. Er zahlte, obwohl er die Summe ungeheuerlich fand. Doch das war erst der Anfang. Eines Abends wurde er in Paris von seiner Schwester, Artemis Garoufalidis, aus Glyfada angerufen. Soeben würden Tische, Stühle und Sofas aus New York geliefert, im Wert einiger Zehntausend Dollar. Was sie tun solle? »Unterschreib die Quittung«, erwiderte Ari. »Jackie hat die Sachen bestellt.« Das einzige, was er nicht bezahlte, waren die beiden Fernsehgeräte, die Baldwin für das Haus auf Skorpios beschafft hatte. Auf der Insel gab es keinen TV-Empfang.

Jacques Harvey, ein französischer Maler und Autor, wurde etwa neun Monate nach der Hochzeit auf Skorpios in die Pariser Wohnung des griechischen Magnaten eingeladen. »Ich war früher ein- oder zweimal in der Wohnung«, berichtet er, »sie war sehr hübsch eingerichtet gewesen, mit Perserteppichen und Antiquitäten — nicht außergewöhnlich, aber schön. Ich erinnerte mich auch an ein großes Porträt von Tina, Onassis' erster Frau. Als ich nun wiederkam, war die Ausstattung von Grund auf verändert worden. Jackie hatte einen Innenarchitekten engagiert — ich weiß nicht wen — und dann das unterste zuoberst gekehrt.

Das Porträt, die Teppiche und die meisten Möbel waren verschwunden. Das Resultat kann nur als ›kalifornisches Pastell‹ bezeichnet werden, mit viel Krimskrams und unschönen Wandbehängen, die Art von Dekor, die man in Palm Springs in einem Schönheitssalon finden kann: alles rosa, lavendelblau, hellgrün — schrecklich. Es wurde einem richtig übel davon. Auch Onassis schien so zu denken. ›Diese Frau hat keinen Geschmack‹, sagte er ... Ich glaube, Onassis und Jackie haben aus geschäftlichen Erwägungen geheiratet. Sie fand in Ari einen Wohltäter, er wollte mit ihrer Unterstützung sein angeschlagenes Image retten. Seit dem Zweiten Weltkrieg stand er auf der schwarzen Liste der Vereinigten Staaten und war Gegenstand zahlreicher Untersuchungen der CIA und des KGB, der Interpol, Scotland Yards, des britischen und des französischen Geheimdienstes gewesen. Es gab Probleme mit Krediten, die er bei US-Banken nehmen wollte. Teilweise heiratete er Jackie, um sich in Amerika zu rehabilitieren, und bis zu einem gewissen Grad half sie ihm dabei.

Ich weiß nicht, was sie sonst noch zu bieten hatte ... Jakkie ist eine der langweiligsten Frauen, die ich jemals kennengelernt habe. Als First Lady kannte man sie nur von weitem, und da machte sie einen blendenden Eindruck in Europa, vor allem in Frankreich wegen ihres französischen Erbes. Aber als sie mit Onassis verheiratet war, für längere Zeit in Paris blieb und gesellschaftliche Veranstaltungen besuchte, verstanden die Leute nicht, was so besonders an ihr sein sollte. Die Europäerinnen — im allgemeinen schikker und kultivierter als die Amerikanerinnen — lachten über Jackie. Sie war ein Nichts — eine gewöhnliche Amerikanerin mit Durchschnittsgeschmack und etwas Geld ... eine Schöpfung der amerikanischen Phantasie, aus der Madison Avenue, von *Women's Wear Daily* und *Vogue.* Immerhin war sie klug genug, um zu wissen, daß sie die Welt um so weniger beeindrucken würde, je mehr sie von sich selbst offenbarte. Sie hatte nichts zu sagen, also sagte sie nichts.

In Europa wird sie heutzutage als das betrachtet, was sie ist — eine große Null. In Amerika liegt das Problem darin, daß alle so sentimental werden, wenn man von Jackie spricht. Sie hat einen Schutzwall um sich herum gebaut. Und die Leute fürchten, von der Partyliste Nummer eins zu verschwinden, wenn sie sich abfällig über Jackie äußern.«

Auch Maia Calligas, eine Freundin Aris, äußerte die Ansicht, daß geschäftliche Gründe hinter seiner Heirat steckten. »Zwei Dinge fielen mir an Onassis ganz besonders auf. Erstens war er ein Finanzgenie … und zweitens … sehr einsam, der einsamste Mensch auf der Welt. Nicht, daß er keine Freunde, Bekannte oder Verwandten gehabt hätte. Die hatte er, aber er war meist allein. Ich erinnere mich, daß ich ihn in Monte Carlo bei den Booten sitzen und aufs Meer starren sah, traurig und einsam. Ich glaube, das Geld machte ihn einsam. Alle Magnate, die ich kannte, vor allem die Selfmademen unter ihnen, waren so. Sie sind allein, weil das Geld Mauern errichtet.

Hätte er statt Jackie Maria Callas geheiratet, wäre er vielleicht weniger einsam gewesen. Für mich und seine anderen Freunde war Maria Callas die einzig wahre Frau für ihn. Die beiden waren ein Paar. Sie liebten sich wirklich. Seine Beziehung zu Jackie war keine Liebes-, sondern eine rein geschäftliche Angelegenheit.«

Trotz aller Unterschiede, die zwischen ihnen bestanden, schien das erste Ehejahr für Ari und Jackie recht harmonisch zu verlaufen. Aris erster Impuls war, alles zu tun, um seine neue Ehe zu einem Erfolg werden zu lassen. Er traf sich zwar wieder mit Maria Callas, aber nur sporadisch und auf einer rein freundschaftlichen Basis.

Gleich nach ihren Flitterwochen begleitete Ari Jackie nach London zu ihrer Schwester, dann nach New York, wo Ari bei Henry Ford II. David Rockefeller kennenlernte, den er schon immer hatte treffen wollen. Ari seinerseits machte Jackie mit J. Paul Getti bekannt.

Über Weihnachten kehrten Jackie und Ari dann mit den Kindern nach Griechenland zurück. Anschließend begab sich Jackie mit Alexis Miotis, dem Direktor des Griechischen Nationaltheaters, auf Antiquitätensuche. Miotis kannte sowohl Jackie als auch Ari seit vielen Jahren und wunderte sich, daß so viele Leute die Heirat zwischen ihnen als Fehlschlag betrachteten. Ihm erschien die Ehe durchaus sinnvoll. »Ari ... bewunderte Jackie, weil sie die First Lady war, nicht nur im Weißen Haus, sondern im ganzen Land. Ari wollte der Herrscher der Meere sein und Kleopatra an seiner Seite sitzen haben. Für Jackie war es sein Charme, verbunden mit seinem Geld. Sicher, er hatte Geld, aber auch Charisma. Er war eine dominierende Persönlichkeit. Er war der einzige Mann, den sie heiraten konnte, ohne daß Mr. Jackie Kennedy aus ihm wurde.«

William Joyce, Rechtsberater bei Aris Fluggesellschaft Olympic, hatte keine so hohe Meinung von Jackie. In den Osterferien 1969 ging sie in New York mit ihren Kindern an Bord einer Olympic-Maschine, um nach Griechenland zu fliegen, John-Johns Kaninchen war mit von der Partie. Trotz der bestehenden Vorschriften weigerte sie sich, das Kaninchen zu den anderen Haustieren in den Frachtraum bringen zu lassen. »›Mein Mann ist der Besitzer dieser Fluglinie‹, wiederholte sie in einem fort. Das Kaninchen sollte mit ihr in der Ersten Klasse fliegen. Schließlich blieb es vorn bei der Crew.

Manchmal erschien sie nur wenige Minuten vor Abflug am Olympic-Schalter, hatte nichts gebucht und verlangte einen Platz (Erste Klasse). Nicht nur einen, sondern vier – sie wollte neben niemandem sitzen. Wenn der Flug ausgebucht war, erklärte sie, dann müsse man eben ein paar Passagiere ›rauswerfen‹. Und sie bezahlte nie. ›Schicken Sie meinem Mann die Rechnung‹, befahl sie. Keiner sagte ihr, daß die Fluglinie eigentlich gar nicht Onassis gehörte, sondern seinen Schwestern, die auch die Rechnungen erhielten, wenn sie nicht bezahlte.«

Angelo Katapodis, Leiter eines Reisebüros auf Ithaka, gewann ebenfalls keinen günstigen Eindruck von Jackie, als sie die Insel im Frühling 1969 mit ihren Kindern, Ari, Christina und ihrem Gast, Martin Luther King III., dem zehnjährigen Sohn des ermordeten Bürgerrechtlers, besuchte. »Ständig klebte dieses alberne Grinsen auf ihrem Gesicht. Sie war nicht besonders nett zu ihrem Mann, der nur eine weiße Hose und weiße Tennisschuhe trug und seine nackte Brust zeigte. Immer wieder forderte sie ihn auf, sein Hemd anzuziehen ... Wenn ihr etwas nicht schnell genug ging, stemmte sie eine Hand in die Hüfte und begann, mit einer Fußspitze auf den Boden zu klopfen.

Man merkte, daß sie nicht mit Christina auskam. Christina und Alexander hatten ohnehin schon ein gespanntes Verhältnis zu ihrem Vater, der sie wie Anhängsel behandelte. Beide fürchteten sich vor ihm. Es wäre Jackie wahrscheinlich nicht sonderlich schwergefallen, ihre Stiefkinder für sich zu gewinnen. Vor allem Christina war dankbar für jede noch so geringfügige Zuwendung. Es war Jackies Schuld, daß es nicht lief. Maria Callas machte denselben Fehler. Beide Frauen wurden (von den Kindern) abgelehnt. Letztlich trug das mehr zum Scheitern der Ehe bei als das viele Geld, das Jackie offenbar ausgab.«

Im Neraida-Nachtclub am Golf von Seronis, gut fünfzehn Kilometer von Athen entfernt, feierte Onassis den vierzigsten Geburtstag seiner Frau mit einer Party, die vom Sonnenuntergang bis zum Morgengrauen dauerte. Jackie verblüffte alle Anwesenden mit den Geburtstagsgeschenken, die sie von Ari bekommen hatte. Ari hatte ihr eine ganze Schmuckkollektion geschenkt, darunter einen Diamantring von Cartier, dessen Wert auf eine Million Dollar geschätzt wurde, einen massiv goldenen Gürtel mit einem Löwenkopf, der ihr Sternzeichen symbolisierte, und Ohrgehänge mit Smaragden, Saphiren, Diamanten und Rubinen. Wie Kristallüster hingen sie an Jackies Ohren. Sie sollten an den ersten Flug zum Mond erinnern und bestanden aus je zwei Kugeln, die Erde und Mond darstellten und durch ein Miniaturraumschiff verbunden waren.

Während der Party saß die griechische Schauspielerin Katina Paxinou neben Mrs. Onassis und bewunderte diesen originellen Schmuck, worauf das Geburtstagskind kichernd erzählte: »Eigentlich hat sich Ari dafür entschuldigt. Er findet sie so schäbig. Aber er hat versprochen, mir nächstes Jahr den Mond zu schenken, wenn ich brav bin.«

Im Herbst 1969 besuchte Jackie bei einem Aufenthalt in Paris die Gräfin Guyot de Renty, bei der sie während ihres Studiums an der Sorbonne gewohnt hatte. »Wir waren in Verbindung geblieben, und sie kam alle paar Jahre zu mir«, berichtet die Gräfin. »Nun sah ich sie zum erstenmal, nachdem sie Onassis geheiratet hatte. Sie war äußerst schlicht gekleidet. Ich sagte sogar: ›Jackie, ich glaube, Sie haben Ihre Pullover verkehrt herum an‹, und sie erwiderte: ›Ja, ich bin die gleiche geblieben.‹

Aber ich wunderte mich. Ich fand ihre Ehe mit Onassis sehr seltsam. Das hätte ich nie erwartet. Andererseits waren im Lauf der Jahre so viele Dinge geschehen. Die Ermordung ihres Mannes muß ein schlimmes Trauma für sie gewesen sein, gefolgt vom ... Mord an seinem Bruder. Danach wollte sie ihr Leben ändern und versuchen, das alles zu vergessen.«

Onassis reiste jedes Jahr in die Schweiz, um Geschäfte zu erledigen. In dieser Zeit ging Jackie meistens in Paris oder Athen einkaufen, um ihr Taschengeld von monatlich dreißigtausend Dollar auszugeben. John Rigas, UPI-Journalist in Athen, fand heraus, daß Jackie in einem Hubschrauber von Skorpios nach Athen zu fliegen pflegte. »Dann bekamen wir Tips, wo wir sie aufspüren konnten. Ein Sicherheitsbeamter namens George Sinos und eine Angestellte von Onassis, die als Dolmetscherin fungierte, begleiteten sie ... Angeblich spionierte diese Frau für Onassis hinter Jackie her, um ihm später erzählen zu können, wieviel Geld Jackie ausgegeben hatte ... Bei jemandem wie Onassis kann das durchaus stimmen.«

Jackies Kaufwut schien keine Grenzen zu kennen. »Sie kaufte im Rekordtempo«, erinnert sich Costa Gratsos. »Sie schaffte es, jeden Laden auf der Welt innerhalb von zehn Minuten oder weniger zu betreten und wieder zu verlassen und innerhalb dieser Zeit hunderttausend Dollar oder mehr ausgegeben zu haben. Um die Preise kümmerte sie sich nicht. Sie zeigte einfach nur auf das, was sie haben wollte, und kaufte alles — Musikboxen, antike Uhren, Pelzmäntel, Möbel, Schuhe. Sie liebte es, internationale Modeschauen zu besuchen — Valentino, Molyneux, Lanvin — und die ganze Kollektion zu kaufen. Anfangs ermutigte Ari sie dazu. Er gab ihr nicht nur einen ganzen Stapel Kreditkarten, es machte ihm auch Spaß, kleine Geschenke auf ihr silbernes Frühstückstablett zu legen — ein Armband, eine Zuchtperlenkette, ein antikes Spitzentaschentuch. Manchmal auch nur ein Gedicht oder einen Brief. Er schrieb ihr, weil sie sich beklagt hatte, daß ihr John F. Kennedy im Lauf ihrer Ehe nur wenige Briefe geschrieben hatte.«

Auch für Onassis, der sich nicht weiter um Mode- und Bekleidungsfragen kümmerte und seine Anzüge von einem alten griechischen Schneider anfertigen ließ, kaufte Jackie ein. Eines Tages ging sie in ein elegantes Herrengeschäft in Palm Beach und kam mit dreihundertfünfundsechzig neuen Seidenkrawatten für Ari wieder heraus, das Stück zu dreißig Dollar. Als er erfuhr, daß sie die Rechnung an ihn hatte schicken lassen, wurde er wütend. Übrigens kritisierte auch er ihre Aufmachung, weil sie immer nur in Hosen und T-Shirts herumlief. »Was zum Teufel macht sie eigentlich mit all den Kleidern, die sie kauft?« fragte Ari oft seine Freunde.

»Im letzten Jahr meiner Freundschaft mit Jackie begleitete ich sie auf einem dieser ›Einkaufsbummel bis zum Umfallen‹«, erzählte Truman Capote. »Sie betrat einen Laden, bestellte zwei Dutzend Seidenblusen in verschiedenen Farben, nannte eine Adresse und ging wieder hinaus. Dabei wirkte sie wie in Trance, wie hypnotisiert. Als ich eine Party gab, knabberte mein Hund Lee Radziwills Zobelmantel an. Fürst Radziwill war wütend, Jackie amüsierte sich. ›Mach dir keine Sorgen‹, sagte sie zu Stas, ›morgen kaufen wir einen neuen Zobel für Lee und lassen ihn auf Aris Rechnung setzen. Das macht ihm nichts aus.‹«

Doch diese Zeit war auch nicht ganz sorgenfrei für Mr. und Mrs. Onassis. Ende 1968 wurde eine Olympic Airways Boeing 707 auf einem Flug von New York nach Athen von zwei Männern, die einer linksgerichteten politischen Organisation angehörten, nach Paris entführt. Gleichzeitig gab es für eine Olympic-Maschine, in der Alexander Onassis einen Platz gebucht hatte, eine Bombendrohung. Im April 1969 deckte der FBI die Verschwörung einer radikalen politischen Gruppe auf, die in der New Yorker First National City Bank eine Bombe hochgehen lassen wollte, angeblich, während Jackie dort zu tun hatte. Im Juli erfuhr die griechische Polizei von dem Plan einer subversiven Gruppe, Jackie zu kidnappen. Im August explodierte eine Bombe im Athener Büro der Olympic Airways. Die Polizei machte Junta-Gegner dafür verantwortlich. Gegner der Junta brandmarkten Onassis auch auf einem Flugblatt als ›wichtigsten Banker der Junta‹.

Es kam auch noch zu anderen deprimierenden Zwischenfällen. Am 18. Juli 1969 trafen sich sechs Frauen, die Robert F. Kennedy 1968 bei der Wahlkampagne unterstützt hatten, mit Senator Ted Kennedy sowie fünf seiner Freunde zu einer Party in einer Hütte auf Chappaquiddick, einem Inselchen vor Martha's Vineyard. Man feierte die sechsundvierzigste Edgartown Yacht Club Regatta, bei der Ted verloren hatte. Eine der sechs Frauen war Mary Jo Kopechne, Bobbys frühere Sekretärin, eine lebenslustige, achtundzwanzigjährige Blondine.

Mary Jo und Teddy verließen die Party um dreiundzwanzig Uhr fünfzehn, um die letzte Fähre nach Vineyard zu erreichen. Statt zur Fährstation zu fahren, bog Teddy in eine Straße, die zu einer schmalen Holzbrücke ohne Geländer führte. Sein 1967er Oldsmobile fiel ins Wasser und versank, die Räder nach oben gerichtet, in der schlammigen Strömung. Kennedy konnte herausklettern, Mary Jo nicht.

Neun Stunden lang versäumte es der Senator von Massachusetts, die Polizei zu informieren. Mittlerweile deuteten damals vertuschte Zeugenaussagen und anderes Beweismaterial darauf hin, daß Ted Kennedy mehr als nur der unschuldig Beteiligte an einem beklagenswerten Unfall war. Leo Damore, Autor von *Senatorial Privilege: The Chappaquiddick Cover-Up* (1988), einer auf gründlicher Recherche basierenden Analyse des Geschehens, läßt keinen Zweifel an folgenden Tatsachen: Daß Kennedy erstens die Party mit Mary Jo verließ, um ein amouröses Abenteuer mit ihr zu erleben. Daß er zweitens betrunken war und mit überhöhter Geschwindigkeit über die Brücke fuhr. Und daß er drittens keinen gültigen Führerschein besaß. Allem Anschein nach verbrachte er, bevor er die Polizei verständigte, Stunden damit, den anderen Partygästen einzureden, einer von ihnen müsse die Verantwortung für den Unfall übernehmen.

Bezeichnenderweise gehörte Jacqueline Onassis zu den ersten Personen, mit denen Teddy in Verbindung zu treten suchte. Als er sie telefonisch nicht erreichen konnte, rief er Helga Wagner aus Palm Beach an, eine gebürtige Österreicherin und eine seiner engsten Vertrauten. Aber es war Jackie, die ihn letztlich tröstete. Kurz nachdem seine Schwierigkeiten begonnen hatten, schrieb sie ihm einen ihrer typischen überschwenglichen Briefe. Sie erklärte, Caroline habe seit Bobbys Tod im Vorjahr keinen Patenonkel mehr, und sie würde sich freuen, wenn Onkel Teddy für ihn einspringen würde.

Die sinnlose Tragödie um Teddy ging über Joseph F. Kennedys Kräfte. Nachdem er drei Söhne verloren hatte und der vierte der Gegenstand eines landesweiten Skandals geworden war, starb er noch vor Jahresende. Daraufhin lockerten sich Jackies Bande zum Kennedy-Clan zusehends.

31

»Als Jackies und Aris Ehe noch funktionierte, da war sie sehr gut«, behauptet John Karavlas, Zweiter Kapitän auf der ›Christina‹. »Einmal machten sie einen Ausflug nach Korfu, an den ich mich besonders lebhaft erinnere. Aris Tochter kam mit, Alexander nicht — er ließ sich nur selten blicken, nachdem Jackie auf der Bildfläche erschienen war. Wir verbrachten den Nachmittag auf Korfu, abends traf sich die Besatzung in einer Taverne zum Essen. Jackie und Ari sollten auch kommen, aber sie tauchten nicht auf. Während der Mahlzeit sagte der Erste Kapitän, ich solle auf der ›Christina‹ nachschauen — vielleicht seien die beiden eingeschlafen. Ich ging zum Dock und an Bord der Yacht, inspizierte alle Decks und Kabinen — keine Jackie, kein Ari. Als ich wieder gehen wollte, hörte ich Geräusche aus einem kleinen flachen Fischerboot heraufdringen, das an der ›Christina‹ festgemacht war. Ich trat im Dunkeln näher, um hinunterzuschauen. Und da sah ich die nackte Kehrseite eines Mannes ... Es war Onassis ... und Jackie lag unter ihm. Sie liebten sich. ›Was wollen Sie?‹ fragte er mich. ›Ich habe Sie gesucht‹, antwortete ich. ›Nun, jetzt haben Sie mich gefunden‹, sagte er, ohne seinen Rhythmus zu unterbrechen.

Es gefiel Onassis, an den ungewöhnlichsten Orten Liebe zu machen, oft mehr oder weniger in der Öffentlichkeit. Er war viel älter als seine Frau, aber sexuell immer noch sehr aktiv. Sie schienen sich häufig zu streiten und hatten eine stürmische Beziehung, aber sie liebten sich auch.«

Jackies Sexualität mochte tatsächlich in ihrer zweiten Ehe aufgeblüht sein, zum Teil infolge eines Gesprächs mit Dr. Henry Lax, der ihr einige freimütige Fragen beantwortete. Renée Luttgen, Gefährtin und Sprechstundenhilfe des Arztes, verriet einige Einzelheiten. »Jackie kam in die Praxis, als würde sie eine Bühne betreten. Alles, das Lächeln, die Gesten und Worte, wirkte einstudiert und sorgfältig geübt. Sie war vollkommen unnatürlich. Wenn ich ihr die Tür öffnete, hatte sie ihre Sonnenbrille über die Stirn nach oben geschoben und nahm eine Pose ein, als würde sie ein anderer Patient sofort als die einstige First Lady erkennen. Mit Henry stand sie auf vertrautem Fuß, nannte ihn aber immer ›Dr. Lax‹. Da war sie sehr korrekt. Sie suchte in allen möglichen Belangen seinen Rat — ob es um familiäre Beziehungen, Reisen, Essen oder Sex ging. Mit dieser unerträglichen Kleinmädchenstimme spielte sie ihm ein Theater vor. Und sie hatte noch eine ärgerliche Angewohnheit — sie sprach von sich selbst in der dritten Person. Ich fand das sehr geziert, aber er hatte eine hohe Meinung von ihr und fand sie überaus klug ... Eines Tages gestand Jackie ihm, sie sei streng katholisch erzogen worden und wisse nicht viel über sexuelle Befriedigung. Also zeichnete Henry die weibliche Anatomie auf ein Blatt Papier und dann mit seinem Finger auf ihre Handfläche. Dabei erklärte er ihr, wie alles funktionierte. Ich glaube, das half ihr, denn danach kam das Thema nie wieder zur Sprache.

Jackie war eine Gesundheitsfanatikerin und bestand drauf, daß jeder Test mit ihr gemacht wurde, der gerade in Mode war — ein Diabetestest, ein Belastungs-EKG, was auch immer. Ich kann bestätigen, daß sie sich in ausgezeichneter körperlicher Verfassung befand.

Sie machte sich Sorgen um Caroline, die als rebellischer Teenager täglich ein bis zwei Pfund Schokolade aß und gewaltig zunahm. Das war auch schlecht für ihre Haut. Einmal telefonierte Jackie von Henrys Praxis aus mit ihrer Tochter und schrie sie an. Sie mußte Henry ziemlich lange bearbeiten, bis er Caroline in zwei Fällen Diätpillen verschrieb, allerdings in begrenzten Mengen. Insgesamt waren es 120 Tabletten.

Auch Onassis war sein Patient, aber ich weiß nicht, ob Henry mit Jackie über Aris Gesundheitszustand sprach. Ich weiß nur, daß er Onassis ... eine Nierenoperation empfahl, was dieser aber ignorierte. Wie Henry über diese Ehe dachte, kann ich ebenfalls nicht sagen. Er respektierte

Onassis und fand ihn amüsant. Einmal sah ich Onassis in einem Restaurant und erkannte ihn kaum wieder. Seine Manieren — die Art, wie er seine Suppe schlürfte und das Brot brach — brachten mich zu der Überzeugung, daß der Mann entweder ein König oder ein Bauer war. In gewisser Hinsicht war Onassis beides.«

Als Jackie und Ari im Februar 1970 von einer Kreuzfahrt nach Mexiko auf die Insel Skorpios zurückkehrten, hatte ihre Ehe merkliche Risse bekommen. Zu ihren Gästen in diesem Sommer zählten Rose Kennedy und die Radziwills. Stas erzählte Max Jacobson später, die Beziehung scheine sich zu verschlechtern. Auch seine eigene Ehe sei gefährdet. Er stehe kurz davor, sich von Lee zu trennen.

Ein weiterer Gast, allerdings ein ungebetener, war der Fotoreporter Ron Galella, der Jackie und ihre Kinder nicht zum erstenmal belästigte. Im Herbst 1969 war er Caroline (die nicht mehr den Convent of the Sacred Heart, sondern die Brearley School besuchte) von der Schule zu einem Volksfest gefolgt, hatte sie fotografiert und vor ihren Freunden in Verlegenheit gebracht. Ein andermal radelte Jackie mit ihrem Sohn durch den Central Park. Plötzlich sprang Ron Galella mit seiner Kamera hinter einem Strauch hervor, John-John kam aus dem Gleichgewicht und stürzte beinahe.

Nach diesen Zwischenfällen entschied Jackie, daß etwas geschehen mußte. Sie beauftragte ihre Leibwächter, den Mann zu überwältigen, wenn er das nächste Mal auftauchte, und zum nächsten Polizeirevier zu bringen. Das geschah tatsächlich, und Jackie versuchte ihm mittels einer gerichtlichen Verfügung verbieten zu lassen, näher als zweihundert Yards an das Haus in der Fifth Avenue heranzukommen, in dem sie wohnte, und sich ihr und ihren Kindern mehr als hundert Yards zu nähern. Galella erhob Gegenklage und verlangte 1,3 Millionen Dollar Schadenersatz wegen »ungerechtfertigter Festnahme, bösartiger Verfolgung und Beeinträchtigung meiner Arbeit als Fotograf«. Die Auseinandersetzung sollte ihre beiden Höhepunkte

1972 und 1981 bei zwei Prozessen erreichen, die von den Medien höchst aufmerksam verfolgt wurden.

Im Sommer 1970 nun ließ sich Galella von einem Fischer nach Skorpios bringen und an Land schmuggeln. Zunächst machte er Fotos von der Insel, dann folgte er Jackie und Lee nach Capri und ging ihnen durch schmale Gassen nach, um sie mit ihren Kindern zu knipsen.

Aristoteles Onassis hatte neben seinen Problemen mit seiner Frau seinen eigenen fortgesetzten Ärger mit seiner Familie. Christina reiste ständig zwischen London (dem Wohnsitz ihrer Mutter), Lausanne (der Residenz ihrer Großmutter mütterlicherseits), Paris, Monte Carlo, Skorpios und New York (wo sie, ebenso wie Alexander, geboren war) hin und her. Dies störte Ari vor allem aus einem Grund: Wie frühere griechische Vätergenerationen fühlte er sich berechtigt, einen passenden Ehemann füı seine Tochter auszusuchen. Seine Wahl war auf Peter Goulandris gefallen, den dreiundzwanzigjährigen Sproß einer angesehenen Familie, die über vier Schiffahrtslinien herrschte und mehr als hundertdreißig Schiffe mit einem Schätzwert von zwei Milliarden Dollar besaß. Außerdem verfügten die Goulandris über Jachten, Rennpferde, Inseln und Fußballteams. Christina kannte Peter schon seit ihrer Kindheit. Seine Mutter, Maria Goulandris, entstammte der reichsten aller griechischen Reederfamilien. Eine Heirat zwischen Peter und Christina würde drei der mächtigsten Familien in Griechenland vereinen und ein Triumvirat schaffen, das noch in künftigen Jahrhunderten über die Meere regieren würde.

Aris Visionen interessierten Christina nicht sonderlich. Da er bei ihr auf taube Ohren stieß, bat er erst seine Schwester Artemis und dann Jackie, das Mädchen zu einer Verlobung mit diesem bereitwilligen und reichen jungen Mann zu überreden. Jackies Intervention stieß auf wenig Gegenliebe bei Christina, der es allerdings noch viel unangenehmer war, daß sie von der Stiefmutter ständig bedrängt wurde, ihr Äußeres zu verbessern.

»Jackie übte harte Kritik an Christinas Aussehen«, erinnert sich Costa Gratsos. »Das Mädchen war zu dick, zu stark behaart, nicht modisch genug gekleidet. Und so regte Jackie ihre Stieftochter zu Elektrolysebehandlungen an, ging mit ihr einkaufen, schickte sie zu einem Diätarzt, stellte ein Sportprogramm für sie auf, begleitete sie in einen Kosmetiksalon. Nach einigen Wochen rebellierte Christina und erklärte, sie wolle nicht wie ein nichtssagendes amerikanisches Haute-Couture-Modell aussehen.«

Die Verlobung mit Goulandris fand nicht statt, außerdem verschlechterte sich das Verhältnis zwischen Onassis und seinem Sohn. Alexanders feindselige Haltung gegenüber seiner Stiefmutter war eine ständige Bedrohung, weil sie das Gewissen seines Vaters belastete. Zudem hatte Alexander seinen eigenen Liebeskummer. Denn er hatte sich in Fiona Campbell Thyssen verliebt, ein schottisches Modell und die geschiedene Frau des erfolgreichsten europäischen Industriellen. Sie war sechzehn Jahre älter als Alexander und Mutter zweier Kinder, die bereits Teenager waren. Angesichts des Altersunterschieds protestierte Onassis heftig gegen den Plan seine Sohnes, Fiona zu heiraten. Jackie unterstützte ihren Mann. Widerstrebend und wütend fügte sich Alexander den väterlichen Wünschen und stand seiner Stiefmutter, die ihm aufgezwungen worden war, nun keineswegs wohlwollender gegenüber.

Zu diesen Schwierigkeiten kam noch das Problem, daß Jackie sich ganz den Erinnerungen an ihren zur Legende stilisierten ersten Mann hingab. Obwohl sich Onassis niemals über die Erinnerungen an den toten Präsidenten beklagte, die überall aufzutauchen schienen (war Jackies Vergangenheit nicht einer der Gründe gewesen, warum er sie geheiratet hatte?), so muß es doch für den stolzen Griechen deprimierend gewesen sein, im Schatten eines anderen Mannes zu leben. Dies erzeugte einen inneren Konflikt, den er nicht vorhergesehen hatte und der sich verstärkte, wann immer seine Frau einen ihrer zahlreichen Jahrestage erwähnte — Johns Geburtstag, den Hochzeitstag, seinen Todestag, die Jubiläen der Höhepunkte in seiner Karriere, auf die sie ihre Kinder häufig hinwies.

Einer dieser Gedenktage war mit der Übergabe der offiziellen Porträts von John und Jacqueline Kennedy an das Weiße Haus verbunden — eine Tradition, die im allgemeinen nach dem Ende jeder Präsidentenära vollzogen wird. Mehrere Porträtisten versuchten erfolglos, den Auftrag zu ergattern, und schließlich entschied sich Jackie für Aaron Shikler, einen New Yorker Maler. Ihm gelang es, jenes Etwas einzufangen, das er Jackies »außergewöhnliche, fast gespenstische Schönheit« nannte. Kennedy stellte er in einem Augenblick der Niedergeschlagenheit dar, mit gesenktem Kopf, die Arme vor der Brust verschränkt.

Jackie hieß beide Porträts gut, verspürte aber wenig Lust, das Weiße Haus zu betreten. Auf Pat Nixons Einladung hin schrieb sie: »Wie Sie wissen, ist der Gedanke, ins Weiße Haus zurückzukehren, schwierig für mich. Ich bringe wirklich nicht den Mut auf, eine offizielle Zeremonie durchzustehen und die Kinder in das einzige Haus zu bringen, das sie gemeinsam mit ihrem Vater bewohnt und unter so traumatischen Umständen verloren haben ... Da ich stets versuche, die Presse und Ähnliches von ihrem kleinen Leben fernzuhalten, weiß ich, wie schmerzlich sie ein solches Erlebnis berühren würde. Sie könnten das Weiße Haus mit Erinnerungen verlassen, die ich ihnen nicht wünsche.« Schließlich schlug sie vor, man könne eine *private* Besichtigung der Porträts arrangieren, wann immer es den Nixons angenehm sei.

Jackies — erste und letzte — Rückkehr ins Weiße Haus fand am 3. Februar 1971 statt. Nachdem sie mit Caroline und John-John die Bilder betrachtet hatte, nahmen sie alle mit Präsident Nixon, seiner Frau und seinen Töchtern Tricia und Julie ein privates Dinner ein. Sie sprachen nur ganz allgemein über die Veränderungen, die stattgefunden hatten, seit Jackie im Weißen Haus residiert hatte. Die Nixons vermieden es, irgend etwas zu erwähnen, was ihren Gast bekümmern könnte. Einmal schaute Jackie den Präsidenten an und sagte: »Ich habe immer in einer Traumwelt gelebt.«

Erst im März 1971 wurden die Kennedy-Porträts offiziell

enthüllt. Shikler hatte sich bereit erklärt, für die *McCall's*-Ausgabe desselben Monats einen Artikel über seine Arbeit zu schreiben und Skizzen zu veröffentlichen, die den Porträts vorausgegangen waren. Irgendwie bekam Maxine Cheshire die Studien in die Finger, und die *Washington Post* brachte die Fotos früher als das Magazin. »Jackie regte sich sehr auf«, berichtet Shikler. »Sie rief mich an und fragte: ›Was tun wir jetzt?‹ Es waren nicht die Porträts für das Weiße Haus, sondern nur eine der Studien, also ärgerte ich mich nicht. Aber Jackie war zornig. ›Nichts hat sich in dieser Stadt geändert — nichts‹, sagte sie.«

Nach diesem weiteren Kennedy-Erlebnis traf sich Jackie mit ihrem Mann auf Martinique. Sie fuhren an den kanarischen Inseln vorbei und nach Skorpios. Unter den Gästen an Bord der ›Christina‹ befand sich auch Roger F. Bentley, ein kanadischer Ölmanager. »Jackie und Ari sprachen kaum miteinander«, erinnerte er sich. »Einmal stritten sie sich beim Dinner. Jackie korrigierte einen Irrtum Aris — es ging um die Hauptstadt eines afrikanischen Landes. ›Widersprich mir nicht in Gegenwart anderer!‹ brüllte Ari. Sie verließ den Tisch und ließ sich für den restlichen Abend nicht mehr blicken.

Onassis wurde gerade von persönlichen Problemen heimgesucht. Die Leiche seiner Exschwägerin Eugenie Livanos Niarchos, war auf Spetsopoula gefunden worden, einer griechischen Insel, die Stavros Niarchos gehörte. Die Umstände ihres Todes waren höchst verdächtig. Die Leiche wies Verletzungen auf, die angeblich entstanden waren, als Niarchos versucht hatte, seine Frau wiederzubeleben. Die Autopsie ergab, daß sie an einer Schlafmittelvergiftung gestorben war. Niarchos wurde freigesprochen. Was Onassis am meisten quälte, war die Verlautbarung, seine ehemalige Frau Tina, Eugenies jüngere Schwester, werde Niarchos bald heiraten.«

In diesem Sommer erlitt Onassis einen weiteren Schicksalsschlag. Christina, tief traurig über den Tod der Tante und unfähig, die Ehe des Vaters zu ertragen, kündigte ihre Absicht an, einen Amerikaner zu heiraten, den sie an einem Hotel-Swimming-pool in Monte Carlo kennengelernt hatte. Joseph R. Bolker, achtundvierzig, klein und drahtig, war der zweimal geschiedene Vater von vier Kindern. Als Grundstücksmakler bezog er in Los Angeles ein eher bescheidenes Einkommen. Doch möglicherweise war er der erste Mann, der Christina als Mensch aufrichtig mochte.

Ari begann sein internationales Netz von Assistenten und Beratern zu mobilisieren, um Informationen zu sammeln. »Bei mir meldete er sich zuerst«, berichtete Costa Gratsos. »Er schrie und brüllte, und ich dachte, ein Riesengeschäft wäre in die Binsen gegangen. ›Wer ist Joe Bolker?‹ fragte er immer wieder. ›Wer?‹ entgegnete ich. ›Bolker — Bolker — B-O-L-K-E-R — Bolker!‹ —›Nie gehört‹, antwortete ich. Es dauerte zwanzig Minuten, bis er sich beruhigte. Er sagte, er wolle eine Wanze in Christinas Londoner Wohnung installieren lassen. Dann legte er auf und rief seinen Schwager an, Nikos Konialidis, Manager der Olympic Airways. Sie führten ein vierstündiges Gespräch zwischen Skorpios und New York. Draußen an der Bürotür von Nikos brannte ein rotes Lämpchen, und auf einem Schild konnte man lesen: WENN DAS ROTE LICHT EINGESCHALTET IST, KOMMEN SIE UNTER KEINEN UMSTÄNDEN HEREIN. Das Licht war den ganzen Morgen über angeschaltet. Später riefen mich (mehrere Geschäftspartner von Onassis) an, und alle stellten dieselbe Frage: ›Wer ist Joe Bolker?‹

Die letzte Person, die von Ari angerufen wurde, war Christina. Er flehte sie an, ihren Plan fallenzulassen. Sie weigerte sich. Dann schickte er Alexander zu ihr, ohne Erfolg. Auch Jackie scheiterte. Bolker gegenüber bezeichnete Christina ihre Stiefmutter als ›unglückselige Zwangsvorstellung meines Vaters‹. Ihre leibliche Mutter hatte nichts zu sagen, weil sie kurz davor stand, Niarchos zu heiraten. Für Ari blieb nur noch eins zu tun — wenn er seiner Tochter diese Heirat nicht ausreden konnte, so konnte er doch wenigstens dafür sorgen, daß Bolker das Onassis-Vermögen nicht anrührte.«

Aris Drohung, seine Tochter zu enterben, stachelte sie

nur noch mehr an. Am 29. Juli 1971 heiratete sie Joe Bolker in Las Vegas. Onassis feierte auf Skorpios gerade mit einer verspäteten Party den zweiundvierzigsten Geburtstag seiner Frau, als er die Nachricht hiervon erhielt.

Während ihrer kurzen Ehe lebten die Bolkers in Los Angeles und waren einem gewaltigen Druck ausgesetzt. Es war ein juristischer Druck, den Onassis durch seine Mittelsmänner auf das Paar ausübte. Einem seiner Helfer, Johnny Meyer, trug er nach sechs Monaten auf: »Holen Sie sie zurück, und wenn Sie sie kidnappen müssen.«

»Endlich konnte ich Christina telefonisch erreichen und hatte Glück«, schreibt Meyer in einem Entwurf zu einem Buch, das niemals zustande kommen sollte. »Sie wollte nach Hause, wußte aber nicht, was sie mit dem Dienstmädchen machen sollte, das ihr nach Los Angeles gefolgt war, und mit dem Mercedes und den zehntausend Dollar, die sie bei ihrer Flucht mitgenommen hatte.

Ich sagte ihr, sie solle sich so anziehen, als wolle sie einkaufen gehen, und ihren Reisepaß und alles, was sie sonst noch brauchte, in eine Einkaufstasche packen. Dann solle sie mich aus einer Telefonzelle in der Nähe ihres Apartments in den Century Towers anrufen. Als sie sich meldete, sagte ich: ›Warten Sie dort.‹

Wir hatten alles mit Pan American vereinbart. Christina und ich sollten zuerst durch die Kontrolle gehen, und unsere beiden Sicherheitsbeamten sollten außen herumgehen. Aber George Tzaforos, einer der zwei Leibwächter, folgte mir auf den Fersen, der andere kam gleich hinter ihm. Beide trugen je ein Paar .45er, eine rechts, eine links. Als sie am Detektor vorbeikamen, klingelte es ... Die Pan Am-Beamten bedeuteten ihnen weiterzugehen, aber es war sehr peinlich.«

Unfähig und nicht länger bereit, sich dem Willen ihres Vaters zu widersetzen, stimmte Christina einer Scheidung von Joe Bolker zu. Dies war die erste von zahlreichen gescheiterten Ehen einer der ›reichsten Frauen der Welt‹, wie sie oft genannt wurde. Zur Belohnung wurde sie von Onassis als Erbin eingesetzt.

Mit Bolker war Onassis aber noch nicht ganz fertig. Er befahl Meyer, den Mercedes und die zehntausend Dollar von ihm zurückzuholen und Bolker zu zwingen, den Flug des Dienstmädchens nach Griechenland zu bezahlen. Meyer wies Onassis darauf hin, daß das Mädchen mit Olympic fliegen und damit allen Beteiligten eine Menge Ärger und Geld ersparen könne. »Nein«, sagte Ari, »laß ihn zahlen.«

32

Onassis versuchte bis zum letzten Augenblick, seine Frau von ihrem entschlossenen Rachefeldzug gegen Ron Galella abzubringen. »Publicity ist wie Regen«, erklärte er ihr. »Wenn man ohnehin schon naß ist — was machen da ein paar Tropfen mehr oder weniger schon aus?« Wenn sie vor Gericht gehe, fügte er hinzu, würde man sie für rachsüchtig und gemein halten. Aber Jackie wollte nicht nachgeben.

Richter Irving Ben Cooper vom US-Bezirksgericht schmetterte Galellas Gegenklage ab und verbot dem aggressiven Fotografen mittels einer unbefristeten Gerichtsverfügung, näher als fünfzig Meter an Jackie, siebenhundert Meter an ihre Kinder und einen Kilometer an das Apartment in der Fifth Avenue heranzukommen.

Zu seiner tiefen Bestürzung erhielt Onassis von Jackies Anwaltskanzlei — Paul Weiss Rifkind Wharton and Garrison — eine Rechnung über fünfhunderttausend Dollar. Er weigerte sich ganz einfach zu zahlen. Er hatte den Anwälten bereits einen Vorschuß von fünfzigtausend überwiesen, und nun forderte er Jackie auf, den Rest von dem Geld zu bezahlen, das er ihr regelmäßig zur Verfügung stellte. Als die Kanzlei ihn verklagte, beauftragte er den Anwalt Roy M. Cohn, eine gütliche Regelung auszuhandeln. Die Kanzlei gab sich mit weiteren zweihundertfünfzigtausend Dollar zufrieden. Um die Angelegenheit zu beenden, gab Onassis seiner Frau einen Scheck über diese Summe, den sie ihrem Konto gutschreiben ließ. Eine Stunde später schickte sie Simon Rifkind ihren eigenen Scheck.

Während die Galella-Affäre vorübergehend abgeschlossen war, stand ein griechischer Fotograf namens Nikos Koulouris auf Lefkas vor Gericht und wurde wegen vier heimlicher Versuche, auf Skorpios Schnappschüsse zu machen, zu sechs Monaten Gefängnis verurteilt. »Und das hat mich keinen Pfennig gekostet«, prahlte Onassis.

»Die europäischen Paparazzi waren viel hartgesottener als ihre amerikanischen Gegenstücke«, berichtet James Kalafatis, Agent beim Geheimdienst. »Galella benahm sich vergleichsweise harmlos. Die Europäer kamen in Rudeln zu zwanzig oder dreißig Mann an und wurden richtig handgreiflich ... Als Geheimdienstler im Ausland hatten wir nur begrenzte Möglichkeiten. Wir konnten diese Burschen nicht einfach festnehmen und zur Polizei bringen, dazu hatten wir auf fremdem Grund und Boden kein Recht. Bestenfalls konnte ich die Lokalbehörden veranlassen, etwas zu unternehmen, aber auch das war schwierig. In Griechenland war man damals nicht besonders gut auf die Amerikaner zu sprechen.«

Der nächste fotografische Coup waren die mittlerweile berühmten Nacktfotos von Jackie und Ari, die ein Sonnenbad nehmen — geknipst von zehn wagemutigen Fotografen in Taucheranzügen, die mit Unterwasserkameras und Teleobjektiven ausgerüstet waren. Zuerst erschienen die Fotos in *Playmen* (einem italienischen Magazin), dann in Amerika — im *Screw* und später in dem damals noch neuen *Hustler.* Schließlich wurden sie von den Boulevardblättern in aller Welt veröffentlicht.

Jackie tat nach außen hin so, als berühre sie die ganze Angelegenheit nicht weiter. Aber laut Costa Gratsos forderte sie ihren Mann auf, die Fotografen und alle Zeitungen und Magazine zu verklagen, die diese Bilder veröffentlicht hatten. »Es sind zu viele«, sagte Onassis. »Du mußt sie alle verklagen«, erwiderte Jackie.

Von einem Journalisten befragt, ob er Nudist sei, antwortete Ari:

»Manchmal kommt es vor, daß ich meine Hose ausziehe, um meine Badehose anzuziehen. Alles ist möglich ...«

Janet Auchincloss, Jackies Mutter, gab folgenden Kommentar ab: »Eine schreckliche Vorstellung, was mit der menschlichen Rasse passiert ist, daß sie sich unter Wasser begibt, um anderen Leuten nachzuspionieren. Ich darf gar nicht daran denken.«

Sobald Rose Kennedy von der Sache erfuhr, rief sie Jakkie an. Wie habe sie so etwas zulassen können? Wenn Jakkie schon nicht an sich selber denke, solle sie wenigstens auf die Kinder Rücksicht nehmen. Und wo sei das hochgelobte Leibwächterteam gewesen, das Onassis zu engagieren versprochen habe?

Seinem Freund Roy Cohn gestand Ari ein Jahr vor seinem Tod, er habe die ganze Aktion zusammen mit einem italienischen Fotografen ausgeheckt. »Andauernd beklagte sich Jackie über Ron Galella und die anderen Medientypen, die sich verschworen hätten, um ihr das Leben zu vermiesen«, sagte Cohn. »Onassis glaubte, wenn ihre Nacktfotos in der Presse erschienen, würde sie nachher nichts mehr erschüttern können. Sie verlangte Geld von ihm, weil sie gegen die Fotografen prozessieren wollte. Als er das ablehnte, lief sie überall herum und erzählte, er sei geizig.

Ich mochte Onassis. Er war auf sonderbare Weise empfindsam. Einmal hörte ich eine amüsante Geschichte über ihn. Ein Pariser Fotoreporter, der für ein Wirtschaftswochenmagazin arbeitete, bestürmte Onassis unentwegt mit der Bitte um ein Interview. Aber die Geschäfte waren das einzige Thema, über das Onassis mit keinem Journalisten sprach. Er verriet die Namen aller Frauen, mit denen er geschlafen hatte, doch er redete niemals über finanzielle Angelegenheiten. Und genau darüber wollte dieser Bursche schreiben. Eines Abends folgte er ihm in den Crazy Horse Saloon und bedrängte ihn immer noch wegen des Interviews. Onassis ging zur Toilette und der Reporter ihm hinterher. Ari zog sich in eine Kabine zurück, erledigte sein Geschäft, kam heraus, und da stand der Kerl und wartete auf ihn. ›Hören Sie‹, sagte Ari, ›wenn ich Ihnen ein Exklusivinterview gebe, verschwinden Sie dann?‹ — ›Was für ein Exklusivinterview?‹ fragte der Journalist mißtrauisch. ›Ich verrate Ihnen, was der Schlüssel zu meinem Erfolg ist — in gesellschaftlicher, finanzieller und anderer Hinsicht. Damit bin ich noch nie an die Öffentlichkeit getreten, aber für Sie will ich's tun, damit ich meine Ruhe habe.‹ — ›Einverstanden‹, entgegnete der Bursche. Und da ließ Ari seine Hose und Unterhose runter, umfaßte die Familienjuwelen und hielt den ganzen Apparat hoch. »Das ist mein Geheimnis. Ich habe Eier.‹«

Und er konnte noch etwas vorweisen — seine gescheiterte Ehe. Mittlerweile hatte er die Hoffnung aufgegeben, jemals in Jackies Apartment an der Fifth Avenue einzuziehen. Wie Costa Gratsos erzählte, brachte sie immer neue Ausreden vor, warum Ari dort nicht wohnen konnte. »›Die Handwerker sind da‹, sagte sie zum Beispiel. Ich kenne kein Apartment, das so oft umgestaltet wurde.« Meist stieg Ari im Pierre ab, und wenn er doch einmal bei Jackie wohnte, mußte er sich mit einem Gästezimmer begnügen, das mit einer rosa Blümchentapete und weißen Korbmöbeln ausgestattet war. »Sie weigerte sich, irgend etwas darin zu ändern, obwohl es eher zu einem kleinen Mädchen als zu einem Schiffsmagnaten paßte. Sie räumte auch nicht das angrenzende Bad aus, das sie als Abstellkammer benutzte ... Zum Dinner kam Ari nur, wenn sie Gäste hatte, und auch dann wurde er nicht immer eingeladen, oft aß er allein in Restaurants ... Er klagte, er verstehe sich nicht mit Jackies New Yorker Freunden, während sie sich nicht für seine Geschäftspartner interessierte. ›Die Hälfte ihrer männlichen Freunde ist schwul‹, pflegte er zu sagen. Diese angeblich hochkultivierten Kosmopoliten schauten auf ihn herab. Mit seiner dunklen Brille, die er draußen wie drinnen trug, sah er aus wie ein Gangster. Dabei trug er sie aus rein medizinischen Gründen. Er litt an einer Augenkrankheit, die allmählich die Netzhaut zerstörte, und die Sonnenbrille schützte ihn vor zu grellem Licht. Im Dunkeln sah er besser als tagsüber, deshalb arbeitete er meistens nachts. Trotzdem verglichen Jackies Freunde ihn wegen seiner Sonnenbrille mit Al Capone.«

Außerdem wurde die Ehe immer stärker durch Jackies Verschwendungssucht belastet. »Jackie kam einfach nicht mit ihrem monatlichen Budget aus«, erinnerte sich Gratsos. »Anfangs bekam sie dreißigtausend Dollar, steuerfrei, ausbezahlt vom New Yorker Büro. Später ärgerte sich Ari über ihre Verschwendungssucht und verlegte ihr Konto nach Monte Carlo, wo er es besser im Auge behalten konnte. Und er kürzte ihr Taschengeld auf etwa zwanzigtausend Dollar im Monat.

Andererseits war er teilweise selber schuld an diesem Problem. Eine Zeitlang hatte er sie zum unentwegten Kaufen ermutigt. Wenn ihn jemand darauf ansprach, antwortete er, sie habe so viel durchgemacht und sei von der katholischen Kirche praktisch exkommuniziert worden, als sie ihn geheiratet habe. Es kam mir so vor, als würde er nur ihren Text wiederholen. Trotzdem war er überzeugt, daß sie Klasse besaß. Einmal sagte er mir, Maria Callas sei eher so wie er — stürmisch, derb, ein bißchen vulgär. Jakkie hingegen sei von Natur aus kühl und in sich gekehrt.

Ich kann nicht behaupten, er habe sie anfangs nicht bewundert. Er erwähnte einmal, er habe mit ihr in einem Pariser Straßencafé gesessen. Eine amerikanische Touristengruppe sei aus einem Bus gestiegen, und eine ältere Frau mit geblümtem Strohhut habe Jackie erkannt, sei herangekommen und habe ihr wortlos ins Gesicht gespuckt. Ari sei aufgesprungen und habe sich nach einem Polizisten umgeschaut, um die Frau festnehmen zu lassen. Aber Jakkie habe ihn zurückgehalten und gesagt: ›Sie ist es nicht wert, verhaftet zu werden.‹ Ari wußte ihre Haltung in solchen Situationen zu schätzen.

Aber schließlich ging sie zu weit, sogar für Ari. Mit ihrer berühmten entwaffnenden Koketterie klagte sie oft über ihre finanziellen Sorgen. Auf die Empfehlung ihres Freundes André Meyer hin, aber gegen Aris Wunsch, spekulierte sie an der Börse und verlor etwa dreihunderttausend Dollar. Das Geld hatte sie von ihrem Hochzeitsgeschenk genommen, jenen drei Millionen. Sie flehte Ari an, ihr die verlorene Summe zu ersetzen, doch er weigerte sich und erinnerte sie, daß er ihr geraten habe, den Betrag in steuerfreien Wertpapieren anzulegen. Aber sogar in diesem Fall gab er wieder nach. Eines Morgens stopfte er impulsiv eine Million Dollar in großen Scheinen in eine lederne Aktentasche und ging damit zu Meyer ins Carlyle. Meyer war schockiert. ›Ich hätte auch einen Scheck genommen, Ari.‹ Doch dem kam es nur darauf an, das erschrockene Gesicht André Meyers zu beobachten, als dieser den Koffer öffnete, der eine Million in bar enthielt. ›Es hat sich gelohnt, allein schon, um die Miene dieses alten Wiesels zu sehen‹, sagte Onassis.«

Gratsos wurde fast übel, wenn er miterlebte, wie Jackie ihr Geld ausgab, und er fand ihr Verhalten in dieser Beziehung geradezu zwanghaft. »Ari zeigte mir eine Rechnung über fünftausend Dollar von einer privaten Zustellfirma, eine über sechstausend für die Pflege und Fütterung ihrer Haustiere, eine über siebentausend von der Apotheke. Diese Frau drohte die Bank zu sprengen.«

»Sie hatte eine charmante kleine Regel aufgestellt: Ari mußte ihr aus allen Teilen der Welt, die er besuchte, ein Geschenk mitbringen. Einmal überreichte er ihr eine schlichte Schürze aus Südafrika. Sie war wütend. Vermutlich hatte sie mit einem Schuhkarton voller Rohdiamanten gerechnet. Nachdem Ari ihr Budget gekürzt hatte, regte sie sich furchtbar auf und rief immer öfter an, um sich zu beschweren und Forderungen zu stellen.«

Seit ihren Tagen im Weißen Haus wandte Jackie eine besondere Methode an, um zu schnellem Geld zu kommen. Wenn sie ihre teuren Kleider ein- oder zweimal oder überhaupt nicht getragen hatte, wurden sie verkauft. Ihr Lieblingsladen, Encore of New York in der Madison Avenue, trieb einen stetigen Handel mit ihrer kaum benutzten und manchmal neuen Garderobe. Laut der Eigentümerin von Encore, Carol Selig, »brachte sie alles zu uns, von Mänteln, Kostümen und Kleidern bis zu Brieftaschen, Blusen und Hosen. Die Etiketten waren immer vom Besten: Yves St. Laurent, Valentino, Halston, Christian Dior.«

Im Gegensatz zu Jackie war Christina Onassis gewiß kein Kleiderständer, hatte aber ebenfalls einige Marotten, die in ihrer Intensität fast komisch wirkten. Wie sich Costa Gratsos entsinnt, war sie eine Cola-Fanatikerin. »Sie konsumierte bis zu dreißig Flaschen am Tag und war eine solche Expertin, daß sie an geringfügigen Geschmacksunterschieden erkannte, von welcher Firma diese oder jene Flasche abgefüllt worden war. Das galt besonders für Europa, wo der Geschmack und der Zuckergehalt von Land zu Land variieren. Zweifellos trug diese Sucht zu Christinas Gewichtsproblemen bei.«

Außerdem hatte sie eine wesentlich kostspieligere Vorliebe entwickelt: Schmuck. Beny Aristea, Besitzerin von Nidri Gold, einem griechischen Juwelierladen auf einer an Skorpios grenzenden Insel, bestätigte, daß sich Christina auf die besten Goldwaren im Geschäft stürzte — Ringe, Halsketten, Armbänder und Kreuze. Sie mochte auch Edelsteine, aber am meisten interessierte sie sich für Gold. Das kaufte sie für sich und ihre Freunde ... Wahrscheinlich gab sie zehn Jahre lang etwa eine Million Dollar jährlich bei uns aus.«

»Im Wesen war Christina genau das Gegenteil von Jakkie«, meint Costa Gratsos. »Sie war verwöhnt und naiv, aber auch übermäßig großzügig. Nicht nur Freunden, sondern auch Bekannten und wildfremden Menschen schenkte sie die kostbarsten Dinge. Auf einer Party bewunderte ein weiblicher Gast ihre schwarze Perlenkette. ›Wollen Sie sie haben?‹ fragte Christina. ›Sie machen Spaß‹, erwiderte die Fremde. ›O nein‹, sagte Christina. ›Ich mag die Kette gar nicht so besonders. Wenn sie Ihnen gefällt, gehört sie Ihnen.‹ Sie nahm die Kette ab und legte sie der Frau um den Hals. Und das war kein Einzelfall. Wenn sie in einen Laden ging und mehrere Kleider kaufte, erstand sie oft auch eins für die Verkäuferin. Vielleicht empfand sie ein gewisses Schuldgefühl, weil sie so viel besaß und andere so wenig hatten ... Ari bewies die gleiche Großzügigkeit und unterstützte nicht nur seine sechzigköpfige Familie, er behandelte auch seine Angestellten und Dienstboten wie Verwandte. Er erwartete, daß sie hart arbeiteten, doch dafür belohnte er sie mit Freundlichkeit und Geschenken. Außerdem sorgte er noch in anderer Hinsicht für sie. Wenn die Frau eines Gärtners auf Skorpios krank wurde, kümmerte sich Ari um die erforderliche ärztliche Behandlung.

Und wenn ein Angestellter einen besonders klugen Sohn hatte, finanzierte Ari dessen Studium. Deshalb war ihm sein Personal so treu ergeben ... Ebenso großzügig verteilte er Trinkgelder. Wenn er für fünfzig Dollar in einem Restaurant aß, gab er den Kellnern die gleiche Summe. Die Taxichauffeure bekamen stets den doppelten Fahrpreis.«

Im Grunde war es nicht Jackie, sondern Onassis, der Edith und Edie Beale in East Hampton zu Hilfe kam. Durch Edies langen Brief, den sie nach der Hochzeit an Jackie geschrieben hatte, lernte er die beiden kennen. Und als er nach den Flitterwochen in New York eintraf, rief er sie in Grey Gardens an. Edith wußte, daß er für Sängerinnen schwärmte, insbesondere für Sopranistinnen, und sang ihm am Telefon etwas vor. Ari revanchierte sich mit einem Lied, dann schickte er Mutter und Tochter eine Ledergarderobe und eine dunkelblaue Decke mit einem weißen Anker von der ›Christina‹.

1971 beschwerten sich erboste Nachbarn beim Gesundheitsamt von Nassau County und erklärten, Grey Gardens sei eine gesundheitliche Bedrohung für alle Einwohner. Man müsse die Beales enteignen und das verrottete, von Katzen verschmutzte Haus abreißen. Als die Presse davon erfuhr und sich erinnerte, daß Edie die Schwester von Black Jack Bouvier war, dem Vater von Jackie Onassis, erregte die Geschichte landesweites Aufsehen. Notgedrungen wandte sich Jackie an ihren Mann, der die Reparatur des Hauses widerspruchslos bezahlte. Der Anwalt William J. van den Heuvel half ihr, die Angelegenheit mit dem Gesundheitsamt zu regeln. »Als ich das erstemal in dieses Haus ging, herrschten dort unglaubliche Zustände«, erinnerte er sich. »Ein einziger Haufen voller Unrat, Katzen, Waschbären, Ungeziefer. Ich half beim Saubermachen mit. Über tausend große grüne Müllsäcke wurden aus Grey Gardens entfernt ... Die Rechnungen schickte ich an Aristoteles Onassis ... Er war sehr an der Sache interessiert, telefonierte häufig mit Mrs. Beale und fand sie recht charmant. Das alte morsche Dach mußte erneuert, die kranke Katzenschar aus dem Haus geschafft werden. In Mrs. Beales Schlafzimmer fand sich eine tote Katze. Sie war eine ungewöhnliche Person in mancherlei Hinsicht, eine schöne Frau mit großen blauen Augen und dichtem weißen Haar ... Nachdem ein Großteil der Reparaturarbeiten erledigt war, ging ich wieder dorthin, und sie verließ das Haus zum erstenmal seit elf Jahren und picknickte mit mir auf dem Rasen, dessen Gras höher war als ich ... Wir saßen in der Sonne im Gras, und sie sang — eine denkwürdige Szene.«

Auch Jackie besuchte die Beales, begleitet von Miche Bouvier, verbrachte mehrere Stunden in Grey Gardens und dachte an vergangene Zeiten.

Wenn sie das Geld ihres Mannes auch mit vollen Händen ausgab, so war sie doch sehr zurückhaltend, was ihr eigenes Konto anging. Zum Beispiel mußte sie alle Neuerungen in ihrem New Yorker Apartment selbst bezahlen. Cindy Adams, Klatschkolumnistin, kennt einen Zimmermann, »der ein paar Regale für Jackie baute. Danach fragte sie ihn, ob er bezahlt werden oder lieber ein Foto mit Autogramm von ihr haben wolle. Er antwortete, er würde einen Scheck mit ihrem Autogramm vorziehen.«

Einmal wollte sie ihr Apartment streichen lassen und schlug einem Betrieb vor, wenn er den Auftrag kostenlos ausführe, würde sie ihn allen ihren Freunden empfehlen und großartige Rcklame für ihn machen. Auch dieser Betrieb wollte für seine Dienste lieber entlohnt werden.

Eine ähnliche Taktik wandte sie in Kaufhäusern an. »Wenn sie bei Bonwit Teller kaufte, verlangte sie einen Preisnachlaß«, berichtete Cindy Adams. »Und zwar mit der Begründung, daß alle Leute, die sie in Kleidern aus einem bestimmten Geschäft sahen, ebenfalls diese Kleider haben wollten.«

Eine Variation desselben Themas stellte die Rückgabe von Waren dar, die Jackie impulsiv gekauft hatte. Einige der exklusivsten Läden von New York — Hermes, Gucchi, Saks oder Bloomingdale's — wissen ein Lied davon zu singen. Ein ehemaliger Verkäufer von Bergdorf erinnert sich:

»Bei einem einzigen Besuch kaufte sie drei Dutzend Paar Schuhe. Am nächsten Tag schickte sie alle zurück. Ihre Schwester Lee pflegte die gleiche Schau abzuziehen. Ich erklärte ihnen, sie würden mich noch meinen Job kosten.«

Einzukaufen — das war und ist eine von Jackies Leidenschaften. »Sie besitzt die Gabe, augenblicklich die kostbarste und teuerste Ware zu entdecken, wohin immer sie auch geht«, sagte Onassis einmal. Und das Geld war anscheinend ihre Achillesferse. In der Hitze des Gefechts schien sie nicht zu merken, wieviel sie ausgab, und wenn es ihr schließlich auffiel, wunderte sie sich, wo all die Dollars geblieben waren. Um ihre Ausgaben einzudämmen, begann sie ihre Schwester mitzunehmen, wenn sie einen Einkaufsbummel machte. Aber Lees Philosophie, was das Einkaufen betraf, erwies sich als ähnlich beunruhigend. »Ständig verliebe ich mich in Gegenstände, und die verfolgen mich dann rund um die Welt«, gestand sie *Architectural Digest.* Wann immer die beiden zusammen einkaufen gingen, landeten sie nachher unweigerlich im Hotel Carlyle, wo die Neuerwerbungen bei Kuchen und Kaffee durch einige Kalorien ergänzt wurden.

Bald litt die Onassis-Ehe unter neuen Belastungen. Es kam zu einer Auseinandersetzung, weil Jackie an einem ›Kennedy-Ereignis‹ teilnahm, einer Aufführung von Leonard Bernsteins ›Messe‹ im John F. Kennedy Center, bei dessen Entstehung sie mitgewirkt hatte. Ein weiterer Ausflug in die Vergangenheit ärgerte Onassis genauso. In Providence, Rhode Island, besuchte Jackie ein Konzert, bei dem Frank Sinatra auf der Bühne stand. Zum erstenmal seit seinem Streit mit JFK sah sie ihn wieder. 1974 trafen sie sich erneut, und zwar im New Yorker Uris Theater, wo Sinatra mit Ella Fitzgerald und Count Basie auftrat. Später sagte Jackie hinter der Bühne, die Augen tränenfeucht: »Ich wünschte, das alles würde noch einmal von vorn anfangen.«

Wenn ihr Mann Sinatra ablehnte, so brachte sie Elizabeth Taylor ähnliche Gefühle entgegen. Jackies Freunde berichten von einem Zwischenfall in Rom, wo der Magnat und die Schauspielerin mit einigen Bekannten in einem Restaurant zu Mittag aßen. Ein Gast begann die Taylor zu belästigen, worauf ihm der wackere Onassis ein Glas Champagner ins Gesicht schüttete. »Ich schäme mich für dich«, erklärte Jackie später ihrem Mann. »Die Kinder haben es in den Fernsehnachrichten erfahren.«

Aris wieder aufgeflammte Affäre mit Maria Callas störte Jackie hingegen wenig. Früher war das anders gewesen. Einmal hatte sie ein Zeitungsfoto von Maria und Ari beim Essen im Maxim gesehen und verlangte eine symbolische Wiederholung des Abends. Ihr Mann mußte sie ins Maxim führen, sie saßen am selben Tisch, den er mit der Callas benutzt hatte, und bestellten das gleiche Essen.

Ebenso eifersüchtig reagierte sie, als ein Fotograf ihren Mann und die Callas auf einer griechischen Privatinsel aufgenommen hatte, die André Embiricos, einem Freund von Onassis, gehörte. Das Bild zeigte Ari und Maria, die sich unter einem Sonnenschirm küßten. Jackie flog auf der Stelle zu Onassis nach Griechenland, um unliebsamen Gerüchten entgegenzuwirken.

Maria nannte Jackie nur privat ›die andere Frau‹, in der Öffentlichkeit war sie ein Muster an Diskretion. »Der Skandal ist nur entstanden, weil Ari uns niemals miteinander bekannt gemacht hat«, erklärte sie bei einem Interview. Doch das waren leere Worte. In Wirklichkeit haßte sie ihre Rivalin so sehr, daß sie einen Selbstmordversuch unternahm, während Jackie, die Siegerin, nur Verachtung für die Callas zeigte. Falls ihr die Sängerin gleichermaßen verhaßt war, dann nicht aus romantischen, sondern aus materiellen Gründen. Als sie erfuhr, daß Ari Maria hundert Jahre alte goldene Ohrringe geschenkt und ihr ein beträchtliches Konto zur persönlichen Verfügung eröffnet hatte, explodierte Jackie. Aris Freunde gewannen den Eindruck, daß es ihr dabei nur ums Geld und um ihr Image ging, nicht um seine Liaison mit der Callas.

Helene Rochas, die französische Gesellschaftslöwin, hatte das Gefühl, daß eigentlich Maria und Ari zusammengehörten. »Zwischen Jackie und Ari lagen die Dinge ganz anders. Ich glaube, Jackie empfand zu wenig für ihn, um sich mit den Leuten zu befassen, die er traf — solange es sie nicht in Verlegenheit brachte.«

Immer häufiger beklagte sich Jackie bei ihren Freunden über Ari und seinen ordinären Geschmack. Zum Beispiel schilderte sie, wie sie einen großen Diamantring trug, den er ausgewählt hatte. Es sei ihr äußerst peinlich gewesen, als sie jemand demonstrativ gefragt habe: »Was ist DAS denn?« Außerdem beschwerte sie sich, daß sie oft endlos lange auf Skorpios festsitze, wo sie nichts zu tun habe und niemanden sehen könne.

Die zermürbenden Auswirkungen ihrer ständigen Differenzen auf ihre Ehe zeigten sich auf verschiedene Weise. Gegen Ende 1972, als die ›Christina‹ in Florida ankam, wechselten Jackie und Ari kaum noch ein Wort. Jackie hatte ihre Kinder nach Palm Beach gebracht, wo sie Rose Kennedy ihren halbjährlichen Besuch abstatteten.

Jackies Beziehung zu ihrer einstigen Schwiegermutter hatte sich verschlechtert, und deshalb verbrachte sie die Nächte an Bord der ›Christina‹, die vor Lake Worth ankerte. Onassis mußte regelmäßig ein kleines Motorboot zum Kai schicken, um seine Frau abholen zu lassen.

Eines Nachmittags bat sie Roses Leibwächter, sie zum Sailfish Pub in der Nähe des Kais zu fahren, damit sie das Boot erreichen konnte. »Tut mir leid, Mrs. Onassis«, erwiderte der Sicherheitsbeamte, »aber Mrs. Kennedy hat mich beauftragt hierzubleiben und sie später zur Worth Avenue zu bringen.«

»Es dauert ja nur ein paar Minuten. Sie werden rechtzeitig zurück sein.«

»Sie hat mir ausdrücklich untersagt, wegzugehen.«

»Das ist mir egal. Ich hab's eilig, und ich will sofort aufbrechen.«

»Das kann ich nicht, Mrs. Onassis. Soll ich Ihnen ein Taxi rufen?«

»Rufen Sie lieber eins für sich selber«, fauchte Jackie, »Sie sind nämlich gefeuert.«

Rose Kennedy hatte draußen gestanden und das Gespräch offenbar mitgehört. Nun stürmte sie herein und herrschte Jackie an: »Du kannst ihn nicht feuern. Er ist *mein* Angestellter. Entweder du bestellst ein Taxi, oder du gehst zu Fuß.«

Jackie rief ein Taxi.

Die gespannte Atmosphäre auf der ›Christina‹ spiegelte die wachsende Disharmonie zwischen Ari und Jackie wider. In seinen unveröffentlichten Memoiren beschreibt Johnny Meyer eine bezeichnende Episode: »Zusammen mit etwa einem Dutzend anderer Gäste waren Sir John Louden und seine Frau zu einem Essen an Bord eingeladen. Louden, der Chef von British Petroleum, ist ein umgänglicher Bursche. Er kommt jedes Jahr nach Palm Beach, um dem Alltagsstreß zu entrinnen ... Er wirkt wie vierzig, seine Frau eher wie achtzig. An Deck waren zwei runde Tische für die Gäste aufgestellt worden. Jackie saß an dem einen, Ari am anderen. Lady Louden hatte an Aris Tisch Platz genommen. Sie fror und fragte, ob man den Tisch in die Kabine stellen könne. Ari verneinte dies ... aber er ließ von zwei Stewards eine Decke bringen. Die übergab er Sir John. ›Hier‹, witzelte Ari, ›ich habe eine Decke für Ihre Mutter.‹ Später sagte Jackie zu mir: ›Am liebsten wäre ich in den Swimming-pool gefallen.‹«

Jackie ärgerte sich so heftig über das rüde Benehmen ihres Mannes, daß sie die ›Christina‹ noch an jenem Abend verließ und mit ihren Kindern vorübergehend zu Jayne Wrightsman zog. Aber sie kehrte bald zurück, und wenig später unternahm sie mit Ari eine Kreuzfahrt nach Sardinien zu Aga Khans Feriencamp für Millionäre und königliche Freunde. Prompt kamen Gerüchte auf, Jackie wolle Onassis wegen Aga Khan verlassen. Verächtlich fragte sie einen Reporter: »Was werden sich die Leute denn noch alles ausdenken?«

Am 26. Januar 1969 starb unter mysteriösen Umständen und im Alter von erst 47 Jahren der *Life*-Fotograf Mark Shaw, ein Freund von Jackie und Dr. Max Jacobson. Seine Familie behauptete, er sei in seinem New Yorker Apartment einem Herzversagen zum Opfer gefallen. Bei der Autopsie stellte sich jedoch heraus, daß seine inneren Organe voller Metamphetamin-Rückstände waren (Metamphetamin ist eine Form des Amphetamins), und Shaws Arme wiesen Spuren zahlreicher Injektionen auf.

Obwohl auch Pat Suzuki, seine frühere Frau, erklärte, Dr. Jacobson habe nichts mit dem Todesfall zu tun, ordnete das Rauschgiftdezernat eine Konfiszierung aller Rausch- und Betäubungsmittel, die sich in Jacobsons Besitz befanden, an und führte eine Ermittlung gegen seine Praxis durch. Drei Jahre später wurde in der *New York Times* ein ausführlicher Artikel über das Amphetamin veröffentlicht, mit dem Jacobson »die Stimmung berühmter Patienten gebessert« hatte.

Die Familie Kennedy begann sich zu sorgen. »Einige Tage nach dem Erscheinen des *Times*-Artikels setzten sich die Kennedys mit Max in Verbindung und baten ihn zu einer Besprechung in die Joseph P. Kennedy Foundation in New York«, berichtete Ruth Jacobson. »Sie fürchteten, er werde bei den Ermittlungen den Expräsidenten und die einstige First Lady erwähnen ... Aber ... er versicherte ..., er werde das Vertrauen des verstorbenen Präsidenten ... niemals mißbrauchen.«

In seiner unveröffentlichten Autobiographie hat Jacobson die Ereignisse festgehalten, die dem Entzug seiner ärztlichen Zulassung durch die New Yorker Generalstaatsanwaltschaft vorausgingen. Jacobson schreibt: »Am 28. Mai 1973 rief Jackies Freund Chuck Spalding bei mir an und erklärte, er müsse mich unbedingt sehen ... Am nächsten Nachmittag ... läutete ich an seiner Wohnungstür. Chuck begrüßte mich und erklärte: ›Da ist jemand, der Sie sehen will.‹ Plötzlich wurde ich von diesem ›Jemand‹ umarmt und geküßt — es war Jackie. Chuck führte uns in ein Zimmer und entschuldigte sich.« (An dieser Stelle sollte der Vollständigkeit halber erwähnt werden, daß Spalding abstritt, ein solches Treffen arrangiert zu haben. Mrs. Ruth Jacobson trat den Gegenbeweis an, indem sie Notizen von Telefonaten, Tagebücher, Terminkalender und Max Jacobsons Autobiographie vorlegte. »Als Chuck in der Praxis anrief, war ich es, mit der er sprach«, erklärte sie. »Ich notierte das Gespräch im Terminkalender... Max ist tot, aber ich bin immer noch da, um die Wahrheit zu bezeugen.«)

»Jackie erklärte, sie bedaure die unfaire Publicity, die mir in der Presse zuteil werde«, so Jacobson, »und ich sagte: ›Sie sollten besser als sonst jemand wissen, was ich für John getan habe.‹ Ich erinnerte sie daran, daß ich sie bei ihrer Paris-Wien-London-Reise begleitet hatte, und wie gut JFK trotz des enormen Drucks all die Besprechungen durchstand, ebenso bei zahlreichen anderen Gelegenheiten ... und daß ich nie irgendein Honorar erhalten hatte ... Bald erfuhr ich, für wen die Angelegenheit so wichtig war. Jackie fragte, was ich beim Verhör sagen würde, falls das Weiße Haus zur Sprache kommen sollte. Ich versicherte ihr, es gebe keinen Grund zur Sorge — ärztliche Ethik und Diskretion seien in den letzten fünfzig Jahren ein Teil meines Lebens gewesen. Daran wolle ich auch jetzt nichts ändern. Mein Gewissen sei rein. Ich hätte nichts zu verbergen.«

Jacobson ließ Jackie wissen, daß er sich angesichts der hohen Verfahrenskosten in Geldnöten befinde. »Sie erwiderte: ›Keine Angst, dafür soll gesorgt werden.‹ Nach dieser zweistündigen Unterredung fühlte ich mich sehr erleichtert und ging in gehobener Stimmung nach Hause. Doch die versprochene Hilfe traf niemals ein.«

Am 25. April 1975, nach zweijährigen Verhören und der Fertigstellung eines fünftausend Seiten langen Protokolls mit Zeugenaussagen, wurde Max Jacobson die Lizenz entzogen. Dies war, wie seine Frau meinte, die eine Enttäuschung. »Jackie Onassis war die zweite ... Ich finde es befremdend, daß sie Max um Hilfe gebeten und diese erhalten, ihm dann ihre finanzielle Unterstützung zur Deckung seiner Anwaltskosten zugesagt hat und dann niemals etwas von sich hat hören lassen.«

Max hingegen stand zu seinem Versprechen. Das geht daraus hervor, daß das Weiße Haus während der zwei Jahre dauernden Verhandlungen nur ein einziges Mal zur

Sprache kam. Danach ließ man das Thema rasch wieder fallen. »Doch wo war Jackie während und nach dieser ganzen Zeit?« fragte Mrs. Jacobson. »Wo bleibt die versprochene Hilfe? Ich warte immer noch darauf, ebenso wie Max. Schließlich brachte ihn das Verfahren um. Er starb fünf Jahre, nachdem ihm seine Zulassung entzogen worden war.«

33

Athen, der 22. Januar 1973. Der Lärm zertrümmerten Geschirrs am Ziegelkamin einer Taverne, in der Alexander Onassis seinen vierundzwanzigsten Geburtstag feierte, war eben erst verklungen, da erhielt Ari in New York die Nachricht von einem Flugzeugabsturz, bei dem sein Sohn schwere Kopfverletzungen erlitten hatte. Der bewußtlose Alexander wurde ins Rote-Kreuz-Krankenhaus in Athen gebracht. Die beiden anderen Besatzungsmitglieder an Bord der Maschine waren zwar auch verletzt, schwebten aber nicht in Lebensgefahr.

Alle, die Aristoteles Onassis am nächsten Tag auf dem Kennedy Airport sahen, erschraken über sein Aussehen. Über Nacht schien er um Jahre gealtert zu sein — bleich, das Haar stärker ergraut und die Augen glasig und gerötet. Jackie begleitete ihn. Sie hatte veranlaßt, daß ein bedeutender Bostoner Neurochirurg mitkam. Ein Herzspezialist aus Dallas war bereits nach Athen unterwegs, in London hatte man ein Flugzeug für einen britischen Gehirnspezialisten gechartert.

Als Ari, Jackie und der Bostoner Neurochirurg ihr Ziel erreichten, hatte sich Alexanders Zustand verschlechtert. Im Krankenhaus erfuhr Onassis von den Ärzten, sein Sohn sei bereits klinisch tot, obwohl das Herz immer noch schlage.

Rasch füllte sich der Korridor des Krankenhauses. Tina, Alexanders Mutter, kam mit Stavros Niarchos aus der Schweiz, Christina aus Brasilien, wo sie eine Freundin besucht hatte, Fiona Thyssen aus London. Die drei Onassis-Schwestern kamen auch und stimmten in die Klagen der anderen mit ein. Nur Jackie zeigte keinerlei Anteilnahme, als könnte sie das schreckliche Schicksal eines jungen Mannes, der sie als seine persönliche Feindin betrachtet hatte, nicht betrauern.

»Alexander verachtete Jackie«, erinnerte sich Costa Gratsos. »Eines Abends im Maxim zogen die drei — Ari, Alexander und Jackie – über ein Showgirl her, das einen älteren Mann heiratete. Alexander wandte sich zu seiner Stiefmutter und fragte: ›Jackie, du findest es doch nicht schlimm, wenn ein Mädchen nur des Geldes wegen heiratet, oder?‹

Ari hatte seinem Sohn zwei Monate vor dessen Unfall versprochen, die Möglichkeiten einer Scheidung zu überdenken. Er war bereit, sich von Jackie zu trennen, ohne Rücksicht auf die damit verbundenen Kosten oder Konsequenzen.

Dann kam es zu der Tragödie ... Alexanders Tod vernichtete Ari, er wollte nicht mehr leben. Die sterblichen Überreste seines Sohnes wurden nach Skorpios gebracht und neben der kleinen Kapelle bestattet. Das Begräbnis hindurch stand Ari wie in tiefer Trance. Irgendwie fühlte er sich für den Flugzeugabsturz verantwortlich. Auch er hätte an Bord sein können, und er glaubte an einen Sabotageakt, der nicht seinem Sohn, sondern ihm selbst gegolten hatte. Für jeden, der beweisen konnte, daß Alexander ermordet worden war, setzte er eine Belohnung von einer Million Dollar aus. Er war überzeugt, seine Feinde hätten dieses abscheuliche Komplott ausgeheckt, und es war unmöglich, ihn von dieser Idee abzubringen. Als Jackie versuchte, ihm das alles auszureden, wurde er nur wütend. Und je bereitwilliger Christina und seine Schwestern seine vagen Verdächtigungen nachbeteten, desto empörter reagierte er auf Jackies Weigerung, seine Überzeugung zu teilen.

In diesem Fall hielt ich zu Jackie, und das sagte ich Ari auch. Da entgegnete er: ›Sie wollte sich auch nicht der Meinung anschließen, daß John F. Kennedy das Opfer einer Verschwörung war, was für mich feststeht.‹ — ›Nein, Ari‹, widersprach ich. ›Sie hat die Möglichkeit einer Verschwörung nie bestritten, sie sagte nur, das Wissen um eine solche Verschwörung würde wenig nützen und Kennedy nicht lebendig machen. Die Frau hat ihre Fehler, aber du darfst ihr nicht vorwerfen, daß sie es ablehnt, sich mit

Hypothesen zu befassen.‹ Jackie ist ein Augenblicksmensch. Was sie sehen, berühren und hören kann, ist für sie wahr.«

Onassis beauftragte den französischen Journalisten Jacques Harvey, die Umstände des Flugzeugabsturzes zu untersuchen. »Er bezahlte mir viel Geld«, berichtete Harvey. »Ich wühlte überall herum und interviewte tausend gestörte Seelen, die voller bösartiger, halb ausgegorener Geschichten steckten. Schließlich erklärte ich Onassis, der Absturz sei nach meiner Ansicht ein Unfall gewesen. Nur Gott sei dafür verantwortlich.

Alexanders Tod erzeugte in Onassis eine Abneigung gegen die Olympic Airways und gegen das Fliegen überhaupt. Bald begann er mit der griechischen Regierung zu verhandeln, um ihr die Fluglinie zu verkaufen. Und die Regierung nutzte seine Schwäche. Der Tarzan aller Konferenzzimmer war so klein wie eine Maus geworden. Schließlich veräußerte er die Fluggesellschaft im Namen seiner Familie für einen Bruchteil ihres Wertes.

Nach seiner persönlichen Tragödie wurde er auch noch mit geschäftlichen Problemen konfrontiert — mit einem Anstieg der Ölpreise, einem Konsumrückgang, einer Überproduktion von Tankern, einem Zinsanstieg. Als der Plan fehlschlug, eine Flotte von Supertankern und eine Ölraffinerie in New Hampshire zu bauen, verlor er eine ganze Menge Geld.

Außerdem glaubte er, daß er von seiner Frau nach Strich und Faden ausgenommen wurde. Er hatte das Gefühl, daß sie seine Trauer um Alexander und seine Verzweiflung nicht teilte. Diese Überzeugung, ob sie nun richtig oder falsch war, erzeugte Spannungen und Kummer. Er war ein sehr verbitterter Mann und fühlte sich äußerst schlecht ... was sich offenbar auf seine Ehe auswirkte.«

Auch Helene Gaillet, mit der Onassis eine Woche vor Alexanders Tod zu Abend gegessen hatte, beobachtete seinen Gram. Sie rief ihn auf Skorpios an und fragte, ob er Gesellschaft haben wolle. »›Natürlich‹, sagte er. ›Wann kommst du?‹ — ›Wie wär's mit morgen?‹ fragte ich ... Am nächsten Tag flog ich nach Glyfada und verbrachte die Nacht bei Christina und einer von Aris Schwestern, bevor mich ein Hubschrauber nach Skorpios brachte. Der Landeplatz liegt auf einem Berggipfel. Ari holte mich mit einem Jeep ab und fuhr mich — ganz langsam, weil er nicht gut sah — um die Insel herum. In der nächsten Woche sprachen wir oft über seinen Sohn, und er führte mich zu der Kapelle, wo Alexander begraben liegt ... Ich glaube, nach dem Tod seines Sohnes hing Ari nicht mehr an seinem Leben ... Er war mit nichts mehr zufrieden, sein Herz schien gebrochen, weil er nichts mehr für seinen Sohn tun konnte ... Er begann das Interesse an der Welt zu verlieren und aufzugeben ... Nach ein paar Tagen traf Jackie ein. Weitere Gäste kamen, darunter der britische Botschafter in Spanien, Sir John Russell, seine Frau und seine beiden Kinder. Zu jenem Zeitpunkt hatte Ari offenbar nichts an seiner Frau auszusetzen. Falls es Spannungen gab ... sah ich sie nicht. Aber ich suchte auch nicht danach.«

Helene Gaillet kehrte nach New York zurück, und Jackie wandte sich an einen ihrer alten Freunde, Pierre Salinger, und bat ihn, Ari aufzuheitern. Salinger hatte gerade begonnen, für *L'Express* zu arbeiten, als sie ihn anrief. »Bitte, Pierre, tun Sie mir einen Gefallen. Ich komme nach Paris. Holen Sie mich vom Flughafen ab. Ari ist so unglücklich über den Tod seines Sohnes. Ich finde, er sollte sich mit einer Kreuzfahrt ablenken, und ich möchte, daß Sie mitkommen.«

»Wir flogen mit der Olympic nach Dakar«, entsann sich Salinger, »und fuhren zehn Tage lang mit der ›Christina‹ über den Atlantik nach Trinidad. Ari stand täglich gegen Mittag auf, schwamm im Pool, aß, und dann verbrachten wir den Nachmittag und den Abend gemeinsam. Er konnte schlecht schlafen. Nachts führte er Dutzende internationaler Telefongespräche. Ehrlich gesagt, ich genoß seine Gesellschaft. Er verstand es erstaunlich gut, Geschichten zu erzählen. Die Politiker haßte er, insbesondere Franklin Delano Roosevelt. Nach dem Dinner trank er Ouzo und sang die nostalgischen griechischen Lieder, die er so liebte.

Er wirkte schwermütig, aber ... seine tiefsten, düstersten Gedanken behielt er für sich.«

Einen Teil des Sommers 1973 verbrachten Jackie und Ari auf Skorpios. Gratsos zufolge beklagte sich Jackie über alles und jedes: Sie langweilte sich, haßte das Essen und fand keine Freude an ihrer Gesellschaft. Die Hausgäste ihres Mannes (darunter William P. Tavoulas, Präsident der Mobil Oil Corporation) ignorierte sie praktisch und vertrieb sich die Zeit im Privatkino. Wenn sie ihren Willen nicht durchsetzen konnte, schmollte sie. Immer wieder kritisierte sie ihren Mann in Gegenwart der Kinder und unterminierte damit seine Versuche, ihnen den Vater zu ersetzen, worum er sich von Anfang an aufrichtig bemüht hatte. Meistens versank sie in kaltes, aggressives Schweigen, beachtete Ari kaum und tat ihr Bestes, um ihm aus dem Weg zu gehen.

Die wachsenden Spannungen ergaben sich vor allem aus Jackies Unfähigkeit, die Leidenschaftlichkeit von Aris griechischer Familie nachzuempfinden — erstens wegen der Intensität dieser Gefühle, zweitens, weil sie sich als Außenseiterin fühlte. Sie war mehr eine Kennedy als eine Onassis, mehr eine Bouvier als eine Kennedy. Sie unterdrückte allen Schmerz, während Ari ihn auslebte. Zum Beispiel begriff sie nicht, warum er mitten in seiner tiefsten Verzweiflung seine Exfrau Tina und deren Mann, seinen Feind Stavros Niarchos, nach Skorpios einlud, damit sie seinen Kummer teilten. Jackie konnte die symbolischen Beziehungen zwischen den reichen griechischen Familien nicht verstehen, und sie wollte es auch gar nicht.

Im November 1973 war sie an den Veranstaltungen beteiligt, die anläßlich des zehnten Jahrestages von John F. Kennedys Ermordung stattfanden. Diese Beschäftigung machte sie blind für die deutlichen Anzeichen einer Krankheit, die Aris Gesundheit zusehends zerstörte. Er nahm ab, fühlte sich lustlos, und sein linkes Augenlid hing herab. Anfang Dezember flog er nach New York, um einen Spezialisten aufzusuchen, der ihn zur Beobachtung ins Lennox Hill Hospital schickte. Dort quartierte sich Onassis unter dem Namen ›Philipps‹ ein. Nach einer Woche verließ er die Klinik wieder, ohne irgend jemandem zu erzählen, daß er an Myasthenie litt, einer seltenen Muskelschwäche, über die die Ärzte relativ wenig wußten. In der *New York Post* erschien sein Foto mit der Überschrift: »Onassis hat einen Schlaganfall erlitten.« Das traf nicht zu, obwohl die Symptome darauf hinzudeuten schienen. Costa Gratsos vertraute er an: »Die Ärzte raten mir immer wieder zu einer Operation, wollen aber für nichts garantieren. Welchen Sinn hätte es dann?«

Cratsos und andere aus Aris Umfeld merkten, wie wenig sich Jackie um den Zustand ihres Mannes sorgte. Ihren Flug von Skorpios nach New York unterbrach sie in Paris, wo sie exzessive Einkäufe erledigte. In New York wanderte sie durch Bloomingdale's und gab mehrere tausend Dollar aus, um Haushaltsgegenstände für ihre Villa in New Jersey zu erwerben.

Susan Panopoulos wurde Lynn Alpha Smiths Nachfolgerin als Privatsekretärin von Gratsos. »Ich war nur eine Angestellte«, berichtet sie, »aber ich merkte, was da vorging. Im Grunde das gleiche wie vor meiner Ankunft — Rechnungen, Geschrei, viel Getuschel im Büro.«

Jackie überredete ihren Mann dazu, den Jahreswechsel mit ihr in Acapulco zu verbringen. Sie behauptete, die Sonne und das angenehme Klima würden ihm guttun. In seinem Privatjet flogen sie nach Süden. Sobald sie angekommen waren, stritten sie, weil Jackie ihn drängte, ihr ein Haus in Acapulco zu kaufen. Onassis lehnte das entschieden ab und ärgerte sich über ihre Bitte — immerhin war er in letzter Zeit mehr als großzügig gewesen. Als sie am 3. Januar 1974 nach New York zurückflogen, zankten sie sich immer noch. Jackie nannte Ari »undankbar« und erklärte, sie wolle sein »gottverdammtes Geld« gar nicht.

»In diesem Fall wirst du nicht enttäuscht werden«, erwiderte er. Er beschloß, auf dem Rückflug nach Manhattan sein Testament zu ändern und setzte sich auf einen Platz im hinteren Teil der Maschine. Dem griechischen Gesetz

Auf dem Weg zur Beerdigung von Onassis führt Jackie die schmerzgezeichnete Christina energisch durch das Blitzlicht der Reporter zum wartenden Wagen. Im Hintergrund Edward Kennedy, der Christina wenige Minuten später auf die Erbschaftsregelung ansprechen wird und damit eine langwierige Kette von Prozessen einleitet. *(Bilderdienst Süddeutscher Verlag)*

Jackie vor dem Archäologischen Museum in Athen. *(Pandis/K. Teocharis)*

Jackie 1975 im New Yorker Zentrum für Fotografie. *(Pandis)*

Jackie mit ihrer Schwester Lee 1962 in der Tür des Hauses der Radziwills in London. *(dpa)*

Lee Radziwill mit ihrem Mann beim Verlassen ihrer Londoner Wohnung, 1963. Sie befinden sich auf dem Weg in die USA, um an der Beisetzung John F. Kennedys teilzunehmen. *(Keystone Pressedienst)*

Rose Kennedy mit ihrer Enkelin Caroline. *(Pandis/London News Service)*

Von links: John F. Kennedy Jr., Edward Kennedy, Caroline Kennedy und Jackie 1980 bei einer Examensfeier in Cambridge. *(dpa)*

Caroline 1976 als Fotoreporterin. *(Pandis)*

Jackie und Caroline kurz vor Carolines Hochzeit. *(Pandis)*

Hochzeit von Caroline Kennedy und Ed Schlossberg, 1986. *(AP/Wide World)*

John F. Kennedy Jr. *(AP/Wide World)*

Jackies Enkelin Rose wurde 1988 geboren. Neben Caroline Edward Kennedy, im Hintergrund Ed Schlossberg. *(New York Post/Paul Adao)*

Jackie und Lord Harlech im November 1967 in Kambodscha. *(AFP/dpa)*

entsprechend schrieb er mit der Hand seinen letzten Willen nieder. Christina setzte er als Haupterbin ein, aber das Schriftstück begann mit einer Huldigung an seinen toten Sohn. In Alexanders Namen sollte eine kulturelle Stiftung gegründet werden, was seltsam erscheint, da der junge Onassis an einem Pariser Gymnasium durchs Abitur gefallen war und nicht das geringste Interesse an Kunst und Literatur gezeigt hatte.

Das Problem Jackie war schnell gelöst. »Nachdem ich für meine Frau Jacqueline Bouvier bereits gesorgt und eine schriftliche Vereinbarung mit einem Notar in den USA getroffen habe, der zufolge sie ihr Recht auf meinen Besitz aufgibt, begrenze ich den Anteil für sie und ihre beiden Kinder John und Caroline.« Er sah ein lebenslanges Einkommen von jährlich zweihunderttausend Dollar für Jakkie vor, während die Kinder bis zu ihrem einundzwanzigsten Geburtstag fünfundzwanzigtausend Dollar pro Jahr erhalten sollten. Onassis traf auch Vorkehrungen für den Fall, daß seine Frau das Testament anfechten sollte. Wenn das geschehen würde, sollten die Testamentsvollstrecker »und der Rest meiner Erben ihr ein Recht auf mein Vermögen mit allen Mitteln und ohne Rücksicht auf die Kosten, die aus meinem Nachlaß zu bestreiten wären, verweigern.«

Das Testament bezog sich auf den Vertrag, den Ari vor seiner Ehe mit Jackie geschlossen hatte und der Ari berechtigte, Jackies Erbe auf ein Minimum zu beschränken. Dafür bedachte er neben seiner Tochter auch seine anderen Verwandten sowie seine Angestellten — darunter Chauffeure, Köche, Hausmädchen und Butler — mit beträchtlichen Summen.

Er schrieb immer noch an seinem Testament, als die Maschine in West Palm Beach landete, um aufzutanken. Einige Minuten später wurden Jackie und Ari im Flughafencafé gesehen, wo sie Schinken, Salat und Tomatensandwiches aßen. Dieser einträchtige Snack war ein Täuschungsmanöver für die Öffentlichkeit. Sobald Onassis ins Flugzeug zurückgekehrt war, fuhr er da fort, wo er aufgehört hatte. »Meine Frau und meine Tochter können meine Jacht

›Christina‹ zum persönlichen Gebrauch behalten, wenn sie das wünschen«, schrieb er. Falls sich die Instandhaltungs- und Betriebskosten als zu hoch erwiesen, sollte das Schiff der griechischen Regierung übergeben werden. Eine ähnliche Verfügung traf er für Skorpios, verband damit aber die Bedingung, daß dreißig Morgen Land rings um das Grab seines Sohnes unangetastet blieben. In beiden Fällen — was die Jacht und die Insel anging — vermachte er Jackie einen Anteil von einem Viertel, während er Christina die restlichen fünfundsiebzig Prozent überschrieb. Eine zusätzliche Kränkung für Jackie bestand darin, daß er »Athina née Livanos-Onassis-Blandford-Niarchos, die Mutter meines Sohnes Alexander«, zur obersten Testamentsvollstreckerin ernannte.

Als er in New York eintraf, waren Aris Mitarbeiter entsetzt über seine Verfassung. »Die Blässe seiner Haut war zu einem dunklen Grau geworden«, erinnerte sich Costa Gratsos. »Und er sprach so undeutlich, daß man ihn kaum verstand. Er erzählte mir von seiner neuesten Auseinandersetzung mit Jackie. ›Ich hab's ihr gegeben‹, sagte er.«

Johnny Meyer bekam von seinem Chef den Auftrag, einen Privatdetektiv zu engagieren, um Jackie beschatten zu lassen. Außerdem lieh sich Meyer die erforderlichen Geräte, um ihr Telefon anzuzapfen. Ari hoffte, gute Voraussetzungen für eine Scheidung zu haben, wenn sie mit einem anderen Mann ertappt wurde. Sein Banker, George Moore, und zwei oder drei Anwälte hatten ihm erklärt, ohne ein solches Beweismaterial wäre eine Scheidung äußerst kostspielig. Jackie würde versuchen, die voreheliche Vereinbarung anzufechten, wahrscheinlich mit Erfolg.

Während einer Amerika-Tournee im April ließ sich Maria Callas von Barbara Walters für eine ›Today‹-Sendung interviewen. Sie bezeichnete Onassis als »die große Liebe meines Lebens« und fügte hinzu: »Die Liebe ist viel schöner, wenn man nicht verheiratet ist.« Auf die Frage, ob sie Ressentiments gegen Mrs. Onassis hege, antwortete die Callas: »Warum sollte ich? Aber ich wäre natürlich sehr böse, wenn sie Mr. Onassis schlecht behandeln würde.« Inzwischen war Ari zu der Kreuzfahrt aufgebrochen, die seine letzte werden sollte. Seine Ziele waren Monte Carlo, das östliche Mittelmeer und der Nahe Osten. Seine Tochter Christina begleitete ihn. Inzwischen hatte sie begonnen, sich mit den Geschäften ihres Vaters vertraut zu machen, und in New York für ihn gearbeitet. Er versuchte, dem Leben seiner Tochter einen Inhalt zu geben, indem er sie veranlaßte, in die Fußstapfen ihres verstorbenen Bruders zu treten, und sie zur künftigen Partnerin und eventuellen Nachfolgerin erzog.

In Monte Carlo lud er Fürst Rainier und Fürstin Gracia zu einem Dinner an Bord ein. Während sich Christina und Gracia nach dem Essen unterhielten, ließ sich Ari zu einem unglückseligen Streit mit seinem ehemaligen Freund hinreißen. Müde und trotzdem kampflustig, konnte er nicht aufhören, von den fünfziger Jahren zu reden, als der Fürst ihn gezwungen hatte, seine Anteile an der Société des Bains de Mer zu verkaufen, die die Bank von Monte Carlo kontrollierte. Ehe der Fürst und die Fürstin die Jacht verließen, wurden zwar noch einige versöhnliche Worte gesprochen, aber der Bruch zwischen ihnen war erneut sichtbar geworden. Später erzählte Rainier der Presse: »Es war alles sehr traurig. Daß jemand so weit gekommen war und mit gebrochenem Herzen und krank an Bord dieser riesigen Jacht enden mußte, nur mit seiner Tochter als Gesellschaft, erschien schon fast als ungerecht.«

Jackie traf sich mit Ari in Madrid. Der Journalist Paul Mathias sah das Paar in einem Nachtclub. »Jackie benahm sich, als hätte sie keinerlei Sorgen, erprobte ihre Geschicklichkeit an Kastagnetten und lockte ihren widerstrebenden Mann sogar auf die Tanzfläche, wo er sich wie ein verwundetes Tier bewegte. Sie war die Herrin, er ganz eindeutig ihr Sklave.«

Christina und Jackie verstanden sich schlechter denn je. Die einstige First Lady ließ keine Gelegenheit aus, die Tischmanieren ihrer Stieftochter zu kritisieren. »Allerdings störte es Christina noch mehr, daß Jackie auch Aris Tischsitten bemängelte«, berichtete Costa Gratsos. »Jackie behauptete, er schlürfe seine Suppe, stütze seine Ellbogen auf den Tisch und schlinge sein Essen zu schnell hinunter. Schließlich weigerte sie sich, die Mahlzeiten gemeinsam mit ihm einzunehmen.«

Außerdem beanstandete Jackie, daß sich Christina zu viel herumtrieb und von Playboy zu Playboy flatterte, ohne eine ernsthafte Bindung einzugehen. Christinas neuestes Interesse galt Mick Flick, dem jungen Daimler-Benz-Erben. Bei den Frauen des internationalen Jet-sets sehr beliebt, mochte er Christina, beabsichtigte aber keineswegs, sie zu heiraten. In einem Augenblick der Aufrichtigkeit (und der Grausamkeit) erklärte er ihr, er ziehe große, schlanke Blondinen mit langen Beinen vor. Daraufhin ließ sie sich ihr Haar blond färben. Gegen ihre fleischigen Beine und ihre dicken Knöchel konnte sie aber nichts tun. Eines Tages wurde sie bewußtlos in ihrem Londoner Apartment gefunden und unter dem Namen Miss A. Danoi ins Middlesex Hospital gebracht. Nicht zum erstenmal hatte sie eine Überdosis Schlaftabletten geschluckt.

Statt Jackie um Beistand zu bitten, wandte sich Ari an seine frühere Frau. Tina flog von Paris nach New York, um sich ihrer Tochter anzunehmen. Nachdem sich Christina verhältnismäßig rasch erholt hatte, erneuerte sie zu Aris Freude ihre Freundschaft mit Peter Goulandris und verkündete einige Monate später ihre Absicht, ihn zu heiraten. Die Hochzeit sollte jedoch nie stattfinden.

Während Christina unter häufigen Stimmungsschwankungen litt, hatte ihre Mutter noch ernstere Probleme. Sie war tablettensüchtig und nahm in großen Mengen Schlaf- und Beruhigungsmittel, um gegen die Schlaflosigkeit anzukämpfen, die sie seit dem Tod ihres Sohnes plagte. Am Morgen des 10. September 1974 wurde ihre Leiche in Niarchos Pariser Residenz gefunden. Ein Arzt führte Tinas Tod auf ein Lungenödem zurück. Obwohl sie so rätselhaft und unerwartet wie ihre Schwester gestorben zu sein schien, bestätigten die Ergebnisse der Autopsie die ursprünglich festgestellte Todesursache.

Die Schuld an dem plötzlichen Tod ihrer Mutter gab Christina eindeutig Jackie. In seiner Biographie *Jacqueline Bouvier Kennedy Onassis* erklärt Stephen Birmingham Christinas hysterische Reaktion: »Ein gewisser abergläubischer Zug, Erbteil ihrer bäuerlichen smyrnaischen Herkunft, brachte Christina zu der Überzeugung, irgendeine unheimliche Macht müsse mit all diesen Todesfällen zusammenhängen — erst ihre Tante, dann ihr Bruder, jetzt ihre Mutter. Es mußte Jackie sein, die dieses Unglück über die Familie brachte und ›alles unterminierte‹, wie Alexander es prophezeit hatte. Christina kam es so vor, als töte Jackie alles Leben ab, das sie berührte. Sie war der Todesengel. Diese schreckliche Überzeugung war um so stärker, als Christina sehen konnte, daß auch ihr Vater sterben würde.«

»Christina war außer sich«, bestätigte Costa Gratsos. »Sie hatte das Gefühl, daß die Schuld irgendwie bei Jackie zu suchen war. Der Tod war niemals fern von der ›Schwarzen Witwe‹, wie Christina sie jetzt nannte ... Auch an John und Robert Kennedy denkend, fürchtete sich Christina vor Jackie. Sie glaubte, diese Frau habe magische Kräfte.«

Onassis kehrte ins New Yorker Lenox Hill Hospital zurück, um sich wieder untersuchen zu lassen, während Jakkie mehrere luxuriöse Einkäufe unternahm. Schließlich besuchte sie ihren Mann im Krankenhaus und sah, daß sein Gesicht auf das Doppelte seines Normalumfangs angeschwollen war, ein Resultat der hohen Cortisondosis, die ihm die Ärzte verordnet hatten. Während einer ihrer Besuche in der Klinik versetzte Jackie ihren Mann in helle Aufregung, was sein Arzt als ›Cortison-Wut‹ bezeichnete.

Wie sehr sich Ari und Jackie auseinandergelebt hatten, bezeugte auch die griechische Verlegerin Helen Vlachos, die Onassis während seiner Jahre mit Maria Callas gut kannte. »Nachdem er Jackie geheiratet hatte, traf ich ihn seltener. Und ich sah ihn nie mit ihr zusammen. Einmal besuchte sie Mykonos, zusammen mit ihrer Schwester Lee. Wir gaben eine sehr kleine Party, weil Jackie nicht zu viele Leute um sich haben wollte. Ein andermal war ich zum Dinner in ihrem New Yorker Apartment eingeladen, und Ari ließ sich wiederum nirgends blicken. Er wurde auch nicht erwähnt. Jackie war eine schöne Frau und immer nett zu mir, aber ich fand sie sehr affektiert; sie war kein bißchen natürlich — ständig sprach sie mit dieser leisen höflichen Stimme. Warum sie Ari geheiratet hatte, lag klar auf der Hand — wegen seines Geldes. Warum sonst? Er war charmant, doch das genügte nicht.«

34

Als er aus Lenox Hill entlassen wurde, beschloß Onassis, seine Ehe zu beenden. Jackies Herrschaft war vorbei. Der Privatdetektiv und die Abhöraktionen hatten keine brauchbaren Ergebnisse erbracht — ihre außerehelichen Aktivitäten beschränkten sich auf Lunches und Dinners, die sie in männlicher Begleitung einnahm, und harmlose Besuche von Nachtlokalen. Ari erkannte, daß er eine andere Taktik anwenden mußte, um eine erfolgreiche Scheidung zu erwirken.

Er traf sich mehrmals mit seinem Anwalt Roy Cohn, erst im ›21‹, dann im El Morocco. »Was ihn am meisten erzürnte, war Jackies Gewohnheit, an jedem Monatsende ihr Hausmädchen und Nancy Tuckerman in sein Büro zu schicken, damit sie Rechnungen für ›lebenswichtige Dinge‹ vorlegten, zu denen etwa zweihundert Paar Schuhe gehörten, die Jackie bei einem einzigen Ladenbesuch zu einem Gesamtpreis von sechzigtausend Dollar gekauft hatte«, erzählte Cohn. »Er warf diese Rechnung auf den Tisch und griff sich an die Kehle. ›Ich hab's bis hier‹, sagte er. ›Ich verstehe sie nicht. Sie tut nichts anderes als Geld ausgeben, Geld ausgeben, Geld ausgeben — und sie ist nie am selben Ort wie ich. Wenn ich in Paris bin, ist sie in New York. Wenn ich nach Skorpios fliege, fliegt sie nach London.‹

Ari erklärte allerdings, über Jackies Reisen und die ständigen Trennungen würde er sich nicht so bitter beklagen wie über ihre Geldausgaben. ›Ich bin ein steinreicher Mann‹, bemerkte er, ›aber es fällt mir immer noch schwer zu begreifen, warum ich eine Rechnung für zweihundert Paar Schuhe bekomme. Es ist gewiß nicht so, daß ich ihr kein großzügiges Konto für dergleichen zur Verfügung stellen würde — das tue ich. Doch die Schuhe sind nicht der einzige Posten. Sie bestellt dutzendweise Handtaschen, Kleider, Morgenröcke und Mäntel — mehr als genug, um ein Spezialgeschäft in der Fifth Avenue damit zu bestücken. Diese Frau hat keine Ahnung, wann sie aufhören müßte, mein Geld zu verschleudern. Ich hab sie satt, und ich will mich scheiden lassen.‹

Nach einer Pause kam er auf den vermutlich wahren Grund zu sprechen, warum er die Trennung wünschte — es war nicht ihre Verschwendungssucht, die er sich leisten konnte, sondern ihre Kaltherzigkeit. ›Sie ist nie bei mir‹, sagte er traurig. ›Wir verkehren in verschiedenen Kreisen. Wo immer ich sein mag, sie ist anderswo. Wenn sie ins Elaine's, ins Le Cirque, in den Perian Room, ins Lincoln Center oder ins Metropolitan Museum of Art geht, sitze ich allein in Paris ... Sie will nur mein Geld, aber nicht mich.‹

In allen Einzelheiten besprach er seine Absicht, die Scheidung als großes Überraschungsmanöver zu inszenieren, ehe Jackie einen wirksamen Gegenangriff auf die Stelle starten konnte, wo er am verwundbarsten war — seine Brieftasche. Sie durfte keinen Wind von seinen Plänen bekommen, denn er fürchtete, sie könnte sonst einen größeren Teil seines Vermögens einheimsen, als dies bei einer Routinescheidung der Fall war. Er gestand, er habe im Vorjahr bei einer Kreuzfahrt in den Gewässern von Haiti versucht, sie zur Unterzeichnung eines Scheidungsabkommens zu überreden. Er habe ihr versprochen, sie vierundzwanzig Stunden später heimlich wieder zu heiraten. Eine Scheidung ohne die Vereinbarung von Unterhaltszahlungen würde der Öffentlichkeit klarmachen, daß sie nicht an seinem Geld interessiert sei. Natürlich hatte er nicht die Absicht, sie nach einer Scheidung wieder zu heiraten. Aber Jackie fiel nicht darauf herein; dafür war sie viel zu intelligent.

›Diesmal wird das Aktionszentrum nach Griechenland verlegt, wo ich für mich selber sorgen kann‹, fügte Ari hinzu. ›Aber es bedrückt mich, was sie mir in Paris, London und New York antun könnte, wo ich größere Gebäude besitze. Deshalb brauche ich Sie. In Paris und London habe ich bereits Anwälte engagiert, aber ich will jemanden wie Sie haben, der mich hier beschützt.‹«

Der Washingtoner Kolumnist Jack Anderson erinnerte sich an die Ereignisse, die ihn in das Scheidungsdrama verwickelten. »Ich erhielt ... einen Anruf von Onassis, der mich bat, nach New York zu kommen. Tatsächlich fragte er, wann ich demnächst hinfliegen würde, und ich erwiderte, in etwa zehn Tagen ... Er lud mich zum Lunch ein, und weil er eine publikumswirksame Persönlichkeit war, stimmte ich zu ... Mein Partner Les Whitten und ich landeten in New York. Am Flughafen wurden wir von einer Limousine mit Chauffeur erwartet, womit wir nicht gerechnet hatten ... Wir wurden zum La Caravelle gebracht. Onassis erwartete uns, mit seiner dunklen Brille. Beim Lunch beschuldigte er seine Frau aller möglichen verbrecherischen Geldverschwendungen, und da begann ich zu ahnen, warum er mich sprechen wollte. Nach dem Essen ging er mit uns in sein Büro in den kürzlich fertiggestellten einundfünfzig Stockwerke hohen Olympic Towers und überließ uns der Obhut einiger Mitarbeiter. Diese Burschen legten uns Rechnungen vor, die Jackie geschickt hatte, und brachten uns mit mehreren Leuten zusammen, die Jackies Verschwendungssucht bestätigen konnten ... Drei Tage lang prüften Les Whitten und ich die Informationsquellen und sahen verschiedenartiges Beweismaterial durch.

Die Resultate waren erschütternd. Unabhängig von ihrem beträchtlichen monatlichen Taschengeld kaufte Jackie regelmäßig die schickste Mode in New York und Paris ein. Sie wanderte mit den Kreditkarten ihres Mannes herum, und auch ohne Karten genügte sein Name, so daß sie überall anschreiben lassen konnte. Doch das war nur ein Teil des Geschäfts. Nachdem sie die Kleider erworben hatte, ging sie hin und verkaufte sie im Encore und in anderen Läden und steckte das Geld für sich ein.

Onassis wollte, daß ich seine Frau entlarvte. ›Stellen Sie Nachforschungen an, finden Sie heraus, was sie mit all diesem Extrageld macht!‹ beauftragte er mich.

Nachdem wir unsere Fakten überprüft und die Interviews beendet hatten und ehe wir die Story schrieben, riefen wir bei Jackie an, um zu fragen, ob sie dazu einen Kommentar abgeben wolle. Doch wir drangen nur bis zu Nancy Tuckerman vor. ›Mrs. Onassis wird solche Anschuldigungen nicht durch einen Kommentar aufwerten‹, sagte sie. Also veröffentlichten wir unsere Artikelreihe. Ich sah Onassis nie wieder. Er starb mehrere Monate nach unserer Begegnung.«

Bald nachdem Ari die Scheidung in die Wege geleitet hatte, kehrte er nach Athen zurück, um die Übergabe der Olympic Airways in die Hände der griechischen Regierung abzuschließen. Anfang Februar 1975 teilte man Jackie telefonisch mit, Onassis sei mit starken Schmerzen in der Brust zusammengebrochen. Inzwischen hatte die Krankheit auch sein Herz, die Lungen und die Leber angegriffen. Jackie setzte sich mit einem amerikanischen Kardiologen, Dr. Isidor Rosenfeld, in Verbindung. Er begleitete sie nach Athen, wo Ari von seinen Schwestern gepflegt wurde. Christina kam aus Gstaad, von einem Skiurlaub mit Peter Goulandris. Keines der Familienmitglieder, Jackie und Ari eingeschlossen, wollte den Ernst der Lage wahrhaben. Sie erschraken erst, als Dr. Rosenfeld kategorisch erklärte, Onassis müsse nach Paris geflogen und ins amerikanische Krankenhaus in Neuilly-sur-Seine gebracht werden, wo er die bestmögliche Behandlung erhalten würde.

Onassis weigerte sich zuerst, weil er überzeugt war, daß er diese Klinik nie mehr verlassen werde, wenn er erst einmal darin lag. Dr. Jean Caroli, Aris langjähriger Pariser Arzt, flog nach Athen und überredete ihn dazu, Dr. Rosenfelds Vorschlag zuzustimmen. Christina, Jackie, Aris Schwester Artemis und Dr. Caroli begleiteten den Patienten nach Frankreich.

Während des Fluges saß Caroli neben Onassis und versuchte, ihn mit heiterer Konversation zu unterhalten. Aber Ari wurde immer schwermütiger. Einer Aussage Jacques Harveys zufolge, wandte er sich zu Caroli und sagte, er fühle sich seinem toten Sohn Alexander sehr nahe. »Vor der Landung in Paris«, berichtete Harvey, »fragte er den Arzt: ›Professor, kennen Sie die Bedeutung des griechischen Worts *thanatos* — ›Tod‹? Sie wissen, daß ich die Klinik nicht lebend verlassen werde. Nun, dann müssen Sie mir zum *thanatos* verhelfen. Ich will nicht leiden. Lieber sterbe ich.‹«

Gegen den Rat der Ärzte bestand Onassis darauf, in seinem Apartment an der Avenue Foch zu übernachten. Erst am nächsten Morgen ließ er sich ins Krankenhaus bringen. Aschfahl und abgezehrt, mit vierzig Pfund Untergewicht, lehnte er es ab, sich auf eine Bahre zu legen, und betrat die Klinik aus eigener Kraft. Am Sonntag, dem 16. August, wurde ihm die Gallenblase entfernt. Obwohl ein Sprecher der Familie behauptete, der Patient würde sich ›gut erholen‹, versank er während der nächsten Wochen immer wieder in tiefe Bewußtlosigkeit und wurde mittels eines Atemapparats, einer künstlichen Niere und massiven Antibiotika-Infusionen am Leben gehalten.

Christina und Artemis wechselten sich am Krankenbett ab. Jackie hatte wenig zu sagen. Wenn sie ihren Mann auch täglich in der Klinik besuchte, so verzichtete sie deshalb keineswegs auf ihr gesellschaftliches Leben und ging an den meisten Abenden mit Freunden essen. Dadurch wurde sie Aris verzweifelter Familie keineswegs sympathischer. Christina weigerte sich, das Apartment in der Avenue Foch mit ihrer Stiefmutter zu teilen, und zog ins Hotel Plaza-Athénée. Im Krankenhaus beachteten sie einander kaum. Wann immer Jackie das Zimmer betrat, ging Christina demonstrativ hinaus.

Einen Tag nach der Gallenblasenoperation rief Jackie Dr. Henry Lax in seiner New Yorker Praxis an. Sie wollte ihn veranlassen, nach Europa zu kommen, doch er erklärte, er habe mit Aris behandelnden Ärzten telefoniert und könne nicht mehr für den Patienten tun als die Kollegen. »Sagen Sie ihm, er soll das Schiff nicht untergehen lassen«, bat Dr. Lax.

In der ersten Märzwoche rief Jackie ihn ein zweites Mal an und berichtete, der Zustand ihres Mannes scheine sich gebessert zu haben. Ob er glaube, daß sie sein Krankenlager für einige Tage verlassen und nach New York zurückkehren könne?

»Jackie«, antwortete der Arzt, »die ganze Welt beobachtet Sie. Bleiben Sie, wo Sie sind.«

Trotz dieser Warnung beschloß sie, für ein paar Tage nach Hause zu fliegen. Onassis versuchte nicht, ihr das auszureden, ebensowenig wie Christina, die annahm, ihre Stiefmutter würde nach dem Wochenende zurückkommen.

Johnny Meyer, Jackies unerschütterlicher Getreuer, verteidigt auch diesen Entschluß. »Jackie und ich sprachen mit dem Arzt«, schreibt er im Entwurf zu seinem Buch. »Er versicherte, dem Patienten gehe es besser. Man wollte mich nicht zu Ari lassen, also bestach ich eine Schwester, die mich in der Mittagspause, als alle Bewacher essen waren, ins Zimmer führte. Ari hatte Schläuche in den Armen und in der Nase und anscheinend auch im Kopf. Er konnte mir nur kaum merklich zuwinken. Aber der Arzt hatte behauptet, es gehe ihm besser, also flogen Jackie und ich nach Hause.«

Sie verließen Paris an einem Freitag. Am Montag rief Jackie Aris Schwester an und erfuhr, sein Zustand habe sich nicht verändert. Im Lauf der Woche fuhr sie in New Hampshire Ski. Mit Ari ging es rapide bergab, aber Jackie war telefonisch unerreichbar, und als man sie endlich anrufen konnte, schien sie den Ernst der Situation zu verkennen. Maria Callas wurde ein letzter tränenreicher Besuch bei Ari gestattet, der sie kaum mehr erkannte. Am Samstag, dem 15. März, starb Onassis in Anwesenheit seiner Tochter. Jackie hielt sich noch immer in New York auf und erfuhr durch Johnny Meyer vom Tod ihres Mannes. Einen Tag später traf sie mit ihrer Mutter, ihren Kindern und Teddy Kennedy in Paris ein. Als Todesursache wurde eine Bronchopneumonie angegeben. Jackie suchte den Toten auf, der in der kleinen Krankenhauskapelle in einem offenen Sarg lag, eine griechisch-orthodoxe Ikone auf der Brust. Als sie die Klinik verließ, schenkte sie den Fotografen ein strahlendes Lächeln.

Zufällig war der Journalist James Brady zu jener Zeit ebenfalls in Paris. »Wie ich mich entsinne, traf ich einen oder zwei Tage nach Aris Tod den Designer Valentino in der Halle des Hotels St. Regis. ›Was machen Sie denn in Paris?‹ fragte ich. ›Jackie Onassis rief mich in Italien an und bat mich, sie hier zu treffen‹, erklärte er. ›Sie sagte, sie brauche ein paar neue schwarze Kleider für die Trauerfeierlichkeiten, und so brachte ich ein paar Sachen zur Anprobe mit.‹

Es fiel mir schwer zu glauben, daß es in Jackies Garderobe keine passenden schwarzen Kleider gab. Und ich fand es ziemlich oberflächlich, daß sie ... nach dem Anblick ihres toten Mannes zuallererst die Frage stellte ...: ›Oh, habe ich überhaupt was anzuziehen?‹«

Im neuen Valentino-Modell unter einem schwarzen Ledermantel ging Jackie am regnerischen Nachmittag des 18. März als erste von Bord der Olympic Airways 727, nachdem die Maschine auf dem Militärflughafen von Aktion gelandet war. Ihr folgte Senator Edward Kennedy, dann erschien Christina Onassis, die seit dem Abflug von Orly, Paris, geweint hatte. Als sie ein Heer von Fotoreportern erblickte, stöhnte sie: »Wer sind denn all diese Leute?« Jackie führte ihre Stieftochter zur wartenden Limousine und sagte: »Reiß dich zusammen und nimm's nicht so schwer. Es ist bald vorbei.«

Ted Kennedy, Jackie und Christina saßen im Fond des Autos. Während sich die Wagenkolonne in Bewegung setzte, meinte Teddy, zu Christina gewandt: »Nun wäre es an der Zeit, für Jackies Zukunft zu sorgen.«

Christina beugte sich vor. »Halten Sie an!« befahl sie dem Fahrer. Sie brach in neue Tränen aus, öffnete den Wagenschlag, sprang hinaus und stieg zu ihren Tanten in die zweite Limousine. In einem kurzen Interview, das sie später dem Autor dieses Buches gab, erklärte sie: »Ich fand es geradezu unvorstellbar, daß Ted Kennedy ausgerechnet jenen Augenblick wählte, um finanzielle Angelegenheiten zu besprechen. Aber es war Jackies hyänenartiges Lächeln, das mich aus dem Auto trieb. Sie glich einem hungrigen

Geier, der nur darauf wartete, sich am Fleisch meines Vaters zu laben. Ich wollte weg von ihr, so weit wie möglich.«

Auf Skorpios wurde Ari im Sarg den gewundenen Weg zu der kleinen Kapelle hinaufgetragen, in der er Jackie sechseinhalb Jahre zuvor geheiratet hatte. Der Priester führte die Prozession der Trauergäste an einem halben Dutzend großer Kränze aus roten, weißen und rosa Blumen vorbei. Darunter befand sich einer, dessen Schleife die Aufschrift: »Für Ari von Jackie« trug.

Auf Onassis' Wunsch hin verlief die halbstündige Zeremonie schlicht, ohne Grabreden. Jackie kniete nieder, um den Sarg zu küssen, ließ aber keine Gefühlsregung erkennen. Um so intensiver reagierte Christina, die zitternd schluchzte, als der Sarg in der Erde versenkt wurde, nur wenige Meter von Alexanders Grab entfernt.

Nach dem Begräbnis gab Jackie in Athen eine kurze Presseerklärung ab, mit sorgfältig gewähltem Wortlaut: »Aristoteles Onassis rettete mich in einem Augenblick, als mein Leben voller Schatten war. Er brachte mich in eine Welt, wo ich Glück und Liebe fand. Wir hatten viele schöne, gemeinsame Erlebnisse, die ich nicht vergessen und für die ich ewig dankbar sein werde... Nichts hat sich (in meinen Beziehungen zu Aris Schwestern und seiner Tochter) geändert. Uns verbindet die gleiche Liebe wie zu seinen Lebzeiten.« Auf die Frage, ob sie mit einem gerichtlichen Kampf mit Christina um das Onassis-Erbe rechne, erwiderte sie: »Um das zu beantworten, möchte ich meinen Mann zitieren, der oft zu mir sagte: ›Auf der ganzen Welt lieben die Menschen Märchen, besonders solche, die mit dem Leben der Reichen verknüpft sind. Du mußt lernen, das zu verstehen und es akzeptieren.‹«

Aristoteles Onassis hinterließ ein Vermögen von ungefähr einer Milliarde Dollar. Seine Tochter wurde zu einer der reichsten Frauen der Welt. Um ihr Erbe vor der Steuer zu schützen, ging sie in die Pariser US-Botschaft und suchte um die amerikanische Staatsbürgerschaft nach.

Als die *New York Times* einen Artikel brachte, der Aris Scheidungsabsichten bestätigte, geriet Jackie in helle Aufregung, forderte Christina zu einem Dementi auf und drohte, ihr andernfalls Schwierigkeiten zu machen. Christina ließ daraufhin eine Presseerklärung veröffentlichen, die den Tatsachen zwar nicht entsprach, aber ihre Stiefmutter besänftigte: »Miss Christina Onassis ist sehr bestürzt über die verzerrten Berichte und Spekulationen über ihren Vater und Mrs. Jacqueline Onassis, die in der internationalen Presse erschienen sind. Die Ehe zwischen dem verstorbenen Mr. Onassis und Mrs. Jacqueline Onassis war glücklich, alle Gerüchte über eine geplante Scheidung sind unwahr. Die Beziehung von Miss Onassis zur Mrs. Onassis war stets und ist immer noch auf wechselseitiger Freundschaft und Achtung gegründet, und es gibt keine finanziellen oder anderweitigen Kontroversen, die sich zwischen sie stellen könnten.«

Drei Tage später flogen Christina und Jackie getrennt zur Insel Skorpios, um am griechisch-orthodoxen Gottesdienst anläßlich des vierzigsten Tages nach Aris Tod teilzunehmen. Christina hatte Jackies persönliches Eigentum bereits aus dem Haus auf Skorpios und von der Jacht entfernen und in Aris Pariser Apartment bringen lassen. Jackie ging an Bord der ›Christina‹, um einen Gegenstand zu holen, der ihr nicht geschickt worden war, der ihr aber auch gar nicht gehörte — Aris kostbaren Jade-Buddha. Christina erlaubte ihr, ihn mitzunehmen.

Um Familieneinigkeit zu demonstrieren, kehrte Jackie drei Monate später nach Griechenland zurück und nahm in Glyfada an der Hochzeit ihrer Stieftochter teil. Christina heiratete ihre neueste Eroberung, Alexander Andreadis, den Erben eines griechischen Banken- und Industrievermögens. »Ich liebe dieses Kind so sehr«, sagte Jackie über Christina. »Endlich sehe ich eine glückliche Zukunft für sie.«

Jackie und die angeblich so innig geliebte Stieftochter fochten einen erbitterten, achtzehn Monate langen Kampf um die Onassis-Millionen aus. Dabei ging es um eine Interpretation des Testaments, das Ari auf dem Flug von Acapulco nach New York voller Zorn geschrieben hatte.

Simon Rifkind, Jackies Anwalt, hoffte, das Dokument würde für ungültig erklärt werden, denn nach griechischem Gesetz mußte ein Testament ohne Unterbrechung und an ein und demselben Ort niedergeschrieben werden. Onassis hatte die Abfassung seines Letzten Willens bei einem Lunch in Florida unterbrochen, als die Maschine aufgetankt worden war; und ein Flugzeug kann man nicht als ›Ort‹ bezeichnen, weil es von einem zum anderen fliegt.

Um Ted Kennedy nicht zu verärgern (das Onassis-Imperium brauchte immer noch einflußreiche Freunde in Washington) boten Christinas Berater der Witwe zwanzig Millionen Dollar an, unter der Voraussetzung, daß sie keine weiteren Ansprüche erhob, auch nicht auf ihre Viertelanteile an Skorpios und der ›Christina‹. Wegen der hohen Erbschaftssteuer in den USA verlangte Rifkind sechsundzwanzig Millionen für seine Klientin und bekam sie auch.

Diese Regelung gab Jackie ihren Seelenfrieden wieder und Christina die Gewißheit, daß sie ihre Stiefmutter nie wiederzusehen brauchte, zudem blieb ihr immer noch mehr Geld, als sie jemals ausgeben konnte. Glücklich wurde sie allerdings nicht. Während sie noch die Frau von Alexander Andreadis war, hatte sie eine Affäre mit Sergej Kauzov, den sie später heiratete. Er leitete eine sowjetische Reederei mit Sitz in Paris und war angeblich KGB-Agent. Bald erlitt er das gleiche Schicksal wie seine Vorgänger Bolker und Andreadis und bekam als Abfindung einen großen Öltanker mitsamt den Betriebskosten.

Trotz — oder vielleicht wegen — ihres enormen Vermögens entwickelte sich Christina zu einer völlig verrückten Jet-setterin, tanzte im Studio 54 in Manhattan, dinierte im Tour d'Argent in Paris, trug Gucci-Ledersachen und Pucci-Kleider, ließ sich die Nase operieren, Strähnen ins Haar färben und wurde süchtig nach allen möglichen Drogen und Medikamenten, vor allem nach Amphetaminen, die sie regelmäßig nahm, um ihr Gewichtsproblem zu bekämpfen.

»Christina besuchte häufig teure Diätfarmen in der Schweiz und in Spanien und unterzog sich mehreren ärztlichen Behandlungen, während ihre teilweise sündhaft teuren Yves St. Laurent-Modell-Kleider immer größer wurden«, berichtete Truman Capote. »Sie ersetzte Stil durch Designer-Etiketten. Ich sah sie oft in all den Clubs, immer mit einer Cola-Flasche in der Hand. Später wechselte sie zu Diät-Limonaden über. Sie lachte schallend und liebte es, Partys zu geben, aber sie war depressiv und hatte traurige Waschbärenaugen. Um ihren gewaltigen sexuellen Appetit zu befriedigen, bezahlte sie diverse Männer, damit sie mit ihr ins Bett gingen. Sie verabscheute Jackie, konnte sie kaum ertragen. Eines Tages erzählte sie mir, sie habe das Haus auf Skorpios, das ihr Vater mit Jackie geteilt hatte, leergeräumt und ihrem Personal überlassen. Nach Aris Tod versuchte sie, seine Geschäfte weiterzuführen, verbrachte aber zuviel Zeit mit Diätkuren, Hochzeiten und Scheidungen. Das Versprechen, das ihr der Vater abgenommen hatte, erfüllte sie nie.«

1980 unternahm Christina in New York einen Selbstmordversuch und schluckte eine Überdosis Schlaftabletten. Sie wurde ins Lenox Hill Hospital gebracht. Am nächsten Tag rief Jackie, die verständigt worden war, Dr. Henry Lax an und bat ihn, mit ihrer Stieftochter zu sprechen. Lax besuchte Christina im Lenox Hill und versuchte, ihr seine Sorge um ihr Wohlergehen begreiflich zu machen. Einige Wochen später war Renée Luttgen dabei, als der Arzt mit ihr telefonierte. »Jetzt, wo Sie aus der Klinik entlassen sind, benehmen Sie sich wieder genauso hektisch wie früher«, sagte der Arzt. »Sie verlieren zu leicht die Beherrschung. Ständig schreien Sie die Leute an. Sie sollten nicht so viel herumschreien.«

Ihr vierter und letzter Ehegatte wurde der weltgewandte französische Geschäftsmann und Erbe eines Pharmakonzerns Thierry Roussel, von dem sie 1985 ihr einziges Kind bekam — es hieß Athina, wie Christinas Mutter. Vielleicht wäre alles gutgegangen, hätte sich Thierry nicht in das bildschöne schwedische Model Gaby Landhage verliebt. Gaby bekam zwei Kinder von ihm; das ältere ist ungefähr im gleichen Alter wie Athina. Nach drei Jahren und zehn

Tagen ließen sich Christina und Thierry scheiden. Angeblich wurde er mit fünfundsiebzig Millionen Dollar abgefunden — oder fast fünfundsiebzigtausend Dollar für jeden Tag der gescheiterten Ehe.

Die kleine Tina war nun der Mittelpunkt im Leben ihrer Mutter. Mit sechs Monaten bekam sie einen kompletten Zoo als Geschenk. Ein neunköpfiges Leibwächterteam wurde zu ihrem Schutz engagiert. Niemals blieb das Kind allein. In jedem Zimmer aller Häuser, die es mit seiner Mutter bewohnte, befanden sich Alarmanlagen, Absicherung gegen etwaige Kidnapper. Endlich wußte Christina, wofür sie lebte.

»Ich will nicht über Jackie Kennedy reden«, sagte sie kurz vor dem Ende ihres unglücklichen Daseins. »Sie ist die habgierigste Person, die ich je kennengelernt habe. Sie denkt nur ans Geld, spricht und träumt von nichts anderem. Was sie nicht weiß — ich hätte ihr fünfzigmal so viel gegeben, wie sie bekommen hat, nur um des Vergnügens willen, sie nie wiedersehen zu müssen ... Dafür hätte ich jeden Preis bezahlt. Es erstaunt mich, daß sie immer noch lebt, während alle in ihrer Umgebung tot umfallen. Sie ist gefährlich, sie ist tödlich. Mindestens zwei Familien hat sie dezimiert — meine und die der Kennedys.«

Am 19. November, als Christina bei ihren argentinischen Freunden Alberto und Marina Dodero in deren Villa außerhalb von Buenos Aires zu Besuch war, bekam sie ein Lungenödem. Sie wurde per Hubschrauber ins nächste Krankenhaus gebracht, wo sie nur noch für tot erklärt wurde. Man brachte ihre sterblichen Überreste nach Skorpios und begrub sie neben ihrem Vater und ihrem Bruder auf dem Familienfriedhof bei der kleinen Kapelle.

Christinas Alleinerbin, ihre Tochter Athina, wurde das reichste Kind der Welt. Jackie Onassis gab keinen Kommentar ab und nahm auch nicht an der Beerdigung teil.

35

Die Leute vergessen, daß Jackie schwere Zeiten durchgemacht hat«, meinte Franklin D. Roosevelt Jr. »John Kennedy und Aristoteles Onassis waren außerordentlich mächtige Männer, die Frauen nicht immer mit Glacéhandschuhen anfaßten. Manchmal wurde Jackie ... völlig von ihnen vereinnahmt. Zweifellos genoß sie einige Aspekte ihrer Rolle. Sie erreichte ein gewisses Maß an Unabhängigkeit. Aber im Grunde wiederholte sich ein Schema, das ihr vertraut war — sie definierte sich durch einen bestimmten Mann. Erst war sie Black Jack Bouviers Tochter, dann John Kennedys Frau und später seine Witwe, danach wurde sie Mrs. Aristoteles Onassis und schließlich seine (mehr oder weniger) enterbte Witwe.

Nach dem Tod von Onassis kämpfte Jackie um eine neue Identität. Sie wollte nicht länger als die Witwe eines ehemaligen Präsidenten der Vereinigten Staaten identifiziert werden, auch nicht als die Witwe eines der reichsten Männer der Welt. Sie wollte endlich aufgrund ihrer eigenen Leistungen anerkannt werden; sie wollte erfolgreich sein, aber auf ihre eigene Art und zu ihren eigenen Bedingungen.«

Die Suche nach einer neuen Identität begann während eines Essens mit Dorothy Schiff, die sie einige Jahre nicht gesehen hatte. Die Herausgeberin der *New York Post,* die schon seit Jahren Gelder für die demokratische Partei aufgetrieben hatte, schlug Jackie vor, gegen Senator James Buckley für das US-Senatorenamt in New York zu kandidieren. Das lehnte Jackie ab. Aber während sie nach dem Lunch durch die Redaktion der Zeitung ging, erinnerte sie sich an ihren früheren Job als Fotoreporterin.

Freunden gegenüber beklagte sie sich über ihr langweiliges Leben. Die meisten Abende verbrachte sie inzwischen daheim, half ihrem Sohn bei den Hausaufgaben, las oder sah fern und löffelte Joghurt aus einem Pappbecher. Sie besuchte fast keine Cocktailpartys mehr und mied einen Großteil der Wohltätigkeitsveranstaltungen, sogar jene, bei deren Organisation sie mithalf. Gelegentlich buk sie Kekse oder Schokoladentorten für Freunde. Sie gab nur kleine Dinnerpartys für höchstens vierundzwanzig Leute. Ihr Personal in New York bestand aus einer Haushälterin, einem Dienstmädchen, einem Butler und einer Köchin. Um den Besitz in New Jersey kümmerte sich ein Hausmeisterehepaar.

Jackie vertrieb sich die Zeit, indem sie einkaufen ging — wenn auch nicht mehr so üppig wie zu Onassis' Lebzeiten —, regelmäßig im Central Park joggte und ihre museumsreifen Regency- und Louis-XV.-Möbel hin- und herrückte oder Teppiche und Bilder neu verteilte. Viermal pro Woche suchte sie ihren Psychiater auf, und sie ging regelmäßig zur Akupunktur.

Michelle Putnam, ihre Tante, stellte fest, daß Jackie trotz all dieser Aktivitäten lustlos wirkte. »An den Wochenenden fuhr sie in ihrem grünen BMW über die George Washington Bridge zu ihrem Landhaus in New Jersey. Oder sie blieb in der Stadt und malte oder zeichnete. Ihre Staffelei stand an einem der Fenster, die auf die Fifth Avenue hinausgingen, neben einem Teleskop, durch das sie die Leute im Park beobachtete; die Frau, auf die alle Welt blickte, war im Grunde ihres Herzens eine Voyeurin.

Aber all das wirkte nicht besonders anregend. Als ich ihr das erste Mal vorschlug, einen Teilzeitjob anzunehmen, staunte sie. ›Was —ich soll arbeiten?‹ Aber je öfter sie das auch von anderen hörte und je mehr sie darüber nachdachte, desto mehr erwärmte sie sich für die Idee. Schließlich traf sie sich mit Tish Baldridge, ihrer ehemaligen Privatsekretärin im Weißen Haus. Tish schlug Jackie vor, einmal über den Lektorenberuf nachzudenken, und brachte sie mit mehreren Leuten zusammen, auch mit Thomas H. Guinzburg, dem Verleger von Viking Press und einem Freund der Bouviers.«

»Wir aßen im Le Perigord Park in Manhattan zu Mittag«, erinnerte sich Guinzburg. »Ich erkannte sofort, welch ein Gewinn sie für einen Verlag sein konnte ... Sie kannte buchstäblich *jeden.*«

Im Spätsommer 1975 wurde während einer Pressekonferenz bekanntgegeben, daß Mrs. Jacqueline Onassis ab September des Jahres für ein Jahresgehalt von zehntausend Dollar an vier Wochentagen als beratende Lektorin für Viking arbeiten werde. — Wieder einmal hatte sie das Unerwartete getan.

Guinzburg bat eine erfahrene Lektorin, Barbara Burn, zunächst mit Jackie zusammenzuarbeiten. »Sie wußte nicht so recht, was von ihr erwartet wurde«, berichtete Mrs. Burn. »Wir besprachen verschiedene Projekte ... Wie sich herausstellte, liebte sie es, Manuskripte zu bearbeiten und Bücher vorzubereiten. Sie machte ihre Arbeit gut und arbeitete hart.

Bevor sie da war, waren alle im Verlag skeptisch — und dann angenehm überrascht ... Sie nahm ihre Arbeit sehr ernst ... Zunächst wußte sie nicht, wie man ein Buch macht, aber sie war bereit, die Ärmel hochzukrempeln und zu lernen.«

Im März 1976 begleiteten Mr. und Mrs. Thomas Guinzburg die neue Mitarbeiterin nach Montego Bay auf Jamaika. Außer einigen Freunden waren John-John und Tim Shriver mit von der Partie. Im selben Erholungsort quartierte sich auch der Reporter Rod Gibson ein, den der *National Enquirer* beauftragt hatte, einen Artikel über Jackie zu schreiben.

»Ich war mit Vince Eckersley da, einem Fotografen vom *Enquirer*«, berichtete Gibson. »Bei unserer Ankunft schickten wir Jackie einen Orchideenstrauß. Darauf reagierte sie nicht. Aber es schien so, daß sie, seit sie von unserer Anwesenheit wußte, doppelt so oft an den Strand kam als zuvor, obwohl sie nie mit uns redete und eine Leidensmiene aufsetzte, sobald Eckersley begann, Aufnahmen zu machen. Es war ein Katz-und-Maus-Spiel.

Eines Morgens ... nahm ich John Jr. und Tim Shriver mit zum Schnorcheln. Auf diese Weise wollte ich Jackie zu einem Interview veranlassen. Mein Partner lieh den beiden Jungs eine seiner Unterwasserkameras. Am nächsten Morgen rief uns der Manager des Round Hill in sein Büro, gab Eckersley die Kamera zurück und sagte: ›Ihr Jungs wart großartig. Ihr seid großartige Gäste. Aber Jackie ist auch ein großartiger Gast, und sie ist hier, weil sie ihre Ruhe haben will. Also laßt sie bitte in Frieden. Sie hat mich gebeten, euch die Kamera zurückzugeben, aber ein Interview lehnt sie höflich ab.‹

›Damit schwindet unsere letzte Hoffnung‹, sagte ich zu Eckersley. Das Interview hatte ich abgeschrieben, aber wir dachten, wir könnten noch nahe genug an Jackie herankommen, um ein paar Schnappschüsse zu machen.

Einige Tage später lagen wir am Strand. ›Gott sei Dank sind diese Ferien bald vorbei‹, meinte Eckersley. ›Ich hab's satt, dieser Frau ständig nachzulaufen.‹ Und genau in diesem Moment tauchte Jackie auf. Sie war allein. Die Dämmerung brach herein, und die Sonne ging unter. Sonst war niemand in der Nähe. Eckersley entdeckte sie und sagte: ›Verdammt, da ist sie.‹ Es war eine ideale Foto-Situation, das, worauf wir gewartet hatten. Er griff nach seiner Kamera. Ich glaube, anfangs sah Jackie uns gar nicht, aber sie wirkte so königlich, und der Augenblick hatte etwas so Wundervolles, daß Eckersley es nicht fertigbrachte, sie zu fotografieren. Sie ging ans Ufer, legte ihre Strandjacke ab und glitt wie ein exotischer Vogel ins Wasser. Ob sie uns bemerkt hatte, gab sie nicht zu erkennen — offenbar schon, denn sie kam nicht zurück, um ihre Jacke zu holen, sondern schwamm davon und stieg irgendwoanders aus dem Wasser. Sie schickte einen Hotelangestellten, der ihre Jacke holte.«

Jackie blieb auch weiterhin im Brennpunkt des öffentlichen Interesses. 1977 besuchte die Gesellschaftskolumnistin Aileen Mehle mit der einstigen First Lady und Bunny Mellon die Premiere des Films *The Turning Point:* »Farrah Fawcett, die damals gerade in dem Fernsehfilm *Charlies Angels* mitspielte, war auch da ... alle Fotografen drängten sich um Farrah ... Plötzlich schrie jemand: ›He, da ist Jakkie!‹ Und das war's für Farrah. Die Fotografen verließen sie wie Ratten das sinkende Schiff, umringten Jackie und begannen, wie verrückt zu knipsen.«

Doch trotz des anhaltenden Presserummels blieb Jackie zurückhaltend und reserviert. Anthony Quinn, ein ergebener Bewunderer Jackies, fiel in Ungnade, weil er in dem drittklassigen Film *The Greek Tycoon* einen Onassis ähnelnden Mann spielte, wofür er angeblich eine Million Dollar bekam. Einmal saß der Schauspieler mit seiner Frau Yolanda in einem Restaurant in Cannes. Jackie kam herein, und er winkte ihr zu, aber sie rauschte wortlos an ihm vorbei. Jacqueline Bisset, die im selben Film die Rolle der Jakkie übernahm, bemerkte: »Jackie hat ein seltsames Gesicht, das nichts verrät. Niemals sagt sie etwas, das man zitieren könnte. Sie ist schwer zu ergründen.«

Irving Mansfield, dessen inzwischen verstorbene Frau Jacqueline Susann einen offenherzigen Schlüsselroman über Mrs. Onassis' Leben geschrieben hatte, begegnete Jackie in einer Buchhandlung in Manhattan. »Ich führte gerade eine PR-Tour für die Neuauflagen von verschiedenen Büchern meiner Frau durch«, erinnerte er sich. »Jackie Onassis trat an den Ladentisch, sah, worum es ging, und hielt sich mit einer übertriebenen Geste die Nase zu ... Das war unhöflich und häßlich.«

Aber Jackie zeigte auch ihre guten Seiten. Rosamond Bernier, die Ehefrau des Kunstkritikers John Russell und Dozentin am Metropolitan Museum of Art, war »hingerissen von Jackies ausgesuchter, fast königlicher Höflichkeit. Wenn man ihr einen kleinen Gefallen tat ... bekam man einen handgeschriebenen Dankesbrief in einem eleganten Kuvert.«

Jackie besuchte auch mehrere Sitzungen beim National-Konvent der Demokraten in New York — nicht zuletzt, um Sargent Shriver zu unterstützen, der erfolglos versuchte, von seiner Partei für die Präsidentschaft nominiert zu werden. Harris Woffort begegnete ihr bei den Shrivers und berichtete später: »Im Weißen Haus hatte ich sie nur flüchtig gekannt. Zu meiner Überraschung schien sie intellektueller und besser informiert zu sein, als ich es bisher wahrgenommen hatte. Sie wollte über viele verschiedene Themen reden, auch über Lesbierinnen. Ich staunte, wie nachdenklich, intelligent, interessant und attraktiv sie war.«

Der Schriftsteller David Halberstam traf sie an dem Abend, an dem Jimmy Carter zum Präsidenten gewählt worden war, auf einer Party. »Ich merkte, daß sich niemand richtig mit ihr unterhielt, als seien alle von ihr eingeschüchtert. Also ging ich zu ihr und machte Konversation. Unter anderem fragte ich, was sie am gleichen Abend vor sechzehn Jahren — 1960 — gemacht habe. Sie war sehr nett und genoß es anscheinend, davon zu erzählen.«

Zufällig besuchte Gloria Emerson die gleiche Party. »Die meisten Leute wagten es offenbar nicht, sich mit Jackie zu unterhalten. Und diejenigen, die den Mut dazu aufbrachten, schlugen jenen ehrfurchtsvollen Ton an, der normalerweise für die Königin von England reserviert ist. David Halberstam brach das Eis, indem er Fragen stellte wie: ›Na, Jackie, wie war's denn, mit Onassis verheiratet zu sein?‹ Da taute sie auf und entspannte sich.«

Im November 1976 starb Hugh Auchincloss, und Jackie nahm am Begräbnis in Newport teil. Um die von seiner Börsenmaklerfirma durch unglückliche Grundstücksspekulationen verursachten Schulden zu bezahlen, hatte er sein Vermögen erheblich dezimiert. Merrywood war verkauft worden, auch die Hammersmith Farm, mit Ausnahme des zwölf Zimmer umfassenden Dienstbotenhauses, das Janet Auchincloss nun bewohnte. Jackie richtete in aller Stille einen Treuhandfonds von einer Million Dollar für ihre Mutter ein und ermöglichte ihr so ein sorgenfreies Leben.

Anfang Februar 1977 erkrankte die einundachtzigjährige Edith Beale und wurde ins Southampton Hospital gebracht. Als man sie in einen fensterlosen Raum legte, rief Doris Francisco bei Jackie in New York an. »Sorgen Sie dafür, daß Tante Edith das beste Zimmer im Haus bekommt, und schicken Sie die Rechnungen an Nancy Tuckerman«, befahl Jackie. Drei Tage später starb Edith.

Jackies Anwesenheit beim Begräbnis rief die Presse auf den Plan. Der Trauergottesdienst fand in der Dreifaltigkeitskirche von East Hampton statt. Aus diesem Anlaß lieh sich Edie von Doris Francisco einen Nerzmantel. Am Ende der Messe wurde eine Tonbandaufnahme des Liedes ›Together Again‹ gespielt, das Edith gesungen hatte.

»Jackie wollte sich die Aufnahme ausborgen, um sie zu überspielen, aber ich gab sie ihr nicht«, prahlte Edie. »In den letzten sechs Jahren ihres Lebens hat meine Mutter sehr gelitten. Onassis ließ Grey Gardens instand setzen, aber Jackie tat nichts für uns. Sie ließ meine Mutter hungern und frieren.«

Nach dem Tod ihrer Mutter wollte Edie Beale das Haus Grey Gardens verkaufen. »Als Jackie davon erfuhr, rief sie mich an und bat mich, mir das noch einmal zu überlegen ... Als ich erklärte, ich müsse in eine wärmere Gegend ziehen, erbot sie sich, mich nach Key West zu schicken — vorausgesetzt, ich verkaufte Grey Gardens nicht ... Sobald sie hörte, daß Ben Bradlee und Sally Quinn zweihundertfünfzigtausend Dollar für Grey Gardens zahlen würden, geriet sie völlig aus dem Häuschen. Sie mochte Bradlee wegen seines Buches über John F. Kennedy (*Conversations with Kennedy,* 1975) nicht mehr. Diesmal überließ sie es Nancy Tuckerman, mich anzurufen. Nancy erklärte, Jackie würde sich *sehr* aufregen. Immerhin schickte sie mir damals monatlich sechshundert Dollar zum Leben. Aber ich mochte Ben Bradlee. Mein Bruder, Bouvier Beale, kümmerte sich um die juristischen Aspekte des Verkaufs. Nachdem ich mich in Miami Beach niedergelassen hatte, reduzierte Jackie ihre monatlichen Zuwendungen auf dreihundert Dollar. Aber das Geld, das ich für das Haus bekommen habe, liegt auf der Bank, und ich lebe von den Zinsen.«

Im selben Jahr, in dem Edith Beale starb, nahm Jackies berufliche Laufbahn eine plötzliche Wende. Sie kündigte bei Viking, als der Verlag *Shall We Tell the President?* herausbrachte, einen Roman von Jeffrey Archer, in dem ›Präsident‹ Edward Kennedy als Ziel eines Mordanschlags beschrieben wird. Eine bissige Kritik von John Leonard in der

New York Times endete mit der Feststellung: »Es gibt ein Wort für so ein Buch. Dieses Wort lautet ›Schund‹. Jeder, der mit der Veröffentlichung zu tun hatte, sollte sich schämen.« Dieser Giftpfeil zielte eindeutig auf Jackie ab. Doch sie hatte wirklich nichts mit dem Buch zu tun und es nicht einmal gelesen, weil sie von Thomas Guinzburg davor gewarnt worden war. Aber als er eine öffentliche Erklärung abgab und andeutete, daß das Buch nie erschienen wäre, wenn sie Einwände erhoben hätte, verließ sie den Verlag.

Im Frühjahr 1978 trat sie ihre neue Stellung bei Doubleday Books an. John Sargent, der Verlagsleiter, war ein alter Freund und gelegentlicher Begleiter. »Wir hatten sie hauptsächlich engagiert, damit sie Prominenz zu uns bringt«, berichtete er. »Das tat sie, und sie kümmerte sich auch um einige andere Dinge, zum Beispiel um Kunst- und Fotobücher ... Sie arbeitete nur drei Tage pro Woche, von Dienstag bis Donnerstag — aber an den beiden anderen Tagen stand sie telefonisch mit uns in Verbindung ... Viel brachte sie nicht heraus, wenn überhaupt. Sie las für andere Leute Manuskripte und brachte welche mit, die ihre Kollegen lasen. Ich hatte nicht das Gefühl, daß sie besondere Leistungen vollbrachte, doch das besserte sich später.«

Jackie hatte ihre Anhänger bei Doubleday, aber die Mehrheit ihrer Mitarbeiter fand ihre Anwesenheit entweder lächerlich oder deprimierend. Bald erzählte man sich alle möglichen Geschichten über sie. Ein Lektor, der bei ihrer ersten Verlagsbesprechung neben ihr saß, meinte, sie habe »eher wie ein verängstigtes Huhn ausgesehen als wie eine ehemalige First Lady ... Viele Lektoren bei Doubleday lehnten sie ab. Jeder von uns arbeitete gleichzeitig an etwa fünfzehn Büchern — zuviel Mühe für zu wenig Lohn. Jakkie übernahm so wenige Bücher, wie es ihr gefiel. Sie wurde voll bezahlt, obwohl sie nur einen Teilzeitjob hatte. Mehr noch —Assistenten, Sekretärinnen und Telefonistinnen arbeiteten für sie. Man teilte ihr einen Assistenten zu, Ray Roberts, der sich praktisch zu ihrem Wachhund entwickelte ... Sie bekam auch eine Sekretärin, Kathy Bayer, die ihr alle mühsameren Pflichten abnahm. Es kostete Doubleday ein Vermögen, Jackie zu beschäftigen, aber es brachte dem Verlag eine konstante Publicity ein, für die er kein Geld ausgeben mußte. ... Die meisten glaubten, sie sei vor allem deshalb engagiert worden, weil man hoffte, sie werde eines Tages ihre Memoiren schreiben. Das wird vermutlich nie geschehen. Aber sie hätschelt diese Hoffnung ... und das ist ein weiterer Grund, warum sie bei uns bleibt.«

Ein anderer Lektor entsann sich: »Im ersten Jahr ihrer Anstellung füllten Jackies Fans die Eingangshalle, um einen Blick auf sie zu erhaschen ... Einmal fuhr sie zusammen mit Sophia Loren im gleichen Aufzug nach oben. Die Loren bereitete ein Kochbuch vor, das bei Doubleday erscheinen sollte. Als die anderen Fahrgäste sie bemerkten und Jackie ignorierten, wurde diese wütend und stapfte in ihrer Etage empört aus dem Lift.

Mit keinem der Lektoren freundete sie sich an. Diese betrachteten sie nicht als Clubmitglied, und sie zog es vor, draußen zu bleiben. ... Sie schien auf mindestens zwei verschiedenen Ebenen zu existieren. Den einen Tag schenkte sie einem ein warmes Lächeln, und am nächsten Tag tat sie so, als würde sie einen nicht kennen.«

36

Jackie Onassis verdient Anerkennung, weil sie Caroline und John Jr. zu gut geratenen, ernsten, unprätentiösen Menschen erzogen hat«, meinte Betty McMahon, deren Kinder gelegentlich mit den beiden Kennedy-Kindern in Palm Beach spielten. »Das schaffte sie ganz allein, trotz aller Schwierigkeiten. Es hätte auch anders kommen können. Man sieht doch, welche Probleme so viele andere junge Kennedys haben.«

Jackie wußte nur zu gut Bescheid über die bestürzenden Schicksale, die verschiedene Mitglieder der Familie erlitten. Peter Lawford wurde immer abhängiger von Drogen und Alkohol, und seine Ehe mit Pat Kennedy-Lawford drohte zu scheitern. Bobby Kennedys Kinder stolperten von einer Katastrophe in die nächste — rücksichtsloses Fahren, fast tödliche Unfälle, Versagen im Unterricht und Verweise von den Schulen, Drogenexzesse und Bewährungsstrafen. Teddys Tochter Kara experimentierte mit Marihuana und Haschisch, rannte von zu Hause weg und landete schließlich in einer Anstalt. Joan Kennedy war Alkoholikerin. Und Teddy Jr. wurde ein Bein amputiert, nachdem man Knochenmarkkrebs bei ihm festgestellt hatte.

Gegen ihren Willen und wider ihr besseres Wissen ließ sich Jackie in viele Familientragödien mit hineinziehen. Als Joan zum Beispiel von den außerehelichen Affären ihres Mannes erfuhr (unter anderem mit Margaret, der Exfrau des ehemaligen kanadischen Premierministers Pierre Trudeau), bat sie Jackie um Rat. Wenn irgend jemand mit der Untreue umzugehen wußte, die typisch für alle Kennedy-Männer war, dann Jackie Kennedy-Onassis. Ihr Kommentar zu der Situation bewies eine Nonchalance, die Joan den Atem verschlug. »Die Kennedys sind nun mal so. Sie stellen jedem Weiberrock nach. Das hat nichts zu bedeuten.«

Für Joan bedeutete es offenbar sehr viel. Nach Ted Kennedys erfolglosem Bemühen um die Präsidentschaftsnominierung durch die Demokraten im Jahr 1980 reichte seine Frau die Scheidung ein. Ihr fehlte die Kraft Jackies, gegen die zerstörerische Kraft der Familie Kennedy anzukämpfen. Aber Jackie war auch klug genug gewesen, sich an jene Clan-Mitglieder zu halten, die ihr Vorteile verschafften und ihre Position stärkten.

Inzwischen war Caroline Kennedy zu einer jungen Frau herangewachsen und sah ihrem verstorbenen Vater sehr ähnlich. Nach den dramatischen Ereignissen in ihrem Leben legte sie großen Wert auf ihre Privatsphäre und verzichtete deshalb sogar auf ihr Debüt. Auch ihre Mutter konnte sie nicht umstimmen. Und sie setzte mit eisernem Willen eine Unterbrechung ihres College-Studiums durch, um in London an einem Kurs bei Sotheby's teilzunehmen.

Im September 1976 begann sie ein Studium in Radcliffe und wurde wie ihre Mutter eine gute Studentin. Gelegentlich ging sie aus, zog es aber vor, in einem sehr kleinen Freundeskreis zu verkehren. Im Sommer nach dem ersten Studienjahr jobbte sie bei der New Yorker *Daily News* und begleitete andere Reporter nach Memphis, um über Elvis Presleys Tod zu berichten, aber ihr Artikel erschien nicht in den *News*. Statt dessen wurde er später, in abgeänderter Form, in *Rolling Stone* veröffentlicht.

Zu Beginn ihres zweiten Studienjahres schloß sie Freundschaft mit dem gewandten, sanften New Yorker Romanschriftsteller Thomas R. Carney, der zehn Jahre älter war als sie. Der irische Katholik und Yale-Absolvent schien alle Eigenschaften zu besitzen, die Carolines zukünftiger Ehemann haben mußte. Jackie forderte ihn auf, sie zu begleiten, als sie mit Caroline in der Karibik Urlaub machte. Und Tom lud Caroline auf die Pferderanch seines Vaters ein. Der ständige Presserummel setzte der Beziehung schließlich ein Ende. »Ich hätte es nicht ertragen, für den Rest meines Lebens ständig Kameras auf mich gerichtet zu sehen«, erklärte Carney.

1980 schloß Caroline ihr Studium in Radcliffe ab, kehrte

nach New York zurück und bezog mit zwei Freundinnen ein Apartment in Manhattan. Sie nahm einen Job in der Film- und Fernsehabteilung des Metropolitan Museum of Art an, und die New Yorker Presse begann sie zu verfolgen, um regelmäßig über sie zu schreiben, und das war nicht nur Schmeichelhaftes. So berichteten die Medien von Carolines Besuch in einem Eissalon an der Madison Avenue. Eines Nachmittags schlenderte sie hinein und verlangte, sofort bedient zu werden.

»Sie müssen sich eine Nummer geben lassen, wie alle anderen auch«, verkündete der Mann hinter der Theke.

»Ich bin nicht wie alle anderen«, erwiderte sie ärgerlich, »ich bin Caroline Kennedy.«

»Und wenn Sie die Herzogin von Windsor wären — das ist mir egal. Sie müssen sich trotzdem eine Nummer nehmen.«

Caroline stürmte hinaus.

Die Boulevardpresse berichtete, dieselbe Taktik habe Caroline mit ähnlichem Mißerfolg einige Wochen später in der First National City Bank angewandt, um die lange Warteschlange an einem Freitagmorgen zu umgehen.

Es gab auch Storys über Caroline, die nicht in der Zeitung standen. Tracey Dewart hatte einen Teilzeitjob als Kellnerin im Ruppert's, einem Trendrestaurant an der Upper East Side von Manhattan. Im Sommer 1979 bediente sie Caroline Kennedy. »Sie war mit einem Mann da«, erinnert sich Tracey, »und pickte ständig Käsestücke aus seinem Salat heraus. Die Füße hatte sie auf einen Stuhl gelegt. Sie benahm sich abscheulich. Ich fragte, ob sie einen eigenen Salat haben wolle, und sie sagte ja. Sie befahl mir, dies zu bringen und jenes, eine andere Gabel, ein Glas Wasser und so weiter. Ich war ziemlich pikiert.«

Die Kolumnistin Mimi Kazon versuchte mehrmals, Caroline zu interviewen. »Sie sagte nicht nur nein — es war die Art, wie sie es sagte. ... Ihren Bruder fand ich viel höflicher und umgänglicher. Er verstand, daß ich nur meine Arbeit tat, und bemühte sich, mir die Situation zu erleichtern.«

Für Jackie war es schwieriger, ihren Sohn zu erziehen als ihre Tochter. »Ich fürchte, er wird sich zu einem Früchtchen entwickeln«, beklagte sie sich einmal bei einer Hausangestellten. Vaterlos und ohne wirkliche Anleitung sah er sich der Strenge seiner Mutter ausgeliefert, die ihn mit aller Macht abhärten wollte. Nach JFKs Ermordung mußte er vor dem Auszug aus dem Weißen Haus allein eine Nacht im Bett seines Vaters verbringen. Fünf Jahre später bat Jackie einen Agenten vom Geheimdienst, ihrem Sohn Boxunterricht zu geben. Bald darauf schlug er einem Klassenkameraden, der ihn immer wieder John-John nannte, die Nase blutig.

Eines Tages bewarf er nach der Schule einige Fotoreporter mit Schneebällen und schleuderte leere Pepsi-Flaschen über die Köpfe von Passanten hinweg. Mit dreizehn nahm er an einem sechsundzwanzigtägigen Überlebenskurs teil, der seinen Höhepunkt auf Hurricane Island fand, einer zerklüfteten, einsamen Insel vor der Maine-Küste. Dort wurde er ohne Nahrung mit einem kleinen Wasserkanister, zwei Streichhölzern und einem Buch über die Kunst des Überlebens ausgesetzt.

Dies war erst der Auftakt für einen noch härteren siebzigtägigen Kurs, der ihn unter anderem nach Kenia führte, wo er in der Tiefe des afrikanischen Buschs zu überleben lernte. Nachdem er mit seinem sechsköpfigen Team — drei Mädchen und drei Jungen — für zwei Tage verschwunden war, wurde ein Massai-Krieger losgeschickt, um die Kinder zu suchen.

Viel besser gefiel ihm ein Aufenthalt im Golf- und Tennis-Camp in Bethlehem, New Hampshire, wo er mit fünfzehn Jahren seine erste Freundin kennenlernte, die später sehr populäre Debütantin Christina Goodman, die er nach dem Camp noch etwa ein Jahr lang regelmäßig traf. »Er war ein guter Junge«, meinte sie. »Aber er hatte es schwer, weil er dauernd unter Bewachung stand. So wird es wahrscheinlich immer sein. Und was er auch tun mag, er wird nie so viel erreichen wie sein Vater. Ich glaube, damit muß er leben.«

Nicht zufrieden mit seinen Fortschritten, schickte Jackie ihn auf die Phillips Academy in Andover, Massachusetts. Außerdem vertraute sie ihn dem New Yorker Psychiater Ted Becker an. John Jr. machte ihr in mancher Hinsicht Sorgen: In der Schule ließen seine Leistungen zu wünschen übrig, sie wehrte sich gegen seinen Wunsch, Schauspieler zu werden, und sie glaubte, an ihm einen Hang zu Verweichlichung zu entdecken. Auch fürchtete sie den ungünstigen Einfluß der anderen jungen Kennedys auf ihren Sohn, vor allem von David und Robert F. Kennedy Jr., die trotz wiederholter Entziehungskuren drogensüchtig waren. Schließlich glaubte sie die Lösung für das vermeintliche ›Problem‹ ihres Sohnes gefunden zu haben und schickte ihn mit dem Peace Corps nach Guatemala, wo er nach einem Erdbeben beim Wiederaufbau mithalf.

»Johns Schwierigkeiten lagen ganz einfach darin, daß er später als andere Leute heranreifte«, meinte Robert F. Kennedys Sohn David (der seine eigenen Schwierigkeiten hatte und 1984 an einer Überdosis Kokain und Demerol starb). »Ich glaube, der Tod von Aristoteles Onassis hat ihn härter getroffen, als die meisten Leute ahnen. Seinen leiblichen Vater kannte er nicht, er erinnerte sich nicht an ihn ... Onassis und John standen sich sehr nahe. Sie gingen zusammen zum Football und angelten ... Diese Beziehung wurde zu einem sehr ungünstigen Zeitpunkt beendet.

Danach setzte ihm seine Mutter ziemlich zu und bedrohte ihn mit einer Art emotionaler Erpressung. Wenn er sich ordentlich benahm und alles tat, was sie sagte, gab sie ihm Zucker. Oft zeigte sie ihm die kalte Schulter. Wann immer er etwas tat, was ihr mißfiel, schwang sie die Peitsche. Im Grunde behandelte sie alle Leute so.

Zum Beispiel ging Jackie an die Decke, als sie von Johns Interesse an der Schauspielkunst erfuhr. Sie erklärte kategorisch, das komme nicht in Frage. In der Brown University trat er in mehreren Studentenaufführungen auf. Der Produzent Robert Stigwood, durch *Saturday Night Fever* und *Grease* berühmt, rief John an und fragte, ob er in ei-

Jackie und Caroline nach einer Theatervorstellung mit der Schauspielerin Irene Papas und Direktor Michael Caco. *(Pandis)*

Edward Kennedy, Caroline, John Jr. und Jackie 1989 bei der Ausstellung eines John-F.-Kennedy-Preises für politischen Mut. *(Inter-Topics/ Celebrity Photo: Victor Malafronte)*

Jackies für dreieinhalb Millionen Dollar erbautes Anwesen auf Martha's Vineyard. *(Ron Galella)*

Jackie auf dem Weg zur Trauung ihrer Tochter Caroline. *(Pandis/Agence Angeli: J. J. Dousset)*

Jackie 1975 als Lektorin bei Viking Press, rechts von ihr der Verleger Tom Guinzburg. *(Bilderdienst Süddeutscher Verlag)*

Jackie 1989 mit ihrem neuen Lebensgefährten, dem Diamantenhändler Maurice Tempelsman. *(Inter-Topics/David McGough inc.: Albert Ferreira)*

nem Film über John F. Kennedys Jugendjahre die Rolle seines Vaters spielen könne. John war begeistert. Aber seine Mutter wollte nichts davon wissen. Er sollte zu Ende studieren —und danach mit seinem Leben anfangen, was ihm gefiel — solange er nicht Schauspieler wurde.«

1983 schloß JFK Jr. sein Studium an der Brown University ab, nahm an einem Arbeits-Studien-Programm in Indien teil, kehrte nach New York zurück und arbeitete bei einer Organisation, die seine Mutter mitgegründet hatte und die sich für den Bau eines Nationaltheaters am Times Square einsetzte. Er ging in Discos und wechselte seine Freundinnen. Um sich seinen Bühnentraum zu erfüllen, spielte er die männliche Hauptrolle in *Winners,* einem Drama von Brian Friel über einen jungen irischen Katholiken, der seine schwangere Freundin heiraten will. Am Ende des neunzigminütigen Stücks wird das Paar dann ertrunken aufgefunden.

»Im Gegensatz zu anderen Familienmitgliedern, kam Jackie nicht«, berichtet Nye Heron, der Leiter des Irish Art Center, wo die Aufführung stattfand. »Das Stück wurde nur sechsmal gespielt, und auf Wunsch seiner Mutter wurden keine Kritiker eingeladen, und es gab auch keine Kritiken. Er ist einer der besten Schauspieler, die ich je gesehen habe, und könnte eine erfolgreiche Schauspiel-Karriere machen, aber das soll offensichtlich nicht geschehen.«

Wann immer sich Jackie mit einem prominenten Mann in der Öffentlichkeit blicken ließ, begann die Gerüchteküche zu brodeln. In den Monaten nach Aris Tod wurde sie mit Adnan Khashoggi, Warren Beatty und Dr. Christian Barnard in Verbindung gebracht. Keinen davon kannte sie mehr als flüchtig.

Mit Pete Hamill, dem Kolumnisten der *Daily News,* der Caroline den Ferienjob verschaffte, hatte Jackie eine kurze Romanze. Der geschiedene Vater zweier Kinder war zweiundvierzig, als er sich mit der achtundvierzigjährigen Jakkie Onassis zu treffen begann. Seit 1970 hatte er mit der Schauspielerin Shirley MacLaine zusammengelebt und die

Liaison schließlich beendet, weil sie sich weigerte, ihn zu heiraten.

Bald merkte Hamill, was viele andere schon wußten: Das Privatleben wurde zum Problem, wenn man sich mit der einstigen First Lady einließ. Fotografen hefteten sich an die Fersen des Paares, wohin immer sie auch gingen. Einmal meinte Hamill, mit Jackie auszugehen wäre, als ginge man »mit einer leuchtend roten, riesigen Lokomotive aus«.

Möglicherweise war ein Artikel, den er einmal für die *Post* geschrieben hatte, ein Grund mit für den Bruch zwischen ihnen. Darin hatte er Jackies Hochzeit mit Onassis angeprangert. Damals war der Artikel nicht erschienen, sondern im Archiv der *Post* verschwunden. Aber jetzt, wo Hamills Affäre mit Jackie ein interessantes Thema darstellte und Hamill für die *Daily News* arbeitete, wurde der Artikel in der *Post* veröffentlicht.

Peter Davis, Schriftsteller und Regisseur von Dokumentarfilmen und acht Jahre jünger als Jackie, wurde Hamills Nachfolger. Richard Meryman, ein ehemaliger *Life*-Korrespondent und alter Freund von Davis, wußte nichts von der Beziehung, bis er eine kleine Dinnerparty gab. »Ich rief Peter an, um ihn einzuladen, und er sagte, er würde eine Freundin mitbringen ... Und dann kam er mit Jackie Onassis an ... Es wurde ein unnatürlicher Abend. Niemand sprach mit ihr, und ich dachte: Diese Wirkung übt sie überall aus, also müßte sie daran gewöhnt sein. Sie schien ganz normale, vernünftige, wortgewandte Leute in diesen seltsamen Bann zu ziehen, so daß sie von Jackies Gegenwart völlig überwältigt waren. Es sind die historischen Ereignisse, die mit ihr verbunden werden, die sie mit einer ungewöhnlichen Aura umgeben.

Als Gastgeber fühlte ich mich verpflichtet, mit ihr zu reden ... Sie taute auf. Wir hatten mehrere gemeinsame Bekannte, und sie wurde richtig geschwätzig, als sie von ihnen erzählte. Andererseits wirkte sie schüchterner, als ich es erwartet hatte ... Die Beziehung zwischen Jackie und Peter war ernst. Nicht, daß einer von beiden an eine Ehe gedacht hätte. Ich glaube, Peter sah seine Beziehung zu Jackie von Anfang an realistisch. Es war ein erstaunliches Ereignis, wie es einem nur einmal im Leben vergönnt wird — erstaunlich und wundervoll. Aber er hegte keine großen Hoffnungen. Er nahm die Dinge, wie sie kamen, und als es zu Ende ging, war er dankbar für die Beziehung und dafür, daß er sie näher gekannt hatte.«

Im April 1979 erfuhr Jackie von Lees Plänen, Newton Cope zu heiraten, den millionenschweren Besitzer des luxuriösen Huntington Hotels in San Francisco. In der Zwischenzeit war Stas einer Herzattacke zum Opfer gefallen, und Lee hatte eine neue Karriere begonnen, diesmal als Innenarchitektin. Allerdings hatte sie in diesem Beruf ebensowenig Erfolg wie mit ihren schauspielerischen Versuchen. Newton Cope und Kalifornien boten da eine Art Ausweg.

Die Hochzeit sollte am 3. Mai im luxuriösen Haus des Kunstsammlers Whitney Warren auf dem Telegraph Hill stattfinden. Einladungen wurden verschickt, Blumen bestellt, Champagnerflaschen kalt gestellt, Kaviar und Lachs angerichtet. Fünf Minuten vor der Zeremonie blies Lee alles ab. »Die Fürstin ist niederträchtig«, klagte Whitney Warren. »Sie machte sich nicht einmal die Mühe, mich anzurufen und sich zu entschuldigen.«

»Es war wirklich nicht Lees Schuld«, behauptet Newton Cope. »In der Woche vor dem Hochzeitstermin waren wir in New York. Eines Abends aßen wir bei Jackie und besprachen unsere Pläne mit ihr. Sie war sehr freundlich. Sie begleitete uns nicht zur Trauung nach Kalifornien, aber sie wünschte uns alles Gute. Aber sobald wir nach San Francisco zurückgekehrt waren, wurde ich von Jackies Anwalt — dem neuesten in einer langen Reihe — mit Telefonanrufen bombardiert ... Ich hatte mit Lee einen Ehevertrag vereinbart ..., aber dieser Mann wollte die Bedingungen ändern. Ständig rief er an und fragte: ›Nun, was werden Sie tun?‹ Ich antwortete: ›Zum Teufel, das ist meine Sache.‹ — ›Ich bin nicht Lees Anwalt‹, erklärte er. ›Ich versuche nur zu helfen.‹ — ›Sie helfen ihr aber nicht‹, entgegnete ich.

Der vereinbarte Vertrag war völlig in Ordnung, aber er wollte mehr Garantien für Lee. Andauernd sagte er: ›Ich will mich nicht in Ihre Ehe oder Ihr Privatleben einmischen, ich bin nicht Lees Anwalt, aber ihre Schwester hat mich gebeten, mir diese Sache anzusehen.‹ Ich erwiderte: ›Nun, das haben Sie getan.‹ Aber er gab einfach keine Ruhe. ›Wir wollen was Konkreteres in der Hand haben‹, erklärte er. Schließlich explodierte ich und rief: ›Ich kauf' mir keine Berühmtheit, wie es Onassis getan hat, ich heirate eine Frau, die ich liebe.‹ ... Der Anwalt war aber nur ein Teil des Problems, es ging auch um technische Fragen. Lee lebte an der Ost- ich an der Westküste. Wir überlegten hin und her, und schließlich wurde dann doch nichts daraus. Ich fragte sie: ›Warum warten wir nicht bis zum Herbst?‹ Und sie erwiderte: ›Glaubst du, wir können die Hochzeit noch absagen — in letzter Minute?‹ Und da sagte ich: ›Klar, ich rufe einfach den Richter an und sage ihm, er soll's vergessen.‹ Wir vereinbarten also, bis zum Herbst zu warten. Aber die Hochzeitsreise machten wir trotzdem, ohne Trauschein. Warum sollten wir die zwei oder drei Wochen, die wir eingeplant hatten, nicht genießen? Wir flogen nach La Samanna auf St. Martin in der Karibik. Dann kehrten wir nach New York zurück, und ich trat bald darauf die Reise nach San Francisco an.«

Während sich alle fragten, ob Lee und Jacqueline jemals wieder heiraten würden, gab ihre Mutter — Janet Auchincloss — bekannt, sie wolle das Wagnis ein drittes Mal eingehen. Vor der Presse stellte die Familie den Bewerber als »sehr engen Jugendfreund« hin. Bingham Morris, Investmentbanker im Ruhestand aus Southampton, Long Island, war mit Mary Rawlins verheiratet gewesen, einer Brautjungfer bei Janets Hochzeit mit Black Jack Bouvier. Nach Marys Tod telefonierte Bingham Morris mit Janet. Sie trafen sich mehrmals in New York, und bald darauf fand in Newport eine schlichte Trauung statt. Mit Janets Zustimmung behielt ihr Mann sein Haus in Southampton, und das Ehepaar lebte jedes Jahr nur sechs Monate zusammen.

Als Jackie fünfzig wurde, wollte dies keiner glauben. Mit ihrer schlanken, athletischen Figur, dem glänzenden Haar und dem fotogenen Gesicht wirkte sie erheblich jünger, von ein paar Falten um die Augen abgesehen. Der Gedanke an ein Gesichtslifting war ihr schon zehn Jahre früher gekommen. Dr. Lax hatte sie aber damals davon überzeugt, daß eine solche Prozedur nichts brachte. Jetzt schnitt sie das Thema erneut an, und der Arzt empfahl »höchstens ein paar kosmetische Korrekturen um die Augen herum. Ein Lifting wäre zu radikal und zu offensichtlich.«

Er schickte sie zu dem bekannten New Yorker plastischen Chirurgen John Conley, der ihr den fast schmerzlosen Vorgang erklärte. In die oberen Lidfalten und an den Wimpern der unteren Lider werden Schnitte gemacht, um überflüssiges Fett, Gewebe und Haut zu entfernen. Später sind keine Nähte zu sehen. Die Operation dauert ungefähr eineinhalb Stunden, der Heilungsprozeß sechs Wochen. Die nach der Operation auftretenden Schwellungen und Verfärbungen variieren von Patientin zu Patientin. Im Durchschnitt hält die Wirkung eines Augenliftings zehn bis fünfzehn Jahre an.

Jackie beschloß, den Eingriff im Vincent's Hospital in Greenwich Village vornehmen zu lassen. Eines frühen Morgens betrat sie die Klinik und verbrachte dort unter falschem Namen einige Tage. Zwei Monate nach der Operation sah sie wieder wie fünfunddreißig aus. Was sie am allermeisten freute — kein einziger Reporter, Fotograf oder Klatschkolumnist hatte ihr kleines Geheimnis entdeckt. In den folgenden Jahren kursierten mehrere Gerüchte über kosmetische Operationen, aber genauere Einzelheiten wurden nie bekannt.

Das erste offizielle Ereignis, das Jackie nach dem Augenlifting besuchte, war die lang erwartete Einweihung der John F. Kennedy-Bibliothek in Boston. Sam Donaldson, ABC-News-Korrespondent auf dem Capitol, erinnert sich an die Anwesenheit von Ted Kennedy, seinen Schwestern mit ihren Ehemännern, Jackies Kindern, Lady Bird Johnson und zahlreichen Würdenträgern aus der Kennedy-Ära. »Natürlich war auch Jackie da und sah spektakulär aus. Jimmy Carter, damals noch Präsident, hielt die Eröffnungsrede. Danach ging er zu Jackie und gab ihr einen dikken Kuß. Ich glaube, sie hatten sich vorher noch nie gesehen. Niemals werde ich ihre Miene vergessen. Bei Gott, ich dachte, sie würde ihn ohrfeigen. Sie war wütend.«

Nicht lange nach der Einweihungsfeier besuchte Jackie einen Vortrag der Lyrikerin Sylvia Fine Kaye, der Frau des Schauspielers Danny Kaye. Dabei begegnete sie Arthur Kirson, einem Lehrer und ehemaligem Wahlhelfer von Robert F. Kennedy. »Nach dem Vortrag fand in einem Raum neben dem Auditorium ein Empfang statt, und ich stand zufällig neben ihr«, erinnerte er sich. »Ich war überrascht, weil sie so jugendlich und frisch aussah. Wir unterhielten uns ein wenig, eher beiläufig. Da kam eine unscheinbare kleine Frau vorbei, erkannte Jackie, blieb stehen und fragte: ›Warum teilen Sie Ihr Geld nicht mit uns allen?‹ Das war Jackie so peinlich, daß es ihr die Sprache verschlug. In dieser Umgebung hatte sie so etwas gewiß nicht erwartet ... Ich wußte nicht, was ich sagen sollte, schaute sie nur an und erbot mich: ›Soll ich Ihnen einen Drink holen?‹ — ›Ja, bitte‹, erwiderte sie. Die Frau starrte Jackie noch eine Weile an, dann ging sie davon.«

Jackie beschloß, sich auf einem dreihundertfünfundsiebzig Morgen großen, am Meer gelegenen Grundstück im Dorf Gay Head auf Martha's Vineyard ein Haus im Cape Cod-Stil mit neunzehn Zimmern und ein angrenzendes Gästehaus mit sechs Räumen bauen zu lassen. Sie beauftragte den Architekten Hugh Jacobson aus Washington, D.C., und ihr Anwalt Alexander Forger, auf dessen Namen die Eigentumsurkunde für das Grundstück ausgestellt war, engagierte die Bauunternehmer Harry Garvey und Frank Wangler.

»Im Sommer 1981 war das Haus so gut wie fertig«, berichtet Wangler. »Jackie wünschte noch einige Änderungen, kleinere und größere. Zu den kleineren gehörte die

Entfernung von zahlreichen Spiegeln in ihrem Schlafzimmer. Sie führte mich hinein und sagte: ›Frank, ich weiß, daß viele Leute mich für bizarr und irre und verrückt und für einen Hollywoodstar halten und daß sie glauben, ich würde mich gern anschauen. Aber das stimmt nicht, also schaffen Sie das Zeug raus!‹

Ein größerer Umbau wurde erforderlich, weil sie die Zimmerdecken um einen knappen halben Meter gesenkt haben wollte. Und da sie auch für Bunny Mellon einige Räume vorgesehen hatte, wollte nun auch Bunny einiges geändert haben ... Als es nichts mehr an ihrem Haus auszusetzen gab, lud sie sieben oder acht Leute, die am Bau beteiligt gewesen waren, ins Charlotte Inn in Edgartown ein. Es gab kalten Aufschnitt, Käse, frisches Obst, vier oder fünf verschiedene Sorten Wein und Bier. Es war sehr nett, und Jackie schien sich über ihr neues Heim zu freuen. ›Mein kleines Haus‹, nannte sie es, ›mein wundervolles kleines Haus.‹ Zusammen mit dem Grundstück hatte es ungefähr dreieinhalb Millionen Dollar gekostet.«

Zu Jackies ersten und häufigsten Besuchern auf Martha's Vineyard zählte Maurice Tempelsman, eine unauffällige, aber politisch mächtige Persönlichkeit. Er kannte Jackie schon seit Jahren. Zunächst als Freund, später als Finanzberater und in jüngster Zeit als Verehrer. Maurice schien ihr endlich das innere Gleichgewicht und den seelischen Frieden zu geben, die sie so lange gesucht und in keiner ihrer Ehen gefunden hatte. »Ich bewundere Maurices Stärke und seinen Erfolg«, vertraute sie Freunden an. »Und ich hoffe inständig, mein Ruhm wird ihn nicht aus meinem Leben vertreiben.«

Auf den ersten Blick sah es nicht so aus, als würde Tempelsman zu Jackie passen. 1929 (im selben Jahr wie Jackie) geboren, stammte er aus einer Antwerpener jüdisch-orthodoxen Familie. Mit den Eltern und seiner jüngeren Schwester floh er 1940 aus Europa, um dem Nazi-Terror zu entrinnen. Nach zwei Jahren auf Jamaica kam die Familie nach New York. Mit fünfzehn nahm Maurice an Abendkursen in der Handelsschule der New York University teil.

Tagsüber arbeitete er für seinen Vater Leon, einen Diamantenmakler. Mit einundzwanzig verschaffte er der Firma Leon Tempelsman & Son einen festen Platz auf dem Weltmarkt, indem er die Regierung veranlaßte, Industrie-Diamanten auf Vorrat zu kaufen. Als Mittelsmann kaufte er Diamanten bei afrikanischen Lieferanten und verdiente dabei einige Millionen. Später fungierte er als Vermittler bei einer Transaktion, bei der die Vereinigten Staaten überschüssige landwirtschaftliche Produkte gegen Uran eintauschten.

Aufgrund seiner erfolgreichen Geschäfte entwickelte sich Tempelsman zu einer vertrauten Figur in der elitären Washingtoner Szene. Adlai Stevenson wurde sein Anwalt, und den Akten des US-Justizministeriums zufolge war er ein Geschäftspartner Harry Oppenheimers, des Besitzers und Direktors von Anglo-American und De Beers, der weltgrößten Minen-, Gold- und Diamantenfirmen. Er schloß Freundschaft mit mehreren afrikanischen Potentaten, während er seine Operationen auf Zaire, Sierra Leone und Gabun ausdehnte. Tempelsmans derzeitiges Imperium umfaßt Minen-, Diamanten- und Mineraliengeschäfte, den zweitgrößten Petroleumkonzern der Welt und ein weitverbreitetes Netz miteinander verflochtener Firmen.

Maurices Bekanntschaft mit Jackie reicht bis in die späten fünfziger Jahren zurück. Wie aus den Akten des Justizministeriums hervorgeht, war er der Mann, der im Hotel Carlyle ein Treffen zwischen Harry Oppenheimer und John F. Kennedy arrangierte, nachdem Kennedy zum Präsidenten gewählt worden war. Oppenheimer und Tempelsman hatten die Wahlkampagne großzügig unterstützt, und Kennedy bat Tempelsman um Rat und Informationen, wenn er mit afrikanischen Führern zu tun hatte. Mit seiner Frau Lily war Tempelsman während der Kennedy-Ära und auch später ein häufiger Gast im Weißen Haus.

Trotz seiner beträchtlichen Leistungen und seines Reichtums kam er vielen Leuten wie ein Aristoteles Onassis im Taschenformat vor. Wie Onassis war er klein und untersetzt und sah älter aus, als es seinen Jahren entsprach. Beide rauchten Dunhill-Zigarren und sammelten kostbare Kunstwerke. Beide galten als Finanzgenies. Ein weiterer gemeinsamer Wesenszug war die Liebe zum Meer. Beide besaßen Jachten, wenn auch die ›Relemar‹ (nach Maurices Kindern Rena, Leon und Marcee benannt) sich nicht mit der ›Christina‹ vergleichen ließ. 1980, als sich die Freundschaft zwischen Jackie und Maurice vertiefte, fuhren sie mit der ›Relemar‹ die Ostküste entlang, von Savannah in Georgia bis Beaufort in South Carolina. Es sollte die erste von vielen Kreuzfahrten werden. Bald waren sie unzertrennlich und wurden in Spitzenrestaurants, bei Broadway-Aufführungen und Spaziergängen im Central Park gesehen. Man fotografierte sie, wie sie Arm in Arm in eine Kunstgalerie gingen. Maurice begleitete Jackie sogar, als sie 1980 mehrmals in der Öffentlichkeit auftrat, um Ted Kennedys Kampf um die Präsidentschaftsnominierung durch die Demokratische Partei zu unterstützen.

»Maurice Tempelsman hat Jackie sicher viele Geschenke überreicht«, meinte Truman Capote. »Nicht nur Jackie, sondern auch Lee hat durch Tempelsmans Ratschläge für An- und Verkäufe auf dem schwankenden Gold- und Silbermarkt eine Menge Geld gemacht. Mädchen wie Jackie ändern sich eben nie.«

Aber manche Leute fanden, sie habe sich geändert, und zwar durch Maurices Einfluß. Nancy Bastien, eine Malerin, die jedes Jahr einige Monate auf Martha's Vineyard verbringt, hatte Jackie stets für einen »luxusbeladenen Cinderella-Typ« gehalten. »Diesen Eindruck gewann man, wenn man die Presseberichte über Jackie las«, sagte sie. »Deshalb war ich überrascht, als ich diese schlicht gekleidete, unscheinbare Person auf Vineyard sah. In Aquinnah, einer großen Snackbar in der Nähe ihres Hauses, kaufte sie Hamburger und Eis. Oder sie besuchte den Jahrmarkt in West Tisbury und ging wie alle anderen von Bude zu Bude.

Wenn Tempelsman da war, schien sie größeren Wert auf ihre Privatsphäre zu legen. Mein Freund und ich trafen die beiden einmal an einem Meeresarm, wo sie Vögel beobachteten ... Sie teilten sich ein Fernglas und betrachteten einen majestätischen blauen Reiher. Als wir näher kamen, zog Jackie rasch ihre Sonnenbrille vom Haaransatz nach unten. Sie zeigte auf den Reiher und sagte: ›Da fliegt er davon.‹ Und dann verschwanden sie im hohen Gras.«

Maurice Tempelsmans Kusine Rose Schreiber betonte, wenn Jackie ihren ersten Mann aus Prestigegründen und den zweiten wegen seines Geldes geheiratet habe, so basiere ihre dritte enge Bindung auf gegenseitigem Respekt und Freundschaft. Es war eine reife, angenehme, enge Beziehung, aber offensichtlich auch eine aufregende.

»Obwohl Maurice unansehnlich und bescheiden wirkt, ist er eine charmante, weltgewandte Persönlichkeit«, meinte seine Kusine. »Er kleidet sich gut, liest gern, liebt Reisen und Opernaufführungen. Er hat *savoir faire*. Außerdem schätzt er die schlichten Freuden, die uns die Natur bietet, eine Neigung, die er wahrscheinlich mit Jackie teilt. Er kann aber auch überschwenglich und sehr lebhaft sein. Die Frauen fühlten sich schon immer zu ihm hingezogen. Ich habe oft beobachtet, wie sie ihm auf Partys nachlaufen. Er muß sie praktisch wegscheuchen.

Seine Ehe ist allerdings ein Jammer. Lily, seine Frau, stammt ebenfalls aus Belgien, obwohl Maurice sie erst in den Staaten kennengelernt hat. Er war siebzehn, als sie sich begegneten, und bei der Hochzeit zwanzig. Also hat er zu jung geheiratet. Lily ist eine denggläubige orthodoxe Jüdin. Einmal erzählte sie mir sogar, sie gehe nur ungern mit Maurice ins Weiße Haus, weil er nie um koscheres Essen bitte. Seine Eltern führten einen koscheren Haushalt, ebenso wie Lily. Im Laufe der Jahre gingen alle drei Kinder auf Ramaz, eine jüdische Tanzschule. Aber irgendwann hörte Maurice auf, die Synagoge zu besuchen. Während Lily am Gottesdienst teilnahm, fuhr er lieber in einem Boot herum. Diese allmähliche Entfremdung bedrückte Lily sehr. ... Sie arbeitet als Eheberaterin ... Und es liegt eine gewisse Ironie darin, daß sie diesen Beruf zu einem Zeitpunkt ergriff, zu dem sich ihre eigene Ehe aufzulösen begann.

Es war Lily, die im November 1982 die Initiative ergriff

und Maurice bat, aus dem gemeinsamen Apartment auszuziehen. Er wäre bei ihr geblieben. Aber nun war ein Punkt erreicht, wo sie — wann immer sie eine Zeitung aufschlug — ein Foto von Maurice und Jackie sah. Sie trennten sich freundschaftlich und sind immer noch verheiratet.«

Maurice zog in eine komfortable Hotelsuite in East Side. Jede Woche verbrachte er mehrere Nächte in Jackies Wohnung, und die Zahl dieser Nächte wuchs. Sie wußte, daß es kaum Chancen gab, ihre Beziehung zu legalisieren. »Wir können nicht heiraten, weil seine Frau eine Scheidung ablehnt«, teilte sie Dr. Lax mit.

»Man muß nicht heiraten, um zusammen zu sein«, entgegnete er.

Wahrscheinlich zog sie die Situation, die sich ergeben hatte, sogar vor. Schon seit langer Zeit genoß sie ihre Unabhängigkeit.

37

Jacqueline Kennedy Onassis kam viel herum. Die New Yorker begegneten ihr überall. Earl Blackwell, der davon lebt, die Aktivitäten reicher, berühmter Leute aufzuzeichnen, zitiert in seinem neuesten *Celebrity Register* (1986) einen anonymen Beobachter: »Ich war an einem Dienstagnachmittag im Metropolitan, und ich hatte mir einige Stunden freigenommen, um die Vatikan-Ausstellung zu besichtigen ... In der Madison machte ich in einem Café halt, einem einfachen Lokal, einem schäbigen Hamburgerschuppen. Und da kam sie herein. Um zu essen! An der Theke! ... Alles schien den Atem anzuhalten, sogar die Hamburger hörten zu brutzeln auf. In einem braunen Regenmantel und schwarzen Hosen verspeiste sie einen Hamburger, und ich glaube, sie trug eine Schultertasche von Gucci und eine Cartier-Uhr.«

Ja, Jackie Onassis kam viel unter die Leute. Hier aß sie Hamburger, dort mischte sie sich bei einer Wohltätigkeitsveranstaltung für die New Yorker öffentliche Bibliothek in die literarische Szene. Die Presse fotografierte sie auf Verlagspartys, bei öffentlichen Zeremonien, vor Restaurants, in Insider-Museen. Sie wechselte von Valentino zur dezenteren Mode von Carolina Herrera über und verließ ihren langjährigen Friseur Kenneth, um dessen einstigen Angestellten Thomas Morrissey zu beehren. Es war eine Periode der persönlichen Veränderung. Hatten die siebziger Jahre der Stabilisierung und Erholung von Jackies schlechtem Ruf als Ehefrau von Aristoteles Onassis gedient, so stellten die achtziger Jahre eine Dekade des Fortschritts dar. Wenigstens bis zu einem gewissen Grad hatte Jackie ihr Image als internationale Jet-setterin, als reiche Müßiggängerin abgeschüttelt und den Status einer berufstätigen Frau erreicht, die sich außerdem noch für wohltätige Zwekke einsetzte.

Sie wirkte fröhlich, sogar übermütig wie nie zuvor. Rosey Grier erinnert sich an das kindliche Entzücken, mit dem Jackie lauwarmen Kaffee aus einem Fenster ihres Wohnzimmers an der Fifth Avenue auf die Passanten hinabgoß. Und Dr. Sanford Friedman, ein New Yorker Herzspezialist, saß einmal in der Metropolitan Opera direkt hinter ihr. Sie benahm sich eher wie ein rastloser Teenager als wie eine erwachsene Frau. »Maurice Tempelsman war an ihrer Seite«, erinnert sich der Arzt. »Jackie konnte nicht stillhalten. Ständig bewegte sie den Kopf, legte ihn auf die Schulter ihres Begleiters, flüsterte ihm etwas ins Ohr, kicherte, redete laut, rutschte auf ihrem Platz herum. Das störte die anderen, aber man konnte Jacqueline Onassis schlecht sagen, sie solle bitte den Munde halten. Was sagte Norman Mailer von ihr? Sie war nicht nur eine Berühmtheit, sondern eine Legende; keine Legende, sondern ein Mythos — nein, nicht nur ein Mythos, eher ein historischer Archetypus.«

Als Nancy Reagan, die neue First Lady, 1981 von negativer Publicity geplagt wurde, rief Jackie sie an und erbot sich, ihr Ratschläge für den Umgang mit der Presse zu erteilen. Nancy traf sie aber erst 1985, als die Verlegerin Katharine Graham die beiden zu einer kleinen Dinnerparty auf Martha's Vineyard einlud. Die *Newsweek*-Redakteurin Meg Greenfield und Michael K. Deaver, Angestellter im Weißen Haus, waren ebenfalls anwesend. Deaver entdeckte sehr bald Jackies humorvolle Koketterie. Während sie aus der fünf Pfund schweren Bonbonniere naschte, die er für Kay Graham mitgebracht hatte, fragte Jackie ihn: »Wie können Sie so viel süßes Zeug essen und trotzdem schlank bleiben ... Wie ein junger Fred Astaire.«

Während sie im allgemeinen ruhig und gelassen wirkte, bewies sie manchmal aber auch, daß sie immer noch zu Wutanfällen und Rachsucht neigte. Am 21. Juli 1981 kam sie aus einem Kino in der Eighth Avenue und lief ihrem alten Feind Ron Galella über den Weg. Als sie vor neun Jahren das erstemal gegeneinander prozessiert hatten, war

Galella mittels einer gerichtlichen Verfügung aufgefordert worden, einen Abstand von mindestens acht Metern zu Mrs. Onassis zu halten. Und nun stand er direkt vor ihr, mit gezückter Kamera.

»Er war höchstens einen Schritt entfernt«, teilte sie dem Gericht im Dezember 1981 mit, nachdem sie Galella ein zweites Mal verklagt hatte. »Ich mußte ein Taxi rufen ... mitten auf der Eighth Avenue, in diesem dichten Verkehr. Andauernd sprang er um mich herum, ... so daß mich kein Taxifahrer sehen konnte. Jedesmal, wenn ich den Arm hob, stand er vor mir. Ich war verängstigt und verwirrt ... aus zwei Gründen. Erstens hatte ich Angst, von einem Auto angefahren zu werden ... Zweitens kamen gräßliche Leute aus den Häusern ... und alle zeigten auf mich und schrien: ›Oh, seht doch, da ist Jackie O. He, Jackie!‹«

Die nächste Begegnung mit dem Fotografen fand auf Martha's Vineyard statt. Galella war Jackie und Maurice Tempelsman in einem Boot gefolgt. »Wir ruderten von der Menemsha Pond-Küste zu meinem Motorboot«, sagte sie vor Gericht aus, »und wollten an Bord gehen. Da sahen wir in einiger Entfernung ein kleineres, überdachtes Motorboot mit mehreren Leuten. Es kam näher. Als sie sahen, daß wir aus dem Kahn aufs große Boot steigen wollten, rasten sie heran, mit heftigem Kielwasser, und erschreckten uns. Der Motor unseres Boots starb ab. Wir konnten nicht starten. Auf dem anderen Boot erkannte ich Galella.«

Beim zweiten Prozeß gab Galella zu, gegen die beim ersten Prozeß erlassene gerichtliche Verfügung verstoßen zu haben, aber nur, weil er überzeugt sei, man habe seine Rechte verletzt. Jackie bezeichnete er als Heuchlerin. »Sicher genießt sie die Publicity, zu der ich ihr verholfen habe«, behauptete er. »Ein Dienstmädchen, mit dem ich einmal ausging, um Informationen über Jackie zu erhalten, erzählte mir, ... sie würde stundenlang im Bett liegen, in europäischen Magazinen blättern und Fotos von sich ausschneiden ... Mein Anwalt, Marvin Mitchelson, ... bewahrte mich davor, für mehrere Jahre ins Gefängnis zu wandern. Dafür mußte ich an Jackie eine Entschädigung von zehntausend Dollar zahlen, und man verbot mir, sie jemals wieder zu fotografieren. So sieht die Gerechtigkeit aus — ich gebe Jackie Onassis Geld.«

Nach dem zweiten Sieg über Galella zog Jackie bald erneut vor Gericht. Diesmal hatte sie gegen die Firma Christian Dior geklagt, weil ihre Doppelgängerin Barbara Reynolds für eine Dior-Reklame posiert und den Eindruck erweckt hatte, Mrs. Onassis persönlich hätte sich für das Werbefoto zur Verfügung gestellt, das in mehreren Zeitschriften erschienen war. Wie Jackie in ihrer Anklageschrift erklärte, sei die Anzeige peinlich für sie und schade ihrem Ruf. »Ich habe es nie gestattet, den Publicity-Wert meines Namens ... oder mein Foto für kommerzielle Zwecke zu nutzen.«

Richard A. Kurnit, Barbara Reynolds Anwalt, stellte fest: »Anwälte neigen dazu, Jackie ehrerbietiger zu behandeln als andere Leute. Richtern geht es ebenso. Offensichtlich ist dies aufgrund ihrer Position so. Sie ist beeindruckend. Bei der Verhandlung sagte sie nicht aus, aber sie saß da, direkt vor der Nase des Richters. Wir verloren den Prozeß, auch die Berufung. Wenn ein Werbefoto irreführend wirkt und einen falschen Eindruck erweckt, bin ich mit solchen Urteilen einverstanden, aber auf diesem Bild steht die Person, die Jackie darstellt, neben einem Schauspieler, der den verstorbenen Charles de Gaulle verkörpert. Jackie behauptete, ihre Freunde hätten geglaubt, sie wäre dieses Mädchen. Aber das Model, Barbara Reynolds, war eindeutig im Stil der Jackie Kennedy vor fünfundzwanzig Jahren gekleidet, als diese noch die First Lady war.«

Jackie arbeitete auch weiterhin für den Verlag Doubleday und akquirierte einige erfolgreiche Titel. Das wurde mit einer Beförderung, einer Gehaltserhöhung und einem größeren Büro belohnt. Ihren bisher größten Triumph erzielte sie, als sie im Herbst 1983 mit ihrer Assistentin Shaye Areheart nach Los Angeles reiste, um Michael Jackson zu veranlassen, seine Memoiren zu schreiben. Das erste gemeinsame Gespräch in einem schicken Hollywood-Restaurant verlief ergebnislos. Jackson, für seine Scheu ebenso bekannt wie für seinen einen weißen Handschuh, widersetzte sich Jackie. Das war peinlich, verschaffte ihr aber eine Gelegenheit, ihre Einsatzbereitschaft zu demonstrieren. Ein zweites Treffen wurde arrangiert, diesmal in Jacksons Haus in Encino. Es kam zum Vertragsabschluß (Jackson erhielt einen Vorschuß von vierhunderttausend Dollar), und das Buch erwies sich als *der* Verlagscoup der Saison. Die Kollegen schickten Jackie einen großen Blumenstrauß, und Jackson feierte den Vertrag, indem er Jackie höchstpersönlich durch Disneyland führte.

Jacksons Buch *Moonwalk,* von Ghostwriter Robert Hilburn geschrieben, einem Musikkritiker der *Los Angeles Times,* erschien 1988 und stieg an die Spitze aller Bestsellerlisten. In ihrem kurzen Vorwort stellt Jacqueline Onassis die rhetorische Frage: »Was kann man über Michael Jackson sagen?« Offenbar nicht viel. Obwohl das Buch zu einem großen finanziellen Erfolg wurde, hat es inhaltlich wenig zu bieten.

Der Bertelsmann-Konzern, der Doubleday 1986 kaufte, hielt es für angebracht, Jackie mit einer weiteren Gehaltserhöhung zu belohnen. Insider-Informationen zufolge verdiente sie nun fünfundvierzigtausend Dollar im Jahr und wurde allgemein als die aggressivste Prominentenjägerin des Verlags betrachtet. Zu den Berühmtheiten, die sie um Autobiographien bat, gehörten Elizabeth Taylor, Brigitte Bardot, Greta Garbo, Ted Turner, Prince, Barbara Walters und Rudolf Nurejew.

Inzwischen machte Jackies Tochter Caroline ihre eigenen leidvollen Erfahrungen mit dem Prominentsein. Der Schriftsteller Tom Carney hatte seine Beziehung zu ihr beendet, weil er nicht »Mr. Caroline Kennedy« werden wollte. Dieses Schicksal wurde dann einem späteren Bewerber zuteil, dem Autor und Maler Edwin Arthur Schlossberg, der wie Maurice Tempelsman einer jüdisch-orthodoxen Familie entstammte. Sein Vater, ein Selfmademan und Gründer der Alfred Schlossberg Inc., einer Textilfirma in Manhattan, war ein spendabler Förderer jüdischer und zionistischer Interessen.

Edwin promovierte mit einer Arbeit über Einstein und Beckett an der Columbia University und war kurze Zeit als Dozent an der Southern Illinois University tätig, dann schrieb er Romane, Handbücher und Avantgarde-Gedichte, entwarf Hightech-T-Shirts und experimentierte mit Gemälden auf Aluminium und Plexiglas. Die Kunstwelt riß sich nicht gerade um ihn — ebensowenig wie die Welt der Architektur, als er seine Entwürfe für Museen und Ausstellungen feilbot. Sein größtes Projekt — ein Kindermuseum in Brooklyn — wurde später von einem anderen Architekten übernommen, der ihn als wichtigtuerisch und egozentrisch bezeichnete. Andere fanden Schlossberg opportunistisch, oberflächlich und unaufrichtig.

Welche Mängel er auch immer aufweisen mochte, Caroline Kennedy gefiel er. Sie lernte ihn Ende 1981 auf einer Dinner-Party kennen und lud ihn zum Weihnachtsfest ihrer Mutter ein. Groß, kräftig und frühzeitig ergraut machte er einen guten Eindruck auf Jacqueline. Sie nahm ihn bei der Hand und stellte ihn ihren Gästen als »neuen Freund meiner Tochter, Ed Schlossberg« vor. Er war dreizehn Jahre älter als Caroline. Nach der Party fragte Jackie ihre Tochter, ob sie ihn nicht zu alt finde. Caroline erinnerte ihre Mutter daran, daß ihre beiden Ehemänner wesentlich älter gewesen waren als sie.

Von nun an verbrachte Caroline einen Großteil ihrer Zeit in Eds luxuriösem Atelier in Soho. Sie schätzte seine Loyalität, seinen Humor, seine Intelligenz, seine Herzenswärme und Hilfsbereitschaft. Im April 1984, als der achtundzwanzigjährige David Kennedy im Brazilian Court Motel in Palm Beach nach übermäßigem Drogenkonsum tot aufgefunden wurde, war es Schlossberg, der Caroline über ihre Depressionen hinweghalf.

Inzwischen arbeitete Caroline nicht nur für das Metropolitan Museum of Art, sondern auch für die JFK-Bibliothek. 1985 überraschte sie ihre Umwelt, indem sie diese Tätigkeiten aufgab und an der Columbia University Jura zu studieren begann. Ein Jahr später wählte ihr Bruder zum Entzücken seiner Mutter an der New York University das gleiche Fach.

Schon im Januar 1984 kursierten Gerüchte über eine bevorstehende Hochzeit von Caroline und Ed. Gleichzeitig wurde gemunkelt, der Kennedy-Clan sei gegen diese Verbindung, weil sich Schlossberg geweigert habe, ein von den Familienanwälten aufgesetztes Eheabkommen zu unterzeichnen, das Carolines Erbe schützen sollte. Außerdem wurden religiöse Gründe genannt. Die Kennedys galten als einer der führenden irisch-katholischen Clans in Amerika, und es wurde vermutet, daß Schlossbergs jüdischer Glaube einigen Familienmitgliedern mißfiel.

Im März 1986 gab Jacqueline Onassis allen Spekulationen zum Trotz die Verlobung ihrer Tochter mit Schlossberg bekannt. Die Hochzeit der achtundzwanzigjährigen Caroline Kennedy und des einundvierzigjährigen Ed Schlossberg am 19. Juli in Hyannis Port wies alle Merkmale Kennedyscher Extravaganz auf. Es gab ein Muschelessen am Strand, Segelregatten und Footballmatches. Vierhundertfünfundzwanzig Gäste erschienen (einundzwanzig kamen aus Eds Familie, der Rest kam aus den Kreisen der Kennedys), außerdem zweitausendfünfhundert Schaulustige und zahlreiche Fotoreporter.

Mary Tierney berichtete für die *Chicago Tribune* über das Ereignis: »Ed Schlossberg sah komisch aus in seinem übergroßen Anzug, wie ein Lumpensack. Auch Caroline wirkte wenig attraktiv, als sie aus der Kirche kam. Ihre Schleppe war zu lang. Die Brautjungfern waren ebenfalls schlecht gekleidet. Jackie sah verdammt gut aus, aber wie jemand bemerkte: ›Wenn Sie täglich stundenlang von einer Masseuse durchgewalkt werden, sehen Sie auch gut aus.‹ Arm in Arm mit Teddy Kennedy verließ sie die Kirche, Glückstränen in den Augen. Sie ist hübscher als ihre Tochter, und ihr Sohn ein Adonis. Er war Trauzeuge, Maria Shriver Trauzeugin der Braut ... Aber bei der Zeremonie ... fehlte ein Rabbiner. Warum? Der Glaube des Bräutigams hätte vertreten sein müssen. Es gab zwar keine richtige katholische Hochzeitsmesse, doch das blieb das einzige Zugeständnis der Kennedys ... Rose Kennedy erschien nicht zu der Trauung. Mit ihren sechsundneunzig Jahren ... ist sie überzeugt, daß John und Bobby Kennedy immer noch leben. Schon seit Jahren ist sie senil.«

Ein großes Feuerwerk bildete den Abschluß des Festes, danach fuhren Ed Schlossberg und seine junge Frau in einer weißgoldenen Limousine nach Boston zum Ritz-Carlton-Hotel und traten eine einmonatige Hochzeitsreise an, die sie nach Hawaii und Japan führte. Wieder in New York, bezogen sie eine Eigentumswohnung in der Nähe von Jackies Apartment. Als Caroline schwanger wurde, zogen sie in eine größere Wohnung an der Park Avenue. Ed kümmerte sich um die Inneneinrichtung, während Caroline ihr Jurastudium abschloß. Im Juni 1988 posierte sie mit Hut und Talar für die Presse — neben sich ihren stolzen Ehemann, ihre strahlende Mutter, ihren attraktiven Bruder und ihren nachdenklichen Onkel, Senator Edward M. Kennedy.

Zu Jackies Mißvergnügen faszinierte ihr Privatleben die Presse nach wie vor. Obwohl Maurice Tempelsman ihr ständiger Begleiter war, erfanden die Reporter immer neue Partner an ihrer Seite. Sie brauchte nur mit dem Witwer William Paley ein Mittagessen im Le Cirque einzunehmen, und schon lieferte die Regenbogenpresse für viele Wochen neuen Gesprächsstoff.

Die ungeheuerlichste ›Zeitungsromanze‹ brachte sie mit Ted Kennedy in Verbindung, nachdem sie sich im Januar 1985 in London getroffen hatten, um am Begräbnis Lord Harlechs in North Wales teilzunehmen. Jackie ärgerte sich vor allem deshalb über diese Gerüchte, weil sie mit Teds Frau Joan eine enge Freundschaft geschlossen hatte. Als Joan das volle Ausmaß ihrer Alkoholprobleme erkannte, war es Jackie, bei der sie Hilfe suchte. Und nach dem plötzlichen Tod des Investmentbankers John J. McNamara, den sie nach der Scheidung von Ted heiraten wollte, wurde sie von Jackie getröstet. Jackie lud sie nach New York ein:

Sobald Joan ihre Schwägerin sah, brach sie zusammen und klagte: »Wann hört denn dieser Herzenskummer auf? Endlich habe ich einen anständigen Mann gefunden, und schon wird er mir genommen. Das ist einfach nicht fair.«

»Joan, erwartest du wirklich, das Leben könnte fair zu uns sein — nach allem, was wir durchgemacht haben?« fragte Jackie. »Es liegt an dir, das Glück festzuhalten, das auf dich zukommt. Und du mußt weitermachen, ob du willst oder nicht.«

»Du bist die einzige in dieser Familie, die mich versteht«, meinte Joan.

Neue Schicksalsschläge warteten auf Jackie. Ihre Halbschwester Janet Auchincloss Rutherford erkrankte an Rükkenmarkkrebs und wurde in einer Bostoner Klinik behandelt. Jackie kümmerte sich aufopfernd um sie. Janet schien sich auf dem Weg der Besserung zu befinden, doch dann starb sie in Jackies Anwesenheit mit neununddreißig Jahren an einer Lungenentzündung. Nach ihrem Tod zeigte Jackies Mutter die ersten Symptome der Alzheimerschen Krankheit. Jackie sorgte für sie und ging so oft wie möglich mit ihr aus.

Wenn Jackie insgesamt auch ruhiger und sanfter geworden war, so begegnete sie doch nach wie vor allen, von denen sie sich verraten fühlte, mit unnachgiebiger Härte, auch Familienmitgliedern. Ihrem Halbbruder Jamie verzieh sie niemals, daß er mit Kitty Kelley gesprochen hatte, die ihre Version von Jackies Leben zu Papier brachte. »Die Enthüllung, die sie so ärgerte«, verteidigte sich Jamie, »betraf ihr Brautkleid. Ich hatte erzählt, daß es in einer mit dem Hochzeitsdatum versehenen Schachtel liegt, und daß das rosa Kostüm, das sie bei JFKs Ermordung trug, in einer anderen Schachtel verwahrt wird; außerdem, daß beide Kartons in Georgetown auf Mutters Dachboden stehen, eine auf der anderen.

Danach sprachen wir kaum noch miteinander... Schließlich schrieb ich ihr einen Brief, in dem ich mich entschuldigte. Er muß ziemlich albern ausgefallen sein, denn ich wußte einfach nicht, wie ich mich ausdrücken sollte.

Es ist seltsam, aber ich glaube, ich kenne Caroline und John Jr. und sogar John F. Kennedy besser als Jackie. Sicher ist sie imstande, Freundschaften zu schließen, aber ich denke, alle Leute spüren, daß sie im Grunde eine Einzelgängerin ist, stets auf Distanz bedacht.«

Jackies Vetter John Davis, über dessen Familienporträts von den Bouviers und den Kennedys sie sich maßlos aufregte, wurde ähnlich behandelt. »Das störte mich überhaupt nicht«, erklärte er. »Es störte mich nur, daß sie auch meine Mutter bestrafte.«

Jackie ging geradezu grausam mit Maude David und Michelle Putnam, den Zwillingsschwestern ihres Vaters, um. Um ihre feindselige Haltung John gegenüber zu demonstrieren, kam sie nicht nach Connecticut, als die beiden Tanten ihren achtzigsten Geburtstag feierten. Die beiden wurden auch nicht zu Carolines Hochzeit eingeladen. Als Michelle Putnam im September 1987 starb, nahm Jackie zwar am Begräbnis teil, wechselte aber kaum ein Wort mit Maude Davis, und mit John sprach sie überhaupt nicht.

»Sie weigerte sich sogar, ihm die Hand zu reichen«, berichtete Marianne Strong, eine Augenzeugin. »Ich glaube, so etwas habe ich nie zuvor erlebt. Allen anderen gab sie die Hand. Durch John schaute sie hindurch ... Er existierte einfach nicht für sie.«

Die Leute überlegten, ob sich Jackie tatsächlich geändert hatte oder ob sie sich das nur einbildeten. 1986 reduzierte sie ihre Arbeitszeit bei Doubleday auf drei halbe Tage in der Woche und verbrachte in Schönheitssalons oder beim Friseur fast ebensoviel Zeit wie im Verlag. Einmal pro Woche unterzog sie sich einer Psychotherapie. Nach wie vor eine begeisterte Reiterin, beteiligte sie sich immer noch an den Fuchsjagden ihres Clubs in New Jersey.

Trotz ihrer Verbitterung über die Presse besuchte sie im November 1985 den alljährlichen Ball des Senatorenwahlkampf-Komitees im Metropolitan Club und posierte bereitwillig mit jedem Geschäftsmann, der tausend Dollar bezahlt hatte, um an dem Ereignis teilnehmen zu können.

Mimi Kazon beschrieb sie in ihrer Kolumne »als Traum in einem hochgeschlossenen, langärmeligen, knielangen roten Kleid ... An den Ohren trug sie große, runde, schwarz eingefaßte Diamanten, als einzigen anderen Schmuck nur einen schlichten goldenen Ehering. Am amüsantesten waren die kleinen Männer in den affigen Anzügen, die sich mit Drinks in der Hand anstellten, um nacheinander mit Jackie zu posieren. Einige Glatzen reichten ihr nur bis zur Schulter. Die Kühneren versuchten ... ihr einen Arm um die Taille zu legen. Es war wie die Kußbude eines kleinstädtischen Rummelplatzes, wo die Jungs einen Dollar zahlen, um die Lokalschönheit küssen zu dürfen. Jackie nahm das alles erstaunlich gutmütig hin. Sie lächelte die ganze Zeit, obwohl es eine Qual für sie gewesen sein muß. Wahrscheinlich lassen diese Geschäftsleute ihre Fotos mit Jackie vergrößern und hängen sie in ihre Büros.«

Zwischen 1982 und 1985 flog Jackie jedes Jahr nach Indien. Sie wurde von S. Cary Welsh, dem Kurator für islamische und späte indische Kunst des Fogg Museums von Harvard, und seiner Frau begleitet. »Jackie war sehr beliebt in Indien, und es gelang ihr, die fürstlichen Familien zu veranlassen, uns ihre historischen Gewänder für eine Ausstellung zu leihen. Obwohl sie auf den Straßen erkannt wurde, belästigte uns die Presse nicht. Meistens konnten wir herumwandern, als wäre Jackie ein Durchschnittsmensch. Im Amerika schafft sie das kaum. Ich glaube, das ist einer der Gründe, warum es ihr so gut in Indien gefällt. Niemand geht ihr auf die Nerven.«

Die Ausstellung war Teil eines durch die Vereinigten Staaten ziehenden indischen Festivals. Jackie besuchte mehrere damit verbundene gesellschaftliche Ereignisse und gab auch selbst eine Party. Auf der Gästeliste standen unter anderem Prinz Michael und Prinzessin Marina von Griechenland und die Maharani von Jaipur. Die Gastgeberin genoß die große Party so sehr, daß sie im nächsten Jahr ein weiteres Fest veranstaltete, diesmal in ihrem Haus auf Martha's Vineyard. Sie lud zwei Dutzend ihrer Kennedy-Nichten und -Neffen und zwei Dutzend ihrer Freunde dazu ein. Diese Fete steigerte Jackies Popularität bei der jüngeren Kennedy-Generation, beeinflußte aber keineswegs die Meinung, die die älteren Kennedys von ihr hatten.

Nach der Hochzeit von Caroline und Ed Schlossberg rätselte man gespannt, was für eine Großmutter Jackie abgeben würde. Die Antwort erhielt man schon sehr bald. Im Frühjahr 1988 bestellte Caroline bei Cerutti in der Madison Avenue die Ausstattung für ihr Baby — im selben Laden, in dem auch sie als Kind ausstaffiert worden war. Im Gegensatz zu ihrer Mutter erfreute sie sich einer problemlosen Schwangerschaft.

Anfang Juni sagte Jackie immer wieder zu ihren Freunden: »Ich werde Großmutter — stellt euch das vor.«

Am Freitag, dem 24. Juni, setzten bei Caroline die Wehen ein. Sie rief ihren Arzt an, Dr. Frederick W. Martens Jr., und er wies sie an, auf die Zeitabstände zwischen den Wehen zu achten. Als Drei-Minuten-Intervalle erreicht waren, wurden die werdenden Eltern von Maurice Tempelsmans Limousine abgeholt und ins New Yorker Hospital-Cornell Medical Center gebracht. Um ihre Privatsphäre zu schützen, ließ sich Caroline als ›Mrs. Sylva‹ eintragen. Zwei Sicherheitsbeamte standen vor ihrem Privatzimmer in der sechsten Etage. Zur Entbindung wurde sie in einen privaten Kreißsaal gebracht.

Die Wehen dauerten knapp vierundzwanzig Stunden. Am 25. Juni um halb vier Uhr morgens gebar Caroline eine Tochter, die nach ihrer Urgroßmutter Rose genannt wurde. Einen Monat später feierte die Matriarchin der Familie Kennedy ihren achtundneunzigsten Geburtstag.

Wie berichtet wurde, war Jackie in den letzten Stunden von Carolines Niederkunft ein nervliches Wrack. Gemeinsam mit John Jr. hielt sie in der Klinik Wache. Unentwegt wanderte sie auf und ab und kaute an den Fingernägeln, so daß ihr Sohn sie immer wieder bat, sich zu beruhigen.

Die Geburt seiner Nichte markierte für John den Beginn einer vielversprechenden Ära. Für tausend Dollar pro Woche hatte er in Los Angeles bei der Anwaltskanzlei Manatt, Phelps, Rothenberg & Phillips eine Anstellung gefunden.

Die politische Bühne betrat er, indem er 1988 beim Nationalkonvent der Demokraten in Atlanta Senator Ted Kennedy ankündigte. Was er sagte, war nicht sonderlich beeindruckend, aber sein Auftritt war so wirkungsvoll, daß ihn das Magazin *People* als den »Mann mit dem größten Sex-Appeal unter allen lebenden Männern« bezeichnete.

Als das Ende seines dritten und letzten Ausbildungsjahres näherrückte, gab er bekannt, daß er als Assistenzstaatsanwalt im Büro des Bezirksstaatsanwalts von Manhattan, Robert Morgenthau, beginnen wolle.

Nachdem Caroline Kennedy ein Kindermädchen engagiert hatte, beschloß sie, ihre Prüfungen vor der New Yorker Anwaltskammer abzulegen und ein Buch über ein juristisches Thema zu schreiben. Sie beugte sich dem Druck der Familie, die darauf bestand, daß ihr Kind zur Katholikin erzogen wurde, und so ließ sie Rose Kennedy-Schlossberg in der St. Thomas More-Kirche in Manhattan taufen. Maude David, mittlerweile die einzige noch lebende Bouvier aus Black Jacks Generation, wurde nicht eingeladen.

Und Lee Radziwill? Nachdem eine weitere Romanze mit dem New Yorker Architekten Richard Meier zu Ende gegangen war und sie als Organisatorin von Special Shows bei dem Designer Giorgio Armani eine Stellung gefunden hatte, kündigte sie an, daß sie den Hollywood-Regisseur Herbert Ross heiraten werde, was sie dann auch tatsächlich tat. Die Hochzeit, klein und ganz privat, fand in Lees Apartment in Manhattan statt, gefolgt von einem Empfang in Jackies Speisezimmer. Zu den Gästen zählten Rudolf Nurejew, Bernadette Peters, Steve Martin, Daryl Hannah und der Innenarchitekt Mark Hampton.

›Granny O.‹, wie Jackies neuester Spitzname in der Presse lautete, gedachte des fünfundzwanzigsten Jahrestags von JFKs Ermordung, indem sie um acht Uhr dreißig einen privaten Gottesdienst in der St. Thomas More-Kirche besuchte. Caroline und John Jr. begleiteten sie. Sie nahm an keiner offiziellen Zeremonie teil und gab auch keinen Kommentar zu diesem Anlaß ab.

Am 28. Juli 1989 wurde Jacqueline Bouvier-Kennedy-Onassis sechzig Jahre alt. Trotz ihres Alters hat sie nichts von ihrer Rätselhaftigkeit verloren. »Am glücklichsten fühle ich mich, wenn ich allein bin«, wurde sie einmal zitiert. In der ihr eigenen Art wirkt sie so elegant und königlich wie eh und je. Sie haßt die Publicity noch immer — oder sie tut zumindest so. Aber sie ist nach wie vor der Star unter den Prominenten, dessen Ruf allerdings mit dem Wechsel der Zeiten zu steigen und zu fallen scheint. Immer wieder ist sie die beliebte Zielscheibe von Klatschgeschichten und Anspielungen, doch sie hat inzwischen gelernt, mit dem Presserummel umzugehen und ihm auszuweichen.

Eine Frage bleibt noch: Wie ist Jackie wirklich? — Die Antwort darauf werden wir wahrscheinlich nie erfahren.

BIBLIOGRAPHIE

Anger, Kenneth: Hollywood Babylon. 2 Bände, München 1975, München 1985

Buck, Pearl S.: Die Frauen des Hauses Kennedy, Zürich 1980

Capote, Truman: Erhörte Gebete. Der unvollendete Roman, München 1987

Capote Truman: Musik für Chamäleons, München 1983

Davis, John H.: Siegen! Siegen um jeden Preis. Die Kennedys, ihre wahre Geschichte, Zürich 1987

Evans, Peter: Aristoteles Onassis, Düsseldorf 1987

Frischauer, Willi: Jackie. Das Leben der Frau von John F. Kennedy und Aristoteles Onassis, Bergisch Gladbach 1977

Gallagher, Mary Barelli: Die unvergeßlichen Jahre mit Jackie im Weißen Haus, München 1970

Joesten, Joachim / Schmitz, Irene: Jackie und Onassis. Roman zur Zeitgeschichte, München 1968

Kelley, Kitty: Jackie Oh ...!, München 1980

Moody, Sidney C. (Hrsg.): Triumph und Tragödie. Die Geschichte der Kennedys, Hamburg 1968

Riess, Curt: Zehn Jahre und ein Tag. Jacqueline Kennedy. Glück und Leid, München 1964